FRANÇOIS-RENÉ DE CHATEAUBRIAND
[法]夏多布里昂 著 程依荣、管筱明、王南方、罗仁携 译

MÉMOIRES D'OUTRE-TOMBE

墓畔回忆录

卷四 | 我的晚年生活，及对法国未来的思考

四川文艺出版社

目 录

卷四

我的晚年生活，及对法国未来的思考

篇章三十四

引言 3
大臣们的诉讼案——圣日耳曼-奥塞尔教堂——总教区遭劫 5
我的关于王朝复辟和选举君主制的小册子 7
《历史研究》 12
致雷卡米耶夫人的信和写给她的诗作 15
一八三一年七月十二日到一八三一年九月一日的日记——德·拉帕诺兹先生的代理人——拜伦勋爵——费尔内和伏尔泰 21
日记续篇——白跑一趟巴黎 24
日记续篇——阿·卡雷尔先生和德·贝朗瑞先生 27
关于放逐波旁王族长房的博德和布里格维尔议案 31
致《复仇女神》作者的信 36
普鲁韦尔街的密谋——致贝里公爵夫人的信 39
意外事故——瘟疫——霍乱 52

篇章三十五

贝里公爵夫人的一万二千法郎..........59

拉马克将军的送殡队伍..........67

贝里公爵夫人南下普罗旺斯省到达旺代省..........68

我的被捕..........72

从我的小偷斗室到吉斯凯小姐的梳妆室——阿希尔·德·阿莱..........79

预审法官德莫蒂埃先生..........81

在吉斯凯先生家里的生活——我的获释..........84

给司法大臣的信及回信..........89

对查理十世提供给我的贵族议员年金的回信..........92

贝里公爵夫人的信——给贝朗瑞的信——从巴黎出发..........94

从巴黎到卢加诺的日记——奥古斯丁·蒂埃里先生..........96

圣哥达之路..........106

舍埃农山谷——魔鬼桥..........108

圣哥达..........110

对卢加诺的描写..........113

高山——行走在卢塞恩周围——克莱拉·旺代尔——农民的祷告..........115

亚历山大·大仲马先生——科尔贝尔夫人——贝朗瑞先生的信..........119

苏黎世——龚斯唐斯——雷卡米耶夫人..........120

圣勒公爵夫人..........122

阿勒南贝尔——回到日内瓦..........127

柯贝城堡——德·斯塔尔夫人之墓——漫步..........129

致路易·拿破仑王子的信 131
致司法大臣、议长、贝里公爵夫人的信——我写《关于贝里
公爵夫人被囚禁的回忆》——给报社总编辑们的通报 132
《关于贝里公爵夫人被囚禁的回忆》（节选）.................. 136
我的果子 139
名望 141

篇章三十六

玛丽-泰雷兹的诊所——贝里公爵夫人寄自布莱城堡的信...... 143
思考与决心 153
从巴黎出发——德·塔莱朗先生的敞篷四轮马车——巴塞
尔——从巴黎到布拉格的日记 155
莱茵河畔——莱茵河大桥——莫斯克奇——雷雨............. 157
多瑙河——乌尔姆 160
布莱尼姆——路易十四——海西森林——野蛮人——多瑙
河源头 163
雷根思堡——皇帝工厂——离法国越远，社会活力也越
弱——德国人的宗教情感 166
到达沃尔德门澄——奥地利海关——被拒绝进入波希米
亚——逗留在沃尔德门澄——致舒特克伯爵的信——担
忧——盘缠 169
小教堂——旅馆里我的房间——对沃尔德门澄的描述 175
舒特克伯爵的信——农女——从沃尔德门澄出发——奥地
利海关——进入波希米亚——松林——与月亮对话——
比尔森——北方大道——布拉格一瞥 183

篇章三十七

波希米亚诸王的城堡——第一次看见查理十世 188
王太子先生——法国的孩子们——吉什公爵及夫人——三人联盟——郡主 191
与国王交谈 195
亨利五世 201
赫拉德钦宫的晚餐和晚会 203
拜访 208
弥撒——克热尼基将军——在哥尔·布可夫总督大人家吃饭 210
在舒特克伯爵家吃饭 212
圣灵降临节——布拉加公爵 213
事变——对布拉格的描述——蒂肖·布拉埃——贝尔迪达 ... 216
事变续篇——关于波希米亚——斯拉夫和现代拉丁语文学 218
向国王告辞——永别了——孩子们给妈妈的一封信——一个犹太人——萨克森女用人 220
我给布拉格留下的 223
波尔多公爵 227

篇章三十八

王太子妃 235
小故事——泉水——矿泉水——历史的回忆 242
小故事续篇——泰普尔河谷——她的植物 246
与太子妃的最后一次交谈——出发 246
从卡尔斯巴德至巴黎的日记——森蒂——埃格拉——华伦

4

斯坦..250
韦桑塔德——旅行者——贝尔内克和回忆——拜罗伊特——
伏尔泰——霍尔菲尔德——教堂——背篓中的小女孩——
旅馆老板和他的女仆..................................255
班贝克——一个驼背女人——维尔茨堡：它的议事司铎
们——一个醉汉——燕子..............................261
威藏巴克的旅馆——一个德国人和他的妻子——我的暮
年——海德堡——朝圣者——毁灭——曼海姆............264
莱茵河——莱茵伯爵领地——贵族军队——平民军队——
修道院和城堡——托内尔山脉——孤独的旅店——恺撒斯劳
滕——睡意——小鸟——萨尔布鲁克....................268
法兰西——流亡的孩子................................272

篇章三十九

查理十世在法国的建议——我对亨利五世的看法——我写给
太子妃的信——贝里公爵夫人的所作所为................277
贝里公爵夫人的来信..................................288
从巴黎到威尼斯的日记——汝拉山——阿尔卑斯山——
米兰——维罗纳——死者的呼唤——布朗塔..............291
事件——威尼斯......................................297
威尼斯的建筑——安东尼奥——贝蒂奥神父和冈巴先生——
执政官宫殿的大厅——监狱............................300
西维奥·佩里科的监狱................................304
弗拉里——美术学院——提香的《圣母升天》——帕尔
泰浓的排挡间饰——莱奥纳尔·达·芬奇、米开朗琪罗及拉

斐尔的奇异画面——圣·让和圣·保罗教堂 305

海军兵工厂——亨利四世——起程去美洲的三桅战舰 308

圣克里斯托弗的墓地 311

米拉诺的圣·米歇尔——米拉诺——女人和孩子——威尼斯轻舟的船夫 314

布列塔尼人和威尼斯人——在埃斯克拉冯码头上午餐——的里雅斯特的夫人们 317

卢梭和拜伦 318

威尼斯给予的灵感——新老妓女——生来不幸的卢梭和拜伦 323

篇章四十

博夫勒蒙夫人到达威尼斯——卡塔若——莫代纳公爵——彼特拉克在阿尔卡的坟墓——诗人的世界 325

塔索 328

贝里公爵夫人的到来 340

勒贝丝许小姐——吕切西·巴里伯爵——讨论——晚餐——狱卒比若——德圣·布里埃斯特夫人，德圣·布里埃斯特先生——波得那斯夫人——我们的群体——我拒绝去布拉格——一句话使我让步 343

帕多瓦——坟墓——藏兹的手迹 346

意外的消息——王国总督伦巴尔·威尼蒂昂 354

夫人给查理十世和亨利五世的信——德·蒙贝尔先生——我给总督的便条——我动身前往布拉格 356

篇章四十一

一八三三年九月二十日至二十六日，从帕多瓦到布拉格的日记——科内格里亚诺——《最后的阿邦斯拉吉》的翻译——乌迪纳——萨马洛夫伯爵夫人——德·拉费罗纳先生——一位神父——加林蒂——德拉瓦河——一个小农——打铁铺——在圣·米歇尔一个小山村午餐..................361

托尔恩山口——公墓——阿达拉：多么大的变化——太阳升起——萨尔茨堡——军事检阅——农民的幸福——伍克那布鲁克——普拉库尔特和我的祖母——夜晚——德国和意大利城市——林茨..................366

多瑙河——沃尔德门澄——丛林——贡堡——吕西儿——旅行者——布拉格..................370

德·贡多夫人——年轻的法国人——太子妃——在布奇拉的行程..................373

布奇拉——查理十世的睡眠——亨利五世——接待年轻人....375

梯子和农妇——在布奇拉晚餐——德·纳博纳夫人——亨利五世——惠斯特聚会——查理十世——我对成年宣言的怀疑——读报——布拉格年轻人的场面——我动身去法国——夜晚经过布奇拉..................378

相遇在斯洛——空荡荡的卡尔斯巴德——霍尔菲尔德——班贝格：图书馆员和年轻女人——我的不同的圣·弗朗索瓦——宗教考验——法国..................382

篇章四十二

目前的政治概况——路易-菲利普..................386

7

梯也尔先生 392
阿尔芒·卡雷尔 397
几个女性——路易安娜州的女人 405
塔斯图夫人 406
乔治·桑夫人 409
德·塔莱朗先生 414
查理十世之死 423

篇章四十三

从摄政时期到一七九三年的史实 429
往昔——欧洲旧秩序的消亡 432
贫富不均——知识和技术传播的危机 434
君主政体解体——社会衰退与个人发展 435
未来——前途未卜 437
圣西门主义者——傅立叶学说的信徒——傅立叶主义者——
欧文主义者——社会主义者——共产主义者——联合主义
者——平均主义者 439
基督教思想是世界的未来 445
回顾我的一生 448
在我有生之年的世界变更记 450

附　录

《墓畔回忆录》及舆论 457
夏多布里昂自己眼中的夏多布里昂 461

卷四
我的晚年生活,及对法国未来的思考

篇章三十四

引言

　　三天的喧哗终于结束了。我非常惊讶自己能平心静气地打开这部作品的第四部分，看来我已渡过了难关，且在不知不觉之中溜进了一方和平安宁的地带。假如我在今年八月七日死了，那么，我在贵族议院的最后一篇演讲将成为我历史的终止线；长达十二个世纪的灾难性往事将填塞我的回忆，悲剧也将圆满地画上一个句号。

　　但是，我不会马上死去的，因为我并未被击败。皮埃尔·德·勒埃图瓦尔在亨利四世遇刺以后不久在报上写下了这样一段话：

> 　　在这里，伴随着我的国王（亨利四世）生命的结束，我亦将结束第二本记载着忧郁、虚浮的消遣和好奇探索的手册。公众也好，个人也好，一个月以来，由于亨利四世的死，个个忧心殷殷，惙怛伤悼；我个人更是愁肠百结，日夜忧心如焚。这便是这本手册此时此刻的最后一段。

我想以此为标志，结束我的这本历年大事记。然而，由于出现了由这一重大事件引发的这么多的奇特的新的变故，我若在它取悦上帝之前就把它传递给另外一个人就好了。我猜想这将为期不远了。

勒埃图瓦尔目睹了第一位波旁王室成员的死，我也刚刚见到了最后一个的垮台，我是否也该在这种时候结束我这本记载着忧郁、虚浮的消遣和好奇探索的手册呢？也许吧，然而由于出现了这么多的由这一重大事件引发的奇特的新的变故，我若在它取悦于上帝之前就把它传递给另一个人就好了。

如同勒埃图瓦尔那样，我对圣路易家族的厄运深表哀伤；然而我又不得不承认，在我的痛苦之中夹杂着某种发自内心的欢愉；我为此曾自责过，可还是无法抗拒：这种欢愉就像奴隶挣脱了锁链时的那股高兴劲儿那样。当我告别了旅人和士兵生涯时，我尝到了忧郁的滋味。现在，作为一名解放了的宫廷苦役犯，我体验到了欢愉。我对自己的原则和誓言忠贞不渝，从未背叛过自由和国王；我既不带走财富也不带走荣誉，就像平时一样贫穷地离开。幸亏结束了那令我腻味的政治生涯，带着满腔的欢愉，我回到了自己的墓地。

啊，为我的同胞和可贵的独立祈祷祝福吧。那是我生命的灵魂！来吧，把您视为知己密友，当偶像崇拜和缪斯看待的《回忆录》带给我吧，休闲时光本来就是用来讲述故事的，我将继续向渔夫讲述我在海上遇难的经过。回到我原始的本性，我又变成了旅人，可以自由自在豪放不羁了。我是怎样地开始我的旅程，我将怎样地来结束它；已画上圆满句号的有生之年，又将我带到了新的起点线上。一路上，在那些我过去跑遍的路途中，我是无忧无虑的新兵，但却像老练的养老兵那样缓慢前进：

筒子状的军帽里插着休假专用的卷轴装饰①，臂膀上戴着人字形袖章，背上背着多年以前用过的军用背囊。谁知道呢？也许一个旅站一个旅站过后，我又会重新找到年轻时的梦想呢。像龙骑兵躲在废墟里一样，为了抵制这群所谓真理的化身、实为乌合之众，我将向众多的梦想求救；将生命的两头重新接上，把遥远的年代和今天相互掺和，让不同年龄阶段的幻觉彼此相融，这一切全在我了，而当年我从父亲的家里外出时遇到的王子②遭流放，今天在我走进坟墓时遇到的他又遭放逐。

一八三〇年十月，于巴黎玛丽-泰雷兹诊所

大臣们的诉讼案——圣日耳曼-奥塞尔教堂——总教区遭劫

去年十月，我飞快地写完了《回忆录》中关于本章节的小段引言；但我不能继续写下去了，因为手中有另一件事要办：这关系到我的《作品全集》③的结束工作。我的写作被打断了，先是大臣们诉讼一案④，后是圣日耳曼-奥塞尔教堂遭劫一事⑤。

大臣们的诉讼案和巴黎的忐忑不安对我个人来说，算不了什么大

---

① 带着装饰物和普通印章的官方休假信件。
② 即查理十世。
③ 指《历史研究》的四卷、五卷、五卷乙和五卷丙，由拉德沃卡出版社出版。这四卷已于一八三一年出版发行。
④ 四个签署敕令的大臣被逮捕，人民群众声讨索要他们的脑袋。
⑤ 一八三一年四月十四日，保王党人为悼念贝里公爵遇难一周年，在圣日耳曼-奥塞尔教堂举行弥撒庆典仪式，人群冲进了该教堂。

事。在路易十六一案和造反分子暴动一事之后，有关审判和起义方面的一切都退居到次要地位了。在宣布审判结果期间，大臣们从樊尚赶到卢森堡监狱，然后又回到樊尚。一路上辗转反复，取道地狱街缓步向前。我在隐居地就听到了他们车子的滚动声。世事沧桑，难料啊！大臣们的辩护人依然力不从心，无人能从足够高的高度去看事物：律师在辩论中占着太多的优势。我的朋友波利尼亚克王子若选了我做他的副手，我会睁大眼睛仔细审视那些在法官面前立下的伪誓的。我会对他们吼道："什么！你们胆敢审问我的当事人！是你们自己玷污了自己的誓言，却敢拿他丢失了自己的主子来给他定罪，而你们还以为自己在为主子效劳！你们自己是煽动者，是你们煽动他颁布敕令的！与你们审判的对象换一个位置吧，让被告来审判你们吧！如果我们要受审，也不是由你们来审判；如果我们有罪，那是对人民有罪，而不是你们！人民在审判厅里等待着你们呢！我们扛着自己的脑袋去见他们吧。"

大臣诉讼案之后，随着来的是圣日耳曼-奥塞尔教堂里发生的丑闻。优秀得过分的保王党人有时很蠢，常常喜欢捉弄人，他们从来不考虑自己行动的后果，总以为只要在领带上系上高级勋章的绶带，纽扣眼中插上一朵花就表示重新拥有合法的王位继承权，其实他们上演了一幕又一幕蹩脚的可悲闹剧。很明显，革命党人将有可能利用贝里公爵之死而滋事生非。然而，保王党人却无能阻止他们，甚至连一个用来维持秩序的机构，政府也没有建立一个。大祸临头了，教堂也遭到了洗劫。一个进步的伏尔泰派的药剂师①，胆大妄为，攻下了一三〇〇年前建成的教堂钟楼，而一座十字架是由九世纪末的野蛮人所推倒的②。

紧接着这位高明药剂师的突出事件是洗劫主教区、亵渎圣物以及

---

① 指卡代-加西库尔（Cadet-Gassicourt，一七六九——八二一），他在一些文章中抨击过夏多布里昂和斯塔尔夫人。
② 圣日耳曼-奥塞尔教堂原址上建立起来的第一座教堂，九世纪末被诺曼底人所毁。

在里昂出现过的辱没迎神仪式的队伍。就只缺刽子手和牺牲品了,但却不乏鸡胸驼背式的滑稽小丑、稀奇古怪的面具和狂欢节才有的花样百出的狂欢。十分荒唐的是,当塞纳河另一侧假装跑来营救的国民卫队在排队行进时,塞纳河这边亵渎圣物的游行队伍却畅行无阻。河对岸井然有序,河这边乱七八糟。后来有人说,当时一个很有见地的人在那里,看到塞纳河上漂浮着祭披和书本时觉得很奇怪,他说道:"遗憾啊!真该把主教扔进这河里去!"这话说得多深刻,因为,淹死主教的确是件逗人高兴的事儿,但含意深远,它道出了自由与光明向前迈出了一大步!而我们,作为历史的见证人,我们不得不对你们说,你们所看到的只不过是苍白和悲惨的仿制品。你们的革命天性未泯,然而力量却不够;你们只能在想象中成为罪犯;你们想干坏事,心里却缺乏勇气,臂膀也缺乏力量;你们耳闻目睹到杀戮,自己却无法下手。如果你们希望七月革命伟大,永远伟大,那么不能把卡代-加西库尔当作真正的英雄,马耶[①]才是理想的人物。

一八三一年四月,于巴黎

我的关于王朝复辟和选举君主制的小册子

七月过后,我原以为会进入一方和平安宁的地带,然而现实与我原来的估计相差甚远。三位君主的垮台使我不得不向贵族议院做出解释,

[①] 漫画家们创造的典型人物形象,他属于巴黎小资产阶级,不信宗教,永不满足的爱国者。

说明原因。国王们被放逐不允许我再三缄其口、沉默不语了。一方面，菲利普的各家报纸问我为什么拒绝为那场革命效劳，而那场革命的宗旨正是我曾大力捍卫、广为传播的。为了澄清事实和解释我个人的行为，我不得不开口讲话了。这里有一本今后也许会被遗失的记事本（《记王朝复辟与选举君主制》）①，我将继续用它作为我讲演的题材和我这个时代历史资料：

去掉了现在，就只有一个在我坟墓之外的不确定的未来。对我来说，最重要的是不要让我的回忆无声无息。我不应该在我曾致力参与、天天受到人们辱骂、最后又在我的眼皮底下被放逐的复辟王朝一言不发了。在中世纪那多灾多难的年代里，人们信奉宗教，为了拯救民族，僧侣把自己关在塔楼里靠面包和清水守斋禁食。我同十二世纪的僧侣差不多了。透过赎罪监狱的天窗，我向过往的行人布讲最后的福音。瞧，这就是讲道的大致概要。在贵族议院的讲台上，在我最后的讲演里，我大声讲道：七月王朝处在绝对的天福里，或者处在特别法的保护下。它靠人民养活，而人民把它杀害了。没有天福，它将被自由毁灭；如果它攻击自由，便会自取灭亡。我们不难发现，为了人民的自由，用内战驱逐三个君主，又为反对这种自由而重新来一场革命，其实是白费劲。然而，怎么办呢？难道为了遏制作家，加大法官、法律的作用就行了吗？一个新政府只不过是个只能用布带拉着蹒跚学步的婴儿，我们的国家又回到了婴儿时期。这个在母亲的怀抱里吸足了胜利的血液的可怕婴儿，难道它不会撕破包裹它的襁褓吗？只有在过去深深扎稳了根的树墩才不致被新闻自由的风暴所刮倒。

---

① 这里记载着夏多布里昂论战的精华。

听到这些夸张的日课经,爱丁堡①的流放者们似乎是人间最渺小的同伴了,而且他们无论在什么地方都不缺少。现在缺少的是过去,这不打紧!像以往各个世纪都不注重打好基础一样,愿新来的世纪能做得更好。我们的虚荣心无论怎样违背记忆,擦掉代表王室的百合花徽,取消贵族的头衔和符号,一切都无济于事。这个家族,半个世纪的继承者,它的隐退留下了一片广袤的空白,这一点我们到处都能感受得到。这些在我们眼里如此不堪一击的君主,他们的衰亡却震撼了整个欧洲。这些事件只要能稍微产生一些正常的效应和严峻的后果,查理十世便会在让位的同时使所有的哥特国王和卡佩王朝的附属大国国王让位。

我们正在走向一场总体的革命。如果正在进行的改造顺坡而下不遭遇任何阻碍,如果人民大众的理智继续高涨,如果中产阶级的教育不中断,那么各民族将在自由的世界里会彼此平等。然而,倘若这项改造中途流产的话,那么各民族将生活在专制政权下。专制政权不会持续很久的,因为光明的曙光就在前面;但它会很严酷的,而且接下来便是漫长的社会解体。

考虑到我对这些思想持的赞同态度,大家便会明白为什么我个人必须坚贞不渝地继续担当起公众自由的最佳捍卫者,并且执意选择那些危险最小的通往彻底自由的道路。

我并不想有意做一名哭哭啼啼的、多愁善感的政治说教者,也不想做佩戴着白色羽毛饰的亨利四世式的饶舌者。用眼睛巡视一下耶稣教堂塔和爱丁堡城堡的中间地带,我发现,也许这里面有几个世纪以来堆积在贵族身上的重重厄运。尤其是那位悲痛欲绝的妇

---

① 查理十世首先逃到了爱丁堡,在奥利洛德城堡避难。

女①，她像最强壮的妇女一样肩负着最沉重的负荷，那些回忆使她心碎，她的遭遇如此深重，以致后来成了革命伟人之一。但是，并不见得非得让她当上国王。上天把它特殊的爱送给愿意接受的人；这种爱总是很短暂的，因为人生是短暂的；而且这种爱在人类整体的命运中从不吝啬。

然而，让把丧失了权力的家族永远地驱逐出法兰西领土的建议②是衰落家族的必然后果吧，必然结果这一套说服不了我，我会在与现实社会秩序紧密相连的不同阶层的人中徒劳地寻找着自己的位置。

有这样一些人，他们有发不完的誓，继看不见的第一共和国、五人督政府、三人执政府、一人独裁的法兰西帝国、第一次复辟、帝国宪法附加条例、第二次复辟之后，仍有誓言向路易-菲利普可发。我可没有这样富有。

有这样一些人，他们像罗马的牧羊人七月份在废墟③中玩配对游戏时一样，他们议论着，说只有那些傻瓜和笨蛋才不把政治作为个人利益的资本。我就是这种傻瓜和笨蛋。

有这样一些人，他们胆小如鼠，本不想再起誓的，但一看到他们的祖父母、孩子及所有的产业主屡屡被割喉杀死，便也颤颤巍巍地发起誓来。这一肉体惩罚我至今未得到证实，但我会等待这一惩罚的。如果要发生在身上，到时候再看吧。

还有一些人，他们同养老金密切相关、靠神圣纽带紧紧拴在一起的帝国大老爷们。不管他们落在谁的手里，在他们看来养老金是

---

① 指昂古莱姆（Angoulême）公爵夫人。
② 指议员博德（Baude）提交给议会办公室的那项建议。
③ 在"废墟"一词之后，在这本小册子里，夏多布里昂还有下面这段话："这些人在这最后一场革命里看到的仅是表面的、纯属巧合的事件；但愿这场革命继续下去，以便他们获得一笔意外之财，不管发什么财！他们说……"

神圣不可侵犯的东西，它的重要性同头衔、婚姻一样重要。所有靠养老金生活的人不能没有养老金；养老金由国库负担，他们也就由国库来负担了；我不习惯向财富伸手，我太老了，不要它了，我放弃了它，我怕它不离开我。

还有高贵的王权和教权的捍卫者男爵们，他们从来没有背叛过敕令；不过，也未必，为了把这些敕令付诸实现，运用的手段不得力使他们大为光火，他们差点要迁怒于专制政府了[①]，他们已在设法改换门庭了。我可不能分担他们这种愤懑和恚恨了。

还有一些屈服于压力、为立伪誓而立伪誓的良知未泯的人；他们的权利并不因此而受到削弱；他们为可怜的查理十世哭泣过；他们对于查理十世，先是由于他们出的主意导致他的失败，后又由于他们的伪誓把他置于死地。但是，如果他或他的家族有朝一日复苏重新掌权，他们就会成为正统派的叱咤风云的人物。而我，我向来视死如归，像穷人家的狗一样，愿做一个旧君主制的耿畜。

最后，还有一些口袋里装着荣誉证书和伤残证明的皇家骑兵。而我是没有这样的证书的。

我是可以接受的王朝复辟派人物，有着各种自由的王朝复辟派人物。这种王朝复辟却把我当作敌人；它完蛋了，我也跟着要倒霉。在我剩下的为数不多的年月里，难道我也去像那些东游西逛、任人糟蹋自己的裙裤的妇女那样去赚一笔新的财富吗？作为年轻一代的领路人，我难免会让人说我靠不住；而落在他们的后面，那又不是我的位置。我所有的器官依然健壮，对此我感觉良好。我比以往任何时候都更了解自己的世纪，也比任何人都更勇敢地探索它的未来。然而，命中注定的厄运开始了，体面地结束一生是从事社会

[①] 他们对查理十世镇压革命不力很不满。

活动者的必备条件。

一八三一年三月底，于巴黎

《历史研究》

我的《历史研究》在不久前终于出版了。下面是这本书的《前言》：这是我的《回忆录》的真正的篇幅之一，因为它记录了此时此地我正在写着的我的历史：

前言

为了防止看不见世界历史之车起见，记住吧，当时（即罗马帝国灭亡之时），一些市民像我一样在现在的废墟中翻寻着应新革命之声而记载着旧革命编年史的过往档案。他们像我一样，在一片摇摇欲坠的建筑物中，把砸在自己的脚边、极有可能打破脑袋的石头当作一览表。

《历史研究》（第五卷第 175 页）

在我一生余下的日子里，我不想过那刚刚度完的一年半的那种日子了[①]。别人大概永远不会像我一样有那种笃行不倦的思想了，我强制自己起早摸黑，一天十小时、十二小时、十五小时地对周围发生的事物抒怀命笔、仰屋著书。当人们费力地阅读报纸上连载小说

---

① 这个《前言》刊载在拉德沃卡版本里的第四卷卷首。

的章节或片段时,谁还会去翻阅我的那厚厚的四大卷呢?我写古代史时,现代史来敲我的门了。我对它嚷道:"等一等吧,马上轮到你了。"可是没有用,现代史纵身投入了大炮的轰隆声中,卷走了三代国王。

那么,让时间与《历史研究》的性质协调一致吧!有人推倒十字架,有人追捕神父,而在我的讲述里每一页都有国王和神父;有人把卡佩王族驱逐出境,而我却出版了一部有关卡佩王朝的历史书,其中卡佩王族的统治达八个世纪。这是我一生中写得最长、也是我的最后一部书;写这部书,我花的研究、精力和时间最多,我花的心思和记叙的事实恐怕也是最多的;它问世后,其读者为数戋戋,就像我把它扔进井里,让它在随后扔下的大堆瓦砾的重压下沉下去一样。当一个社会形成又瓦解的时候,当每个人和大家都能在那里生存下去的时候,当人们连未来的一个小时都无法把握的时候,谁还会去在意、关心邻居的所做、所说、所想呢?当我们发现自己身陷现代社会的灾难当中的时候,还会去关心德·内隆、德·龚斯唐丁、德·朱利安、基督使徒、殉道者、神父、哥特人、匈奴人、汪达尔人、法兰克人、克洛维王朝、查理曼大帝、于格·卡佩和亨利四世,以及旧世界的灾难吗?在这个时候去操心史学,难道不是本末倒置,不是精神上的一种软弱吗?话虽这么说,但这种本末倒置与我的大脑没有联系,它只是我个人倒霉不幸的产物。我如果不是为了国家的自由而如此卖命的话,我也不会被迫去鉴定那些在双重环境里对我来说充满了不幸的文约。任何一个作家都不会写出这样的作品,感谢上帝,它总算快到分娩期了。我只须坐在废墟上,对我年轻时就一直不屑一顾的生活继续不屑下去。

在极不情愿地结束这通合乎情理的怨言之后,我的脑子里闪过一个自我安慰的念头。我通过写一部以诗与道德的关系去预测基督教的书开始了我的文学生涯,然后我又通过写一部以哲学与历史的关系去思考这个宗教的书来结束了我的文学生涯;我在复辟时期开始了我的政治生涯,又伴随着复辟的结束而结束了我的政治生涯。我毫不掩饰自己的心满意足,觉得自己一贯如此。

一八三一年五月,于巴黎

我绝不放弃七月事件时设想的解决方案。我操心的是如何在外国的领土上艰难地生存下去,我已一无所有了。买下我所有作品的出版者也许要让我破产了①,而满身的债务也不会让我去找到愿意借钱给我的人。

无论如何,我都得带着卖掉我最后一本小册子(《论王朝复辟与选举君主制》)的钱前往日内瓦,留下我写这篇文章的房屋出卖代理权以便安排目前的日子。如果能找到买我这张床的商人,我在法国之外还可以找到另一张床的。在这种变化不定和颠沛流离之中,到我初步安顿下来,我都无法重新拾起《回忆录》中被中断的部分②继续写下去了。因此,我将只会继续写些我现实生活中的一些事情;我会在路途中或各个落脚点用书信形式让世人了解这些东西;我将用一本记着信件日期的日记把这些情节串联起来。

---

① 《作品全集》的出版者拉德沃卡已不得不靠普拉的接济了,很多次本该属于夏多布里昂的收入都被削减了。
② 这与我后面要讲的我的文学生涯和政治生涯有关,这个空白现在已由我在一八三一——八三九年这些年里刚刚补上了。(一八三九年巴黎手记)

致雷卡米耶夫人的信和写给她的诗作[①]

我现在离您很远很远了；我从来没有这样忧郁地旅行过。宜人的气候，披上盛装的大自然，啭鸣啼叫的夜莺，繁星满天的夜晚，这一切都是为了谁？如果您不来救我，我一定会要回到您那儿去的。

一八三一年五月十八日，于里昂

昨天，我一整天都在罗讷河边踱来踱去，东游西转，眼睛注视着您出生的那座城市以及您在那里曾被选为第一美女的那座耸立着修道院的小山丘：真希望您一点都没有说谎；您没回过这里了，好多年已过去，您还在摇篮时代就被放逐过，史塔尔夫人久辞人世，我亦离了法国！在这些过去的年代里，一位怪人出现在我的面前：因为出乎意料，又令人吃惊，我把他的一张便条寄给您。我从来没有同他谋过面的这个人在里昂的山上种了一些松树。离那里很远的地方，在费多街和售房街，各类角色在这块土地上的变化真大啊！

亚森特把报纸上的道歉和文章告诉了我，我觉得他们这样做一点都不值得。你知道我一天有二十三小时真诚地信任他，只有一

[①] 亚森特习惯抄写我发出和收到的信函，固执得差不多不顾我的反对了，因为他发现我经常被一些人攻击，而这些人正是写信给我、没完没了地吹捧我或求我帮助的人。他这种兴趣来了的时候，就在他一个人所熟悉的纸堆中翻来翻去，然后把辱骂我的文章和奉承我的信件做比较，并对我说道："您看，先生，我干得不错吧！"但我却一点都不这么认为：对那些人的意见，我既不相信也不过于看重，它们是什么我就把它们当作什么，但我重视它们的价值。我永远也不会因为他们公开说我或私下里说我而考虑拒绝他们的信件，但亚森特很在乎这个。我给雷卡米耶夫人写信从不留底稿，她很乐意把我写给她的信借给我。（一八三六年巴黎手记）

15

小时用在虚荣心上，但这种虚荣心一闪即过。我在这里不想见任何人；但回到南方的梯也尔先生敲开了我的门。

五月二十日，星期五，于里昂

信中夹带的纸条：

我是您的一位邻居，您的同乡。我对您的杰出的才华和个性佩服得五体投地，而没有别的意思。我希望能有幸拜谒您，向您呈上我的一片崇敬之意。旅馆里的这位邻居、这个同乡叫埃勒维庸[①]。

明天我们将去日内瓦，在那里我可以找寻到您的另外一些回忆。一旦越过边境线，我还能见到法兰西吗？当然是能够的，只要您愿意，也就是说，只要您一直待在法国。我不希望出现一些提供让我回去的别种机会的事件。我真不愿意踏进那不幸的祖国一步。我会在24日（星期二）在日内瓦再给您写信的。什么时候我能再见到您那娟秀的字体，我年幼的小妹？

五月二十二日，星期日，于里昂

昨天到达日内瓦后，我们到处找房子住，我们有可能安顿在湖边的一个小亭子里。我简直无法告诉您我们在寻找栖身之处时我是多么的忧伤。又是一个未来！当我以为一切已经完了的时候，又要重新开启新的生活的航船！我本打算稍微休息之后给您写封长信的，但我害怕这种休息，因为那样我又会想起那枯燥无味、没有轻松可言、成天一颗心绷得紧紧的黑暗年代的。

五月二十四日，星期二，于日内瓦

[①] 埃勒维庸（Elleviou）是法国男高音歌唱家。他在费多剧院十分走红，尤其在达拉亚拉的售房街更是红得发紫。后来退出乐坛归隐，居住在里昂附近，那里有他自己的土地。

您知道，在新教徒中建立了一个新教派。该教派的一名牧师来看望了我，在此之前他曾给我写了两封堪称一代宗师劝我改教的书信。他想要我改信他们的宗教，而我执意做一名天主教徒。我们像在加尔文时代时那样争论着，但彼此又像兄弟会一样友好善待且不中伤对方。我对他的灵魂拯救论很有些信心，他完全动摇了我的关于教皇的理论。您简直想象不出他的激动、兴奋达到了何种程度，他的天真和坦率有多么可爱！如果您和我的老朋友巴朗谢一同来到了我这里，那该多好啊！日内瓦的一家报纸刊登了一篇新教论战的文章，这家报纸鼓励作者们坚持下去，因为《基督教真谛》的作者就在身边。

还有一件值得欣慰的事，就是寻找一个由最卓越的人管理的自由部落，在那个部落里，宗教思想是自由的基础，也是生活的第一需要。

我在内克①夫人身边的德·龚斯唐②先生家吃午饭；内克夫人耳朵不幸失聪，但仍不失是人间罕有的、最优雅、最高贵的妇女。我们谈的都是您。我早已收到了您的信，并且向西斯蒙蒂先生③转达了您对他的敬仰之情。您看，我对您是多么言听计从啊！

最后，是给您的一首诗。您是我的星星，我等着您指引我到达那迷人的岛上。

德尔菲娜④已成了家，哦，我的缪斯！我在最近的一封信里向您解释了为什么我既不写贵族议员也不写战争：那样的话，我会要

---

① 内克·德·索舒尔（Necker de Saussure）夫人，女作家，斯塔尔夫人的表妹。
② 查理·笔·龚斯唐（Charles de Constant），是邦雅曼的堂兄，住日内瓦。
③ 西斯蒙蒂（Sismondi，一七七三——一八四二），历史学家。
④ 德尔菲娜·盖（Delphine Gay），年轻的浪漫女诗人，一八三一年嫁给了记者埃米尔·德·吉拉尔舟。

去攻击我也曾属于其中一部分的那个肮脏的躯体，宣扬那些已不存在的荣誉。

得有个水手来读和理解这些诗①。我得到了勒罗尔芒②先生的帮助。以您的才智是足以对付最后三节诗的，谜底就在诗的下面③。

一八三一年六月六日

遇难的船员 ④

劲风⑤刮到沙滩上，失去了它的威力；击碎的旧船⑥，它的生命完了。那顽强的木匠⑦呀，无情的死神，要在你生命征途最后一站把船拆散！

甲板上的人走空了，下面只剩下一个守护人。
过去你看到船在你前面的工作台上。
暗礁使你心焦，使你痛苦。
你吹着口哨，为的是把风招来。

无畏的骑士马上上到了艏斜桅上，
当他的头沉入波涛中时，他笑了；
你到桅杆上时，你跳了起来，
他叫道："大地呀！救救水手们吧！"

---

① 扯了一通题外话之后，作者才回到诗的主题。
② 他曾陪同商博良先生到过埃及，他对地中海一带十分熟悉。
③ 夏多布里昂在诗的下面写道："致雷卡米耶夫人"。
④ 借指夏多布里昂本人。
⑤ 借指夏多布里昂本人。
⑥ 借指夏多布里昂本人。
⑦ 借指夏多布里昂本人。

他回到了残破的船舱里①,

脸色苍白,头发花白,双手如柏油,只有目光仍如豆。

沙时计②里的沙子快空了,方向盘已破碎,这一切预示着他将成为大海的隐士③。

你们奄奄一息,以为快到岸了,
老船,老船夫!你们错了:
暴风雨控制了你们,要把你们带往黄泉路,
到阴曹地府去号啕痛哭吧!

当你触到第一块暗礁时,你就难于前进了,
你将停航,船的两侧已经开裂。
你们将沉入海底!完了!锚已折断。
在海底,滑动、移动都不可能了。

这艘船是我的生命;而这位船夫就是我。
我得救了!我在海上的日子已结束了:
当其他的星星躲藏起来的时候,
我爱着的那颗星星④用光芒照亮了我。

这颗夜晚的星星驱散了暴风雨,
它的名字是那样的美好,

---

① 指他老了,身体也垮了。
② 古代计时的一种工具。
③ 他将死去。
④ 指雷卡米耶夫人。

它把我的航船从深渊,
领向那无限美好的彼岸!
这颗温柔、迷人的星星一直要领着我去到那佳城仙境,
我将永远跟着你那纯洁、皙皙亮光;
而当你停止照耀我的风帆时,
你将照耀我的坟墓。

您已收到了我所有的信,而我在不停地伫候玉音。明知会没有回信,可每当邮差带给我的仅仅是些报纸时,我还是觉得诧异不已。在这个世界上,只有您才给我这样写信,只有您才想起我,对此我不胜感激,备感欣慰。我喜欢您的与众不同的来信,因为您的来信与那些在我拥有高官贵爵的时候给我寄来的那种充满爱恋、崇拜而粗俗的信件与快件包裹截然不同;这些东西随着我的失意潦倒而消失了。看了您的信,即使我不回去找您,我也能看到您那美丽的身影。您将是我的遗嘱的执行者;卖掉我那座古旧的房子吧,用作您走向光明的盘缠。那个时候,天气会晴朗;就在我给您写信的时候,我远远地看到了那金灿灿的阳光下的勃朗峰。自勃朗峰往下看,那是亚平宁山脉:在我看来,从那儿到我们将要去的罗马似乎只有两三步之遥,因为一切都会在法国安排妥的。

在我们引以自豪的祖国经历了千灾万难、饱尝痛苦之后,我们再也不要那个胆小的政府了[①]。年轻人依着各自不同的性格,在教义、文学作品和荒淫放荡中自甘堕落,自我毁灭,余下的也只是津津乐道于各种事件和事故。然而,当人们像我一样在人生的路上跋涉时,是最有可能发生意外事故的,那就是人生旅途的终结。

[①] 路易-菲利普政府在避免法国内战之前过去是、今后仍会是诚惶诚恐、踧踖不安的。

我一点也不写作了，我也没有什么可写了：我只是烦闷苦恼。这是我的天性，像水里的鱼儿一样，但水若再浅一点，也许我会游得更开心些。

一八三一年六月十八日，于日内瓦

一八三一年七月十二日到一八三一年九月一日的日记——德·拉帕诺兹先生的代理人——拜伦勋爵——费尔内和伏尔泰

我同夏多布里昂夫人在帕吉①安顿了下来；我在那里结识了里戈先生，他是日内瓦工会的要人；顺着洛桑大道往上走，在里戈先生房屋的上边，日内瓦湖边，坐落着一座前有花园、耗资一百五十万法郎修建的别墅。这是德·拉帕诺兹先生的两个代理人②的。每当我徒步经过他们的别墅时，我总不禁感谢起上帝来，因为它在他们和我的心里，在日内瓦留下了复辟的一切证据。瞧我多笨啊！德·拉帕诺兹先生是保王党人，曾与我一道共过患难：看看他的两个代理人因为赞成我曾经天真反对过的公债的折换③吧，而我正因为此而遭驱逐。而他们呢？他们坐着雅致的轻便马车，帽子戴到了耳朵上部姗姗而来，而我却不得不跳到水沟里以免车轮挂着我礼服的下摆。我曾当过法国贵族议员、大臣、大使，而

---

① 日内瓦近郊的小镇，夏多布里昂夫妇在那里租了一间带家具的房子居住了下来。
② 巴托洛尼兄弟得到德·拉帕诺兹大银行家的支持，他们两人在法国发了大财。
③ 指旧债券折换成新债券。

在我的一个硬纸盒里装着所有基督教国家的一级神品，包括圣灵骑士勋章和金羊毛勋章。如果德·拉帕诺兹先生的这些百万富翁代理人先生们想为他们的老婆向我买饰带盒的话，他们会让我十分开心的。

然而，对 B 先生们[1] 来说，并不是一切都是美好的，他们还不是日内瓦的贵族，也就是说，还不属于第二代，他们的母亲仍住在日内瓦城的下城区，也就是说，还没有迁到市内的圣日耳曼区的圣皮埃尔小区来。然而，老天相助，有了钱就能买到贵族头衔。

我第一次住到日内瓦，是在一八〇五年。假使两千年的时光消逝在我的两次旅行时期，那么它们还会像现在这样彼此划分得如此分明吗？日内瓦原来是属于法兰西的；波拿巴在它整个的光荣史上闪闪发光，德·斯塔尔夫人则在他的光荣史上闪闪发光。如果波旁王族从来就不曾存在过，当然也就无所谓波旁王族的问题了；但是波拿巴和德·斯塔尔夫人以及波旁王族，他们会怎样呢？至于我，我依然是我。

德·龚斯唐先生，即邦雅曼·龚斯唐的堂兄以及龚斯唐小姐[2]，一位思想丰富、才气过人，有着优良品德的老姑娘，他们两人住在靠罗讷河边的地下陋室里。他们的上方是另一座乡间房子；这房子过去属于德·龚斯唐先生，后来他把它卖给了流放中的米兰王妃贝尔吉奥诺索[3]。我在罗马为大公爵夫人埃莱娜举行宴会时，我曾见过这位王妃路过，她的脸色十分苍白[4]。

在船上闲庭漫步时，一位老桨手向我讲述了拜伦先生的故事，湖边萨瓦岸上那幢房子就是拜伦勋爵的。拜伦勋爵等待风暴来临以便乘船出

---

[1] 指巴托洛隆兄弟。
[2] 即罗萨莉·德·龚斯唐（Rosalie de Constant），查理的妹妹。
[3] 贝尔吉奥诺索（Belgiojoso）意大利阴谋家，在法国当了作家；她在米涅的生活中占据重要位置。
[4] 缪塞在他的《关于一个女人的死》中写道："她装作像活着。"

游,他从单桅帆船船舷往水里跳,然后顶风游到了博尼瓦尔封建监狱:他讲述着,像演员也像诗人。我不能像他那样原汁原味地表述出来,我也喜欢暴风雨,但我的激情同它是隐蔽的,连对船夫也不肯吐露。

我发现在费尔内后面有一条狭窄的河谷,里面流淌着一股七八尺深的细流,小溪冲洗着几棵柳树的根须,根须在层层水田芥的掩盖下若隐若现。几只蓝翅膀的蜻蜓在微微晃动的灯芯草尖上翩翩起舞。吹号手①可曾见过这般万籁俱寂而非回声阵阵的避难胜地吗?也许没有过吧!那么请看看吧!水在那儿流淌呢!我不知道它的名儿,也许它压根儿就没有名字吧。伏尔泰的时代已一去不复返了,只有它的名声还在这块狭小的角落里悄悄流传,就像这小溪一样,从十几步远的地方就能听到溪水潺潺流淌的声音。

人各不相同,我被这条荒漠的小河沟深深地陶醉了;一看到手里在阿尔卑斯山上采集的蕨冠我便狂喜不已,流淌在碎石间的涓涓细水发出的潺潺声也让我倍感欢愉;只有我才能发觉的那些细小昆虫在苔藓下面不断往下钻,就像钻进一片广袤的孤独中一样,占满了我的视野,让我浮想联翩。这种叫人窝心的事,连置身其旁、化妆成奥罗斯玛娜上演悲剧、给各地王子写信,让整个欧洲来费尔内村庄欣赏他的杰出天才也不理解,这难道不也是一种悲哀吗?世界的改变可比不上这些溪水的流淌;比起国王来,我更爱我的蚂蚁。

每当想起伏尔泰,有件事总让我惊讶不已:拥有高超、理智、聪睿头脑的伏尔泰,对基督教却一无所知,对大家看到的东西,他视而不见。《新约全书》的成书,对人类关系的思考是地球上发生的最伟大的革命:可以这样说,伏尔泰时代里这一思想早已进入了人们的头脑中。神学家为基督教辩护,说它是一部已完成的作品,一个以现世的宗教权威

---

① 这里的吹号手指的是伏尔泰,在本章稍后的部分里还要讲到他。费尔内离日内瓦七公里。

法则为基础的永不蜕变的真理;哲学家则攻击它是为神父和国王的积弊;其他的攻击则有过之而无不及。倘若有人能突然把问题的另一面告知伏尔泰,他那清晰的头脑和敏捷的思维是不会因此而受到打击的,我对此毫不怀疑。他致力探讨的题目同各民族的改革、伦理学的引进、新的社会制度、另一项人权和另一个思想体系毫无关系,人们对他这种没有远见的平庸做法报然一笑置之。不幸得很,这位大作家在散布一些令人沮丧的思想的同时,自己也惘然若失,最后带着这些狭隘的观点落得个功败垂成:他活像东方的暴君,跪在被他杀害的奴隶坟墓之前惺惺作态。

在费尔内那里,今天谁也不去了;在我独自前来闲逛的费尔内四周,有多少名人雅士曾经光顾过啊!他们被编撰在伏尔泰的作品里,永远永远地长眠于地下了;伴随着另一个世纪气息的到来,这个世纪的呼吸已逐渐减弱,直至消失在永恒的肃静之中。

于日内瓦附近的帕吉

日记续篇——白跑一趟巴黎

啊!我曾如此鄙视过、无论干什么也不会喜欢上你的金钱呀!我不得不承认你的魅力了。作为自由之源,你把万事万物调理得如此井然有序。在这个世界上,没有你,一切都难以举步运行。除了荣誉,还有什么你不能获得呢?有了你,人便变得漂亮、年轻、可爱;有了你,人们才会有敬意、感到光荣,才会具备优良的品德和高尚的品质。夫人,也许您会对我说，有了钱，你也只能买到上面那些表面的东西，我若对虚假的东西信以为真，那又有何关系呢？骗骗我吧，剩下的我不再向你索取。生活不过是篇谎言罢了。我们身无分文的时候，便生活在对别人别物的依赖之中，寄人篱下，仰人鼻息；两个互不喜欢对方的家伙会从各自出发，走到一起。好吧，既然大家都没有钱，那就面对面地互相不满、互相抱怨、互相惹怒对方、互相牵制、互相吃掉自己的良心忍受对方的白眼和冷言相讥吧，彼此在发怒的同时牺牲自己的口味、爱好和生活的自然方式吧。痛苦紧紧地追逐着他们，一个紧挨一个，争先恐后。处在贫困线上的人们，他们非但不相互拥抱，反而彼此撕咬，只是不像弗罗拉咬伤蓬佩[①]那样，没钱的连逃避的方式也没有。人们无法带着一个高傲的灵魂去寻找新一轮太阳；人们不停地给自己拴上条条铁链；走运的犹太阔佬，买卖耶稣像的商贾，今天由他们主宰基督教，决定战争与和平。他们卖掉古老的城堡后，吃着猪肉，成了国王和美人的宠信。你们多丑陋多肮脏！要是你们愿意同我换一下皮肤，多好！如果我能，哪怕只溜进你们的保险箱一趟，把你们的赃物拿来分给我的儿子，我便是世界上最幸福的人了。

我会有办法生存下去的。我要是向君主们进言，像扶助他们的王位一样，自己却落个潦倒落魄。他们没让我饿死已算够公正的了。然而，这种想法他们本该有的，却没有；我更不用说了。我宁愿像从前在伦敦同我的穷朋友安岗过的那样，重新忍饥挨饿，也不愿坐到国王的宴会厅里。然而，年谷顺成的时代已经过去，不是我在那里不好过，而是我在那里不舒服，我穿着大礼服在那里会占去过多的位置，我去到那里已不是只穿一件衬衣和那个没吃饭的陌生人的苗条身材了。我那个为抵御夜晚的寒气把椅子当棉被盖着取暖的表弟拉埃塔阿代已经在布列塔尼去

[①] 弗罗纳是罗马高级妓女，她咬蓬佩是在爱的冲动下之所为。

世了，他再也不能身着布列塔尼国会参议员的红袍坐在我的破床上拉小提琴了；拿着克里斯托夫国王的钱给我们饭吃的佩尔蒂埃也不在了；特别是那年轻的女术士不在了，她一微笑就能把贫穷化为富有，就能把她妹妹"希望"送来给你做情妇；她妹妹的骗术与她的相比半斤八两，只不过当姐姐的潜逃消失时，她折了回来。

我已忘记第一次逃亡国外时的绝望情绪，我当时设想，离开了法国，只要在流亡中保持那份尊严便行了：烤云雀只会落在收割庄稼的人手里，而不会落在播种庄稼的人手里；如果只涉及我一个人，我会好端端地躺在医院里的，然而夏多布里昂夫人怎么办？因此与其放眼未来，还不如想想现在。一阵焦虑占据着我的心。

有人从巴黎写信告诉我，在地狱街只能找到以不足清还房子抵押权价出售房子的办法；要是我在巴黎，有一些事是可以办好的。根据这信上说的，我回了一趟巴黎。但是白跑了一趟，因为我既没有找到热心人也没有找到买主。不过我又见到了拉巴耶-奥-布瓦和其他几位新朋友。在返回这里的前一天晚上，我同阿拉戈、普凯维尔、卡雷尔和贝朗瑞在巴黎一家咖啡馆里共进了晚餐。所有的人或多或少都对最佳共和政体[①]不满或失望。

一八三一年九月十五日，于日内瓦附近的帕吉

[①] 法耶特本打算给立宪君主政体定这个名称，但是他否定了用这种从来不曾用过的表达方法。——同夏多布里昂共进晚餐的四个人或多或少有支持共和党的倾向。

日记续篇——阿·卡雷尔先生和德·贝朗瑞先生

阿·卡雷尔先生

我的《历史研究》把我同卡雷尔①先生联系在一起了。《历史研究》使我认识了梯也尔先生和米涅先生,我把卡雷尔先生撰写的《卡塔洛涅战争》中的大部分引进到了我的《研究》序言中。其主要内容有:"事物在它的连续的、必然的变化中,并不能增加人们对它的理解,也不能巧妙地驯服所有个性中人,甚至未顾及各方面的利益。这就是我为什么必须理解、原谅那些为以往利益而辩护的抗议者所干的傻事;当一个时代已经完结,它的模式也随之毁坏,对于上帝来说只消重做一个,然而这些残余仍留在地上,偶尔看它一眼也不是不可以的。"

在上面这段精彩的引言下面,我做了如下的概括:"只有能够写下这些的人才有可能对那些信仰上帝、尊重旧教、眼睛盯着地上残余的人产生好感。"

卡雷尔先生来向我致谢,他是《国民报》社中智勇双全的人,曾与梯也尔和米涅共事过。卡雷尔先生是虔诚的保王派鲁昂家族的一员,好坏不分的盲目的正统派们对卡雷尔先生不屑一顾,恃才傲物的他便一头扎进他自己的理想世界以此补救自己做出的牺牲。在各项伟大运动中那种才智双全的特点他都具有。这种人,当事先没有预料到形势迫使他们把自己关在一方狭小的范围内时,便尽一切努力利用其丰富的才能去适应当时的事件与舆论。革命之前,这些高傲的绅士死得不明不白,因为那时他们的公众尚未形成,革命过后,这些人死得孤孤单单,因为公众

---

① 阿芒·卡雷尔(Armand Carrel,一八〇〇——一八三六),他在一八三〇年同梯也尔和米涅创建立国民党,后由于他的共和观点使他很快同梯也尔和米涅决裂。

隐退时抛弃了他们。

卡雷尔先生是个不幸的人：再没有什么比他的思想更积极的了，再没有什么比他的生活更浪漫的了。一八二三年，他在西班牙成了一名伏尔泰式的共和党人，就地参加了战争，后被法国当局判处死刑。他冒着重重危险逃了出来；在潜逃的日子里，爱与动乱相互混杂，他必须保护支撑着他生命的所爱①。勇敢的他总是随时准备在某一天扑向敌人的剑尖，把生死置之度外。他与他心爱的女人一起，在第一束曙光升起的时候，在起床号号召他向敌人的阵地发起进攻的时候，在寂静的战场上转悠。

为了写写我们著名的作曲家，我离开了阿芒·卡雷尔。读者也许会发现我的叙述太短太少了，但我有权得到您的宽恕，他的名字和他的歌声应当铭刻在您的记忆里。

一八三一年九月二十六日，于日内瓦附近的帕吉

德·贝朗瑞先生

德·贝朗瑞先生不必像卡雷尔先生那样掩饰他的爱，在歌唱了自由和大众美德，在痛斥了国王的监狱之后，他把满腔的爱倾注在歌曲之中，于是产生了不朽的《利赛特》②。

在烈士街城门附近，蒙马特高地下面，有一条奥弗涅钟楼街。在这条只修了半截、铺了一半路面的路旁，有一幢后面带小花园、不值几个钱的小房子，里面就住着我们这位杰出的歌唱家。这是一位秃顶、表情略显粗野却又狡黠、淫荡的诗人。在看惯了太多庄重的皇家面孔之后，我饶有兴致地把目光落到了这位古罗马式的小庶民身上。我把各种不同

---

① 指埃米尔·安托万（Emille Antoine）。
② 贝朗瑞演唱的一首充满激情的歌曲。

类型的面孔予以比较后发现,在君王们的前额上,有种天然高贵但又有点干瘪、乏力、模糊的东西;在平民的前额上似乎有种共同的自然天性。但我们仍可以辨别出两者的天性在智力上的高低来。君王的前额已失去了皇冠,而平民的前额正在等待着它。

一天,我请贝朗瑞让我看看他几篇他还没有成名的作品(倘若他让我像他那样家喻户晓时[①],要他大度包容),他对我说道:"您知道吗?开初我还是您的忠实信徒呢,我发疯般地迷上了您的《基督教真谛》。于是,我做了一些基督教田园诗:反映乡间教士在村庄丰收季节里举行祭礼的场景。"

奥古斯坦·蒂埃里先生对我说,法兰克人在《殉难者》书中的战斗使他想到用一种新的方式来写历史:没有什么比把我的回忆置于历史学家蒂埃里和诗人贝朗瑞的才华前面更令我得意了!

我们的歌唱家具备伏尔泰对唱歌要求的各种素质,这位写了那么多优美诗歌的作者说道:"为了写好这些小小的作品,必须从细腻和敏感的情感出发,脑子里要绝对的协调,调子既不要太高,也不要太低,而且不能太长。"

贝朗瑞有好几个引发他灵感的女人,她们十分迷人;当这些女子成了他妻子的时候,他全爱着她们。但当他背叛她们时,他对此毫不伤悲。然而,他的快乐之中,隐藏着痛苦的虔诚感觉:这是个微笑着的严肃脸孔,一种祈祷的哲学。

有人称贝朗瑞为我的同党,从这方面讲,我对贝朗瑞的友情值得惊奇。一位与我素不相识的圣路易时代的老骑士从他的塔楼里给我捎来这样一封信:"先生,高兴起来吧,感谢那些对你的国王和上帝扇耳光的人的吹捧吧。"太好了!我勇敢的骑士,您也不愧为一位诗人!

[①] 夏多布里昂比贝朗瑞大十二岁,但这位歌唱家当时享有的盛誉是今天的人们无法想象的。

在我动身前往瑞士前,在巴黎一家咖啡馆里,我宴请了贝朗瑞先生和德·卡雷尔先生。晚餐结束时,贝朗瑞先生唱了一首动人的歌:

夏多布里昂,你为什么离开你的祖国,离开它的爱、我们的赞扬和思念?

在波旁家族史上,发现了这样一节诗:

你关心他们的衰亡吗?
那么了解一下他们那极度的虚荣吧,
它把坏事归罪于上天本身,
他们用背信弃义对待你的忠诚。

针对这首反映这个历史时代的小诗,我在瑞士写了一封信,发表在我那本关于布里格维尔建议的小册子的前面,我对他说道:"从我给您写信的这个地方,先生,我看到了拜伦先生居住的乡间别墅和斯塔尔夫人府邸的屋脊。那位游吟诗人希尔德——阿洛尔德在哪里?那位作家科里纳在哪里?我这太长的生涯就像那墓碑四周的道路一样。"

我回到了日内瓦。接着,我带夏多布里昂夫人回到了巴黎,把反对布里格维尔关于放逐波旁王族的议案手稿也带回来了。这份让一部分人成功,另一部分人不幸的议案于一八三一年九月十七日在众议员会议上引起了重视。

关于放逐波旁王族长房的博德和布里格维尔议案

十月十一日我回到巴黎，我的那本小册子于同月月底出版了，书名为《关于查理十世及其家被放逐之议案》或者称为《论王朝复辟与选举君主制》之续篇。

当我这些耽误了的回忆录将来出版时，那些日复一日、单调无聊的口诛笔伐，那些我在世时人们醉心痴迷的事件，那些我与之周旋的敌手，甚至查理十世及其家族的驱逐，等等，他们会把我的回忆录当作一回事吗？一切报纸的弊端就在这里：对于一些已变得无关宏旨的题目争论得轰轰烈烈；读者看到的仿佛是一些他连名字也叫不出的、默默无言的影子在舞台上晃来荡去。然而，在这一幕又一幕俗不可耐的剧目中，人们收集了一个人和多个人的历史事迹和观察结果。

我首先把博德先生和布里格维尔先生先后建议的政令列入在小册子的开头部分，然后在仔细研究了人们支持的五个决定后，我说道：

> 我们度过的最糟糕的时期似乎就是我们目前所处的时期，因为在人们的理性、道德和理解的领域里无政府主义当道。民族的存在长于个人的存在：一个瘫痪病人在死亡前有时可以在病床上舒适地躺上许多年，而一个民族在覆灭之前却要在历史上经历漫长停滞衰弱的时期。一个新君主所需要的是激情、年轻、勇敢果断、面对未来、领着法兰西向着未来大步前进。
>
> 因此，这个国家需要治理，它已面黄肌瘦，被医生开的药方弄得虚弱无力；它可怜又可悲，日渐贫困，两手空空，无计可施，全靠救济，向每个人乞求恩惠；可它脾气暴躁，一面笨拙地模仿正统派，一面又大肆攻击它，它反对共和主义却又在它面前瑟瑟发抖。

这种布鼓雷门的做法只有在对它构成威胁的两个对立面里才能看到它的敌人何在。为了站住脚,它招募了一支由老兵组成的军队:如果说他们的臂章上戴着像他们发出的誓言一样多的人字形条纹的话,那么他们的袖子比蒙莫朗西的号衣还要花里胡哨。

我怀疑自由会长久地迎合君主政体的火焰瓶,法兰克人已把这种自由置于兵营之中;他们的子孙后代自小尝到了自由的甜头和爱心,自由像前朝一样,希望得到颂扬,而他们的众议员正好都是军人。

这场辩论之后,我将详细讲述我们在对外关系中的体系问题。维也纳会议的重大错误在于把一个像法国这样的军事国家强行推入敌视河这边的居民的境地。我让大家看看外国人是怎样地蚕食我们的领土和取得权利的,而这一切,我们在七月里是能够夺回来的。多么深刻的教训啊!追求军事辉煌的虚荣和征服者的暴行触目惊心!假如立一个增加了法国财富的历代君王的名单,波拿巴会榜上无名,而查理十世却会占着显著的位置!

说来说去,我还是回到路易-菲利普的身上来吧,我说道:

路易-菲利普是国王,他篡夺了那孩子的君主权,成了它的直接继承人,成了查理十世把其交给这位王室总兵手里的那个弃儿的继承人;他当时可像个老练的监护人,忠实的保管者和慷慨的保护者。在这杜伊勒利宫里,躺在这无辜者的床上不失眠,不内疚,没有幽灵出现;而这位王子找到了什么呢?一张空荡荡的御座,那是由一个幽灵,一个鲜血淋淋的双手拎着另一个君王头颅的幽灵[①]奉

[①] 指路易-菲利普的父亲,菲利普-埃加利泰(Philippe-Egalité)。尽管他在国民公会投了处死路易十六的一票,他还是在一七九三年十一月被送上了断头台。

送给他的。

为了做得彻底，是不是在法律里应装配上卢韦尔①式的铁器以给被流放的家族以最后一击呢？如果它被风暴推上了岸的话，如果不嫌亨利年纪太小、不够推上断头台的年龄的话，那么，好吧！你们这些先生们，为了让他死去，就免除其年龄的限制吧。

同法国政府谈过这些后，我转身朝奥利洛德走去，并补充道：

在结束我的讲话时，我能冒昧而放肆地为那些流放中人讲几句话吗？他们在遭受着痛苦就像他们在他们的母亲怀抱里遭受着不幸一样，这不幸就像我难于抵御的诱惑，我总觉得它有理；我担心有损受尽凌辱的伟大人物神圣而庄严的威信；这些伟大人物从今以后只有我这个溜须拍马的人了。但我将克服我的弱点，并尽力让人们在某个不幸的日子里听到一种能为祖国增添一线希望的声音。

王子的教育应当与政府的形式及国家的风俗习惯密切相连，否则，在法国就不再有骑士会、骑士、焰形装饰旗下的士兵和披着铁铠甲的勇士随时准备跟着指挥旗前进了。人民也不再是过去的人民了，而是经过了几个世纪的变迁、不再具有我们祖辈的风俗习惯的人民。无论是痛惜还是颂扬突然而来的社会变革，都应当尊重国民，尊重事实，进入当时的时代去思考，然后据此采取行动。

一切都掌握在上帝的手里，除了一旦从这只强有力的手里掉了下来就再也回不去了的过去。

也许这个孤儿离开在他年轻时就给他蒙上了不祥之兆的阴影的这个斯图亚特城堡的时刻快要到了。贝阿尔纳最小的儿子应该加入

---

① 巴黎制鞍具的工人，杀害贝利的凶手（一八二〇年），后死于断头台上。

到他这种年纪的儿童行列中去，上公立中学去读书，学习今天人们知道的一切知识。但愿他成为他的时代里最具见识的年轻人，但愿他掌握当代最具先进水平的科学知识，但愿他把我们时代的一个基督徒的学问融会到圣路易时代的一个基督徒的美德中去，但愿出门旅行能教给他社会的道德与法律知识，但愿他在漂洋过海之后，能对各国的宪法和政府，自由的民族和被奴役的民族做一番比较；他要是有机会在国外能遇到那些普通的士兵，但愿他也去尝尝战争的危害，因为，没有听到过炮弹的轰炸声，是绝不会有能力对法国人发号施令的。那个时候，人们会为他做从道义上讲所能做的事了。不过，你们得特别注意，不得用那种不能战胜的法权思想去培养他；远远不能吹捧奉承他去与他的父辈比高低，而是要使他有永远也达不到那种高度的思想准备；培养他是为了让他成为人而不是成为国王：那才是他最好的机遇。

　　就这些了：不管上帝怎么想，他将在我温存而痛苦的忠贞候选人中保持一副旁人无法夺走的世纪之尊的姿态。千百年来的历史在这年轻人的头脑里总会充溢着胜过以往任何朝代的豪华排场。如果，从他个人来讲，他若能戴稳这顶崭新而古老、辉煌的王冠，如果他双手能毫不费力地举起祖先流传下来的今天的君主权杖，哪个帝国还会遗憾呢？

我如此反对其议案的德·布里格维尔伯爵先生在我的小册子上写下了几句反思的话；他的反思是随下面这封信寄给我的：

先生：

　　您那极富说服力的篇章使我从思想上对我的议案进行了反思，我决定向需要让步，向公布这些反思的义务让步。发现自己与您这位才华冠世、忠贞不贰、能将众多头衔纳入公众思考的当世俊杰作对，我感到汗颜无地。祖国已危难当头，而且我也不能就我们之间的分歧聚讼纷纭了：此时的法兰西需要我们团结一致，共同来拯救它，用您的才智来帮它一把吧，我们共同努力来助它一臂之力吧。在这片土地上，大家彼此不和的时日不会长了，不是吗，先生？您将是人民的诗圣，我们是您的士兵，而且我将十分高兴地自认为我会是您的最热情的政治上的参与者，就像我已经是您的最虔诚的崇拜者一样。

  您的十分谦卑、十分驯服的仆人 阿芒·德·布里格维尔伯爵
           一八三一年十一月十五日，于巴黎

又及：我不能再迟疑下去了，我对决斗者投出了狠狠的一枪。

致阿芒·德·布里格维尔伯爵先生

先生：

  来函收阅，您真不愧为一名绅士：请原谅我用了这个古老的名词，但它与您的大名、您的勇气以及您对法兰西的爱是完全一致的。同您一样，我恨透了外国对我们的奴役：倘若关系到保卫我们的国家，我不会要求戴上诗人的桂冠的，而是要手执老兵的长剑加入到士兵的行列。

  对您的反思，我还没有来得及读它；如果政治形势能引导您撤销让我如此怆恨伤怀的议案的话，我将何等地高兴与您相聚在一起啊！在这片自由的土地上，没有障碍，有的只是幸福和对我们祖国的荣耀！

  我将十分荣幸地成为您的最谦卑的侍从，先生。顺致崇高的

敬意。

夏多布里昂

一八三一年十一月十五日，于巴黎

一八三一年十一月底，于巴黎地狱街

致《复仇女神》^①作者的信

  一位诗人，把诗人情感的摈弃与法律情感的摈弃混同起来，用一首气势汹汹的即兴诗作猛烈地去攻击一个寡妇和一个孤儿；由于这些诗出自一位颇有才华的作家之手，因此具有某种权威，但却不能让我就此止步，撒手不管，因此我得调转矛头以攻击另一个敌人^②。

  要是没读过那些诽谤性的小诗，是不会理解我的回击的，因此，我劝诸位还是去浏览一下为好。那些诗写得很美，到处都可以找到。我的回击当时还未公开，只是在《回忆录》里才首次刊登出来。残酷的论争孕育着革命！这就是我们所进行的斗争，我们这些人中的那些软弱的后继者也拿起了武器，他们把参加这些重大问题的论争看作震撼世界的光荣与自由！今天，矮子们让埋在大山底下

---

① 马赛人巴尔特莱米（Barthélemy，一七九六八——八六七），在一份他定名为《复仇女神》的一种杂志上发表了他讽刺诗集。在此之前不久，他抨击过拉马丁。
② 巴尔特莱米先生自菲利普的中庸政府以来，不无费劲地承受着许多人的诅咒。这些人只是稍后不久才联合起来（一八三七年巴黎笔记）。

坟墓中的被他们所推翻的巨人听到了他们那微小的呐喊声。

一八三一年十二月，于巴黎地狱街玛丽-泰雷斯诊所

先生：

今天上午我荣幸地收到了您寄来的最后一期《复仇女神》。为了抵御那些艳丽、优雅、妩媚颂辞的诱惑，我需要回忆一下横在我们之间的隔阂和障碍。我们生活在两个各自不同的世界里，希望和担心的各不一样，我喜欢的您讨厌，您喜欢的我讨厌。您在一群7月早产儿中间长大成熟了；然而，如同您设想的那样，我的散文影响不会使倒下的民族站起来，同样，在我看来，您的诗文的所有魄力也一样不能贬低这个高贵的民族。这样一来，我们不是彼此被置于两种不可能逾越的境地里了吗？

您还年轻，先生，您像您憧憬着却又诱骗您的未来一样；而我老了，我像这我悠然神往却又与我擦肩而过的时光一样。假使您来，坐在我的火炉边，您一定会用雕刻刀重现我的形象，而我呢，我会竭力使您成为基督徒和保王党人。既然您在您的诗歌的第一段里用和声唱《我的殉道者和我的圣地》，为什么不坚持唱完呢？走进圣地吧！时间只会夺去我的头发，就像冬天树儿掉叶一样，而液汁还留在树干里。我的手依然有力，足够擎着火把指引您迈进神圣的殿堂。

您会断言，先生，得有一个由诗人组成的民族来理解我的《灭亡的王国与年轻的共和国之间的矛盾》。对压迫它的暴君们，您难道没有庆祝其自由和找到几个赞美之词吗？您摘引了迪·巴里、孟德斯鸠、丰唐日、瓦里埃尔的话语，回忆了王室的软弱；然而这种软弱较之于丹东和卡米尔·德穆兰的荒淫无度对法兰西的影响又算

得了什么呢？这些粗俗的卡蒂里纳①们的风俗习惯被反映到了语言里面，他们从污秽不堪的猪圈里去借用隐喻，意在其外。路易十四和路易十五的软弱在让其子女蒙受凌辱之后，不同样把他们的父母推上了断头台吗？用鲜血去洗刷一个革命者的污点和用牛奶去洗刷一个波佩②的耻辱，前者不是更贞洁吗？要是罗伯斯庇尔的小商小贩们去向巴黎人民兜售丹东浴缸里的血，内隆的奴隶去向罗马居民出卖高级妓女在公共浴池里用过的牛奶③，您认为这些恐怖的刽子手在一池淫秽的污水中能找出一点德行吗？

您的诗兴飞得太高太快了，使您受骗了，先生：朝所有不幸的人微笑的太阳有时也会嘲笑寡妇的衣裙的；这些衣裙在您看来似乎像镀了金似的，但我见过它们，即使是在节日里，也是丧服一身。肚子里的婴儿只有眼泪唰唰落地的声音才能抚慰；正像您说的那样，如果他在娘肚子里已跳动了九个月，他只有在出生之前，即怀孕与分娩、暗杀与流放之间才能享受快乐！您在亨利脸上发现的那种可怕征兆的苍白色④是他父亲遗传的结果，而不是那二百七十个疯狂夜晚舞会的疲劳所致。先前的咒语在亨利四世女儿身上得到了应验：in dolore paries filios⑤。我只知道理智女神分娩时，由于与人通奸，在死亡之神的舞动中提前生产了：从尽人皆知的腋窝下掉下来一群猥亵的爬行动物，这些爬行动物刚刚还在断头台旁边与一面打

---

① 古罗马的粗俗下流的政治家。
② 波佩（Poppée），古罗马皇后，奥通的妻子，后当了尼禄的情人；尼禄公元六五年娶了她，发怒时用脚踢死了她，后把她封为神。
③ 指波佩的洗澡水。
④ 巴尔特莱米（Barthélemy）曾以波尔多公爵为题写下了下列诗句：
……这一位的脸上，
是可怕征兆的神经质苍白……
⑤ 意为："这是你分娩时的阵痛"。

毛衣，一面列席国民议会的平民妇女一道，随着屠刀一上一下的声音跳着恶魔般的舞蹈。

啊，先生，凭您那罕有的才华，我请求您，停止犯罪，停止用即兴创作诗句去惩罚不幸者；不要把一个捧到天上，把另一个打入地狱。如果您仍然与自由和光明的事业拴在一起的话，您就会为宗教、人道和无知提供避难场所，您将会在夜间灯光下刻苦钻研时看到另一种类型的与世界上所有的大人物相媲美的复仇女神出现在您的面前。那时您会把您新思潮的整个海洋倾注到社会公德上去，而且会比我做得更好。继续带着您满腔的仇恨去洗刷我们的卑鄙行为吧，推倒那些尚未为宗教信仰建立庙堂的虚假革命纪念碑吧，用您的诗去开垦它们的废墟吧，在地里撒上盐使它贫瘠得永远无法再滋生出任何新的荒淫无耻的东西吧。我特别要嘱咐您，先生，这个卑鄙无耻的政府是惯于拿唯唯诺诺当作自豪、拿失败当作胜利、拿祖国的受辱当作光荣的。

夏多布里昂

一八三一年十一月九日，星期三，晚上，于巴黎

普鲁韦尔街的密谋——致贝里公爵夫人的信

对我来说，这些旅行和这些战斗在一八三一年已经结束；在一八三二年年初，出现了另一桩麻烦事。

巴黎革命给巴黎的街道上留下了一大批瑞士人、警卫员、各种各样由宫廷养活的人员。他们会饿死，而那些在君主制度下有头脑的人，年

轻人和那些须眉交白的疯子幻想着突然之间能被应征入伍。

在这个大阴谋中，涉及进出的不乏为严肃、苍白、消瘦、感情外露、驼背的人，面孔庄重者，双眼炯炯有神者，华首齿豁者；这场景与那种想用即便是自己强有力的手也无法支撑的光荣家族的复苏是何等的相似。经常有些拄着拐杖的家伙妄言要撑住要倒塌的君主政权，然而在当时的这个社会，连修复一座中世纪的纪念碑也是不可能的，因为建筑艺术之神已死，人们只能在思想上建些哥特式的陈旧东西。

另一方面，被中庸政府窃取了共和国胜利果实的七月革命的英雄们，宁愿胜利后冒着被杀头的危险，也巴不得与卡洛斯派联合起来以报复共同的敌人。梯也尔先生在大肆吹捧了他奉之为自由、胜利和神圣的事业的一七九三年的体制后，其幼稚的想象力在只有在很远很远的地方才能看到其火焰在火灾中燃烧起来了。这些恐怖、丑陋而滑稽的伪劣作品是自由在时间上的倒退，同时又是对历史、时代和人类的贬责，它妄想让世界从断头台刽子手中逃脱出来后又不得不后退到苦役犯看守们的鞭子中去。

为了养活那些愤愤不平的人，即那些被打发回家的7月革命的英雄或无家可归的战士，得花钱：政府到处在搞钱。卡洛斯派的人和共和派的人在巴黎的各个角落里与人秘密交谈，这实际上是警察派出的密探，从俱乐部到仓库，都在宣讲他们的平等与合法性，有人把他们这些做法告诉了我，我是坚决反对这样做的。两派都想在某个胜利时刻担任领袖。一个共和派的俱乐部差人问我是否愿意接受共和国主席一职，我回答道："当然可以，先生，不过得在德·拉·法耶特先生之后。"德·拉·法耶特将军是当时人们认为谦虚而合适的人选。他有时去雷卡米耶夫人家里，我对他的《最好的共和国》一书颇有微词。我曾问过他：在幼主未成年期间，他宣布自己是亨利五世或是法兰西真正的总统是否会要好些。他对此心领神会，并把这当成一个玩笑，因为他是我一个很要好的伙伴。每当我们在一起的时候,他总要说:"啊!您又要同我吵架了。"我想让他明白只有他才会上他的好友菲利普的当。

在这动荡不安和怪诞不经的时候,我家里来了一位乔装打扮的不速之客,他头上戴着狗牙根似的假发,鼻子上架副墨镜,将一双不戴墨镜显得更好看的眼睛遮蔽了起来。他口袋里装满了汇票,并拿给我看;得知我要卖掉房子和打点行装,他主动提出为我效力。我禁不住嘲笑起这位先生来(这是一位风趣而足智多谋的人),他自认为是为了正统派而不得不来买我的房子的。他太心急了,以至看见我满脸不屑时反倒退缩了。他给我的秘书写了这样一封短信,我还保留着它。

先生:

昨天晚上我有幸见到了夏多布里昂先生,他以其惯有的仁慈接待了我。然而,我认为我发现他并没有什么要舍弃的。请您告诉我,是什么使我失去了我看得高于一切的他对我的信任。如果有人对他说了我的种种不是,我并不怕把我自己的所作所为公之于世,并且随时准备回答别人对他可能说过的一切问题:他遭受阴谋家的暗算太多,以至不想听听我的申述就给我下结论。有些胆小鬼也如此这般,不过终将会有一天看清那些忠诚之士的。他对我说过,不用我去介入他的事务,我很伤心,因为我宁愿相信他的事务已按他的意愿处理好了。我几乎有些怀疑是什么人让他改变卖房的主意的。如果我那时能谨慎一些,我就不会在您那特好的老板家里受到冷遇的。总之,我对他的忠诚会一如既往,您可再一次向他肯定这一点,同时请向他转达我对他的崇高敬意。我敢说,他能了解我、判断我的那一天一定会来。

顺致崇高的敬意。

亚森特在我的授意下，回复了这封信：

我的老板对给我写信的人没有任何特别的想法。他只想超脱一切，不想接受任何恩惠。

不久之后，灾难发生了。

你知道普鲁韦尔街吗？那条狭窄、肮脏、拥挤不堪的破街就在圣厄斯塔什和菜市场附近。有名的第三饭店夜宵部就在那儿。食客们身带手枪、匕首、钥匙，酒足饭饱之后，他们拥进卢浮宫画廊，两旁陈列的杰作被抢的抢，砸的砸，一直持续到深夜。他策划得很浪漫，仿佛回到了十六世纪，回到了博尔吉阿时代，回到了佛罗伦萨的梅迪西时代和巴黎的梅迪西时代，回到了类人猿的时代。

二月一日晚上九点，我正准备上床睡觉时，一个十分虔诚的男子和那个揣着汇票的家伙敲开了我在地狱街的房门。他们告诉我说，一切准备就绪，两个小时之后，路易-菲利普将从这个世界上消失，他们来是想打听我是否愿意做临时政府的首脑，如果我同意，就根据摄政准则，以亨利五世的名义，推我担任临时政府最高领导人。他们承认事情很棘手，但我可以享受更高的荣誉，而且因为我对所有党派都适宜，所以是法兰西担任这个职务的唯一人选。事已燃眉，只有两个小时来决定我是否走马上任！只有两个小时来磨砺那把我一八○六年在开罗买的大军刀！然而，我并不觉得为难，我对他们说道："先生们，你们明白我向来不赞成这种举动，这在我看来，太不可思议了。假如我要插手，我自然会分担你们的风险，而不会待到胜利之后来坐享其成的。你们明白，我酷爱自由，但很明显，从你们这次事件的领头人来看，他们是不讲任何自由的，他们一旦在战斗中赢得了主人的位置，他们马上会开始建立专制政体。不会有人，尤其我不会去支持他们的计划；他们的成功只会导致彻头彻尾的无政府主义；外国则会利用我们的不和来肢解法国。因此，我对此不能涉足。我敬重你们的热心，但我的热心不是同一个性质的。我要去睡了，我建议你们也去睡吧。我担心明天早晨会听到你们的朋友的不幸消息。"

晚宴举行了：住房主人，得到警察的许可才准备的宴会，他知道怎么对付宴席上为亨利五世的健康高声碰杯祝贺的密探。然而警察来了，把食客抓了起来，又一次推翻了法定王权的酒杯。保王党冒险家头子勒·雷诺原是塞纳街的一名鞋匠，因为七月里连续三天的英勇战斗，接受过七月王朝政府的授勋；后来他为亨利五世把路易-菲利普的一名警察打成重伤，就像过去他为驱逐这同一个亨利五世和两个年老的国王而杀了几名国民卫队的士兵所干的一样。

在这个事件中，我收到贝里公爵夫人的一封短信。贝里公爵夫人曾任命我为一个秘密政府的成员，这个秘密政府是她以法国摄政王妃的身份建立的。我借此机会给这位王妃写了下面这封信。

三月末，于巴黎地狱街

致贝里公爵夫人的信[①]

夫人：

我怀着十二万分的感激收到了您赐予我的满怀器重与信任的信函，它使我义不容辞地双倍努力，忠贞不贰地永远将一切我认为是真理的东西置于殿下的耳目所及的地方。

首先我想说说那些所谓的阴谋，关于它的谣传也许已风传到了贵府。有人断言，阴谋是由警察一手制造或挑起的。抛开事件本身

---

① 我把这封长信的几个段落放进了我的《关于我的一万二千法郎的说明》里，后来又把它们放进了《回忆录》中《关于贝里公爵夫人被囚禁的回忆》一章里。

不说，也不去强调那些阴谋是真是假和它本身应该谴责的东西，我只就发现我们的国家在处理这类事情时要么太轻率、要么太直率的做法来谈谈。正因为这样，四十年来，这种应受谴责的做法总是以失败告终。没有什么比听到一个法国人公开吹嘘自己是个阴谋家更平常的事了：他可以把细节给你讲得详详细细，日子啦、地点啦、时间啦，他把什么样的密探当同道啦，一一都不会漏掉；他粗声大气地讲，更加确切说是向行人扯开嗓子嘶叫：我们有千军万马，我们有几万个炸药筒，在什么什么街，多少多少号，屋子的角落里堆满了云云。然后，这个吹牛家跳呀，笑呀，得意忘形。

秘密结社光是时间就需要很长一个时期，因为它是通过革命而不是通过阴谋来进行的；因为它在改变人和事之前，必须先改变教义、思想和风俗；其进展是缓慢的，但结果是肯定的。思想的公开会摧毁秘密团体的影响，现在的法国是公众舆论支配着秘密团体在尚未解放的人民群众中所做的工作。

当局似乎想通过专横的手段和暴力把西部和南部各省往绝路上逼，那里还保留着区别于古代道德的那种忠贞不贰的精神；这占了法兰西一半面积的西部、南部地区永远也不会搞阴谋，更确切点说，这里类似于在武器下休整的兵营。作为正统派的后备军固然可佩可敬，但前锋部队人力不够，永远无法成功地主动进击。要发动这么一场战果累累的内战不可能，因为文明的步子走得太快了，这是各个世纪的对策与灾难；这两者受基督教的影响深一些，而受启发却少一些。

如今法兰西国土上存在的不再是君主制，而是共和制；说到底，这是一种更糟糕、更差劲的制度。它以王权为胸甲抗击着各种冲向政府的刀剑袭击。

此外，如果说正统派的力量可观的话，那么选举制即使形同虚设也是一股举足轻重的势力，尤其是在这个人们靠虚荣过活的国度里，法国人的激情通过选举把平等吹得神乎其神。

路易-菲利普政府致力于查理十世政府连想也没有想到过的专断与巴结相结合的双重政策。为什么人们容忍这种两面做法？因为较之于别人创立的严刑峻法，人们更容易忍受那些自己播下的骄横暴政。

四十年的暴风雨摧毁了一切顽强的精神：冷漠无情的情绪在增长，自私自利几乎到处都有；为了摆脱危险，人们躲躲闪闪，看守着各自的坛坛罐罐，求得一生平安。革命过后，仍然残留着某些腐朽堕落之辈，他们满身污垢就像战争留下的腐尸一样。如果亨利五世能如愿平平安安、体体面面被拥进了杜伊勒利宫，那么我们离复辟不远了。不过，要想得来全不费功夫，那成功的希望就会大大减少。

七月王朝既没有给人民带来甜头，也没有给军队带来荣誉，更没有给文学、艺术、商业、工业带来利润。国家成了职业大臣们和那个视祖国如聚宝盆、视公共事务如家务的阶级的战利品。夫人，您是很难从远处理解这里的所谓"中庸政府"的。王子殿下在升华的灵魂、高尚的心灵、可爱的性格方面想象力贫乏，而对那些权欲膨胀、为高升着魔、为金钱发狂、为薪金被杀的人却记忆犹新，什么也不能使他们同这些分开，这是生与死的搏斗。他们像高卢人之与剑、骑兵之与方形王旗、胡格诺派①之与亨利四世的白羽饰、拿破仑的士兵之与三色旗一样连缀在一起。他们在最后的领地上流完最后一滴血后，才会终因厌透对所有政体的立誓而死去。那些准正统派的宦官们一面把市民击昏在街头，把作家塞进监狱，一面却大

---

① 十六—十八世纪法国天主教徒对加尔文派教徒的称呼。

讲独立自主；一面应英国一名大臣的指令从比利时撤军，一面应奥地利一名二级下士的命令从安科纳撤离时，还唱起了胜利的凯歌；在圣佩拉热派与欧洲内阁大门前，他们趾高气扬，神气活现，打着自由的旗号，虚张声势，招摇过市。

我所讲的有关对法国的印象不应让殿下灰心丧气，我只是想要人们能更好地了解通向亨利五世王冠的道路。

您明白我对幼主的教育方式问题的思考，其中的一些观点已写在我的那本小册子的后一部分。我只能反复讲这同一件事，但愿亨利五世为了他的世纪，能被后世的人予以承认；那两行字概括了我所有的方案。把他提高不是为了让他当王，他可以明天统治天下，也可以在十年后统治天下，甚至永远不统治天下。因为，如果正统派利用各种机会走回头路的话，我将立马摧毁它；可是，如果当前的政治大厦不走出废墟的话，极有可能自行倒塌。您是一位相当坚定的女性，夫人，假设一下吧，您不让自己受挫，上帝的一项判决也会把您那著名的家族重新置入普通人的源头的；正如您有一颗伟大的心灵，怀有合理的希望却不让自己因此而陶醉一样。我现在应向您呈上画面的另一部分了。

王子殿下以他的年纪可以藐视一切，对抗一切：自从革命开始以来，他的余生比他度过的年龄要多得多。然而，最近这些年看到了什么呢？当共和国、帝国、正统派已成往事时，中庸政府的骑墙政策会一点也行不通的！什么！我们在经历了那么多的祸乱、不幸，耗费了那么多的才智，失去了那么多的自由、光荣，得到的却是人类的灾难、此时此刻的一切！什么！欧洲被搅得乱七八糟，王位一个个倒塌，一代代人死在刀剑之下埋进了坟墓，世界遭受半个世纪的折磨与痛苦，这一切仅仅是为了孕育出一个准正统派吗？人们将设计出一个伟大的共和国，它将从这个灾难深重的社会废墟上飞腾兴起，至少它善于继承革命传统即政治自由、思想自由、言论自由、地位平等、就业充分、法律面前人人平等、人民参加选举和掌权。然而，设想一下吧，一群肮脏、平庸、苟延残喘之辈如何能运用这些原则呢？他们还有什么没有打折扣呢？他们不喜欢这些原则，只对某些特殊的法令情有独钟。他们想在他们已铸就的王冠底下囊取一切自由，就像在陷阱里大喊要自由那样；然后怡然自得地对运河、铁路大干蠢事，胡乱摆弄艺术，稀里糊涂地给文学、巨著排定等级，喋喋不休地吹嘘那所谓的模范社会。这些对所有上流社会，对所有渴望自由论坛、诗歌、武器、胜利、荣誉和甘愿牺牲的天才人们是个极大的不幸！可他们在这个倒霉的社会里有朝一日或许会升迁。

夫人，准正统派要想继续混下去的话，只有一个机会了：那就是社会目前的这个状态应该是我们这个时代的社会自然状态。如果年老的人适合于衰败的政府，如果政府与臣民之间存在衰弱与软弱协调一致的关系，那么，夫人，对王子殿下来说，一切都将完蛋，对其余的法国人来说，也是如此。不过，如果我们的国家还没有完全衰老，而且共和国不可能马上建立的话，那么正统派似乎就要应运复生了。愿您的青春常驻，夫人，您将会看到这个可怜巴巴的、称之为七月王朝的鹑衣百结、饔飧不继的。把您的祖先布朗什皇后[①]在圣路易幼时对她的亲信说的话告诉您的敌人吧："等待与我毫无关系。"生命中的美好时光是对您不幸的补偿，而未来会把现在从时日中夺走的幸福如数奉还。

夫人，对您有利的第一个原因是：您的事业是正义的，您的儿子是无辜的。一切意外的情况都不会对有理的一方不利。

[①] 布朗什皇后（Blanche，一一八八——一二五二），路易八世的妻子，圣路易的母亲，她丈夫一二三四年死后，她成了摄政者。

在详细论述了这些我不大抱希望、而我又尽力夸大它来安慰这位皇太后的原因之后，我继续写道：

夫人，您瞧，准正统派在国内的形势是不稳定的；在国外，它的地位也得不到保障。如果路易-菲利普政府早些感到七月革命会废除先前的和约，早些感到另一种类型的国家宪法能带来另一种政治权力和改变社会的利害关系，如果它从一开始便有判断能力和勇气的话，那么它就能毫不费劲地使法国夺回它失去的边界，那时人民会积极拥护，各国国王则会惊诧不已，刮目相待的。准正统派要想扩充自己的领土，得付出沉重的代价，甚至丢掉自己的王冠，躲藏到林荫大道的阴暗处去了。为了走得快些，它不但不去利用共和党的成功要素，反而害怕它的原则，把它踩在脚下，抛弃为它和被它发动起来了的民众，把本是自己依靠对象的民众推到了自己的对立面，它扑灭了他们的战斗激情，把我们与邻国重建势力均衡、至少要从那些过分扩张了领土的国家收回与我国息息相关的几块周边失地的正当要求，转为了胆怯的和平谈判。由于胆怯和缺乏才智，路易-菲利普不得不承认那些并非革命性质的、外国人可以任意违反的条约。

中庸政府给外国的内阁留下了自我认识和训练军队的充分时间。而且，由于民主君主制的存在与大陆君主制的存在是水火不相容，其间的敌意，有着外交上的协议，有财政困难问题，相互害怕，延长的停战协定，用美丽的外交辞令，友好的表示，这种敌意，我说，还是可以走出困境，化干戈为玉帛的。如果有产者的王国政府甘心受辱，如果他们幻想和平，则战争迟早会强加到他们的头上。

不管战争能否粉碎准正统派，我明白您永远不会把希望寄托在外国的身上，夫人；您宁愿亨利五世永不登上统治宝座也不愿看到他得到欧洲同盟的施舍；您只把希望寄托在您自己和您的儿子身上。不管人们以什么样的方式去思考那些敕令，它永远也伤害不了亨利五世；一切无辜的他，有数个世纪供他选择，他有着与生俱来的不幸。如果在坟墓的寂寞中不幸触及我们，那么，当它在摇篮旁熬夜的时候，它更会恭候着我们：因为那时已不是对往事、对悲惨人生的追忆，而是对那些已停止受苦受难的人的回忆。这是痛苦的现实，让本应该只懂得愉快的年龄的人悲伤，让对他不构成伤害、不该受到惩罚的人终生担惊受怕。

对您，夫人，在您的不幸中，有一种强大的权威，您，身染您丈夫的鲜血，腹中怀着政治上称为"欧洲的孩子"，而宗教上称之为"圣迹的孩子"的婴儿。当大家看到您独自照料着那被驱逐的孤儿，看护着那顶从查理十世花白头发上抖落下来的那顶沉重的王冠时，您对公众舆论什么影响不能施加啊！为了允许其甩掉这个新的负担，在王冠的重压下已有另外两张满足痛苦表情的脸逃走了。您给我们记忆中的印象，是那种端坐在御座上，举止优雅，似乎在师承他们的职位。人民对您不抱任何成见，他们同情您的苦难，敬佩您的勇气；他们把您的哀悼日深深刻在记忆里，他们感谢您后来融入到他们的快乐之中，感谢您分享了他们的欢乐；他们感谢这位来自异国他乡的法国女人，她为了我们的荣耀，一路经过福尔农、马里尼昂、阿里科尔和马雷戈的日日夜夜后仍精力充沛，魄力无穷。诗才们却为在意大利美丽的天空下出生的他们的捍卫者、让意大利唤起了对艺术的热爱、由亨利四世的女儿变成了弗朗索瓦一世的女儿而深感遗憾。

自从那次革命以来，法兰西的头目频频更换，但至今仍未看到过女人执掌政权。上帝也许想把那顶统治桀骜不驯的人民的王冠从凶残的国民议会手中拿掉，交由波拿巴那顺当的大手折断，后又由路易十八和查理十世相继徒劳地抓住后重新交给一位年轻的王妃吧；只有她懂得如何使王冠少一点脆弱，多一点怀柔。

最后，我提醒这位夫人，如果她想我成为秘密政府的一员，我是这样结束这封信的：

在里斯本，耸立着一块宏伟的纪念碑，上书的碑文是这样的："巴斯科·菲盖拉违心地长眠在这里。"我的陵墓将十分简陋，也无心埋在那里。

夫人，您知道，我是如何按思维逻辑秩序看到了复辟的可能性的，其他的组合办法则超出了我的思维范围。我承认自己的不足之处，在露骨地说自己是您忠实、可信赖之徒时，我找到了某种力量。然而，作为夜间的全权使者，在黑暗中为他人越俎代庖，这便是我为何感觉不到自己有才的原因。如果王子殿下委任我为新法兰西人民永远的大使，我将在门上用粗体字刻上如下的几个字：旧法兰西公使馆。这样做，上帝也会高兴的；但我对隐匿的忠诚一窍不通，只有使自己去犯罪，才知道自己是名忠诚的罪犯。

夫人，在不回绝王子殿下有权向我提出为他效劳的情况下，我恳求王子殿下同意我的决定，那就是让我在退休后度过我的残生。我的思想无法使那些坚信在奥利洛德的流亡贵族的人满意：不幸已成往事，对我的人品和原则有一种自然的反感的人，随着他们的得势将再度复生。我看到我为祖国富强，使法兰西赖以生存、防御侵略而应拥有的边界，为让它摆脱维也纳-巴黎条约的耻辱而提出的计划遭到了拒绝。当我捍卫宗教时，人家当我是叛教者；当我竭力想在公众自由的基础上建立王权时，人家说我是革命分子。我似乎觉得，因仇恨而使同样的障碍增加了，而这种仇恨可能会是宫廷中、城市里和外省的那些忠贞不贰的人从我的所作所为使他们在不幸的那一天得到的教训中设想出来的。我的抱负不大，志向不高，只是太需要休息以卸下王冠上的重负，使它接受令人腻烦的我。我尽职尽责履行自己的义务，一刻也没有想过利用威严的家族捞取特权；幸运的是我可以拥抱自己的对手！在这项荣誉之上，我什么也没看到；它再也找不到比我更忠实的仆人了，但它可以找到比我更年轻狡黠的人。我不认为自己是必不可少的人，而且我还认为今天已不再有必不可少的人了。现在一切已于事无补，我要在寂静处处理过去的事了。我希望，夫人，希望您长寿，用您命定的未来给法兰西复辟的历史添上光辉的一页。

谨向王子殿下呈上我的一片崇敬之情。

您的最谦卑的仆人　夏多布里昂
一八三二年三月二十五日，于巴黎

这封信得有一名可靠的驿夫传递，时间过去了，我便在这封快信后面又加了下面这段附言：

夫人：

法国的一切变化很快，每天都有新的机会向政界敞开，出现了一系列事件。我们中有的人得了佩里埃先生的那种病：上帝病[①]。我把圣路易与亨利四世遭流放的女儿拨出的用以慰藉不幸者的一万二千法郎寄给了塞纳省省长先生。多么高尚而又可怜的家族啊！夫人，我将竭力成为您情感的忠实表达者，这将是我一生中最

[①] 即霍乱。这种病发生于三月末，致使近一万八千人死亡。卡齐米尔·佩里埃四月四日得病，后一病不起。

光荣的使命。

请接受我最诚挚的敬意。

一八三二年四月十二日

在谈及一万二千法郎的事之前,为了上述附言中所述的霍乱患者,我不得不讲讲霍乱是怎么一回事:我在去东方旅行途中没有遇到这种瘟疫,倒是在国内遇上了。厄运在我四周游荡之后,就坐在我的门前等着我。

意外事故——瘟疫——霍乱

瘟疫

在雅典的瘟疫时期,公元前四三一年,二十二种大瘟疫蹂躏着整个世界。雅典人认为有人在井里投了毒;所有感染者的脑中都产生幻想。修昔底德给我们留下了阿提喀灾难,在古人卢克莱修、维吉尔、奥维德、吕甘,今人薄伽丘、曼佐尼的书里都做了描述。值得注意的是关于雅典的瘟疫,修昔底德对希波克拉底的医学只字未提,如同谈到亚西比德时不提苏格拉底一样。这种瘟疫先袭击人的大脑,然后下降到胃部,再从胃部进入其他内脏,最后蔓延到小腿。如果瘟疫在穿越全身后从脚下出来,像蛇那样,那么这样的病人就会痊愈。希波克拉底把它称为"邪恶之神",迪西毕德则称它为"圣火"。他们两人都把它看作"天怒之火"。

最令人恐惧的瘟疫是五世纪君士坦丁堡的那场瘟疫。那时犹太人统治天下,基督教早改变了人们的想象,给灾难以新的特性,就像他们改变诗歌的性质那样:病人以为看见周围鬼魂游荡,鬼哭狼嚎,令他毛骨悚然。

十四世纪的黑死病起源于亚洲西部,以黑死闻名,人们把它想象成散发着恶臭气味、到处蔓延的烟雾。黑死病夺走了欧洲五分之四的人口。

一五七五年,瘟疫传染到了米兰,使圣夏尔·博罗梅的仁慈在历史上留下了不朽的美名。五十四年以后,即一六二九年,这座不幸的城市仍然笼罩在灾难之中。曼佐尼曾绘制过一幅比薄伽丘的作品还要杰出的灾难之画。

一六六〇年,瘟疫重卷欧洲,一六二九年和一六六〇年的两次病症都显示出与君士坦丁堡那里的病症相同的狂热性。

勒蒙蒂①先生说过:"马赛于一七二〇年从曾给瓦卢瓦小姐即莫德娜公爵夫人指明通道的狂欢节中心走出来。在仍装饰着花环、配备着乐师的帆桨战船两侧,漂浮着几只从叙利亚港口开来的军舰,上面载有最严重的瘟疫病人。"

勒蒙蒂先生谈到的倒霉的战舰在出示了无疫证②以后,被获准停靠③在港口内一会儿。一会儿的工夫对毒化空气绰绰有余。一阵狂风暴雨过后,瘟疫便随着一声响雷传开了。

城门和各家各户的窗子都关得严严实实;在一片寂静中,人们偶尔听到一扇窗户被打开,放下来一具尸体;墙面上流淌着生了坏疽的血水,无主的野狗在下面等待着掉下来的尸体。在一个所有居民死光了的

---

① 勒蒙蒂(Lemontey,一七六二——一八二六),立法议会前任议员,他曾写几部历史方面的书。
② 合乎卫生检测标准的证书。
③ 准许过往船只在停泊的港口与当地居民接触。

街区，人们在那里筑起了围墙，像是要阻止死神外出似的。从那些堆垒着家庭大墓的街上，到交叉路口，路上满是病人和躺在褥垫上无人救护的垂死者；一具具裹在沾满污泥的破烂衣服里的骨架在渐渐腐烂，还有一些人倚墙而立，他们早已断气。

所有的人都逃走了，连医生也不例外。德·贝尔占斯主教写道："真应该吊销这些医生的行医证，或者至少给我们派些医术较好、胆子较大的医生来。我真不忍心让人把我的房子周围那一百五十具半腐烂的尸体运走。"

一天，一些苦役犯正犹豫着是否要去完成他们的丧事任务，一个传教者爬上一座坟冢，坐在一堆尸首上命令苦役犯干活。死神与美德在罪恶与恐怖的奇怪的淫乱引导下在坟墓里消得无影无踪。在靠海的图雷特广场上，三周以来搬来的尸体被置放在太阳底下，阳光灼烤着尸体，最后成了一弯臭味熏天的湖泊了。在这片液化的尸体上只有一些蛆虫在上面匆匆爬行，留下了一道道模糊的痕迹。

当瘟疫传播的速度开始减慢时，教士首领德·贝尔占斯先生领教士前往阿库尔教堂，登上一个瞭望台，从那里看到马赛、广阔的乡村、港口和大海，他像罗马教皇给城市居民祝圣一样，祈求降福。还有什么比这只更勇敢、更纯洁的手能让上天的恩惠降临到这些无辜人儿的身上呢？

瘟疫就这样蹂躏了马赛，五年之后，人们在马赛旅馆正面墙上题写了下面这段铭文，就像墓碑上那些浮夸的碑文那样：

    Massilia Phocensium filia, Romae soror, Carthaginu Carthaginis terror, Athenarum aemula[①]。

[①] "马赛，福塞昂的女儿，罗马的姐妹，迦太基的恐怖，雅典的对手。"

霍乱

霍乱自一八一七年在恒河三角洲发现以来，由南往北蔓延八千八百多公里，由东往西蔓延一万二千八百多公里，它使一千四百个城市遭劫，四千多万人口丧生。我们有张霍乱行迹图：从印度蔓延到巴黎要十五年的时间，这与波拿巴军队的速度不相上下。他用了大约同样多的时间远征到了莫斯科，不过他只葬送了二三百万人的生命。

霍乱是什么？是死神旋风吗？是我们吞食或鲸吞我们的昆虫吗？穿越高山与大海、像一座坐落在恒河河边的恐怖黑塔一样，把我们碾碎在塞纳河边。这个携着双柄刮肉刀的黑死病是什么呢？假如这场灾难在宗教世纪降临到我们身上的话，在风俗习惯和民众信仰的诗歌里加以扩充的话，那么它给我们留下的便是一幅颇为显目的作品了。想象一下那些兜尸布像旗子高高飘扬在圣母院塔楼上空、大炮声不时孤独地响几下以告知粗心的旅客尽快逃离的情景吧，想象一下层层军队包围一座城市、无人能进无人能出、教堂里满是呻吟的人群吧，想象一下神父日日夜夜像念经一样单调地诵读着临终祷告、临终圣体在大蜡烛和钟声的陪伴下抬进抬出、丧钟不停地敲打着、僧侣们手执耶稣受难像在十字路口号召人们苦修苦赎、布讲上帝的恼怒与判决，当这些判决传到尸体上时尸体早已被地狱之火熏得漆黑一般的情景吧。

接着是店铺关门，被教士团团围住的高级神父带着各个教会堂区的神父去领取圣日耳曼的遗骸盒。圣骨绕城一周，后面紧跟着长长的由众多修会、同工公会、苦修修士圣会、戴面纱的妇女城市代表团、大学生、济贫院助理神父、没带武器或倒扛着长矛的士兵等组成的队伍。教士唱起的《上帝怜我》与孩子、姑娘们唱的感恩歌融合在一起。所有这一切随着一定的信号一会儿寂寂无声，一会儿怒声再起。

这一切于事无补：霍乱在我们这个博爱、怀疑、报纸和物质至上的世纪里发生了。这场没有想到的瘟疫既未发生在古旧修院的游廊、修道士身上，也未发生在地下墓室和哥特式的坟冢里。它像一七九三年那场浩劫一样，在光天化日之下，在一个崭新的世界上，带着讥讽的样子，随着医治它的药方、它吞噬的和正在吞噬的受害者名录、人们希望看到它被消灭的希望、人们为了预防它采取的措施、应该吃什么和怎样穿衣服才合适等，在到处游荡。每个人继续忙于自己的事务，剧院里一仍其旧，场场满座。我曾看见数名醉汉坐在栅栏处的酒店门前一张小木桌旁喝酒，他们一面举杯，一面说道："祝你健康，虎列拉①！"虎列拉出于感激，连忙跑了过来，结果他们全死在桌子底下。孩子们玩霍乱游戏，他们把这称之为"尼古拉·虎列拉"或者叫"无赖虎列拉"。霍乱也有它害怕的东西：一束阳光，人群的冷漠，到处在继续的生命列车，这些都给霍乱存在一个新的特性和一种恐怖。人们感到四肢不适；一阵干冷的北风吹得你憔悴消瘦；空气中混有呛喉咙的金属味。在谢尔什-米蒂街上，炮兵车在运送尸体，在被瘟疫完全洗劫的色沃尔街上，尤其是街边，柩车挨家挨户，来往不断。窗口里常有人喊："柩车上这里来！"车夫则回答说，他正运着尸体，不能顾及所有的人。我的一个朋友，普凯维尔先生复活节那天来我家吃晚饭，在到达蒙帕尔那斯大街时，被来往不断、几乎由人力扛着的棺材挡住了去路。他看见队伍里有口棺材，死者是位年轻姑娘，上面放着一顶由白色玫瑰编织成的花圈。柩车过后是一股氯气样的恶臭气味。

交易所广场，工人排着队聚在那里唱着《巴黎女人之歌》②。直到晚上十一点，人们还经常看到殡仪队伍用沥青火把照明朝着蒙马特公墓而去。巴黎新桥被抬着送往医院的病人或者途中已断气的死者的担架堵得水泄不通。艺术桥③上收过桥税的工作也停了几天，各种摊点不见了，

---

① 指霍乱。
② 为纪念七月革命，由卡齐米尔·德拉维涅谱写的一首歌曲。
③ 过此桥要收少量过桥费。

像被东北风刮走了似的；所有的摊店、站台店铺纷纷关门停业。路上遇到的是些盖着遮阳布的马车，后面跟着身着黑衣黑裤的教士，为首是一名身着丧服、手里拿着名单的文职官员。由于缺乏公证人，人们不得不到圣日耳曼、维莱特和圣克卢去请公证人。柩车上要放五六口棺材，用绳子捆在一起；四轮公共马车和出租马车都用来做柩车了；看到一辆装有身穿骑马裙的死者的轻便马车路过已不是稀罕的事了。几具尸体堆在教堂里，一名神父正朝这些来生相聚的忠实信徒身上洒圣水。

　　在雅典，民众以为皮雷附近的水井里被人投了毒；在巴黎，人们指控商人在葡萄酒、饮料、糖果以及在其他食品里放了毒。几名商人甚至被打死撕裂后塞进了下水道，流到了塞纳河。当局对这种笨拙、邪恶的做法负有不可推卸的责任。

　　这场似电火花迅速蔓延开来的灾难是怎样从伦敦流行到了巴黎的呢？人们无从解释，这种怪异的瘟疫常常是一块一块、一家一家地传染上，而且其周围地区即使没有触及它也同样会遭灾，它甚至会半途折回，重复着它忘了做的事情。有天晚上，我感到自己染上了霍乱，小腿不停地发抖抽筋。我不想按铃吓坏夏多布里昂夫人，便下床把房间里凡能找到的东西全塞在床上，然后蒙头大睡。一场大汗把我救了回来，但我仍然有些精疲力竭。正是在这种身体不适的情况下，我不得不提笔写下了有关贝里公爵夫人那一万二千法郎的事。

　　我本不该在一怒之下气冲冲地在维什诺长子的眼皮底下离开的。假如所有身患瘟疫的人都不幸死去了，会怎么样呢？没有什么：地球上的人口只不过少一些，它会继续独自旋转，甚至不需要曾经为它测量过的天文工作者来计算它的步伐。对另一个星球上的居民来说，不会发生丝毫变化，他们会看到它在那里发挥着它惯有的作用。在地球表面上，我们那些小小的工程，我们的城市，我们的纪念物会为狮子的统治恢复原来的森林；天地之间不会存在任何空坪隙地。只是懂得天文地理的人类智慧下降了，但它会得到提高，一直达到它原有的水平。啊，你怎么啦！那是上帝的杰作，人类的才智懂得世间万物，如果它万一消失，连一颗细微的原子也不会失去的。

一八三二年五月，于巴黎地狱街

篇章三十五

贝里公爵夫人的一万二千法郎

　　贝里夫人在巴黎有她的一帮人，正如查理十世有他的一帮人一样：人们收到了以她的名义救助那些最贫困的保王党人的一笔小小的款子。我提出把这一万二千法郎以亨利五世的母亲的名义分发给霍乱患者，人们写信到马萨①，公爵夫人不但十分同意这笔资金的安排，而且另拨了一笔更为可观的救灾款。她的认可书就在我把资金寄给市长的当天到达。就这样，在我对流亡者的天赋进行诠释的一节里，一切都变得实实在在了。四月十四日，我把分配给受感染的巴黎人中最贫困阶层的全部款子寄给了塞纳省省长。当我的信到他那里时，德·邦迪先生（塞纳省省长）恰好不在巴黎市政厅。他的秘书拆开我的信，认为无权接受这笔钱。三天后，德·邦迪先生给我回了信。他在信中说不能收下这一万二千法郎，因为他不想让表面的善行掩盖住全巴黎人强烈反对的政治手腕。我的秘

---

① 托斯卡纳靠海的一个小城市，贝里夫人就住在那里。

书于是把钱转赠给十二位区长。在场的五位区长中，四位接收了一千法郎的馈赠，一人拒绝。在七名缺席的区长中，五名保持沉默，两名拒绝。

于是，我马上被一大堆穷人包围了：济贫会和各种慈善机构的人，各个行业的工人，妇女和孩子，流亡的波兰人和意大利人，文学家、艺术家、军人等，他们纷纷写信要求分领一部分救济金。假如我手头有一百万，几个钟头下来也会分得一干二净的。事情不像德·邦迪先生所说的"全体巴黎人民会用拒绝救济来表示"反对那样。谁说巴黎人不需要钱？政府的惊慌失措也许要让人笑破肚子的；他们或许会说："正统派这笔不义之财会煽动霍乱患者在医院里举行暴动，袭击杜伊勒利宫，捣毁棺材，敲响丧钟，裹尸布会在死神的指挥下在空中飘扬。我与区长们的通信由于巴黎市长的回绝而弄得迟迟不能了结。我的几位朋友中，有的写信来要退回我那笔款子，有的则再向我索要贝里公爵夫人的一部分款子。于是，我坦坦荡荡地收回那笔钱，把收据交给了第十二区的区长。收据是这样写的：

  兹收到第十二区区长起初收下后又在塞纳省长的授意下退回给我的一千法郎。

一八三二年四月二十二日，于巴黎

第九区区长克罗尼埃先生是比较勇敢的。他因留下了那一千法郎而被撤了职。我给他写了一封短信。信的全文如下：

先生：
  我怀着深深的歉疚心情得悉贝里公爵夫人的善行成了他们免除您的职务的理由或借口，让您蒙受不幸。不过值得欣慰的是，您那独立和为不幸者的事业鞠躬尽瘁的精神将永远受到人民大众的尊重。

顺致我最崇高的敬意。

一八三二年四月二十九日

十四区区长完全是另一类型的人：他叫卡代·德·加西库尔，他既是药剂师又是诗人，喜欢赋些小诗，在自由和帝国时期写过一篇优美的浪漫派的散文，攻击我和史塔尔夫人。卡代·德·加西库尔先生是一位使者，他曾攻击过圣日耳曼-奥克塞罗瓦正门上的十字架，在关于霍乱的一项声明中，他说歹毒的卡洛斯派可能是人们早已做出公正判决的毒酒肇事者。这位赫赫有名的斗士给我写了下面这封信：

先生：

当您派的人到达我区时，我正好不在区里，这是我回信较迟的原因。

塞纳省省长先生没有收下由您负责捐献的那笔钱，这在我看来，他这一做法给市议会委员定下了一个应该遵守的准则。我自认为很了解省长先生，我完全赞同那些可能促使他拒绝接受的看法，我会要更加效仿他的。

我要顺便提提亲王殿下的头衔问题，那是出于某种友好的情谊给他这个人戴上去的；您是属于他那个机构的成员。查理十世的儿媳妇在法国不再是亲王殿下，因为她的公公不再是国王！而且，先生，没有人会从道义上承认这位女士积极主动行事的。她为了在我们的国家制造事端，挑起内战，不惜到处输出大量金钱要派您来支配。这种慷慨的施舍不过是她想掩盖其真正意图，使之抓不到把柄和引起别人对她及其党派的注意的一种手段而已。因此，您不会觉得一名与路易-菲利普宪政王权紧紧相依的行政官员拒绝王室的资助、却在地道的市民中间寻找对人类、对祖国更纯洁、更虔诚的善行而感到惊愕了。

请接受我最诚挚的敬意。

卡代·德·加西库尔

一八三二年三月十八日，于巴黎

卡代·德·加西库尔先生对这位夫人及她公公的反叛是很刚烈的：认识和哲学取得了怎样的进步啊！独立是怎样的势不可挡啊！弗勒朗先生和皮尔贡先生只在跪着时才敢正视别人的脸，而他，卡代先生却像吉德①那样说道："我们站起来了！"

他随心所欲，比这位公公（即圣路易之子）更勇于去流放。德·加西库尔先生凌驾于一切之上，当权的和没落的贵族，他一样看不起。正是贵族阶级这种惯常的睨而视之的态度，使他跟我过不去；正是贵族阶级这种偏见，他总是妄自尊大，恃才傲物。卡代家族与卡佩家族之间在历史上有没有发生过什么纠纷呢？亨利四世，这位公公的祖先，不再为王，这位太太也不再是皇家人。一天亨利四世穿越圣日耳曼森林时，八位爵爷为刺杀贝阿尔纳正好藏在林子里，他们全被活捉。

埃图瓦尔说道："这些滑头中的一个是药剂师，他要求同国王说话。"国王问他是哪个等级的，他回答说是贵族阶级。

"什么！"国王说道，"难道这里也习惯组成贵族社会吗？那你就给我监视行人吧！"

亨利四世原是名士兵，一点儿也不感到羞耻，在敌人面前也口无遮拦。

从德·加西库尔先生反对亨利四世的孙子那幽默来看，我怀疑他就

---

① 吉德（Gid）在他的小说《胜利》中说的话。

是神圣联盟成员、那药剂师的孙子。第十四区区长可能已写信给我，希望用刀子解决他和我之间的问题。然而我根本不想同卡代先生较量，但愿他能原谅我在此处对他的小段回忆。

自从我目睹发生的这场大革命和这些伟大的革命者的这些日子以来，一切都变得僵化了。那些砍倒栎树重又种上让它生根发芽的人来找我了，他们问我要那寡妇的几个钱来买面包。七月授勋委员会的一封来信对今后的鉴戒来说，不失为一份极为有用的文件：

子爵先生：

我们委员会全体同仁满怀信心敬请您为七月授勋委员会的利益赐予您的天赋。作为不幸家庭之父，在灾祸与瘟疫横行的这个时刻，我们对所有的善行表示最衷心的感谢。请容许我们大胆地希望您能同意我们把您的大名排列在贝特朗将军、埃格泽尔芒将军、拉马克将军、法耶特将军、几名大使、法兰西贵族院议员的名单里。我们恳请您能赐予回信，只言片语也行，而且，如果您不同意我们的请求又不让我们久等的话，将此信回寄我们也行。

顺致最诚挚的敬意。

一八三二年四月二十日，于巴黎

附1

七月授勋委员会主要工作人员名单

走访员——富尔

特派员——西普里安·德马雷斯

代理秘书——吉贝尔-阿尔诺

助理员——图雷尔

附2

　　来信请寄：圣尼凯兹街3号，委员会代理秘书吉贝尔-阿尔诺先生收。

　　我绝不会让七月革命此处给我的方便白白失去。他们在区分各种各样的人的同时，在不幸者之中会培植出由于某些政治观点而永远无法得救的一些社会最底层的人的。我赶紧向这些先生寄去了一百法郎，并随附了一封信：

先生：
　　我非常感谢你们给我来信为几个不幸家庭之主求助。我赶紧给你们寄上一百法郎以备急用；很遗憾，我没有更多的能捐赠给你们。
　　致诚挚的敬意。

　　　　　　　　　　　　　　　　　　　　　　　　夏多布里昂
　　　　　　　　　　　　　　　　　　一八三二年四月二十二日，于巴黎

信发出不久，马上收到了他们的回信：

子爵先生：
　　我很荣幸地感谢您，并荣幸地告诉您，您对七月革命中的不幸者惠赠的一百法郎已经收到。
　　顺致诚挚的敬意。

　　　　　　　　　　　　　　　　　　　　　代理秘书吉贝尔-阿尔诺
　　　　　　　　　　　　　　　　　　　　　　　　　　四月二十三日

就这样,贝里公爵夫人对那些驱逐她的人一一给予救济。互相了结显露出了事务的本质。因此,请相信这个国家里的几个现实吧:在那里人们对自己党内的残废者漠不关心;在那里昔日的英雄今天成了弃儿;丁点儿金子能让大群人趋之若鹜,就像农场里的鸽子一样朝着扔谷子的手疾飞而上。

这一万二法郎中还剩下四千,于是我给修会写信,巴黎大主教阁下给我回了一封信:

子爵先生:

崇尚美德如同信仰一样普遍,但与那些言行不一的人的狂热无缘。根据圣保罗的理论[①],一个区别它的最重要的特征是不打歪主意(non cogitat malum)。它对施助者与受惠者赐以同等的天福,既不会降福于别有用心的行善者身上,也不会降福到一无所求的穷人之外的人身上。我们带着深深的忠诚的感激之情收下了我们那位令人敬畏的遗孀委托您寄给首都那些饱受蹂躏的受害者的捐赠,我们将会按您的吩咐把这四千法郎一一进行分配。当所有的善举意图都容纳其中时,此信既可作收据也可作捐资分配的明细表。

子爵先生,请向贝里公爵夫人转达一位牧师和父亲的感激之情;他每天为其信徒和孩子把生命交托给上帝,呼吁各方的援助以便战胜不幸。他那颗真诚的心无疑已经在他自身找到了他为不幸者所做出的牺牲的回报。修会为行善者许下的神圣诺言寄存在真福书里。

救济金会马上在巴黎十二个主要的教会堂区由神父先生们分

---

① 见《科林斯人》第八部分。

发，我给他们每人写了一封信，其抄件附后。

子爵先生，请接受我崇高的敬意。

巴黎大主教 亚森特[①]

一八三二年四月二十六日，于巴黎

人们总是惊奇地看到宗教是多么适应时尚啊！甚至给陈词滥调一种一看便能感觉得到的严肃与契合的东西。这与混在我刚才叙说过的信件中那一堆匿名信件形成了鲜明的对比。这些匿名信的拼写是相当正确的，书法也算漂亮，可以实事求是地说，它们称得上文学作品，如同七月革命一样。不过那里面充满着写信人的嫉妒、仇恨和虚荣心，只是由于胆怯，不敢让人看到自己的名字，不敢露出真面目，不敢公布于众罢了……

匿名信一瞥

"老共和党员，你想把你贿买对手的日子告诉我们吗？我们很容易让你得到收买保王党分子的贿买金的；而且，如果你想用你朋友的鲜血为他们谱写历史的话，在巴黎的污泥浊水中并不缺乏这些素材。

"老坏蛋，问问你那神气十足的朋友菲兹·雅姆混蛋吧，看他在封建社会得到的那块宝石是否让他满意。一帮坏蛋！我们会撕破你们的肠肚的……"

在另外一封信中，我们看到绞刑架上的这些字写得很清楚：

"跪在神父面前忏悔吧，因为我们想拿你的脑袋来结束你的背叛。"

另外，霍乱还在继续；我对认识的和不认识的对手要做的回答可能要在他们躺在他们的门槛上的时候才能到达他们的手中。相反，如果他

[①] 亚森特-路易·凯朗（Hyacinthe-Louis Quélen）伯爵，自一八二一年起任巴黎大主教。

们命中注定还要活着，他们对我的反驳会送到什么地方呢？也许会到这个安息之地吧，今天，已没有人害怕这个地方了，特别是我们这些在恐怖与灾难当中延续生命的人；这是生命中第一道也是最后一道门槛了，让我们的棺木就停在这里吧。

一八三二年五月，于巴黎地狱街

拉马克将军的送殡队伍

拉马克[①]将军的送殡队伍引发了两天的流血事件，准正统派战胜了共和党。这个不完整的分裂的党进行了一次英勇的反击。

巴黎被围，这是最大范围内对政府的指控，如同法国资产阶级革命时期的国民公会对政府的指控那样，不同的是特别军事法庭代替了革命法庭。人们在一八三二年六月枪杀了在一八三〇年七月取得了胜利的那些人；他们让这同一个巴黎综合理工大学，这同一个国民卫队，做了牺牲品；它们为那些摧毁它们、取缔它们、解散它们的人夺得了政权。共和党人错误地提倡了无政府主义的乱世的政策，但你也会伸出你那高贵的手越过我们的国界线吗？他们能让我们摆脱外国人可耻的牵制吗？勇敢、狂热的头脑在巴黎无济于事，不会激起人们反对对外政策的耻辱，不会激起人们反对对新王室的信赖。你们太无耻了，不去分担那三天的

[①] 拉马克将军（Lamarque，一七七〇——一八三二），朗德省的众议员，以反对自由派的演说家闻名于世，他的葬礼（一八三二年六月五日）给共和党人提供了一个发动起义的机会，但起义被镇压下去了。

风险，现在却坐收渔利。现在你们同他们的母亲去认领他们这些在七月革命中立下奇功的人的尸体吧，因为你们占据着他们的位置、财富和荣誉。年轻的人们，你们不会在同一个岸边得到同样的命运的！你们在卢浮宫的柱廊下有一座坟墓，在存尸房里有一个位置；有一些人在那里升了天，另外一些人用它造就了一个王位。谁会记得在值得纪念的革命中你们这些牺牲者和受害者的名字呢？他们知道他们瞻仰的纪念碑是用鲜血建造的吗？为国王建造金字塔的工人们躺在穷人的墓地旁边，被人遗忘，无声无息，而穷人在干活时却养活了他们。

一八三二年六月十日，于巴黎地狱街

贝里公爵夫人南下普罗旺斯省到达旺代省

贝里公爵夫人不愿拿她的一万二千法郎去做投机性冒险。马赛起义失败后，只好向西部发展。但旺代省的辉煌是一枝独秀，它将永远留在我们的大事记里。不过大半个法国选择了另外一种辉煌：那是被人嫉妒、招人反感的事情。旺代在圣德尼的宝库里，是一面令人尊敬、让人羡慕的旗帜，在它的下面，年轻人和子孙后代永远不会再是碌碌无为的了。

公爵夫人像波拿巴一样，在普罗旺斯港上岸。她没看到教区到处飞舞的白旗；失望之中她发现那里几乎只有她和布尔蒙先生两个人。这位元帅想让她马上越过边境线，她要求在夜里再去考虑。那一晚她在海涛声中的岩石中间睡得很香；早上醒来时，她记起了她那个高贵的梦："既然我已经到了法国的土地上，我就不会再离开。我们去旺代省吧。"一位叫某某的先生得到一位忠臣的通知，把她当作自己的妻子一样请到了自己的车子里，同她一起穿越了整个法国，最后去到了某某地方。她在一个城堡里待了一些时候，除了本堂神父外，没被其他任何人认出来。布尔蒙元帅得走另一条路去旺代省和公爵夫人重聚。

得知巴黎的这一切之后，我们就很容易预见未来的结果了。这一举措对于王室事业有一个欠妥之处，他们马上会发现这种事业的脆弱性，并消除一些幻想。如果公爵夫人没有去旺代省，则法国始终会认为法国西部有个潜伏的保王阵营，像我所称谓的那样。

不过还是有办法救公爵夫人的，在真相上面蒙上一层新的面纱：这位王妃得赶快离开，自己承担一切风险，就像一个勇敢的将军刚刚检阅过自己的军队，抑制住自己的烦躁和热情，这样她可以说是跑来告诉她的士兵，行动的时刻还不成熟，当时机成熟后叫她来时，她会跑来当他们的头的。这样做，公爵夫人至少可以再一次表明，一个波旁王室成员又来到了旺代省人民中间：卡特利诺一家、埃尔贝一家、邦尚一家、拉罗什雅克兰一家、夏雷特一家①，这些人的影子都会欢欣鼓舞、兴高采烈的。

我们的委员会重新聚在一起开会。当我们正在讨论时，从南特来了一名上尉，他把我们的女英雄住的地方告诉了我们。这上尉是一个漂亮的年轻人，像水手一样勇敢，像布列塔尼亚人一样古怪。他不同意她的这一做法，他认为她已失去了理智。不过，他说道："如果公爵夫人不离开的话，那她定死无疑，这是全部问题之所在。另外，委员先生们，你们应该吊死瓦尔特·司各特，因为真正的罪犯是他。"我主张把我们的想法写给王妃。如果可以，佩里耶先生去坎佩尔办一宗诉讼案时，会不辞

---

① 这些人都曾是波旁王朝的重臣或将军。

劳苦，把信带去，同时去看看王妃。当要写这封信时，谁也不知道应如何下笔，于是我挑起了这个担子。

我们的信使走了，我们在等待着事态的发展。我很快从邮局收到了下面这封信，信封上没盖邮戳，很可能受过当局的检查。

子爵先生：

当接到下卢瓦尔省省长的邀请，我星期天离开南特后，于上星期五收到并转交了您的信。我已经上路并到了昂古莱姆的城门口，刚才被领到了省长那里。他告诉我说，德·蒙塔利韦先生下了一道命令，让我在宪兵队的护送下返回南特。自从我离开南特后，下卢瓦尔省省府就被包围了：因为这次非法传递，他们要把我按特别法处理。我写信给内政大臣，请求他让我回巴黎；他通过同一个信使收到了我的信。我的南特之行似乎无法解释清楚，请您慎重考虑一下，您看同大臣谈谈是否合适。我请求您原谅向您提出这种要求，但我只能对您说。

子爵先生，请相信我一如既往的忠诚。

您忠实的仆人　小佩里耶
六月七日，于昂古莱姆

又及：如果您想去见大臣，就不能耽搁一分一秒了。我星期天要去都尔，他的新的指示还来得及。他可以通过电报或由信使专递他的指示。

我通过下面的回信，让佩里耶了解到我的决心已经下定：

先生，我已收到了本月七日您从昂古莱姆寄来的信。像您希望的那样，我去见内政大臣先生，已太迟了；但我很快给他写了信，并把您的信也一并寄给了他。我希望让您被捕的这个误会能很快澄清，让您恢复自由，回到您的朋友身边来。请相信我，我是您可以信赖的朋友之一。

顺致崇高而匆匆的敬礼，请接受我诚挚的问候。

夏多布里昂

一八三二年六月十日，于巴黎

下面是我给内政大臣的信：

内政大臣先生：

我刚才收到了附上的这封信。看来我无法像佩里耶先生希望的那样马上赶到您的家里去，因此，我把他的信给您寄去。我看他的要求是正当的：他在巴黎就像在南特、在南特就像在巴黎一样，都会是无罪的：这是当局要承认的事实，而当局在满足佩里耶先生的要求的同时，会避免给法律造成有追溯效力的错案。伯爵先生，我斗胆希望得到您公正的裁定。

顺致敬礼。

夏多布里昂

一八三二年六月九日，于巴黎

一八三二年七月底，于巴黎地狱街

我的被捕

我的一个老朋友，富礼塞尔，英国人，不久前他十七岁的独生女儿不幸早逝。我六月十九日参加了那可怜的爱丽莎的葬礼。美丽的德里塞尔夫人①，当死神降临时，完成了她的肖像画。回到孤独的地狱街后，我不胜伤感地躺到了床上；这些伤感的思想自然来自青春、美好和坟墓的联想。六月二十日早上四点，长期效忠于我的巴蒂斯特走进我的房间，靠近我的床，对我说道："先生，院子里来了许多人，站在各个门口，他们强迫德布罗斯②把通车的大门打开，这里就有三位先生要找您谈话。"他说完这些话，领头的那个人很礼貌地走近我的床，说他是奉命来逮捕我的，要把我带到警察局去。我问他太阳是否已经升起，法律所要求的事和他是不是持有合法的逮捕令：他没有回答关于太阳的问题，却出示了下面的证件：

抄件：

经国王批准

我们，国务委员，巴黎警察局长鉴于已掌握的情况

根据刑事诉讼法第十条之规定，我们要求警察分局局长，在受阻的情况下，或者别的人，亲自前往德·夏多布里昂子爵的住所，需要时，前往任何地方，由于其参与反对国家安全的阴谋，要寻找和截获一切包括挑动犯罪，反对公共安全，需要审查的文件、通信、著作，以及他掌握的所有煽动暴乱的物资或武器。

巴黎警察局

---

① 她出生在拉博尔德的瓦朗蒂纳，嫁给了工业家、邦雅曼的兄弟加里埃尔·德里塞尔。梅里梅很爱她。

② 守门人。

当我在看妨害国家安全的大阴谋的通告时，虚弱的我刚被告知，那警长对他的下属说道："先生们，干你们该干的事吧！"这些先生们要干的事就是打开箱柜，翻遍所有的口袋，查找证件、书信和书写材料，寻找罪证和各种武器，像警察局文件规定的那样。

看完那份文件之后，我对那位暴徒兼小偷们的体面队长说道："先生，您知道我一点也不承认你们的政府，我抗议你们对我采取的暴力行动。但由于我手无缚鸡之力，我绝不会同你们厮打，我马上起床跟你们走。不过，先请你们坐下。"

我穿好衣服，没什么可带的，便对那位体面的局长说道："先生，我听您的吩咐，我们是步行吗？"

"不，先生，我准备了一辆马车，用它带您去。"

"谢谢您的好意。走吧，先生。不过得委屈您一下，我得去同夏多布里昂夫人告别一下。允许我一个人进到我妻子的房里去吗？"

"先生，我陪着您到她的房门口去吧，我在那里等着您。"

"很好，先生。"

于是我们下了楼。

一路上我发现到处都布满了哨兵，在林荫道旁直通我家花园尽头的小门旁还有骑哨。我对那头头说道："这些防范措施毫无用处，我根本没有想过从你们的手里逃跑，溜掉。"那些先生忙着翻我的材料，但一无所获。我那把马穆鲁克①时代的大马刀引起了他们的注意；他们低声商量了一会儿之后，最后把那件武器留在了那堆灰尘满布的书籍里面；跟它躺在书堆里的还有一个我从圣地带回来的黄色木头上雕刻的耶稣像。

这幕哑剧差点让我笑出声来，但我为夏多布里昂夫人忧心忡忡，肠断魂销。有谁了解她的为人，又有谁了解她对我的脉脉温情，她心中的

---

① 马穆鲁克（Mamelouck）统治埃及和叙利亚的王朝（一二五〇——五一七）。

恐惧，她那丰富的想象力，和她那糟糕的身体状况？警察的从天而降以及我的被捕会使她痛苦万分，她已经听到了嘈杂声了。当我在这么个异乎寻常的时刻去到她的房间里时，我发现她坐在床上，胆战心惊地听着外面的动静。

"啊！真见鬼！"她叫道，"难道你病了吗？啊！天哪！怎么回事？是怎么回事？"她浑身发抖。

我禁不住潸然泪下，我抱着她，对她说道："没什么，有桩新闻诉讼案件，要我去说一说，做证人。几小时以后，一切就会结束，我会回来同你一道吃早饭的。"

密探头子就站在敞开的门口，他看到了这一幕。我边说边走回到了他的身边："您看到了，先生，您的来访是不是太早了一点。"我同他们一起穿过院子，其中三个和我一块儿上了马车，其余的步行跟在俘房车后面，我们顺当地到了警察局的院子里①。

监禁我的监狱看守还没有起床，他们敲打他的窗子才把他叫醒，于是他去给我准备住处。他去忙乎他的事去了，我在院子里走来走去，同我在一起的还有莱奥托先生。他负责看守我；此人很正直，他同我交谈，友好地对我说道："子爵先生，我很荣幸地记起了您，那时您是大臣，在去国王家时，我好几次向您举枪致敬：我那时是卫兵。可是您究竟图个啥呢？您不是有妻室儿女的人吗？总得活下去呀。"

"您说得对，莱奥托先生。这个差使能给您带来多少收入？"

"啊？子爵先生，这得看被捕人的情况……额外补贴时多时少，就像在战场上打仗一样。"

在踱步的时候，我看到一些打扮各异的密探进来了，他们戴的面具像是开始封斋时人们从田舍花园回来时戴的面具：他们回来汇报夜间

---

① 在司法大楼。

发生的事和他们的行动。他们中的一些人打扮成色拉商人，沿街叫卖的小贩，煤炭厂、菜市场的搬运工人，旧衣商人，拾破烂者，以及管风琴演奏者。另外一些人戴着假发，假发下面露出了另一种颜色的头发，还有一些人留着胡须和小胡子。还有一些人拖着两条腿像应受尊敬的残疾人，在纽扣眼上系着鲜艳的红带子。他们走进一个小院子，很快换上了自己的衣服，回来时不再有胡须，不再有颊髯，不再有假发、面罩、假腿，手臂也不再斜吊着了。黎明到来时，警察局里的这些包打听随着天色渐亮逐渐离开、消失了。我的住处已安排好，那看守来告知了我们。莱奥托先生，帽子戴得很低，把我带到了我的住处门口，他边走边说，把我交付给了监狱看守和他的手下人："子爵先生，我很荣幸向您致意，再次见到您我很高兴。"那扇门随后关上了。我走在手里拿着钥匙的监狱看守和两个侍从前面，这两个人跟着我，怕我逃走。我登上一个狭窄的楼梯上了二楼，一条又小又黑的走廊把我引到了一道门前；监狱看守开了门，我跟着他进了我的囚房。他问我是不是什么都不缺，我回答说一个小时后我要吃早饭。他告诉我说那里有个咖啡馆和一个餐馆，他们向囚犯提供任何想要的合适东西。我请求看守，如果他能够给我送一杯茶来，还有热水、冷水和毛巾。我先给了他二十法郎：他恭恭敬敬地走了，并保证马上就回来。

剩下我一个人的时候，我仔细地观察了这间囚室：房子较长，不很宽，两米来高，板壁斑斑点点，光溜溜的，上面布满了我的前任们的诗文，特别是一个女人怒斥中庸的信笔涂抹。一张破床上面铺了一个肮脏不堪的床单，床占去了房子一半的面积；靠墙角离床两尺来高的地方，两根木条撑起的一块木板，是用作放衣服与长筒靴、皮鞋的地方。一把椅子和一组令人生厌的用具组成了全部室内家具。

那位忠实的看守给我送来了我向他要的毛巾和几壶水。我要他拿走床上的脏床单、羊毛被，和拿走令人作呕的木桶。在要他洒了水之后，他动手打扫这间破房子。房里的东西拿走后,我刮了胡子,洗了个澡,换了一身衣服。夏多布里昂夫人给我送来了一个小包裹。我把床上所有的东西收拾好放在那块木板上,就像放在船上的船舱里一样。当这一切收拾好时,我的早饭送来了。我在桌子上铺了一块白毛巾,坐在收拾得干干净净的桌子旁喝茶。很快有人来收拾桌子,又把我一个人严严实实地关在这房子里了。

我房子的光线全靠从一个开得很高、有窗栅栏的窗子里照进来;我把桌子放在窗户下面,然后爬到桌子上去呼吸和享受阳光的温暖。透过窗栅栏,我只能看到一个小院子或者是一条阴暗狭窄的过道,周围黑不溜秋的建筑物上有几只蝙蝠在瑟瑟发抖。我常听到钥匙和链条的叮当声,治安警察和巡逻者的谈话声,士兵的脚步声,武器的撞击声,叫声,笑声,隔壁囚犯下流的歌声,杀了母亲和坏朋友、被判死刑的伯努瓦的叫喊声。我能分辨出伯努瓦在害怕和后悔的感叹声中的这几句话:"啊!母亲!我可怜的母亲!"我看到了人间地狱,人类的创伤,和推动这个社会运转的丑陋机器。

我感谢拥护新闻自由的那些文人,他们把我当作他们的领袖,在我的授命下进行战斗。没有他们,我到死都不会知道监狱是什么样子,而这一次体验的机会也会失去。通过这一微妙的变故,我又一次认识到了文人的才智、仁慈、慷慨、荣誉感及勇气。然而这次短暂的体验会怎么结束?塔索在监狱里待了许多年,而我还在抱怨!不!我没有资格用几个小时同那些长年累月遭受磨难的不幸英雄相比,他们的名字将永载史册!

另外,我并不是不幸的,一点都不是。过去桂冠的天才,三十年荣耀的天才对我来说,一点都没有显露出来;但我过去写诗的灵感,非常贫乏,不为人知,却通过这个窗口,喜冲冲地进来拥抱我了。它被我的住所迷住,大受启发;当《勒内》最初的梦幻在我的脑际间浮泛的时候,它又发现了我,就像看见我当年在伦敦的惨状中那样。潘德山脉同我一样孤寂的时候,我们去干什么呢?可怜的勒韦拉斯诗人在英格兰的监狱里待过,他的歌不就是歌颂他的主人查理一世的吗[①]?不,囚徒的声音,在我看来,对年轻的国王亨利五世将会是一个不好的征兆;必须在祭坛下为不幸者歌唱,我不会去赞美从无辜者手里夺去王位的人;我很乐意去谈另外一种白色的花环,它摆在一位年轻女孩的棺木上;我记起了前天晚上安葬在帕西公墓的爱丽莎·富礼塞尔。我开始读拉丁文碑文上几行哀诗,接着被一个很长的单词难住了。我从桌子上跳下来,依在窗栅栏上,然后跑去用手使劲敲门,四周的门洞充满嘈杂声;监狱看守上楼来了,后面跟着两个宪兵。他打开我门上的小窗,我对他吼道:"一本格拉迪斯[②]!一本格拉迪斯!"监狱看守眼睛睁得圆圆的,不知所云;两个宪兵则以为我泄露了一个同谋的名字。他们很乐意为我松开了拇指铐。我解释说我想让人买一本格拉迪斯字典,我给了钱,他们让惊诧不已的警察去买去了。

当他们去办我的事时候,我又爬上了我桌子;不再去想换三脚支架[③]的事了,我开始为爱丽莎的死写诗了。三点时分,正当我处在灵感的光环里时,一些执达员走进了我的房间;他们惊扰了我在佩尔梅斯[④]岸边的神游,把我带到了预审法官那里。这位法官在我那间囚室院子对面的一个黑暗的书记室里写东西。这位显得很严肃的年轻、肥胖的法官,向我提了一些一般的问题,如姓名、年龄、住处等。在不了解一个既没有传统法律又没有经过人民选举的政府的行政当局面前,因为法国

[①] 英国诗人理查德·勒韦拉斯(Richard Lovelace,一六一八——六五八),查理一世的拥护者。
[②] 指格拉迪斯(Gradus)编的一本字典。这本字典对每个拉丁词做了详尽的注释,在当时十分受欢迎。
[③] 这里是夏多布里昂把自己和阿波罗神殿的女祭司做比较。
[④] 贝奥蒂的激流。它的圣水能激发诗人的灵感。

既没有召开过协商会议,也没有召开过国民大会嘛,在这种情况下,我拒绝回答任何问题,也不在任何东西上签字。我又被带回了我的牢房。

六点,给我送来了晚餐。我在脑海里继续斟酌那些诗句,同时又临时创作了一首似乎很有韵味的曲子。夏多布里昂夫人给我送来了一条地毯,一个枕头,几床床单,一床棉被,一些蜡烛和一堆我晚上要看的书。房子里的东西总是七零八乱的,我一面整理,一面哼着曲子:

> 摆上棺材和洁白无瑕的玫瑰,
> 我为年轻女孩和美丽的鲜花所作的抒情歌已大功告成!
> 摆上棺材和洁白无瑕的玫瑰,
> 父亲把她和鲜花放进棺材里,这是他痛苦的祭品;
> 大地呀,你把她们带到人世间,现在你又把她们掩盖
> 年轻的姑娘和鲜艳的花朵。

> 啊!永远也不要把她们带到这个罪恶的世界上来,
> 这是个悲哀、恐惧和不幸的世界;
> 大风摧残和斫丧了,阳光烤焦和葬送了,
> 年轻的姑娘和鲜艳的花朵。

> 安息吧!可怜的爱丽莎,你还那么年轻!
> 你再也感觉不到日子的艰辛和火热的煎熬了;
> 你们结束了你们的豆蔻年华,
> 年轻的姑娘和鲜艳的花朵。

> 但是,爱丽莎,你父亲在坟前悲悼,
> 苍白从你的脸上移到了他的脸上;

老橡树呀！岁月在他的根上摧毁了，

年轻的姑娘和鲜艳的花朵！

一八三二年七月底，于巴黎地狱街

从我的小偷斗室到吉斯凯小姐的梳妆室——阿希尔·德·阿莱

我开始脱衣服时，听到了谈话声。接着门开了，警察局长先生在俾先生的陪同下，走进了我的囚室。这位局长对我在拘留时延长了监禁时间万般道歉。他告诉我说，我的朋友菲兹-雅梅公爵和于德·德·纳维尔男爵像我一样，都被捕了；由于受到省长的干预，他们不知道把法庭认定应该受到收审的人安置在什么地方。"但是，"他补充道，"子爵先生，您马上上我家去，您可以在那里选择一间最合您心意的房间。"

我向他表示感谢，并请他不要挪动我这个窝，因为我已喜欢上了这个地方就像和尚喜欢他的殿堂一样。警察局长拒绝了我的要求，我得搬走。我又看到沙龙了，那是自从波拿巴的警察局长请我来这里，劝我远离巴黎后我一直没有见过的。吉斯凯先生[①]和吉斯凯太太给我打开了他们所有的房间，请我选择一个我最喜欢的。俾先生建议把他的房间让给我，他们如此客气，让我真不知道该如何办才好。我要了一间单独朝花

[①] 他是警察局长，俾是他的秘书，我们在稍后还会看到他，他是吉斯凯小姐的未婚夫。

园开的小房间；这间房子，据我看，是给吉斯凯小姐当梳妆室用的。他们允许我带仆人，让他睡在门外通向吉斯凯夫人那套房子的一条小楼道入口处的地毯上。另外一条梯道通向花园，但我不能从那里过，每天晚上，在花园与沿河马路之间的栅栏下安排了一个哨兵站岗。吉斯凯夫人是世界上最好的女人，吉斯凯小姐很漂亮，是一个天才的音乐家。我对主人的细心安排很满意；似乎他们想要补赎十二个小时以来给我的惩罚。

在吉斯凯小姐的盥洗室住下的第二天，我很高兴地起了床，回忆起了阿纳克翁一首关于一位年轻希腊女孩的梳妆室的歌。我把头靠在窗子上，看到一座满园绿色的小花园，围墙上爬满了日本的常春藤。右面，花园的尽头，有一些办公室，可以看到那里一些和颜悦色的警察局职员，就像丁香花中的美女；左面是塞纳河河堤，塞纳河和巴黎古城的一角，古城拐角在圣安德烈·阿尔克的乡村里。我听到了吉斯凯小姐那优雅的琴声，中间夹杂着密探们那讨价还价向他们的头头要求对告密费分成的吵闹声。

斗转星移，世界上的一切都在改变！警察局里那个带浪漫气息的英国式小花园已只剩下法国式花园毫无规则的部分了，有如巴黎首任法院院长的大楼里修剪过的绿荫栅。在一五八〇年，这个花园位于一大堆挡住了它北边和西边视线的房子中间，它一直延伸到塞纳河边。只有在那里，在白天路障撤掉后，德·吉兹才来拜访阿希尔·德·阿莱①。他发现首任议长在花园里散步；议长对他的到来并不怎么感到惊诧，他不屑一顾，把头转了过去，继续散步。散步完了，他已到了小路的尽头，待他转过身来，他看到德·吉兹公爵正朝他走去。这个威严的法官扯开嗓门对他说道："真是天大的不幸，仆人竟然把主子赶走了；尽管这样，我

---

① 阿希尔·德·阿莱（Archille de Harlay，一五三六——六一九），巴黎议会首任议长。

的灵魂依旧属于上帝，我的心依旧属于我的国王，而我的身体却掌握在恶人手中。由得他们怎么做吧。"阿希尔·德·阿莱今天在这花园里散步，到这里来散步的还有维多克先生①，德·吉兹公爵和科科·拉库尔。在一些大的原则上，我们已改换了一些大人物，我们现在多么自由啊！尤其是，我把头依在窗户上，我是多么自由啊，楼梯下监视我的那个坏家伙，时刻准备在我逃走时向我开枪，好像我长了翅膀似的。我的花园里没有夜莺，但有许多在乡村、城市、宫殿、监狱到处可见的矫健、放肆、喜欢吵架的麻雀。它们站在死亡的边缘上和在玫瑰花上一样快活，它们所想要的就是逃离人世间的痛苦。

预审法官德莫蒂埃先生

　　夏多布里昂夫人获准来看我了。她曾在恐怖时代同我的两个妹妹吕西儿和朱莉在雷恩监狱坐过十三个月的牢；她的精神受到了沉重的打击，已承受不了蹲监狱这两个词了。我可怜的妻子在走进警察局时，精神上受到了极大的刺激，这是我真正应该承担的责任。在我被拘留的第二天，预审法官德莫蒂埃先生在记录员的陪同下来到了我这里。

　　基佐先生已经让人任命作家埃罗②先生担任雷恩王室法庭的检察长；这位先生向来嫉妒成性，使性子耍态度，一朝大权在手，更是野腔无调，像只斗胜的公鸡。

---

① 有名的苦役犯变成了安全局局长（一七七五——一八五七）。科科·拉库尔是他的副手，继承人。
② 天主教作家欧内斯特·埃罗（Ernest Hello）的父亲。

这位基佐先生的被保护人从混在南特起诉佩里耶先生的材料里找到了我的名字和菲兹-雅梅公爵先生、于德·德·纳维尔先生的名字，就写信给法庭专使说，如果他是主人的话，就绝不会放过我们，把我们放到案子里去，当作共犯和物证。德·蒙塔利韦先生[1]原以为应对埃罗先生的意见做出让步；有一段时间他毕恭毕敬跑到我家听取我对选举和新闻自由的建议和见解。复辟时期造就了一批像德·蒙塔利韦先生这样的人，而没有培养出一个有才智的人，无疑这就是为什么它在人们的心里没有留下好印象。

预审法官德·蒙塔利韦先生走进我的小屋，一种虚情假意在他挛缩而粗暴的脸上蔓延，就像在脸上涂了一层厚厚的蜂蜜似的。

我叫忠臣，出生在诺曼底，
是手持权杖的看门人，虽然像伪君子。

德莫蒂埃先生不久以前是圣会派[2]成员，伟大的领圣体者，伟大的正统主义者，伟大的敕令拥护者，现在成了狂热的中庸派。我以惯有的礼节请这个畜生坐下，把一把扶手椅扔到了他面前。我在他的记录员面前放了一张小桌子，上面放上了一支羽毛笔和墨水。我坐在德莫蒂埃先生前面，他用一种温和的声调对我宣读了各种小小的指控，很有证据，这足以让我杀头。接着是审讯。

我再一次声明不承认现行的政治制度，我没有什么可回答的，我不会在什么东西上签字，所有这些指控都是不能成立的，他们可以不必费心，可以去干别的，但我总会很乐意地接待德莫蒂埃先生的来访。

我看到我这种做法使这位圣人大为恼火，他以前是赞成我的观点

---

[1] 德·蒙塔利韦（de Montalivet），当时是内务大臣。
[2] 法国波旁王朝复辟时期左右政权的一派。

的，我的行为在他看来，对他的行为不失为一种辛辣的讽刺。这位法官的高傲里掺杂着不满，他自认为在他的职责范围里受到了伤害。他想跟我讲理；我永远也不能让他弄明白社会秩序和政治秩序之间存在的差异。我对他说，我服从的首先是自然法则；我遵守民法、军事法和财政法，治安法和公共秩序。政治法，只要它来自历代的王权或者人民的王权，我是遵守的。我没有那么傻和虚伪去相信人民被召集开了会，受到了协商，建立的政治秩序是国民裁定的结果。结果有人指责是盗窃犯、杀人犯、纵火犯，或者别的凶杀和社会罪行，我会求助于法律。但是当有人在政治上向我起诉时，我对这个毫无合法权力的当局没有什么可回答的，因而它也没有什么可问我的。

半个月就这样过去了。德莫蒂埃先生的愤怒，我早就听说了（他企图把他的愤怒感染给法官们），他带着一种酸溜溜的神态走近我，对我说道："您不想把您的大名告诉我吗？"在一次审讯中，他给我念了一封查理十世给德·菲兹-雅梅公爵的信，里面有一句赞美我的话。"很好，先生，"我对他说，"这封信意味着什么呢？众所周知，我一直忠于原来的国王，我没有宣誓效忠菲利普。正在流放的国王的信让我感动；在他那繁荣昌盛的时期，他从未对我说过相似的话；而这句话是对我所有效劳的奖誉。"

一八三二年七月底，于巴黎地狱街

在吉斯凯先生家里的生活——我的获释

很多囚犯都得到了雷卡米耶夫人的安慰和解救;她由人领着到了我的新住所来看过我。德·贝朗瑞先生从帕西下车,在他的朋友的簇拥下,用诗一样的语言同我谈起了我那些朋友的囚禁生活。他不能再为复辟王朝的事毫不客气地责备我了。我那肥胖的老朋友贝尔坦来给我管理政府的圣事[①];一位热情的女子专门从博韦赶来欣赏我的光辉形象;维勒曼先生不畏强暴来看我;杜布瓦[②]先生,昂佩尔先生,勒诺芒先生,我这些慷慨博学的年轻朋友没有忘记我;共和党律师勒德律先生从未离开过我,在案件有希望时,他将扩大战果,他准备花费他所有的时间、牺牲他的幸福为我辩护。

吉斯凯先生,像我给您说过的那样,把所有的客厅供给我用,但我没有滥用这种权利。只在一天晚上,我下楼坐在吉斯凯先生和吉斯凯夫人之间听吉斯凯小姐弹钢琴。她父亲责备她,说她的奏鸣曲弹得不如以前好。这场只有我一个听众的小型家庭音乐会倒别有情趣。这田园式的一幕在家庭的和谐气氛中正进行时,一群治安警察手拿长枪和铁头木棍把我的一些难友从外面带了进来;此时此刻,在警察们的心里是一种什么样的宁静与和谐在支配着他们啊!

我很高兴能让自己接受一个特殊的恩惠,那就是蹲监狱。菲利蓬先生[③]曾经因为他的才干被拘留了几个月,他是在夏约的疗养院里度过这些日子的,因为他需要在一件诉讼案中做证被叫到了巴黎,他便利用了这个机会,再也没有回到他的囚室。但他后悔了,在他的藏身之处,他

[①] 此话颇具讽刺意义,因为贝尔坦和《辩论报》早已同《菲利普报》结盟。
[②] 杜布瓦(Dubois),《环球》的创始者。
[③] 菲利蓬(Philipon),《漫画报》的主编。

不能方便地去看望他爱着的那个女孩子了。他后悔没回监狱，也不知道怎样才能回去，便给我写了下面这封信，请我和我的主人商量此事。

先生：

您是囚犯，因此您会理解我的，您不能把自己当作夏多布里昂……我也是囚犯，从戒严后我自愿当囚犯的；我在一个朋友家里，在一个像我一样可怜的艺术家家里。我曾想逃避军事法庭的审讯，因为本月九日我受到了它的威胁，他们要查封我的报纸。可是，躲起来吧，我就被剥夺了拥抱一个我爱得发疯的孩子的机会，那是一个我收养的五岁小女孩，她是我的幸福和快乐。这种剥夺，我再也忍受不了多久了，这等于死亡！我去自首吧，他们会把我投进圣佩拉热监狱；在那里我见到我那可怜孩子的机会会很少；如果他们让我见她的话，也只能在规定的时间里；不天天见到她的话，我会为她的健康担心得发抖，会担心得死去的。

我对您说，先生，对您这个正统派说；我是个忠心耿耿的共和党人，您是个严肃、温文尔雅的人。我是个漫画家，主张人在政治上的人格越辛辣越好，对您来说，我是什么人，您一点都不了解，只是像您一样是个囚犯。因为获得了警察局长先生的允许，让我进了疗养院，他们把我递解到了这里。如果能让我那可怜的孩子留在我这里，我以我的名誉做担保，要我上法庭，我每一次都去，我绝不逃避任何法庭的裁定。

先生，请您相信，当我以荣誉做担保时，我保证绝不逃跑，而且我坚信您可以当我的律师；尽管在正统派与共和党之间，在政治的实质关系上能看到联盟的新的迹象，但是，所有的人，他们的看法竟是如此的一致。

如果对这样一位主人，对这样一位律师提出要求，我遭到拒绝的话，我会知道我再没有什么可指望了，我会看到自己将与我那可怜的爱玛要分开九个月。

先生，不管您那宽宏大量的干预结果如何，我对您的感激将是长期的，永远的，因为我永远不会怀疑我这急切的希望会在您那高尚的心灵上产生共鸣。

先生，请接受我最诚挚的敬意，请相信我，我是您最卑微、最忠实的仆人。

《漫画报》主编、被判处十三个月监禁的囚徒　菲利蓬
一八三二年六月二十一日，于巴黎

我获得了菲利蓬先生要求的优待，他给我回了一封信表示感谢，这并不是什么大不了的帮忙（它使得只用一个宪兵在夏约看守我这位主顾了）。但是，这种隐藏的快乐也许只能被那些真正有这种感觉的人感觉到。

先生：

我和我亲爱的孩子一块去了夏约。

我要感谢您，但我觉得这些词语太苍白无力，无法表达我对您的感激之情。先生，我有理由相信是您的心灵驱使您去力排众议、据理力争的。当我想到您说我不是忘恩负义之徒，您描绘您的仁慈会使我幸福得要发疯的情景比我描绘得会更好时，我坚信自己一点也不会搞错。

请接受我最诚挚的谢意，先生，请相信我是您最忠诚的仆人。

夏尔·菲利蓬

在我的信誉的这个特别的标记上，我还要给我的名望加上这个奇特的证明：吉斯凯办公室里的一个年轻职员给我读了一篇十分优美的诗，

而这篇诗吉斯凯先生本人曾送给了我。人总得讲公正：如果一个文人政府卑鄙地攻击我，诗人们便起来堂堂正正地保护我；维勒曼先生曾勇敢地为我辩护过，我的肥胖的朋友在《论坛报》上发表了一篇署名文章，对我的被捕表示了抗议。下面是办公室职员给我念的署名诗人肖邦的诗：

致德·夏多布里昂先生
致巴黎警察局局长

曾经钦羡你的天才，
我斗胆呈上我的诗，
就如一丁点儿水流入大海中央，
我带上这件贡品给辑睦之神。
今天不幸已降临到你的头上，
万里晴空总蕴含在风雨飘摇之中。
短暂的现在，给诗人什么呢？
你的荣耀与世长存……我们的怨恨也将过去。
对顽抗的敌人，你那刚劲有力的声音
使它在错误的道路上胆战心惊；
而你那迷人的口才总能让心灵得到慰藉。
不久前，一位国王限制了你神圣的自由，
在他的冷酷无情面前，你是多么伟大……
他会倒下，会被法兰西赶跑，
你看到他的只能是他的倒霉！
啊！谁能估量出你的忠诚
让激流改变方向？
只要有一个政党为你的热忱拍手称快，
你的光荣就会属于我们大家……

拿起你的画笔吧。

办公室职员 肖邦

诺埃米小姐（我猜想这是吉斯凯小姐的名字）经常一个人拿着一本书在小花园里散步，她不时偷偷朝我的窗户瞧一眼。被我主人的千金小姐解除我的铁链是很令人高兴的，如同塞万提斯[①]！正当我显得浪漫、年轻、漂亮的时候，佴先生走来打碎了我的梦。我看见他以一种没有欺骗我，也没有欺骗窈窕淑女们的神态在同吉斯凯小姐谈话。我驱散眼前的云雾，关上窗子，没有让厄运中的风把我的胡须催白。

半个月之后，六月三十日，一道不予起诉的命令让我获得了自由。夏多布里昂夫人高兴无比，如果对我的监禁延长下去，她会死去的，我想。她坐着马车来找我，我很快把行李收拾好放上了马车，就像从前我从部里回来那样敏捷。我回到地狱街，不知道用什么去消除不幸带来的痛苦[②]。

如果吉斯凯先生的名字能在未来的历史上写上一笔的话，也许他名声会很糟糕；我希望刚才我写的关于他的东西能冲淡对他的敌对的描述。我只能赞扬他的关心和乐于助人；如果我被判刑，也许他也不会让我逃出来，但总归，他和他的家人对我是很有礼节的，对我很体贴，他们能设身处地地为我当时以及以前的处境着想。历来的文官政府和法学家对待弱者要多粗鲁有多粗鲁，而且从不后悔。

四十年来，在法国登台的各类政府中，菲利普政府是唯一把我划进土匪的圈子里去的政府。它把手打到了我的头上，打到了我这个受人尊敬的人、甚至是发怒的征服者的头上；拿破仑曾经举起了手，但他没有打下来。他们为什么恼羞成怒？让我来跟您说说吧：我敢于为权利而不

[①] 塞万提斯（Cervantes，一五四七——一六一六），西班牙作家，他的一生充满磨难，坐过五年牢。主要作品有《唐·吉诃德》。
[②] 波舒哀的回忆里是这么说的。

是为一时一事提出异议；在一个国家里，在拿破仑统治下我要求自由，在复辟时期我要求荣誉；在一个国家里，寂寞时，我依靠的不是兄弟、姐妹、孩子、快乐和高兴，而是坟墓。最近政治上的变化使我剩下的朋友与我分道扬镳了：他们是那些不愿守着我的贫穷而去碰运气、用不正当手段去发财的人，是那些抛弃了处在受辱中的家园的人。几代本来是如此钟爱独立的人们却出卖了自己：他们的行为里暴露出粗俗，傲气中显出固执，文字中表现出中庸或疯狂。我从这些人身上等待的只有蔑视，礼尚往来，我要把蔑视还给他们。他们对我什么也不了解，他们无视自己曾经发过誓的东西，他们忘记了人家对他们的谆谆教导，忘记了尊重自己的意见，忘记了对成绩和金钱的淡然相待，忘记了对牺牲的珍视、对弱者和不幸者的爱护。

一八三二年七月底，于巴黎地狱街

给司法大臣的信及回信

在不予起诉的命令下达之后，我还有一个任务要完成。我被控告犯的轻罪与在南特被羁押的佩里耶先生的案件有关。我没能同预审法官解释清楚，因为我不承认法院的权力。为了修复因我的沉默而可能给佩里耶先生造成的不幸，我给司法大臣写了下面这封大家将要看到的信，而且我将在报纸上公布于众：

司法大臣先生：

请允许我给您写信，为一个长期被剥夺自由的男子完成一项良心上的也是很荣誉的任务。

上个月十八日，当南特的预审法官审讯小佩里耶先生时，他回答说道：他曾经见到过贝里公爵夫人，因为崇敬她的身份、勇气和同情她的不幸遭遇，便接受了她个人的以及她的一些可敬的朋友的关于法国当前的形势和关于王子殿下出现在西方产生后果的意见。

佩里耶先生以他惯有的天才扩大了这个广泛的主题，他得出了这样的结论：任何一场国外的或国内的战争，即使摘取了胜利的桂冠，既不能压制也不能统一公众的舆论。

当问到他刚才谈到的那些可敬的朋友时，佩里耶先生庄重地说道：那是一些严肃的人，他们对当前形势的看法与他的一致。他原以为他必须使他的意见与他们的意见相一致，不过他们不同意的话，他是不会说出他们的名字的。

司法大臣先生，我是佩里耶先生咨询过的人当中的一个，我不仅支持过他的意见，我甚至按这种意见的意思还草拟过一份文件。在这位王妃真正到了法国领土上的情况下，这份文件应送到贝里公爵夫人的手里；可我不相信她来过。这第一份文件还没有签字，我又写了第二份，并签上我的名字，我更加强烈地恳求亨利四世孙子的勇敢的母亲在纠纷四起时离开祖国。

这就是我应该对佩里耶先生说的。真正的罪犯，如果有罪犯的话，那就是我。我希望这些话能让南特这名囚犯尽快获释。这些话只会留在我的脑海中去对一件事的指控的思索，这无疑是非常无辜的，但不管怎么说，我宁愿承担一切后果。

顺致敬意。

夏多布里昂

一八三二年六月三日，于巴黎

又及：

　　就一件与佩里耶先生有关的事，我曾于上个月九日给德·蒙塔利韦伯爵先生写过封信，这位内务大臣甚至认为不必让我知道他已收到了我的信；由于知道我今天有幸给司法大臣写的这封信的结果如何对我至关重要，我万不得已才请他吩咐他的办公室人员通知我他已收到了我的信。

夏多布里昂

没过多久，司法大臣便回了信，全文如下：

子爵先生：

　　您写给我的能给司法机关以启示的那封信，我马上转给了国王驻南特法院的检察官，以便让它在已经开始的对佩里耶先生的预审做个补充材料。

　　顺致敬意。

掌玺大臣巴尔特
七月三日，于巴黎

　　通过这封回信，巴尔特先生巧妙地保留了对我提出的新的诉讼。当我隐约预感到有人可能对我个人或我写的东西施加暴力时，我想起了中庸政府里那些重要人物极端傲睨万物的神态。啊！天哪！为什么让我经受这种难以想象的危害呢？谁会拥护我提出的主张呢？谁想动我哪怕是一根头发？玩火者必自焚，不惜一切代价为维持和平的不屈的英雄们，然而，你们也曾经经受过财政上的和警察局的恐怖，你们巴黎被围的情况，你们的成千个新闻案件，你们的军事委员会要判《闲话集》[①]的作者

[①] 正统派的讽刺性刊物，唯一的编辑是皮埃尔-克雷芒·贝拉尔。他不得不流放国外。

死刑；你们还把我抓进了你们的监狱，你们对我的罪行的量刑并不比死刑轻。我是多么乐意把我的头交出来啊！因为要是把它放在公正的天平上，它肯定会偏向于我的祖国的荣誉、光荣和自由的一边！

对查理十世提供给我的贵族议员年金的回信

我比以往更加坚定地要去重新过流亡生活了，夏多布里昂夫人被我这个意外事件吓坏了，她可能已经想到过要走得远远的。剩下的问题只是要找个地方重新搭起我们的帐篷。最大的困难是要弄到一些钱去到国外的土地上生活和还清一笔债，这笔债会让我受到追捕，甚至有被抓起来的危险。

在那个废墟似的大使馆的第一年，我一直在那里当大使：这是我在罗马遇到的情况。波利尼亚克大臣上台后，我辞职了，于是我的日常债务已增加到了六万法郎。我去敲过所有保王党人的银行的门，没有一家的门朝我敞开。后来有人建议我去敲拉菲特银行的门，拉菲特先生给我预支了一万法郎，我很快把钱还给了那些逼债逼得最紧迫的债主。在我那些书的稿费里，我凑足了这笔钱，满怀感激地还给了他。但我还欠三万法郎的旧债等着我去还，我为此黯然销魂，我手头一无所有，有的只是留了多年的胡子；然而这胡子是金胡子，而每年在我的下巴要剪胡子。

德·莱维公爵从埃科斯旅行回来，他对我说，查理十世想继续向我提供贵族议员年金，我认为应该拒绝这项恩赐。德·莱维公爵又来了，他看到我从监狱里出来处在最尴尬的境地，我家里和地狱街的花园里什么东西也没有，又被一大群债主纠缠着。我家里的银器早卖光了。德·莱维公爵给我送来了两万法郎，并且正式告诉我说，这只是国王认为欠我的两年的贵族议员年金，我在罗马欠下的债是王国的债务。这笔钱会使我得到解脱，我把它当作临时借贷接受了，并写了下面这封信①：

陛下：

在这些不幸之中，上帝愿您的生活神圣不可侵犯；您还没有忘记在圣路易王位下那些受苦受难的黎民百姓。几个月前，承蒙您让人传谕，让我继续享用贵族议员年金，我拒绝了这种特殊的享受。我以为尊贵的陛下有比我更可怜的求助者，他们比我更需要您的好心施与。但我最近刊登的一些文字材料给我带来了不幸，招致迫害；我卖掉了家里为数不丰的财产。但无济于事。看来我不得不接受您这笔费用了，但不是作为陛下给我的年金，而是作为一项临时救济让我借以摆脱困境；这种困境妨碍着我去重新找个避难所、以自己的工作来维持生计。陛下，如果使我放弃我曾为之不遗余力、并且用我的余生为之效劳的王位恢复工作，哪怕是一瞬间，都将会是十分痛苦的。

请接受我崇高的敬意。

夏多布里昂

---

① 您很快会见到我第一次布拉格之行时与查理十世就这项借款的谈话（巴黎记事一八三四年）。

贝里公爵夫人的信——给贝朗瑞的信——从巴黎出发

我侄儿路易·德·夏多布里昂伯爵以他的名义给我预支了两万法郎。这样，我克服了一些物质上的困难。当我做第二次出发的准备时，一件事关荣誉的事把我留住了：贝里公爵夫人还在法国的土地上。她会怎么样、而我难道不应该留在这个地方以便她在危难之中可能会召唤我吗？王妃从旺代省内地来的一纸书信最终使我获得了自由：

子爵先生：

我要同您就我认为应该组建的临时政府事宜谈谈，但我甚至还不知道我是否能回到法国去，不过有人告诉我，您已同意成为其中的一员。本政府事实上还并不存在，因为它还从来不曾召集过会议，有几个成员只是听说要给我一个意见，但我没有能够采纳，因为他们是不是存有坏心眼，我一点都搞不清。您已根据他们向您提出的报告做出了判断，他们的报告是依据我的地位和国家的形势来写的，他们有理由比我更了解这种权威的必然的作用；这种权威的作用我是不肯相信的。假如夏多布里昂先生您在我的身边，我可以肯定您那高贵而仁慈的心灵也是会不相信的。但我并不会因此而轻视个人的良好公务效用，甚至包括拥护临时政府的那些人士的建议；他们的选择通过他们对我指点时表现出来的明显的热情和对亨利五世的正统性的忠诚就可以看出来。我看出您还是想离开法国，尽管我会为此感到遗憾，但不知我能否让您向我靠拢。不过您有着能在遥远的地方发挥作用的武器，我希望您不停地为亨利五世而战斗。

子爵先生，请接受我所有的致意与友谊。

贝里公爵夫人

通过这封信，这位夫人免去了我为她的服务，也没有采纳由佩里耶先生带去的我大胆提出的那些建议，她甚至还显得她的自尊心受到了轻微的伤害，虽然那种权威的必然作用使她如坐云雾。

就这样，我得到了自由，摆脱了一切束缚，八月七日，除了动身以外，我没有其他事可做了。我给去狱中看过我的贝朗瑞先生写了一封告别信。

德·贝朗瑞先生：

我想跟您说声永别了，先生。感谢您记得我。时间紧迫，我得走了，来不及去看您和拥抱您了。我的未来会怎么样，我一无所知：今天，谁会有个美好的未来呢？我们不是处在革命的时代，而是处在社会变化的时代；而变化是缓慢地进行的，一代又一代人处在变形的时代，忍受着黑暗与痛苦。如果说欧洲处在一个衰败的时代（这是很可能的），那是另一回事：它不能生产什么，它将在虚弱的无政府主义的狂热中，在腐败中和教条主义中走向灭亡。这样，先生，您只能歌唱坟墓了。

先生，我已尽了所有的义务：我又回到了您的声音里面；我维护了我来维护的东西；我深受霍乱的折磨；我又回到了大山之上。不要像您威胁过我们的那样去击碎您的梦吧；我欠着它我回忆的这些人中一个最荣耀的头衔。还是使法兰西笑吧，哭吧：因为通过只有您一个人知道的秘密，您的民歌中歌词往往是美滋滋的，而曲子却常常是忧心悲愤的。

请接受我对您的友谊，愿您诗兴大发。

夏多布里昂

一八三二年八月七日，于巴黎

我明天得动身,夏多布里昂夫人将在卢塞恩①同我会合。

一八三二年八月一日至八日,于巴黎地狱街

从巴黎到卢加诺②的日记——奥古斯丁·蒂埃里先生

一八三二年八月十二日,巴塞尔③

很多人临死前总要去看看他的故乡故土,而我却不能回去让我的故乡故土看着我离开人世。为了寻找一个安静的地方完成我的《回忆录》,我背起一个大包又一次上路了。包里装的是外交文书、机密文件以及大臣们和国王的信件。这是背在背上的一部历史著作。

我在维祖尔见到了奥古斯丁·蒂埃里先生,他隐居在他当省长的兄长家里。以前他在巴黎的时候,他把他的《诺曼底人出征的故事》寄给了我,我去感谢他。我看到一个房间里有个年轻人,房间的百叶窗半关着。那人的眼睛差不多瞎了,他试着站起来接待我;但他的腿支撑不住,倒到了我的怀里。当我向他表示我对他的真诚敬佩时,他的脸红了;这时他回答我说,他的著作就是我的著作,那还是在他读法兰克人在《殉道者》中的战斗时,他萌发了用一种新的方式来写史的思想,他

---

① 瑞士地名。
② 为了写这一章及以后各章,夏多布里昂用了他在旅游期间(从八月十二日到八月十九日)写下的记事录。记事录在一本他称之为《白皮书》的小册子里。德·拉福尔斯公爵拥有这个小册子,他一九四一年出版了这些记事录《夏多布里昂在工作》。
③ 阿梅代·蒂埃里(Amédée Thierry 一七九七——八七三),《高卢人的一个故事》一书的作者。

写下了那本书。当我向他告辞时，他竭力站起来送我。他拖着身体一直到了门口，把身子靠在门上。我出来时对他的天才和不幸百感交集。

在一段很长时间的流放后，查理十世突然出现在维祖尔，他正在朝最后一个流放地远航①。

我背着这一袋东西毫无障碍地越过了国界线。看吧，在阿尔卑斯山的背面我能否享受瑞士的自由和意大利的阳光，这取决于我的见解与我的阅历。

进到巴塞尔，我遇见了一个瑞士老人，他是海关人员。他让我把随身所带物品一一做了登记，然后把我的行李放到了一个地窖里，有个叫不出其名字的东西像一架织机一样在动，在发出声响，一股醋味迎面扑来，就这样把从法国带来的东西进行了消毒处理。这位善良的瑞士人使我感到轻轻松松了。

在谈到雅典的鹳时，我在《游记》中写道："它们的窝筑在很高很高的地方，革命到不了那儿。它们看到它们的下面人变了一茬又一茬，尽管不信教的几代人立在信教的几代人的坟墓上，年轻的鹳总得养活它年老的父亲。"

我在巴塞尔找到了六年前我留在那里的鹳窝；但是，房子顶上巴塞尔的鹳搭窝的旅馆不是帕尔泰农庙，莱茵河的阳光不是塞菲兹河的阳光，宗教评议会不是刑事法庭，埃拉斯姆②也不是伯里克利③：然而这是莱茵河、黑森林、罗马式日耳曼式巴塞尔。路易十四把法国的领土扩展到了这座城市的门口，三个敌对的君主在一八一三年穿过这座城市睡到

---

① 查理十世一八三二年八月离开苏格兰去布拉格安顿。一八一四年，他在维科斯发表了《告法国人民书》。
② 埃拉斯姆（Érasme），荷兰人道主义者。
③ 伯里克利（Périclès），雅典政治家，民主党领袖。

了路易大帝的床上,拿破仑再守卫也白搭。一块去看看奥尔班[①]的《死神之舞》吧,我们可以从中看出人类的虚荣。

《死神之舞》(以前甚至不用化装)一四二四年在巴黎无辜人士公墓前演出过,它来自英国。演出安排在风景区里进行;那里可以看到德雷斯德之墓、吕贝克之墓、芒当之墓、拉谢兹-迪厄之墓、斯特拉斯堡之墓、在法国的布努瓦之墓;在巴塞尔,人们将永远记住奥尔班画里墓中的快乐。

这位伟大艺术家的骷髅舞也被死神带走了,但这种骷髅舞没有减少其固有的狂热:在巴塞尔,奥尔班的著作只有六部保留在修道院里的石桌上和大学的图书馆里。一幅上了色的绘画上保留了全部作品。

这些恐怖底色上的奇异绘画有着莎士比亚的天才,那是喜剧和悲剧混合在一起的天才。上面的人物表情极为生动:穷人和富人,年轻人和老年人,男人和女人,教皇、红衣主教、神父、皇帝、国王、王后、王子、公爵、贵族、法官、军人,对于死神是赞成还是反对,大家都在争论与推理,没有一个人是心甘情愿地接受它的。

死神变化无穷,但总是同生活本身一样,滑稽可笑,它只不过是一幕严肃而低级的滑稽剧。讽刺画家笔下的这个死神只有一条腿,好像上前与之攀谈的假腿乞丐一样;它在他背上的骨头上玩曼陀林,就像它训练的音乐家那样。它不完全是秃顶的,有一小撮金色、棕色、灰色的头发在这瘦骨伶仃的家伙那脖子上飘动着,这使得它差点像活的一样,也使得它更加可怕。在一处涡形装饰的地方,死神几乎显出它有肌肉,它几乎像年轻人那样年轻,它带走了一个正在照镜子的年轻女孩。死神在它的裙裢里有一个狡狯小学生的全部诡计:它用剪刀剪断了给一个盲人引路的狗脖子上的绳子,而那盲人只差两步就要走到一条敞开的阴沟边

[①] 奥尔班长期住在巴塞尔,同埃拉斯姆有往来。

了。在别处，死神穿着一件小大衣，打着帕斯坎①的手势，走近它众多的受害者中的一个，正在同他攀谈。奥尔班能在大自然中捉住这种美妙的快乐主题：你走进存放圣骨盒的圣堂里，所有的死人头似乎在冷笑，因为它们都露出了牙齿，这是牙齿四周没有嘴唇时形成的微笑，它们在笑什么呢？死还是生？

巴塞尔的大教堂，尤其是那些古老的修道院，令我感兴趣。我跑遍了所有的修道院，里面到处是碑文，我发现了几个宗教改革家的名字。当新教安置在天主教教堂里时，它选择的地点和时间都不合适；人们看到毁坏的要比重建的多。旧基督教是十五世纪以来社会的创建者，那些想在旧基督教里重建原始基督教的干瘪学究们却一座纪念碑也没能建立起来。这种纪念碑意味着什么呢？它怎样和社会风俗联系起来呢？那些人一点也不像路德②和加尔文③时代的吕泰和卡尔万，他们像有着拉斐尔④式才能的利奥十世或者有着哥特人才能的圣路易；他们中一小部分人什么也不相信，大部分人却什么都相信。因此，新教只把教室当庙宇，或者把它毁坏的大教堂当教堂：它在那里建立了一尊裸体像。耶稣和他的使徒也许不像他们那个时代的希腊人和罗马人，但他们没有来制造一种旧的崇拜；他们却来建立了一种新的宗教，用一个神取代了所有的神。

一八三二年八月十四日，卢塞恩

从巴塞尔途经阿尔戈维到卢塞恩的路上有很多山谷，其中有些山谷很像阿尔热莱斯山谷，但比比利牛斯山上的西班牙天空要低些。在卢塞

---

① 原指古罗马的一座残缺的雕像，后指小丑、丑角之类。
② 路德（Luther，一四八三——一五四六），德国理论家和宗教改革家。
③ 加尔文（Calvin，一五〇九——一五六四），法国宗教改革家。
④ 拉斐尔（Raphaël，一四八八——一五二〇），意大利画家。

恩，周围尽是连绵起伏的峰峦，有的聚集在一起，有的重叠在一起，有的只露出一个侧面，有的染上了金子般的颜色，有的隐匿在另一些山峰的后面，有的消逝在圣哥达附近白雪皑皑的高山深谷的风景里。假如我们去掉里吉峰和皮拉特峰，只保留上面长了牧草和有兔棚围着四州湖的小山峰，我们就可以造出一个意大利湖来。

环绕着教堂墓地旁边修道院里的连拱长廊好像一些房子，在那里我们可以看到这一景致。墓地里的纪念碑上有一个铁十字架，它作为一面旗帜，上面有一个镀金耶稣像，在太阳底下，这只是一些消失在墓旁的光点。每隔一段距离就有一些圣水缸，里面有小树浸着。人们可以用小树枝给亡魂祝福。我不会在那里单独地哭上一场，我把圣水洒在安息在那里的基督徒及我那些不幸的兄弟的坟上。我看到一块墓碑，上面这样写着：Hodie mihi，cras tibi[①]，另一块上面写着：Fuit homo[②]，还有一块上面写着：Siste，viator; abi，viator[③]。等到明天，我还会是个活人；作为旅人，我停了下来；还是作为旅人，我马上滚蛋。我斜靠在修道院的连拱长廊上，久久地盯着吉约姆·退尔和他的同伴们在这里上演过奇遇和历险的剧场：这是瑞士的自由剧场，席勒和让·德·米勒[④]的剧唱得很好，描绘得也很好。我的双眼在这广阔的画面上寻找着那些更有名的死者的踪迹；我的双脚却踩在最被人忽视的灰烬上。

四五年前我再一次看到阿尔卑斯山时，我在想我那时刚在那里寻找过的东西：我今天会怎么说呢？我明天、明天的明天会又怎么说呢？不幸的是我不能再变老、而我总在变老！

---

① "今天是我，明天轮到你了。"
② "这里安息着一个男子。"
③ "旅行者，你停下来；滚吧，旅行者！"
④ 席勒主演他的悲剧《德·纪尧姆·退尔》（一八〇四）；让·德·米勒主演《瑞士联邦的历史》（一七八六——一七九五）。

一八三二年八月十五日，卢塞恩

加比森人在圣母升天日的早上按照习俗到山上去感恩、祝福去了。这些修道士宣讲宗教；正是在宗教的保护下，获得了瑞士的独立，而这种独立一直持续至今。可我们的现代自由会是什么样子呢？会是哲学家与刽子手们恩宠的那种可恶的自由吗？这种自由还不到四十年，它就在街头巷尾被出卖了又出卖，兜销了又兜销。在为阿尔卑斯山祝圣的嘉布遣会修士的裤裆里的自由比共和国、帝国、复辟王朝和七月篡权的立法机构的整个旧货店里的自由要多得多。

在瑞士的法国旅人既感动又感伤；我们这些地区的人民的历史与他们的历史有着太多的联系；瑞士人的血为我们而流，通过我们而流；我们把铁和火运到了纪尧姆·代尔的茅屋里；在国内战争中，我们把农民战士组织起来保住了王位。天才的托瓦尔桑①把八月十日的回忆刻到了卢塞恩的城门上。瑞士雄狮中箭后断了气，它那下垂的头和一只爪子盖着现在只能看见百合花徽的法国王室盾形纹章。这里有为牺牲者设立的祭坛，在岩石上雕刻的浅浮雕旁，一簇簇绿树向外国人展示纪念碑中记载的八月十日大屠杀里逃出来的士兵名字，路易十六命令瑞士人放下武器的信，祭坛的前部是由拉多费纳夫捐献的赎罪台，这个代表着痛苦的模型上雕刻着作为祭品的神圣小羊羔图像。有什么旨意驱使上天在波旁王朝最后一个国王倒台时让我在纪念碑旁边寻找一个避难所呢？现在至少我凝视这纪念碑不会脸红，我举起我这瘦弱的手不会对着法国的盾形纹章发假誓，有如狮子用它那有力地爪子紧紧抓住自己，直到死的时候才松开一样。

有个国会议员竟提议拆毁这块纪念碑，真是怪事！瑞士究竟想要什么？自由吗？它已拥有它达四个世纪；平等吗？它也有；共和国吗？它

---

① 托瓦尔桑（Thorwalsen），丹麦雕刻家。

的政府就是这种形式；减轻赋税吗？瑞士人几乎不纳税。那么它到底想要什么呢？它想变，这是自然规律。当一个民族随着时代的变化不能维持其原样时，那么它的毛病的第一个症状便是痛恨过去和父辈们的伦理道德。

八月十日，我从纪念碑林回来，曾通过一座大桥，那是一种悬在湖上的木质大长廊。长廊屋顶椽子中间嵌着二百三十八幅三角形的画，这些画面点缀着这个长廊，这是民间奢侈的场面；在这里，瑞士人懂得了他们的宗教和历史。

我看见私人养的黑水鸡；我更喜欢贡堡池塘里的野黑水鸡。

回到城里，唱诗班的声音引起了我的注意；它是从圣母小教堂里传出来的。进到这座教堂，我感到自己回到了童年时代。在四个装饰一新的祭台前，妇女和神父一起吟诵祷告和连祷文，这有如晚上在我那贫困的布列塔尼海边祈祷一样；而当时我是在卢塞恩湖畔！我用一只手把生命的两头联结在一起，以便更好地感受到这些年来我所失去的东西。

一八三二年八月十六中午，在卢塞恩湖畔

阿尔卑斯山呀，把你的高峰降低吧，我不再值得你钦佩：我若年轻一点，我会很孤单；现在老了，斜阳孤影叹伶仃。但我会把大自然描绘好，可是为了谁呢？谁会关心我的作品？除了时间的力量，还有什么力量作为惩罚能激发我的才智回到我这枯竭的头脑中来呢？谁会再唱我的歌呢？我从哪里获得灵感呢？我在苍穹下度过的那些岁月就好像是在冰雪覆盖的山脉下度过的岁月一样，没有一丝阳光能照进去温暖我的身心；拖着疲惫的步子，穿过这些没人愿意跟着来的山脉，多么可悲可怜！人到晚年，发现自己只有漂泊、流浪的自由是多么不幸啊！

下午两点

在进入乌里河湾之前，我的船停在湖右岸一所房子旁的码头旁边[1]。我爬了上去，进到这家小客栈的果园里，坐在覆盖着牛棚的两棵胡桃树下。在前方偏右正对着湖的那边，一个叫施维兹[2]的小村庄出现在我的眼前。在那些果园和当地称作阿尔卑斯山斜坡的牧场当中，它高高立在一块半圆形的岩石上，它的两个高地，米唐和阿康分别以它们的形状命名（烟囱帽和柱头），像戴在牧羊女头上那种可怕的瑞士独立王冠一样。旁边的牛棚里，两头小牡牛的叫声打破了我周围的沉寂，好像是在为我高歌。施维兹以它的名字给每个人田园式的自由。在那不勒斯旁边，一个被称作意大利的小地方，用它不够神圣的权利，把它的名字告诉罗马的每一寸土地。

下午三点

我们出发了，进到了河湾或叫乌里湖的地方。这里奇峰突起，天昏地暗。这里是格林特里贫瘠的圆形山庄和三个喷水池的所在地，是菲斯特、安·德·阿尔当和斯托发谢了人发誓逃离他们的祖国的地方。在这里，在阿尚贝尔山的脚下，那座小教堂的偏祭台上写着：此处是退尔从盖斯勒的船上跳起，一脚把他踢入波涛之中。

退尔和他的同伴们真的存在吗？他们不是那些出现在斯卡尔德歌谣里的北方人？有人不是在瑞典的海岸边找到了他们的传统的英雄人物吗？今天的瑞士人还是处在争取独立的那个时代下的瑞士人吗？在孤寂的小路上，退尔和他的同伴们手持弓箭，赶着四轮马车在飞奔，越过一个深渊又一个深渊：我是一个适合到这种地方来旅行的人吗？

---

[1] 隐藏船的地方。
[2] 施维兹村这个名字也是整个这个地区的名字，甚至瑞士本身也叫这个名字。

幸好，一场风暴来了，我们在一个离退尔祭坛只有几步的小溪旁靠了岸：总是由同一个神来呼风唤雨，对这一个神的同样的信仰能使它保佑你。同过去一样，在穿越大洋、美洲的湖泊、希腊和叙利亚的大海时，我总要在一张打湿了的纸上写上当时的见闻。云层、潮汐、滚滚的雷鸣同阿尔卑斯山那古老自由的回忆紧紧联系在一起，这比起大自然无意中灌入我心中的微弱、变样的声音的印象要深得多。

阿尔托弗

我在弗吕朗下船后来到了阿尔托弗，因为没有马，我只得在邦贝尔山脚下过夜。纪尧姆·退尔在这里射中了他儿子头上顶着的一个苹果，射击的距离有这里两个喷泉间的距离那么远。相信吧，尽管这个故事由语法学家萨克松讲述过，尽管我在《论革命》①首先引述过。信仰宗教和自由，这是人类的两件大事；荣誉和权势是响当当的，但不是大事。

明天，我将站在圣哥达山上再一次向意大利致敬，以前我曾站在辛普朗山上和蒙——塞尼山上数次向它致敬过。不过，最后看一眼中午和黎明时的这些地区又有什么用呢？冰川中的松树是不会掉到下面开满鲜花的山谷里的橘树中的。

晚上十点

风暴又起，闪电盘绕岩石闪个不停；回音增大，延续在轰鸣的雷声里；舍尚和勒斯用咆哮声迎接着阿尔莫里克的吟游诗人。很久以来，我没有单独一个人自由自在地待过了；我紧闭的房间里什么也没有，两张床给一个已经年老、既没有情人要抚慰也不用去幻想的旅游者。这些大

---

① 关于苹果和纪尧姆·退尔的逸事，是很令人怀疑的。瑞典历史学家格拉马蒂居恰好也讲述了一个农民和一个瑞典统治者之间的类似的故事。

山，这场风暴，这个夜晚，对我来说是失去了的宝贝。然而，这就是我灵魂深处感受到的生活！当最热的血在我的心脏里、血管里流动的时候，我从未使用过如此激情的语言。我似乎看到我那贡堡森林里的窈窕女子从圣哥达山的侧面走了出来。你会来找到我年轻时的那种美妙的幻想吗？你可怜我吗？像你看到的那样，我只是改变了容颜，却仍爱幻想，但无缘无故地被一场火吞食了。我从人世间走了出来，当我在一个极度兴奋、心醉神迷的时刻创造了你时，我又走了进去。现在轮到我祈求你了；我还能打开我的窗子让你进来。如果你对我慷慨赐予你的优美体形不满意的话，我会让你变得更加迷人的，因为我的调色板上的颜料还没有用完。我看到过很多美女，我也知道怎样才能画得更美。你过来坐到我的膝上吧，不要怕我的头发，用你仙女或幽灵般的手指去抚摸它，在你的亲吻下，它会恢复成棕色的。头发下遮住的这个脑袋并不平静，当我把身子赐给你的时候，它会像往日那样疯狂；我幻想中的大女儿，是我神秘的爱和首次孤独时温柔的结晶！来吧，让我们又一次一起飞上云霄！我们将用巨雷开路、照明、燃烧我明天要走过的悬崖。来吧！像过去一样把我带走，但不要把我再带回来。

有人敲我的房门：但那不是你！那是向导！马来了，该动身了。在这场梦幻中，只剩下雨、风和我；梦幻没完没了，暴风雨没完没了。

一八三二年八月十七日，阿姆斯特

从阿尔托弗到这里，相近的山脉之间的山谷，到处可见；嘈杂的勒斯在中间。在雄鹿客栈，一个来自罗纳冰川的德国小大学生问我道："您是今天早晨从阿尔托弗来的吗？您走得真快！"他以为我同他一样是步行来的。后来他看到一辆有长凳的马车，便说道："啊！有车坐！那是另一回事了。"要是这位大学生想用他的腿去踢我那有长凳的马车和我这有名无实的更坏的车，我将会多么高兴地拿走他的棍子、他的灰色罩衣和拔掉他那金黄色的胡子！我也会去罗讷河的冰川，我会对女主人说席勒的语言，我会想方设法获得日耳曼的自由；他呢，他会像时间一样步行到老，像死人一样让人乏味，让他系个铃子在脖子上，从经验中觉醒；一刻钟以后那铃声会比勒斯的巨响更令他烦躁厌倦。这场交易没有发生，占便宜不是我的喜好。我的这位学生走了；他取下又戴上他那德国佬的无边软帽，轻轻对我点了点头说道："告辞！"又一个影子走了。这学生不知道我的姓名，他或许还会碰到我，但他永远也不会知道。想到这里我很高兴；我喜欢在阴暗处呼吸甚于过去希望在明亮的地方呼吸；我讨厌光亮，因为它照亮了我的痛苦，让我看到了再也享受不到的那一切。于是，我急忙把蜡烛传给了我身旁的人。

三个小男孩在射弩，纪尧姆·退尔和盖斯勒无处不在。自由的人民保留着当初他们获得独立的美好回忆。试问一个贫穷的法国人吧，看他是不是还记得他们的国王罗德维格、克罗德维格和克洛维[①]？

圣哥达之路

新的圣哥达之路从阿姆斯特延伸出来，有十多公里来来回回、蜿蜒曲折的一段，它时而与勒斯连接，当激流的断痕加大时，它又与勒斯分开。在垂直的高地上，有平坦的斜坡或一簇簇新长出来的山毛榉。山峰上云彩四散，覆盖着冰块般的大教堂；光秃秃的山顶，或许留有几束

[①] 夏多布里昂在他的《历史研究》中对奥古斯坦·蒂埃里研究过的这个问题很感兴趣，把法兰克的名字译成法语名字。

雪光，就像一绺一绺的白发。在山谷里，有些桥，桥墩是木柱，黑溜溜的。胡桃和果树上的果子掉落之后，会长出新枝和新叶。阿尔卑斯山的特性改变了这些树的自然属性，尽管嫁接了，它的汁液还是往外流：一个强有力的特性打破了文明的联系。

再高一些的地方，在勒斯的右面，景致又不同了：在一个长了三四排松树的通道，河里的水在流过多石块的地段时发出一阵阵响声。这是在科特勒的西班牙桥大山谷。在大山下，在岩石的棱角边，一些落叶松萎靡不振，根紧紧扎在石缝里，以抵挡风暴的袭击。

唯一证明这里有人居住的是路旁种植土豆的几块方形菜土：他们要吃要行，这是他们历史的简述。在上等地区的牧场里，家禽已无影无踪，没有一只鸟，鹰已不再构成威胁，最大的鹰在穿越圣赫勒拿海峡时掉到海里去了；再也没有飞得这么高、这么有力的动物从高空掉落下来了。皇室的雏鹰刚刚死去[①]。有人早就把一八三〇年七月王朝的其他小鹰告诉了我；表面上它们从自己的窝里出来只是为了能和爪子上长羽毛的鸽子住在一起。它们从来没用爪子攫走过岩羚羊，让家禽变得虚弱，它们闪烁的眼睛永远不会从圣哥达顶峰上去注视法国引以为荣的那个自由、明亮的太阳。

[①] 他于一八三二年六月二十二日死去。在夏多布里昂写这句话的时候，雨果在《拿破仑二世》里也说到了同一回事："英国抓了老鹰，奥地利抓了雏鹰。"

舍埃农山谷——魔鬼桥

　　过了神父桥，绕过瓦桑村的圆丘，我们又到了勒斯河的右岸。在路的两旁，旅游者经过的地方，绿草像地毯一样铺在地上；两边的瀑布在绿草的衬托下显得白茫茫一片。我们在一条狭路上看到了与福尔卡冰川连接在一起的朗兹冰川。

　　最后，我们进到了舍埃农山谷，这里是圣哥达斜坡的起点。这个山谷是一整块花岗岩的断层形成的近六百米深的谷地；花岗岩的内侧像高悬的大墙壁。两旁的高山只显出它的一侧和炽热的红色山顶。勒斯河水在它垂直的河床里轰鸣作响；河床里积了一层石片。那塔形碎片反映了一个时代的特征，就像大自然所显示的那样，它已存在好几个世纪了。沿着一堆花岗岩的那些墙悬挂在空中；绵延不断的小路沿着勒斯河的激流并排延伸着；到处都有正在自行建造的穹顶，它为旅人提供了一个泥石流到来时的避难所。再退几步就进入了一种迂回曲折、漏斗形的洼地。在贝壳形的涡状物中，我们突然发现自己正面对着魔鬼桥。

　　这座桥今天隔断了建立在它后面支配它的更高的新桥的拱廊。这样，变化了的旧桥不再像一个双层的短短的引水渠。当我们从瑞士过来时，新桥就遮住了藏在后面的瀑布。为了观看天上的彩虹和水花四溅的瀑布，我们得站在这座桥上。但是，当我们看到尼亚加拉瀑布时，就不会想再看别的瀑布了。我经历过一次次的旅游，我攀登过一座座山峰，我跨越过一条条河流，我穿越过一片片森林，这些在我的记忆中彼此交织在一起，形成对照，我此时的生活摧毁了另一种生活。社会和人类，对我来说是同一回事。

辛普朗通道①上先修建后又废弃的现代化公路，根本不像老路那样风景秀丽，老路更豪放、更自然，不避开任何一个障碍，它几乎不离开河岸，它随着地面起伏而起伏，从岩石上落入低谷，从泥石流穿过，丝毫不会减少遐想和惊险带来的乐趣。如圣哥达那段老路比现在的路更具惊险。魔鬼桥名副其实：当我们站在桥上时，就可以看到上面的勒斯瀑布画出一个阴暗的圆弧，或者说是穿过瀑布明亮的水汽画出的一条宽宽的小道；在桥那头，小道已达到了最高点，这样可以到达我们现在看得见遗址的小教堂，至少乌里的居民虔诚地想在瀑布旁建一个小教堂。

过去这里的人像我们一样，是不会穿越阿尔卑斯山的，那是蛮族的游牧民族或罗马兵团的事，是沙漠商队、骑士、雇佣兵、掮客、朝圣者，或高级教士、或修女们的事。他们讲述一些异国奇遇：魔鬼桥是什么人建的？谁从瓦桑牧场抛下魔鬼石的呢？到处建立了城堡主塔、十字架、小礼拜堂、修道院、隐修教士的住所；保留了敌人的入侵史、决斗、奇迹或者不幸的回忆。每个小区部落都保留了自己的语言、服饰、祝愿和习俗。说实在的，在人烟稀少的地方，我们是根本找不到这么好的小客栈。在这里，人们几乎不喝香槟酒，不看报。但是，如果说在圣哥达有更多的小偷，那么这里的无赖却会更少。文明是多么美妙的东西啊！这颗珍珠是我留给第一个漂亮的珠宝商的②。

苏沃洛夫和他的士兵是这个隘口中最后一批旅人，他们隘口尽头碰到了马塞纳③。

---

① 瑞士境内阿尔卑斯山里的通道。
② 拉封丁语，见《公鸡和珍珠》。
③ 在一七九九年。马塞纳（Masséna，一七五八——八一七），法国元帅，以英勇著称，拿破仑戏称他为"胜利的孩子"。

圣哥达

在走出魔鬼桥和乌尔内罗兹长廊以后,我们到了一个像竞技场的石座位一样的梯形墙围着的牧场。勒斯河在青翠的草木中间静静地流淌着,它的对比很明显,如同革命之前和之后的社会一样显得很平静。人民和帝国沉睡在离他们只有两步远就要掉进的悬崖旁。

在奥斯皮塔尔村,第二个斜坡从这里开始,它一直到满是花岗岩的圣哥达的顶峰。那些滚动、笨重、破碎了的花岗岩,雪花环装饰了它的顶峰,像不变的波涛和大块石头上的泡沫;人们让路上的水流进了这石头的海洋里。

布瓦洛[1]用诗赞道:

> 在阿杜尔山下,芦苇丛中,
> 莱茵河,平静而骄傲地送走它的水流;
> 它一只手靠在倾斜的蒴壶[2]上,
> 在新起的波涛拍打声中酣然入睡。

写出这些优美的诗句,诗人是从凡尔赛那些大理石的河流中获得灵感的。莱茵河不是从大堆芦苇中流出来的,它从一处雾凇滩直泻而下,它的蒴壶或者说它的一些蒴壶是冰块。它的源头是属于北方人民的,是北方居民文明的发祥地和防御战争的天堑。莱茵河发源于格里松的圣哥达,流入荷兰、挪威和英国的海中;罗讷河也发源于圣哥达,它流入西

---

[1] 布瓦洛(Boileau,一六三六——七一一),法国作家,诗人。
[2] 藓类的蒴壶。

班牙、意大利和希腊的海中。含丰富矿物质的雪形成了许多古代和现代社会丰富、肥沃的储水池。

圣哥达高原上的两个大水池，一个发源于提契诺，另一个发源于勒斯；勒斯的源头比提契诺的要低，便于开凿几百步宽的运河，这样提契诺的水可以流入勒斯。如果人们为这些河流的主要支流再开凿下去，那么就会在阿尔卑斯山下造出许多奇形怪状的东西来。山区人可能会高兴废去一条大河，使一个国家的土壤变得肥沃或贫瘠，这就是把权势的傲气打下去。

看着勒斯河与提契诺河道一声永别，行走在圣哥达两个山坡相反的路上，这可是美事一桩。它们的发源地紧紧相依，它们的流向却各奔东西；它们各自去寻找属于自己的土地和阳光，但它们的母亲依偎在一起，处在孤独的最高点上永不停息地抚养着与它们分开的孩子。

从前，在圣哥达山上有一个由嘉布遣会修士主持的收容所，现在我们只能看到它的遗址，只剩下一个被虫蛀蚀的十字架，十字架上刻有耶稣像。当人退去时，神便居住到了这里。

在圣哥达高原上，如今荒无人烟，一个世界终结了，另一个世界却重新开始：意大利人的名字取代了日耳曼人的名字，我离开了我的同伴，勒斯河把我带来，它又重新回到了卢塞恩湖，我和新的向导则一块去了卢加诺湖。

圣哥达山在意大利那边被挖凿得很陡峭，往下一直延伸到特雷莫拉山谷的那条路给它的设计师带来了荣誉；而他是不得已把路线设计在最狭窄的咽喉处的。往上面看，这条路像一根折叠了又折叠的带子，往下面看，那些挡土的墙像是保险设施，有的起着土堤的作用，有的抵挡着水流的冲击。有时候路面两边有规则地竖立了两排里程碑，据说那是一排士兵从阿尔卑斯山上冲下来，企图再一次入侵不幸的意大利。

111

我过的夜晚都是埃罗罗、贝兰佐纳和勒旺蒂纳山谷①式的夜晚：我一点也没看见地平面，听到的只有湍流声。星星从穹顶和山尖围成的天空中升起，月亮还没有升到地平线上，但是黎明却在它面前缓缓到来了，如同十四世纪的画中的名人挡住了圣母玛利亚的头一样：最后它好像被掏空了，在福尔卡锯齿形的顶峰上被减少了1/4个圆：新月的尖尖像鸟儿的翅膀，据说那是一只从岩石窝里逃出来的白鸽：在微弱和更显神秘的光线下，凹形天体向我展示出勒旺蒂纳山谷尽头的马热湖。我两次看见过这个湖，一次是去参加维罗纳大会，另一次是去罗马大使馆。我在繁华的大道上观赏着阳光下的这个湖；而现在，我仿佛在晚上又见到了它，这时我在对岸，在不幸的路上。我的旅行相隔只有几年，却仿佛回到了十四世纪的那个君主制度时代。

不是我要尽量不怨恨这些政治革命；在还给我自由的同时，这些革命恢复了我的天性。我还有足够的精力去重现梦中的新鲜事物，我还有足够的热情去同我希望见到的人恢复联系。对于我来说，穿越的时空只保留了上天造就给我的双重的孤独。既然我度日如年，我为什么要抱怨时光过得太快呢？

一八三二年八月十八日，星期六，于卢加诺

---

① 均为瑞士地名。

对卢加诺的描写

卢加诺是一座意大利式的小城：柱廊像波伦亚的；居民在大街上做家务，像那不勒斯；建筑风格是文艺复兴时代的，屋顶超出墙外而没有挑檐；又长又窄的窗户无饰物，或装有一个罩子，一直开凿到了墙壁的额枋。城市背靠一个种满葡萄的山坡，山坡上面是两座平行的大山：一座是牧场，另一座是森林。湖就在山脚下。

在卢加诺东边，大山的顶上有个小村庄，村里高大、白皙的妇女生产的塞加西亚棉毛交织呢很有名。在我到达这里的前一天是这个小村庄的节日，人们去美神殿朝圣。在这个村落里，居民是北方蛮族人的后代，他们不与平原上的居民往来。

我被带到了好几处可租给我住的房子看了看，这些房子对我都合适，我选择了一处最雅致、但房租很便宜的房子住下了。

为了更好地看看这个湖，我又登上了船，两个船工中有一个用掺杂着英语的法国式意大利语讲着他们的行话。在山上，他把一些大山和村子的名字告诉了我：我们在桑-萨尔瓦多山上看到了米兰天主教堂的圆屋顶；在卡斯塔涅，有很多橄榄树，外国人用它们的枝条插在他们的扣眼里；冈利亚，在提契诺州边缘的湖上面；圣乔治被一个僻静的地方遮住了它的屋顶：每处地方都有它的历史。

把这里掳掠一空、什么也没留下的奥地利人却在卡普利诺山下保留了一个属于提契诺区域内的小村庄。在另一边的对面，它还拥有一方海角，上面有座小教堂；海角为卢加诺人无偿地提供了一处处决罪犯和设置绞刑架的场所。卢加诺对于这个设置在它的范围内的高级执法机构，要得到它的允许，它会讨价还价争论一些日子的，因为这是它的主权的一个象征。今天，人们已不再让犯人忍受这种绞刑的痛苦了，砍下他们的头了事：巴黎提供了这种刑具，维也纳提供了这种极刑的场所，这是这两个大宗主国值得钦佩的礼品。

这些图像在我的脑海里不断闪现；此时湖面泛起蓝色的波浪，微风轻轻拂来，带来了松树的琥珀发出的阵阵幽香；善会的船队来来往往，善会的人员伴随着双簧管和号角的节奏声，把一束束鲜花抛到湖里。大群的燕子在我的船帆四周玩耍。在这些游客中，一天傍晚我在蒂比尔和贺拉斯之家的老路上闲逛时遇见的那些难道不认识我了吗？那时那位诗人根本就没和蒂比尔乡下的莉迪在一起，但我知道，就在同一时间；另外一个女人偷偷地拿走了放在花园里的那朵玫瑰；那个花园是拉斐尔时代被那座别墅所放弃的；她只在罗马的废墟上找寻这朵花。

围住卢加诺湖的那些大山其根基在大湖的水平面上不怎么相连，它们倒像被一些狭窄的运河分开的小岛；它们让我想起了亚速尔群岛的妙丽模样和青葱翠绿的草地来。我大概会在这令人愉快的柱廊下度过我流放岁月的最后几天吧；贝尔吉奥若索公主年轻时不也在这里被流放了几天吗？这是一块古老而具有历史意义的土地，这是一块完成了许多革命、维吉尔和塔索在这里歌唱过的土地；我在进入这块土地时，会完成我的《回忆录》吗？看到奥索纳这些大山，我会记起布列塔尼我那个终点站吗？如果它们的窗帘刚才拉开了，我会看到伦巴第上的平原，从那里还可以看到罗马，从那里还可以看到那不勒斯、西西里岛、希腊、叙利亚、埃及、迦太基：我算计过的远处的边缘，我，我不拥有我踩在脚下的这块土地！然而，我会亡命于此吗？一切在这里结束吗？——这不就是我所要的，我所追求的吗？我对此什么也不知道。

高山——行走在卢塞恩周围——克莱拉·旺代尔——农民的祷告

我没在那里睡觉便离开了卢加诺，回到了圣哥达，看到了曾经看到过的一切；我没有找出一丝变化来改变过去勾画的轮廓。在阿尔托弗，二十四小时以来一切都变了：不再有风暴，我那孤独的房间里，不再有人出入。我来到了弗吕朗的小客栈里过夜，我曾在大路上跑了两趟，路的尽头通向两个湖；那个地方归两个有着共同政治关系但又与世隔绝的民族占有。我穿过了卢塞恩湖，在我看来，它已失去了一部分往日光辉：在卢加诺湖有的是雅典式废墟的罗马的废墟，阿尔米德式的花园的西西里的田野。

另外，为了达到山区作家阿尔卑斯山式的狂热，我白白从侧面往上爬，全都是白费劲。

在体力上，这纯净而含有香脂气味的空气应该能让我恢复体力，稀释我的血液，消除精神疲劳，让我有饥饿感，让我睡觉时不做梦，可这些效果全都没有在我身上产生。我呼吸不很畅通，血液的循环没有增快，我的头脑在阿尔卑斯山并不比在巴黎感到轻松。我的食欲在蒙唐维尔和在香榭丽舍大街时一样，我在圣多米尼加街和在圣哥达山晚上睡觉也是一样，如果说我在蒙鲁日那美妙的平原上有着许多梦想，那也只是在想睡觉的时候才会有。

在精神上，我攀爬那些岩石也白搭，我的精力并没有变得更充足，我的心灵也没有变得更纯净；我带着人世间的烦恼和人类卑劣行为的重负；酣睡时，尘世间的平静并没有传到我那苏醒中的感官当中来。我多么可怜，穿过萦绕在脚下的雾气，我常常能看到人间快乐的面孔。再上升一千米，什么都不会改变，从山顶看到的上帝并不比从山谷深处看到的上帝更伟大。如果要变成一个强壮的人，一个圣人，一个超级天才，就只能在云端里翱翔；为什么有这么多的病人，这么多无宗教信仰的人、呆子，而他们舍不得花一点力气去登上辛普朗呢？肯定是他们对自己的不足看得太重了。

太阳独创了这种风景；光线勾勒了这种景致。迦太基的一个沙滩，索兰特右岸的欧石南，以及罗马乡村里干枯的芦苇秆周围，在落日和黎明的光线照射下，比高卢那边阿尔卑斯山上所有的景致都要漂亮、迷人。在那些戏称为山谷的地洞里，那里即使是在正午也伸手不见五指；高高的山被叫作高高的屏风；混浊的湍流和旁边的牛一起大声吼叫，淡紫色的脸，患甲状腺的脖子，患积水的肚子，等等，呸！真见鬼！

如果说在我们这种环境下的大山能够判断出它们的羡慕者的颂词的正确，那也只能是在它们被黑夜包围的时候，它们利用黑夜加剧混沌：它们的角落、它们的土岗、它们的凸出部分、它们大的山路、它们自身投下的巨大阴影在月光下更会加剧这种混沌的效果。星星为大山勾勒出轮廓，让它们在天空下显露成宝塔形、圆锥形、方尖碑形、大理石的建筑物形，有时给它们盖上一层薄纱，并染上淡淡的蓝色，以不定的变化协调一致；有时候把它们一座一座地刻画，用很明显的特征把它们区别开来。每一道山谷，每一处有湖泊、岩石和森林的住所都变成了一座座静寂、孤独的庙宇。冬天，大山给我们展现的是一幅两极地区的图景；秋天，在多雨的天空下，在黑暗深浅不一的色调之中，大山更像些灰色、黑色和茶色的石版画；暴风雨来了它们也能适应，如同半云半雾的水汽飘浮在它们的脚下，或者悬在它们的身旁一样。

但这些大山是不是有利于思考、有利争得自由和抒发情感呢？带有大海一样的美丽、深沉的孤独不接受灵魂的任何东西、不增加一点感官上的快感吗？崇高的大自然难道给予更多的激情，而这种激情不让人更好地领悟大自然本身吗？发自内心的爱没有增加对所有美好事物的爱、围绕这种爱的聪明才智,难道就像相似的有关原理一样互相吸引、互相混淆吗?丰富的情感通过一场巨大的演变变得有限时,它不会再增加、扩展到另一个永恒的生命开始的边缘上去吗?

我现在认识了这一切,不过请听我讲,存在的这些山并不像我们所看到的那样简单;这些山如同激情、天赋和灵感一样,它们显现出线条,为天空、白雪、山顶、斜坡、瀑布、朦胧柔和的环境、温情轻飘的影子着色:优美的景致在克洛德·勒洛兰的调色板上,而不是在康波-瓦西诺①的调色板上。让我来爱你们吧,你们将会看到一棵被风刮倒在地上的孤苦伶仃的苹果树被扔进博斯②的小麦地里;你们将会看到一朵茨菰花置在沼泽之中,路上的一股细流,岩石上的一块苔藓、一根蕨、一根很细很细的蕨,一角潮湿的蓝天,一只本堂神父住宅花园里的山雀,一只在下雨天沿着装谷子的茅屋屋檐下面或沿着修道院低空飞行的燕子,一只取代小燕子在田野、岩石周围飞行、翅膀在最后一束晨光中微微颤抖的蝙蝠。所有这些小小的东西,维系在某个回忆里,将会在我的幸福的神秘之中或我的遗憾的悲哀之中喜跃抃舞、兴高采烈的。总归,这是生命的青春,是风光中人。巴凡③的窗镜根据心境、俄亥俄河④和恒河的河岸,在没有任何友爱的情况下,也能照出笑脸来。一位诗人⑤写道:

祖国是缚住灵魂的地方。

---

① 克洛德·勒洛兰(Glaude le Lorrain, 一六〇〇——一六八二),法国画家,以素描画著称;康波-瓦西诺事迹不详。
② 巴黎盆地地区。
③ 巴凡(Baffin, 一五八四——一六二二),英国航海家。
④ 美国河流。
⑤ 伏尔泰《马奥梅》,第一幕第二场。

美亦是如此。

关于山的问题，上面说得太多了。我爱它如同爱那种伟大的孤独；我爱它如同爱一幅远处的美丽的画，连同画框和边饰；我爱它如同爱自由的城墙和庇护所；我爱它如同在灵魂的激情之中添加了一种无限的东西。我尽其所能，公正、合理地表达了它的全部优点。如果我没有去阿尔卑斯山的那一面，那么我到圣哥达的旅程就会是一桩毫无意义的事情。在我的《回忆录》中，我看到的东西就会不全面：我把灯熄掉了，卢加诺又会回到黑暗中去。

一到卢塞恩，我又一次很快去了奥弗凯尔谢大教堂；它是建立在一个为船主圣尼古拉祝圣的小教堂的遗址上的，这原始的小教堂同时又用作灯塔，因为在晚上，人们看到它用一种超自然的方式照亮着，那是爱尔兰的传教士在卢塞恩这个荒无人烟的地方传播福音的场所。他们在这里创立了在他们自己那不幸的国家未能享受到的自由。当我来到大教堂时，有个人在那里挖墓穴；人们在教堂里的棺材旁结束了成殓仪式，一位年轻女子让一个戴便帽小孩在教堂祭坛前祝圣。她用一种溢于言表的喜悦之情把孩子放到手里提着的篮子里面，带着她的宝贝离开了。第二天，我看到墓穴合上了，一瓶圣水放在洒了水的地面上，并在那里为小鸟撒了些茴香豆，它们已单独待在那位死者旁边守夜了。我在卢塞恩周围美丽的松林中漫步；一些蜂箱固定在农场里的门上，蜜蜂在屋檐下同农夫们住在一块。我看到著名的克拉拉·旺代尔[①]穿着囚服走在被俘获的同伴后面，一起去做弥撒。她很普通，我在她的脸上看到了法国众多的杀人犯中所有的野蛮神态，但就此而言并不比一头猛兽更凶恶，尽管犯罪理论说他们十恶不赦而要处以极刑。一名手持卡宾枪的普通士兵白天把这些苦役犯押送去干活，晚上又把他们押送回监狱。

---

① 她在一八一六年暗杀了卢塞恩一名高级行政官员。

这天晚上，我继续沿着勒斯河散步，一直走到了一个建筑在路旁的一座小教堂：要上去得穿过一条意大利式的柱廊。我在柱廊那里眺望山上最后几抹夕阳的余晖时，看到一个神父双膝跪在小教堂里祈祷。我回卢塞恩时，听到一些女人在小屋里念珠；孩子们的声音与他们母亲的声音相呼应。我停了下来，听到了穿过葡萄架传来的这些在一间茅屋里对上帝说的话。给我服务的那位"金鹰"小姐，年轻、漂亮、文雅，她在给我的房间放下窗帘时也一本正经地念这种三钟经。我进门时，把我采摘的鲜花送给了她几朵；她用手轻轻地拍了一下胸部，红着脸对我说道："这是送给我的吗？"我回答道："是的，送给您的。"我们的交谈就这么几句话。

一八三二年八月二十日、二十一日、二十二日，于卢塞恩

亚历山大·大仲马先生——科尔贝尔夫人——贝朗瑞先生的信

夏多布里昂夫人还没有到，我准备去龚斯唐斯湖看看，亚历山大·大仲马先生正在那里。我在达维①家里见到过他，那时他正在请这位大雕刻家铸造自己的塑像。科尔贝尔夫人同她的女儿布朗卡斯夫人也到了卢塞恩。约二十年前，我就是在博斯的科尔贝尔夫人家里，在我的《回忆录》中写下了我年轻时在贡堡的经历的。这些地方好像同我一起游

---

① 达维·昂日尔（David d'Angers，一七八九——八五六），法国雕刻家。

历,一样多变,如同我的生命一样短暂。

信使给我送来了德·贝朗瑞先生一封非常漂亮的信;我从巴黎动身时曾给他写过一封信,这是他给我的回信。在维罗纳大会上,这封信连同卡雷尔先生的一封信印成了材料,并加了注释。

一八三二年八月二十六日,于卢塞恩

苏黎世——龚斯唐斯——雷卡米耶夫人

从卢塞恩到龚斯唐斯,途中要经过苏黎世与温特图尔。除了回忆拉瓦泰尔和热斯内[①],湖上那块空地上种的树,以及里马兹的林荫大道,和一只老乌鸦、一棵老榆树这些东西以外,在苏黎世没有其他东西让我感兴趣。我喜欢这些东西胜过苏黎世所有历史性的过去,甚至不喜欢苏黎世的那次战斗。拿破仑和他的部下们的节节胜利曾把俄罗斯人带到了巴黎。

温特图尔是一个新兴的工业小镇,或者说是一条又长又干净的街道。龚斯唐斯与众不同,它对每个人都敞开大门。八月二十七日,我去了那里,没看到一个海关人员、一个士兵,也没有人要看我的护照。

---

① 若安·拉瓦泰(Johann Lavater),相面术的创立者。萨洛蒙·热斯内(Salomon Gessner)是《田园诗》作者。他们都出生在苏黎世,前者一七四一年出生,后者一七三〇年出生。

雷卡米耶夫人到这里两天了,她要去拜访荷兰皇后①。我等着夏多布里昂夫人到卢塞恩同我会合。我在想,除了以后去意大利,先安顿在施瓦本是不是可取。

在龚斯唐斯破败不堪的小城里,我们的客栈里则显得热闹非凡,客栈里正在操办一桩婚事,在我到来的第二天,雷卡米耶夫人也想置身到这个快乐的庇护所来。我们在湖上乘船穿过一大片平静的水面,那便是莱茵河成为大江的地方,然后我们在公园的一片沙滩上了岸。

上岸之后,我们穿过了一排柳树林;在柳树林对面,我们发现了一条沙石小路;小路穿过灌木林,一排排的树林和草坪。一个亭子立在花园的中间,一座雅致的别墅建在树林旁边。我在草丛中发现了一些令我伤感的灯笼草②,这要归结于我对多个秋天的模糊回忆。我们盲目地散步,然后坐在湖岸边的长凳上休息。从亭子里传来了竖琴和号角悦耳的音乐,但它戛然而止,令人神往又使人惊异。我们开始听到这美妙的音乐时,它给人以仙女群舞的感觉。这美妙的音乐不再开始,我便向雷卡米耶夫人朗读了我写的对圣哥达的描写文章。她求我在她随身携带的记事本上写点什么。记事本上已写了一篇关于让-雅克·卢梭的死的细节。文章下面有作者爱洛伊斯写的下面这句话:"我的妻子,请打开窗子,让我再见见太阳。"我用铅笔在这两行字下写上了下面这些话:

> 我在卢塞恩湖上想要的,在龚斯唐斯湖上找到了:那就是美人的魅力和才智。我不想像卢梭一样死去:如果我会在你身旁结束生命,我希望看太阳还要更久一些。让我的生命在您的脚下结束吧,

---

① 指奥唐斯皇(Hortense)后。她自称"德·圣勒公爵夫人",隐居在龚斯唐斯北面的阿雷南贝尔的城堡里。
② 指秋水仙。

就像您喜欢听听波浪的涛声一样。

一八三二年八月二十八日

湖水蓝莹莹的，衬托着它身后的绿叶；格里松的阿尔卑斯山山峰堆积在南部的地平线上；轻轻吹拂着柳树的微风与来回荡漾的波涛同声相应；我们看不见一个人，也不知道自己在什么地方。

一八三二年九月，于日内瓦

圣勒公爵夫人

回到龚斯唐斯的时候，我们见到了圣勒公爵夫人和她的儿子路易·拿破仑①：他们来到了雷卡米耶夫人的面前。在拿破仑统治时期，我完全没见过这位荷兰王后；在当甘公爵死后我辞职时，在我想救我的侄儿阿芒时，我知道她是十分慷慨大度的；在复辟时期我在罗马当大使时，我同这位公爵夫人只有礼节上的联系；因为我不能直接去她的家里，我便让秘书和文化专员自由自在地去取悦她，我还邀请红衣主教菲舍共进了一次外交式的午餐。自复辟王朝最近失败以后，我才有机会和奥唐斯王后、路易王子通信。这些信是逝去的荣誉当中最有纪念意义的东西。下面便是这些信：

---

① 指拿破仑三世。

德·圣勒夫人在读完夏多布里昂先生最后一封信时写道：

德·夏多布里昂先生有着超人的天赋，他不会不理解拿破仑皇帝的天赋是茫无垠际的。他那光辉而丰富的想象力，我们只有羡慕的份儿；而他对年轻时代的回忆，那是一宗吸引着他整个思想的显赫财富，他把整个一生和他的才华都奉献给了它，就像诗人付出了激励着他的情感一样，总想以他喜欢的形态点燃他的激情。别人的背信弃义没有让他泄气，因为不幸总在那里缠着他；然而他的灵魂、理智对法国的真挚感情却又不情愿地让他站在与祖国对立的一面。他只喜欢过去那种荣耀里的忠诚、让人明智的宗教、能使祖国强大的辉煌、能充分发挥个人能力的信仰和言论自由的崇高的飞跃发展、能为所有有聪明才智的人开辟一条道路的杰出人物，这就是他那比其他任何东西更为广阔的心胸。因此，说他是保王分子，不如说他是自由派人物、拿破仑分子，甚至是共和党人。这样，他不为那些在他心中近乎当作神灵似的人所理解时，新的法兰西、新的名流们会懂得如何去理解评论他的。如果说，他只歌唱不幸，那不是最值得别人关心的事吗？因为在我们这个时代，十分不幸的事已变得那样的平凡，以致他那辉煌的想象力在没有目标、没有真实动机，缺少足够高雅的精神食粮的情况下为获取美的灵感而失去其光辉。

奥唐斯

一八三一年十月十五日，于阿勒南贝尔

看了奥唐斯署名的文章之后：

德·夏多布里昂先生在这一篇文章的第一部分里受到了极其热烈的恭维，用这样优雅的笔调表达的这种好意是不能用"感谢"二字所能表达得了的；文章的第二部分潜藏着女人与王后的诱惑，这种诱惑带来的自尊心并不比德·夏多布里昂的自尊心更招眼。

诚然，在今天，在这么深重又这么众多的不幸之中，还是可以选择一个不贞的机会的；不过，到了德·夏多布里昂先生这把年纪，这种过眼云烟的倒霉事大可使曾满载荣誉的他不屑一顾的：在试图尽力对付新的逆境的同时，他的主要精力用在对付原有的不幸上面。

夏多布里昂

一八三一年十一月六日，于巴黎

子爵先生：

我刚读了您最近出的一本小册子。波旁王朝有您这样的天才支持是多么的荣幸！您拿起同样的武器为祖国的振兴而奋斗；您找到的言辞震撼着每一个法国人的心灵。所有属于国家的东西都能从您的灵魂那里找到回应；因此，当您读到二十年来使法国荣耀的伟人时，主题的高明激发了您的灵感，您的天才整个地拥抱着这个伟人，您的灵魂自然倾注在上面，用最伟大的思想关注着最伟大的荣耀。

子爵先生，我也一样，我对所有能使国家得到荣耀的事十分热心，这就是为什么我会任凭内心的驱使去行事，我敢对您说，我说的这种同感表现为强烈的爱国主义和对自由的热爱。不过，请允许我对您说：您是旧王室唯一可怕的维护者；如果它也像您这样想的话，您会使它在全国复辟的。这样，为了让它体现自己的价值，不能只满足于它如何向您声明，最重要的证明它是您的国家。

然而，子爵先生，如果我们的看法不同，但至少，有一点是一致的：那就是我们都希望法国幸福。

顺致敬礼！

路易·拿破仑·波拿巴

一八三二年五月四日，于阿勒南贝尔

伯爵先生：

在回答您的赞美之辞时，总感到好不自在；您讲得那样头头是道，又那样彬彬有礼，那是言过其实的；其中不乏无与伦比的回忆，更让人尴尬难堪了。但至少，先生，我们还是可以找到同感的：您年轻有为，我老骥伏枥，都是为了法兰西的荣誉而战斗；看到中庸政府被教皇的士兵围困在安科纳，您和我都羞愧难当。啊！先生，您的叔父在哪里？要是对别人我会说："国王的保护人、欧洲的盟主在哪里？"在保卫正统派的事业时，我不抱一丝幻想；而且我在想，任何一个受到公众尊重的人，应该忠实于他的誓言，不改初衷，要像自由的朋友、宫廷的敌人英国贵族福克兰一样宁死不屈，最后他在纽比利被查理一世的军队所杀。伯爵先生，您活着是为了看到国家能自由、幸福，在您将穿过的那些废墟中，有些地方我也将待在那里，因为我自己也属于这些废墟的一部分。

我曾一度很高兴可望在今年夏天把这份尊敬奉献给圣勒公爵夫人：可惯于打乱我计划的命运又一次欺骗了我。我本来会很高兴能亲自面谢您这封客气的信的，那时我们本可以谈谈法兰西的前途与它的伟大的荣誉这两件事的，可这计划被打乱了，不可能了。但是，伯爵先生，这两件事离您很近了。

夏多布里昂

一八三二年五月十九日，于巴黎

波旁王朝从来不曾给我写过我刚才介绍过的类似的信吗？他们从来就不怀疑我会远远超过一个蹩脚的诗人或一个文人政治家吗？

当我还只是个孩子的时候，我同牧羊的同伴一块在贡堡欧石南丛生的地方追逐，那时我是否能想到会有那么一天我会在地球上两种最为强大的力量，即两种被打败的力量之间进行斡旋、把一只手伸给圣路易家族,另一只手伸给拿破仑家族呢?这两个敌对的伟人在困难的时候曾经互相依靠、互相接近过;他们中一个是弱者,但是很忠诚,另一个则对正统王权极其蔑视。

雷卡米耶夫人将去沃尔贝尔帕尔坎①先生住过的城堡里安顿下来,那里与德·圣勒公爵夫人休假地阿南贝尔相邻;我在龚斯唐斯待了两天。我看到了能看到的一切:前厅是一个公共顶楼,人们把它叫作主教会议厅;一个所谓的于斯雕像;一个据说是热罗姆·德·普拉格和让·于斯被烧死的广场,以及历史上和社会上所有那些惯有的可耻行为。

发源湖口的莱茵河被誉为国王之河,然而它没有能保卫住龚斯唐斯,如果我没有搞错的话,龚斯唐斯曾被阿蒂拉洗劫一空,被匈牙利和瑞典包围,被法国人攻占过两次。

龚斯唐斯是德国的圣日耳曼城:过去社会上那些年老的人都住在这里。当我去敲一扇门打听夏多布里昂夫人的住址时,我见到的是几个修女,她们都是成年的女子,还有一个古老民族的王子,领半饷的选民②。这同这个城市被废弃的钟楼和荒芜的修道院倒很协调。孔德的军队在龚斯唐斯的城墙下曾英勇地作战,似乎他的救护车还停在这座城市里。我遇到了一个流亡国外的老兵,他过去曾把认识我当成一种荣耀。他的生命垂危,不幸得很,他的话还没有说完,他就支持不住了,倒下去死了。

---

① 帕尔坎(Parquin)退休的骑兵队长,娶了陪伴奥唐斯王后的一名贵妇为妻。
② 指非在职军人领取的半饷。

阿勒南贝尔——回到日内瓦

八月二十九日,我去阿勒南贝尔吃午饭。

阿勒南贝尔坐落在一个岬角上一群陡峭、绵延不断的峰峦当中。荷兰王后说到做到,一挥手便建立了这个城堡。如果她愿意,还可以建一个亭子。这里视野开阔,但很凄凉,视界只能俯视到龚斯唐斯湖下面的部分,那实际上只是莱茵河上被淹没的牧场的延伸部分。在湖的另一面,我们可以看到昏暗的树林,那也只是卢瓦尔森林的边缘部分。几只白色的小鸟在阴暗的天空里飞来飞去,一阵冷风把它们刮走了。奥唐斯王后在坐上御座时,被人极度地恶意中伤,她后来来到这里隐居在一块岩石上;下面是湖中的小岛,据说有人在那里发现了查理·勒格罗的墓地,而现在死在那里的是一些十足的傻瓜;他们要求在那里看卡那里①的太阳,但竹篮打水——一场空。圣勒公爵夫人住在罗马要合适一些:并不是说与她出生时和早期生活时相比她的地位下降了,正好相反,她的地位提高了;她的地位的下降只与一次意外的遭遇有关;但也不像多芬娜夫人那样,从时代的最高峰跌落下来。

圣勒公爵夫人的同伴和女伴是这么一些人;她的儿子、萨尔瓦日夫人,还有一位夫人,在国外的雷卡米耶夫人、维埃雅尔先生和我。圣勒公爵夫人从皇后和博阿乃贵妇人的困难处境里摆脱出来,是件大好事。

晚餐后,圣勒夫人和科特罗先生走到钢琴旁坐下。科特罗先生是个年轻的高个画家,他留着胡须,戴顶草帽,穿一件领口下翻的衬衣,全身的衣着都很古怪。他打猎、跳舞、唱歌、大笑,风趣诙谐。

路易王子住在另一座小楼里,我在那里看到有刀剑武器和军用地

---

① 西班牙地名。

图，新建立的工业偶尔也让人想到这位未任命的未来征服者的血。路易王子是位勤奋、有教养、充满荣誉感的勇敢的年轻人。

圣勒公爵夫人给我读了她的回忆录中的几个片段，她给我看了一个装满拿破仑的战利品的小房间。我在想为什么这个装衣帽的小房间会让我感到寒冷，为什么这顶小帽、这根腰带、这套战服会让我无动于衷。当讲到拿破仑的圣赫勒拿之死时，我惶恐不安了！因为拿破仑和我们是同一代人，我们都看到过他，也了解他，他活在我们的记忆里。但是，英雄离荣誉还是很近的。一千年之后，那是另一回事了：只有历史会在亚历山大的汗水里洒一点琥珀香；等着吧：对一个征服者，只应动用手中的剑。

我和雷卡米耶夫人回到沃尔夫贝尔后，我当晚便走了。天阴沉沉的，又下着雨，风吹动着树枝，灰林号鸟在哀号：白耳曼真实的一幕。

夏多布里昂夫人不久来到了卢塞恩，城市里潮湿的气候使她害怕，而卢加诺的消费太高，我们决定回到日内瓦去。我们从桑帕兹上路：大湖保留着对瑞士解放斗争①的回忆，那时阿尔卑斯山这边的民族丧失了自由。过了桑帕兹，我们从圣于班修道院经过，它像所有基督教的建筑物一样倒塌了。它是建在一个令人伤感的地方，在通向森林的一棵欧石南附近，我要是只有一个人，我会很自由，我会向修士们打听，在他们的墙后是不是有一个地洞，我好在那寂静的地方写完我的《回忆录》，然后，在那不勒斯或者在帕勒莫那懒洋洋的阳光下结束我无所事事的日子；但是那些美丽的地方和春天已变成了侮辱、灾难和遗憾的场所。

到达伯尔尼时，我们得知这个城市发生了一起重大的动乱事件；但我什么也没看到，街上冷冷清清，万籁俱寂，可怕的动乱无声无息地停止了，只有一缕宁静的水汽从某个咖啡馆的地下管子里冒了出来。

雷卡米耶夫人很快同我们一起来到了日内瓦。

---

① 指十四世纪的时候。

柯贝城堡——德·斯塔尔夫人之墓——漫步

我开始重新认真地投入工作：上午写作，黄昏散步。昨天我去了柯贝。① 别墅关着，有人给我开了门；我在冷清的房间里信步走着。同去拜谒的女伴辨认出了所有那些场所，她觉得在那里又见到了她的朋友，或坐在钢琴前，或进进出出，或在长廊旁边的凉台上聊天；雷卡米耶夫人又见到了她住过的房间；流逝的岁月，重新浮现在她的眼前：这好像是再现了我在《勒内》中描绘过的场景："我走遍了那些隔音很好的房间，只听得见我的脚步声……所有大厅的帘子都已取下，蜘蛛在弃置的床上结了网……年幼时兄弟姊妹聚集在年迈的双亲的羽翼下度过的那些时光是多么的温馨，却又是如此匆匆！人的家庭生活只不过是短暂一瞬间，上帝喘口气便可将它吹得烟消云散。儿子才刚刚了解父亲，父亲才刚刚了解儿子，兄弟才刚刚了解姐妹，姐妹才刚刚了解兄弟。橡树看到橡子在它的身旁发芽，而人类和他的子孙们却做不到！"

我也想起在《回忆录》中所述，动身去美洲前最后一次参观贡堡的情景。两个不同的世界，却通过一种隐秘的感应相连，令我们，雷卡米耶夫人和我，魂牵梦萦。唉！这些孤寂的世界，我们每个人自身都感受着；因为那些彼此相近地生活了很久的人们，怎么可能没有分手的回忆呢？我们走出别墅，进入花园；初秋已经开始染红、催落几片树叶；秋风习习，送来一阵阵推动水磨的潺潺溪流声。循着几条过去常跟斯塔尔夫人一起徜徉的小径，雷卡米耶夫人想去拜谒她的骨灰。距花园不远，有一片灌木丛，夹杂着几棵大树，围墙已经潮湿破损了。这处灌木丛很像平原上猎人们称为"躲藏处"的那种树丛：死亡正是把它的猎物赶往

---

① 柯贝的这座别墅当时属于德·斯塔尔夫人的儿媳，奥古斯特的遗孀所有。

这里并把这些牺牲品围困起来。

在树林中，已经预先为内克先生、内克夫人和斯塔尔夫人修了一座坟墓；当斯塔尔夫人前来赴约后，人们便封死了地穴的门。奥古斯特·德·斯塔尔[①]的孩子葬在外面，奥古斯特本人死在孩子前面，被安置在他双亲脚下的一块石碑下[②]。石碑上镌刻着引自《圣经》的话：您为什么要在这些死者中寻找活在天堂里的人呢？我没有走进树林，只有雷卡米耶夫人一个人获准进去。我坐在围墙前的一条长椅上，背向着法国，眼睛时而凝望着勃朗峰的山巅，时而凝视着日内瓦湖：汝拉山脉那阴暗的轮廓线后，金色的云覆盖了天际；简直可以说是一圈光环升起在一口长长的棺材上。我看到了湖对面科伦勋爵的房子，房顶抹上了一道落日的余晖：卢梭已不在，不能欣赏这景色了，而伏尔泰呢，也已销声匿迹，不过他对此从来也不放在心上。正是在斯塔尔夫人的墓前，如此众多的杰出人物，未曾出现在同一湖岸，却浮现在我的记忆中，他们好像前来寻找这个与他们并驾齐驱的人的影子，和她一起飞上天空，在黑夜中与她同行。这时雷卡米耶夫人从阴森的山林中走出来，脸色苍白，泪流满面，就像一个幽灵。如果我曾经同时感受到荣耀和生命的虚荣和真实的话，那就是在这寂静、幽暗、不为人知的树林的入口处，这里面长眠着那个光彩夺目声名显赫的女人，它让人看到什么才是真正被人所爱。

凭吊完柯贝的亡者的翌日黄昏时分，因厌倦了湖畔，我便依旧和雷卡米耶夫人一起去寻找一个稍为僻静的散步场所。在罗讷河的下游，我们发现了一个狭窄的山谷，被草地分隔开的悬崖峭壁间，河水在几架水磨下奔腾而过。一块草地延伸至一小山脚下，山岗上，树丛间，耸立着

[①] 斯塔尔夫人的长子。
[②] 奥古斯特·德·斯塔尔（Auguste de Staël）死于一八二七年；他儿子死于一八二九年，时隔二年。

一幢房子。

我们一边聊天,一边在这块将喧嚣的河流与沉寂的山坡分隔开的狭窄的草地上上下下走了几个来回:多少人对往昔感到烦恼,可又使得多少人步其后尘。我们谈起这些总是令人痛苦和惋惜的时光,其间激情使得青春充满幸福和磨难。现在我是在午夜写这页日记,我周围已是万籁俱寂,透过窗户,我看到阿尔卑斯山上空有几颗星星在闪烁。

雷卡米耶夫人即将离开我们,要到春天才返回,而我将用整个冬天来回忆那些逝去的光阴,并且将以它们一一出示在我理智的法庭上。我不知道我是否非常的公正,是否法官对犯人不会有太多的宽容。明年夏天我将在让-雅克的祖国度过。但愿上帝不会让我成为空想家!然后当秋天重归时,我们将去意大利:Italiam 这是我永唱的老调。

一八三二年九月底,于日内瓦

致路易·拿破仑王子的信

路易·拿破仑王子送给我一本他的题为《政治梦想》的小册子,我给他写了这封信:

王子:

我认真地读了您给我的那本小册子。如您所希望的那样,按照您的愿望,我写了一些看法并交给您来评判。您知道,王子,我们年轻的国王还在苏格兰,只要他还活着,对于我来说就不可能有他以外的别的法兰西国王。但是如果上帝以他不可捉摸的意志抛弃了圣·路易家族,如果我们祖国不能重返可能的共和状态,那么将没有人比您更适合法兰西的荣耀了。

此致

夏多布里昂

一八三二年十月,于日内瓦

致司法大臣、议长、贝里公爵夫人的信——我写《关于贝里公爵夫人被囚禁的回忆》——给报社总编辑们的通报

我切盼着这个不远的将来,我相信它已到来。黄昏时分,我通常在萨莱夫一侧,阿尔费的拐角处散步。一天晚上,我看见佩里耶先生走了进来;他从洛桑回来并告知我贝里公爵夫人被逮捕了;他不知道个中细节。我再次取消了我的休假计划。当亨利五世的母亲已经相信能够成功时,她便辞退了我。她的最后一封信充满了不幸并唤我为她辩护。在给大臣们写完信后,我立刻从日内瓦动身,到达地狱街,我便给报社总编们写了如下的通报:

先生:

本月十七日到达巴黎,十八日我给司法大臣写了一封信,询问我为贝里公爵夫人一事于十二日从日内瓦寄给他的信是否收到,并且他是否将其转给了夫人。

同时我请求给予必要的许可以便我去布莱探望公爵夫人。

掌玺大臣先生十九日做了答复,他已将我的信件转交给议长[1]并告之我必须向他询问此事。因此二十日我给陆军大臣写信。今天二十二日我收到了他二十一日的回信:他不得不遗憾地告诉我,政府认为没有必要接受我的要求。这个决定结束了我对政府部门的奔走活动。

先生,我从来不抱奢望,认为自己能够独自为不幸的、法国的案件作辩护。我的目的是,如果人们允许我与庄严的囚徒见上一面,我会向她建议,在目前情况下成立一个由一些比我更加明智之士组成的委员会。除了那些已经自荐的高贵和可敬的人士之外,我冒昧地顺便推荐德·帕斯多雷侯爵[2]先生和夫人,莱内先生,维莱尔先生,等等。

现在,先生,撇开官方不说,我谈谈我个人的权利。我的《关于贝里公爵先生生与死的回忆录》,保存在今日被囚禁的那位遗孀的记忆中,停留在那一颗罗威尔使得酷似于亨利四世的心里。我丝毫没有忘记这个显赫的荣誉,此刻它要求我加以说明并让我感到责任重大。

此致

夏多布里昂

当我给报社写这份通报时,我已设法让人将这封信转给了贝里公爵夫人:

---

[1] 素勒(Soult)元帅,他同时也是陆军部长。
[2] 帕斯德雷侯爵(Pastoret)(一七五六——一八四〇),复辟王朝时的司法大臣。

夫人：

我荣幸地于本月十二日从日内瓦给您寄了第一封信。在这封信中，我恳请您选择我，让我荣幸地作为您的辩护人之一，此信已见诸于报端。

对于那些未被授权，有一些有用的真相要披露的人，殿下这个案件可能会作个别处理。但是如果夫人希望人们以自己的名义处理这件事，那就不是一个人，而是一个由政界和法律界人士组成的委员会来负责这件大案子。在这种情况下，请夫人让以下这些人来协助我。（这些人您可以做出选择）帕斯多雷伯爵[①]先生，依德·德·纳维尔[②]先生，维莱尔先生，莱内先生，罗瓦尔-高拉尔先生，帕尔德苏[③]先生，芒达鲁-维达米[④]先生，沃弗雷朗先生。

我曾经想过，夫人，我们也许能够叫几个非常有才干且与我们观点相反的人到委员会来；但这也许是把他们置于一个错误的位置，强迫他们做出荣誉和原则的牺牲，他们的崇高的精神和正直的良心是不能妥协的。

夏多布里昂

一八三二年十一月二十三日，于巴黎

如同一名守纪律的老兵，我跑过来在队列中站齐，在上尉们的号令

[①] 疏忽处，应为侯爵（见上一条注释）。
[②] 在这本回忆录中我们已常见到夏多布里昂的这位忠诚的朋友依德·德·纳维尔（Hyde de Neuville，一七七六——一八五七）。
[③] 帕尔德苏（Pardessus，一七七二——一八五三），法学教授。
[④] 芒达鲁-维达米（Mandaroux-Vertamy），最高法院律师，他在夏多布里昂与业主阶层的纠纷中担任法律顾问——沃沸雷朗先生不怎么有名。——一份折衷的名单：我们知道夏多布里昂不喜欢维莱尔，并且罗瓦尔-高拉尔先生远不是一个纯正统主义者。

下行进：权力的意志迫使我决斗，我接受。我丝毫也没想到，会从丈夫的坟冢来到遗孀的囚笼旁参加战斗。

假设我必须孤独地留下，假使我错误地理解了什么适合于法国，我仍然丝毫不会离开荣誉的道路。否则一个人为了他的良心而做出牺牲对人们便毫无意义。好在有人为了他们坚信的原则愿意坚定不移地付出牺牲，他们坚持着我们本性中崇高的东西：这些受骗者是粗暴现实必需的反驳者，是被压迫者宣布反对颂扬暴力的受难者。我们赞扬波兰人，他们的忠诚不就是一种牺牲吗？这种忠诚什么也没有拯救，什么也不能拯救：甚至是在我的对手们的想法中，忠诚对于人类是徒劳无益的吗？

人们说我爱家甚于爱国：不，我忠实于我的誓言而不愿背誓，我热爱精神世界更甚于物质社会；这便是一切：对于家庭的事，我主要花精力在确信其主要是有益于法国上；我混淆家庭的昌盛和祖国的繁荣；当我为其中一个的不幸感到惋惜的时候，我也为另一个的灾难战败感到悲叹。我像胜利者给自己规定权益一样，给自己定下责任。我努力地带着自尊隐退；孤独寂寞中，必须注意人们对同伴做出的选择。

一八三三年一月，于巴黎地狱街

《关于贝里公爵夫人被囚禁的回忆》①（节选）

在法国，这个虚荣的国家，一旦出现引起哄的机会，许多人便会抓住不放：一些人出于好心行事，另一些人则是因为他们意识中有这种特长。我有很多的竞争者，他们像我一样恳请能够荣幸地为贝里公爵夫人辩护。但至少我自荐的妄自尊大能通过以往的一些事例得到说明：如果我没有抛出布莱勒之剑起举足轻重的作用，我在其中加入了我的名字，尽管这也许是微不足道，但已给君主制赢得了一些胜利。我郑重地打开我的《关于贝里公爵夫人被囚禁的回忆》，我深深地被打动，我经常重写它，也许我还将重写它。

"人们不断地惊讶于一些事件，"我说过，"人们总是设想最后一个到达，革命总是重新发生。那些四十年以来为了按期到达而在行进的人们呻吟着：他们以为能在他们的坟墓边坐几个小时；妄想！时光鞭挞着这些气喘吁吁的旅行者并且逼迫他们前行。自从他们上路以来，多少个君主政体在他们脚下垮台！刚刚避开这一连串的崩溃，他们又被迫重新穿越瓦砾和灰尘。哪个世纪才将看到这场运动的尽头？"

"注定要经历一些不堪回首的日子的那几代人，天意希望他们年幼，以使损害变得微小。因此我们看到一切都失败了，一切都中止了，没有人依然如故，没有人能把握自己全部的命运，每一个事件都不产生它所包含和应产生的东西。年迈的人渐渐地死去；他们将有继承人吗？帕尔米勒遗迹只剩下一片砂砾。"

从这个总的意见到特殊的事例，我在辩论中阐明我们可以用任何

---

① 这篇回忆的最后一页日期为一八三二年十二月二十四日，而里封页注明为一八三三年。

措施来帮助贝里公爵夫人应诉,将她视作警方、战争和国家的犯人,或是向议会提出一个叛国罪法案,使她适用于法律范畴,并对她采用布里克维尔特别法,或是采用法典的普通法,就可将她看作神圣而不可侵犯的。

大臣们支持第一种意见,七月王朝人士赞成第二种意见,保王党人则同意第三种意见。

我看了各种假设:我表明如果贝里公爵夫人南下来到法国的话,仅仅是因为她听到了要求另外一个现在,呼唤另外一个未来的意见,并在此深深地被吸引。

背叛了民众的初衷,七月革命摒弃了光荣而迎合了耻辱。对于那些心灵无愧于容纳自由的人来说,自由已变成那些嘲笑叫喊者讥讽的对象,这个卖艺者们用脚相互踢来踢去的自由,这个被特别法玷污而被压制的自由,将沮丧地把一八三〇年的革命变成了一声无耻的欺骗。

就此,为了解放我们每一个人,贝里公爵夫人来到了。命运背叛了她,一个犹太人①将她出卖,一个大臣则买下了她。如果人们不愿由警方来起诉她,那么只有将她递交到刑事法庭。我也是如此假定的,我已经安排好了公爵夫人的辩护人;然后,让辩护人发言之后,我对原告方说:

律师,请起立:

请您博学地证明西西里的卡罗莉娜-费迪南德,贝里的遗孀,奥地利已故的玛丽-安托瓦内特(卡佩的遗孀)的侄女,反对被视作亨利孤儿的叔叔及监护人的罪名成立;根据"被告"诽谤性的言论,所谓的叔叔和监护人也许是被监护人王权的掌握者,被监护人无礼

---

① 德斯用十万法郎作交换,向警方报告了公爵夫人在南特的藏匿住所。参见雨果的黄昏颂歌,《致出卖一个女人的男人》。

地坚持认为自从以前的查理十世,前任王太子让位以来,一直到法国人选举国王之日为止,他曾经是国王。

作为您辩护的依据,法官们应首先让路易-菲利普作为原告的证人或被告的证人出庭,好在作为亲戚他没有拒绝出庭。然后法官们要让大叛徒的后代与被告对质;要撒旦附身的伊斯卡里奥——像犹大出卖了耶稣——说说他从这笔交易中得到了多少钱财,等等。

然后,根据专家关于现场的鉴定,将证明被告在一个四个人几乎不能呼吸的狭窄的空间里,被用火刑拷问达六小时,却把被审讯者轻蔑地说人们在对她打一场圣罗朗①的战争。然而,卡罗莉娜-费迪南德,被她的同谋者挤靠在灼热的板上,火焰两次燃着了她的衣服,而宪兵在外面每一次敲打三角形的壁炉,振动便刺激着这个只犯有轻罪的人的心,使得她大口吐血。

然后,面对着耶稣的画像,人们将烧坏的裙子作为罪证放在桌上:因为在这些犹太的交易中,必须总是碰巧有一条扔掉的裙子。

当他们相信已经让她名誉扫地时,一纸授权文书便让贝里公爵夫人获得了自由。我所做的辩护让菲利普感到了公众评论的可憎,促使其决定采取他认为已经让她经受了折磨后的赦免:这些异教徒,在严酷的统治下,将一个新近释放的年轻女基督徒扔进了兽群中。今天我这本只剩下几句话的小册子,有了重要的历史结果。

在我文章最后斥责的同时,我仍深深抱着一种同情,这就是,我承认我流了很多泪。

"卓越的布来的被囚禁者,夫人!您英勇地出现在一块懂得英雄主义的土地上,引导着法国对您重复着政治自由赋予我权力所说的那句

---

① 影射圣·罗朗的烙板。

话：夫人，您的儿子是我的国王！如果上天还给我一点时间，在荣幸地目睹您的不幸之后，我将看到您的胜利吗？我将收到我信义的这笔租金吗？当您幸福归来时，我将快乐地在隐退中结束流亡的日子。哎呀！我非常遗憾对您现在的命运我却无能为力！我的话语围绕着您监狱的墙壁无用地飘逝：风声、涛声和人声，在僻静的堡垒的脚下，甚至不能把这些最后的忠诚的话语送达给您。"

于巴黎地狱街

我的果子

有些报纸重复了这句话，"夫人，您的儿子是我的国王"，因违反了出版法而被传唤出庭；我感觉到被人们的追踪包围着。这次我未能否认法官们的权限，我应该出面尽力解救那些因我受到攻击的人们，对我的作品负责这关系到我的荣誉。

另外，我被传唤出庭的前一天，《箴言报》已发表了贝里公爵夫人的声明；如果我缺席的话，人们会认为保王党人退却了，会认为保王党人对公爵夫人的命运弃之不理，并且为曾经颂扬过的夫人的英雄主义而感到羞惭。

不乏胆怯的劝告者对我说："您惹麻烦了，您会被您那句话：'夫人，您的儿子是我的国王！'弄得焦头烂额。"——"我将更大声地呼喊这句话。"我回答。我到过曾经设置过革命法庭的大厅；在这里，玛丽-安托瓦内特曾经出过庭，我兄长也曾经在这儿被判处。七月革命让人们取下了十字架，而用以告慰纯洁无辜的十字架的出现，让审判者心惊胆战。

我的到庭产生了良好的效果,它一下子抵消了《箴言报》声明的作用,并且维护了亨利五世母亲勇敢的冒险举动:当他们看到保王党人敢于面对大事并且不会认输时,人们已经产生了怀疑。

我丝毫没有想请律师,但是在我被监禁期间伴随着我的勒德律先生愿意为我辩护。他的辩护词混乱不清,并给我造成了很多麻烦。为《日报》作辩护的佩里耶先生,间接地为我申辩。在辩论的最后,我请来了全体贵族陪审团,这个陪审团对宣告我们所有人无罪起了不少作用。

在回荡过富基埃-坦威尔和丹东声音的恐怖的房间里,我的这个案件没有任何非凡之处;有趣的只是佩西尔先生[①]的辩词:为了证明我有罪,他引用了我书中的一句话:"在脚下踩扁的东西难以踩碎。"他叫嚷道:"先生们,请注意在这段话中所包含的所有蔑视,'在脚下踩扁的东西难以踩碎。'"而且他还做了一个用脚踩碎东西的动作。他又开始得意扬扬,听众又发出了笑声。这个勇敢的人既没有发现听众对这句不合时宜的话满意,也没有意识到他在黑色长袍里踩脚就像是在跳舞一样的滑稽可笑,同时他的脸苍白得富有激情,眼睛惊恐得富有表现力。

当陪审团返回并宣告我无罪时,响起了一片掌声,我被一些为了进来而穿了律师长袍的年轻人簇拥着:卡雷尔先生也在场。

我出来时人越来越多;在皇宫的院子里,跟随我的人与警察发生了冲突。最后,人群跟随着我的马车并高喊:夏多布里昂万岁!我好不容易才回到了家。

要是在以前,这个宣告无罪是很有意义的;对贝里公爵夫人说:"夫人,您的儿子是我的国王!"被宣告无罪,意味着对七月革命的谴责;但是今天这个判处已毫无意义,因为对所有的事情都没有了主张,也没有期限。在二十四小时内,一切都已改变;明天我也许将为今天已宣告

[①] 让-夏尔佩西尔(Jean-Charles Persil)曾被路易-菲利普任命为巴黎皇家法院的总检察官。

无罪的事情再度受到判处。

我将我的证书送到陪审团成员家里,特别是谢韦先生[1],他是全体贵族陪审团成员之一。

对于这个正直的公民来说,会很自然地凭良心做出一个有利于我的判决。我也很乐意出钱在谢韦法官家举办了一次丰盛的晚餐,并借此庆祝我被宣告无罪的快乐:谢韦先生和许多记者和新闻检察官一起对合法性、篡权以及《基督教真谛》一书的作者发表了极其公正的看法。

一八三三年三月,于巴黎

名望

《关于贝里公爵夫人被囚禁的回忆》一文使我在保王党中深孚众望。各地都派来了代表团和寄来了信件。我收到了一些寄自法国北方和南方的附有数千人签名的支持信。这些签名者都引证我小册子中的话,要求还贝里公爵夫人以自由。一千五百名巴黎的年轻人来向我道贺,使得警方忐忑不安。我收到了一只镀金的银酒杯,上面写有:致夏多布里昂,忠诚的维尔纳夫人[2]。南方一个城市给我寄来了非常好的酒以盛满这只酒杯,但我不喝酒。最后,正统的法国将这句话作为格言:夫人,您的儿子是我的国王!好些报纸将它用作题词;有人把这句话刻在项链和戒指

---

[1] 谢韦(Chervet)是陪审团的一员,他投票赞成宣告无罪。他作为王宫豪华的修复者和时鲜水果蔬菜商,非常出众。

[2] 约讷河畔维尔纳夫的居民。

上。我第一个面对篡权者说出了没人敢说的话，这实在是出于无奈，因为我认为亨利五世回来掌权的可能性比可怜的中庸政府或最偏激的共和政体掌权的可能性要小。

另外，保王党人给"篡权"一词下的狭窄定义我还没弄懂。关于这个词的多种解释，就像"合法性"这个词一样。篡权的真正含义是监护人剥夺被监护的未成年孤儿的权利，并将其放逐，这是最恶劣的行为。所有冠冕堂皇的言辞，如"必须拯救祖国"，不过是邪恶的政治野心的借口。难道要把你们篡权的这种卑劣行为看作一种美德不成？！也许你们会意外地把自己的儿子祭献给罗马的强盛的布鲁图的！

我可以把我一生中文学上的声誉和名望做一番比较：前者，在一段时间里让我心情愉快，但对于这种声誉的热爱消逝得很快。至于名望，我待之漠然，因为在革命中，我太多地看到了被这些民众簇拥的人，民众将他们捧上天之后，又将他们打入地狱。民主的天性，高尚的品性，使得我十分乐意将我的财富和生命奉献给人民，只要我和大众有一点点关系。尽管这样，我还是对七月革命中那场在贵族院中将我举起欢呼胜利的年轻人的运动特别感动：他们在那里不是将我当作他们的首领举起，而是因为我跟他们想的一样；他们只是将正义还给了一个敌人；他们认识到我是一个热爱自由和重视荣誉的人；这种宽宏大量让我感动。但是在自己党派中我刚获得的另一种名望却未能使我激动；在我和保王党人之间，有一种隔阂：我们希望同一个国王；除此之外，我们的愿望大多数是背道而驰的。

一八三三年四月，于巴黎

篇章三十六

玛丽-泰雷兹的诊所——贝里公爵夫人寄自布莱城堡的信

一直到今天我都在忙于一系列的事情：最终我还能重新开始工作吗？这些工作包括未完成的《回忆录》的各个部分。我难以一下子恢复原状，因为这些事情缠绕着我；我还无法合适地收集那长眠于沉寂中的过去，它在生活中曾经是那样的动荡不安。我拿起笔来写，写谁和写什么？我不知道。

我浏览了一些日记，在其中我体会到了六个月以来我的所作所为及遭遇到的事，我看到大部分日记标记的地址都是地狱街[①]。

我所住的栅栏边的庭院升值到了六万多法郎；但是在地价上涨的时期，我买它花了过高的价钱，因而一直未能付款：为了拯救在夏多布里昂夫人关心下建起的与庭院相邻的玛丽-泰雷兹诊所，一个承包公司建议在上述的庭院里建造一个咖啡馆和一些高低起伏的滑车道，随着一天

---

① 现为当费尔-罗什罗大街29号。

天的衰败，便再也无人过问它了。

对所做的牺牲我不高兴吗？也许；人们总是乐于救助不幸的人；我很乐意与贫困的人分享我很少的所有；我不知道这种善举是否能够上升为一种美德。我像一个被判决的人，在挥霍着我一个小时之后便再也享受不到的东西。在伦敦[1]，将被绞死的人出卖自己的皮换酒喝，我不出卖我的皮，我将它留给掘墓人。

房子一买下，最好便是住进去；我将它照原样布置。从大厅的窗户首先可以看到英国人称之为娱乐场地的由草皮和小灌木丛组成的前台。在这个场地的外面，越过一个上部是白色菱形栅栏的矮墙，是一块种植着各种作物的农田并可用来喂养诊所的牲畜群。在这块田园的外面是一块由绿色栅栏的矮栏墙隔开的场地，栅栏上交织着孟加拉的铁线莲和蔷薇；这个独立王国包括一块簇树林，一个内院和一条两旁是杨树的小道。这个角落特别的僻静，它没有如贺拉斯角落一般向我欢笑，angulus ridet[2]。完全相反，我在这里哭过几次。有句成语说：青春如流水，长留不住。暮年也会聊发轻狂：

> 眼泪和怜悯，
> 出自一种富有魅力的爱。

（封丹[3]）

我的树有千余种，我种植了二十三株萨洛蒙雪松和两株德鲁伊教祭司橡树；它们用手指做角的样子来嘲笑他们不久于人世的主人，brevem

---

[1] 这是原版的文字，做了不当的改动。夏多布里昂曾大胆地写为："在伦敦被绞死的人卖皮换酒喝。"
[2] "这个角落对我笑"。
[3] 见他的寓言《埃费兹的收生婆》。

dominum①一条可玩木球游戏的路，两条栗树成荫的小径，连接着上下花园；沿着中间的场地有一个较陡的坡。

这些树，我并没有像在狼谷一样作为我周游过的地方的纪念物加以选择：只是因为我喜爱这些保存着希望的回忆。但是如果人们没有孩子、没有青春也没有祖国，而树的叶子、花朵和果实也不再是用来计算多梦时节的隐秘的数字，人们还能对这些树倾注何种爱恋？人们枉然对我说："您变年轻了"，他们难道能让我将长成的智齿当作乳牙吗？还是这副智牙，我有了它只是为了在八月七日的王权下嚼食一块苦涩的面包。此外，如果我的树用作我快乐的日历或是我岁月的丧葬文选，它们无须询问什么；它们每天都在生长，从我开始衰弱的那天开始：它们与弃婴所围墙②中的树以及包围着我的地狱林荫大道的树交织在一起。我没有看到一幢房子；在离巴黎两百古里③的地方，我必更感到与世隔绝。我听到正在给被遗弃的孤儿喂奶的母山羊的咩咩叫声。啊！如果我曾经也像它们一样，在圣-樊尚-德-保尔的怀抱里，生出来虚弱、卑微、默默无闻，那么今天我将是某一个无名的工人，没有任何东西要和人们澄清，我不知道为什么和怎样来到人间，也不知道怎样和为什么我要离开这个世界。

拆除一道围墙，使我与玛丽-泰雷兹诊所有了来往；我感觉像在一个修道院，又像是在一个农场，一个果园和公园里。早晨，我在祈祷的钟声中醒来；在床上我听到唱诗班教士们的歌唱声；从窗户我看到耶稣受难像升起在一株胡桃树加接骨木之间：一些奶牛、母鸡、鸽子和蜜蜂，一些身着黑色薄纱长袍、载着白色凸纹条格折扇形头巾的修女，一些康复中的女人和一些年老的教士徜徉的花园的丁香、杜鹃和蓬巴杜夫

---

① 贺拉斯《颂歌》，第二卷ⅩⅣ，24。
② 如今为圣-樊尚-德-保尔医院，费尔-罗什罗大街74号。
③ 法国古里约合四公里。

人花丛中,漫步在菜园中的蔷薇、醋栗、覆盆子和蔬菜之间。几个八十来岁的教士曾和我一起被流放:在肯星顿的草坪上,我的不幸与他们的交汇在一起,我让他们在我养老院的草皮上走过最后的步履,在此他们就像庙宇圣殿薄纱的皱褶,在艰难地熬度着他们虔诚的晚年。

我有一只带黑色横纹的棕灰色的大猫做伴,它诞生在梵蒂冈拉斐尔的画室里:利奥七世将它喂养,一次主教接见大使时,我见到过,便渴望得到它。圣·皮埃尔的继承人死了,我便继承了这只没有主人的猫,正如我在叙述我的罗马大使馆时所说的那样。人们称这只猫为米塞多,起绰号为罗马教皇之猫。在虔诚的灵魂中,它以这种资格享受了一种特别的崇敬。我竭力让它忘记流亡,忘记西斯廷小教堂,以及它从中走过的高高的米歇尔天使的圆屋顶上的阳光。

我的房子,诊所的各种建筑和小教堂,以及哥特式的法衣圣器室仿如一个营地或一个小村庄。在举行仪式的日子里,隐藏在我家中的宗教,在我的医院中的旧君主制便会表现出来。由所有我们这些羸弱者组成的游行队伍,前面走着邻近的一些年轻姑娘,举着圣礼、十字架和旗帜,歌唱着从树下走过。夏多布里昂夫人手握念珠跟着他们,为这些她关怀的信徒而感到骄傲。乌鸦鸣叫,莺在呢喃,夜莺竞唱着赞歌。我回想起我描写过的罗加西翁的田野浮华:我已从基督教的理论,过渡到实践。

我的住所朝向西方。晚上,从后面被照亮的树梢在金色的地平线上勾画出齿状的黑色轮廓。此时我骤然变得年轻了;它使我缅怀起那些被时光化为虚幻的流逝的往日。当星辰出现在蓝色的苍穹,我便回忆起我曾在美洲丛林或海洋深处所欣赏到的壮丽的天空。夜晚比白天更有利于游子作模糊的回忆;它掩盖了可能会勾起游子回忆的住处的景色,仅仅只是让他在同一半球的不同纬度,从相似的一面看到这些星辰。于是游子认出了他从那个国家、在那个年代看到过的这些星辰;在地球的各个地方，他有过的思想，他体验过的感情便会重新浮现并依附天空的同一地方。

在诊所，我们只是在两次公共布施时和每星期日的少部分时间才与人们来往：那些日子，我们的养老院变成了一个地区教堂。修道院长认为一些漂亮的夫人来做弥散是希望见到我；她精打细算，利用她们的好奇心：答应她们向我引见，把她们吸引到试验室，一旦她们被关进了笼子，不管情愿与否，便要她们拿钱买糖制品。她利用我来兜售那些为了病人利益①生产的巧克力，就像拉马迪涅尔②吸收我销售他在爱情成功时喝过的醋栗水。这个神圣的女人也在夏多布里昂夫人的墨水瓶里窃取了一些羽毛茎；她在这些纯粹的保王党人中出让它们，断言这些珍贵的羽毛茎写出了出色的《关于贝里公爵夫人被囚禁的回忆》。

西班牙和意大利画派的一些好画，一幅盖兰少女，圣特雷莎画家③的最后的代表作《科琳娜》，使我们沉醉于艺术。至于历史，在养老院里我们马上就会有法佛哈侯爵的妹妹和罗兰夫人的女儿：君主制和共和制让我负责为它们的忘恩负义做出补偿和收养它们的伤残者。

在玛丽-泰雷兹被收容的人，那些康复后被迫从这儿出去的可怜的女人，她们住在诊所的附近，自以为又患了病而要重返诊所。在这里没有任何医院的感觉：犹太人、新教徒、天主教徒、外国人、法国人在这里得到的是胜似亲人般的无微不至的关怀。悲伤中的每一个人都以为是见到了自己的母亲。我见过一个西班牙女人，如同《塞维利亚的珍珠》画中的多罗泰一般美丽，十六岁上死于肺病，在集体宿舍里，她庆幸自己的幸福，微笑地睁着两只黯淡的黑色大眼睛，一副未老先衰的消瘦的面孔，拉多菲内夫人询问着她的一些近况并向她保证不久便会痊愈。可

---

① 故事发生在一八二〇年末或一八二一年初。
② 见卷一，篇章四。
③ 热拉尔男爵。他的画《科琳娜在米塞诺角》置于雷卡米耶夫人的大厅中。

147

当天晚上她便香消玉殒,远离了科尔多瓦的清真寺和加达基维河的母亲河:"你是哪里人?""西班牙人,西班牙人和本地人!"

很多圣-路易的骑士们的遗孀是我们的常客;她们随身携带的所留下的唯一的东西便是她们的丈夫身着陆军上尉军服的肖像:白色的衣服,玫瑰色或天蓝色的夹里,巨鸟型的鬈发。我们将这些肖像束之高阁。我看着他们的军团忍俊不禁:如果旧的君主制继续存在,那么今天这些肖像的数目还会增加,在一个弃置的走廊里我会这样慰抚我的侄孙们:"这是你们的叔公弗朗索瓦,他是纳瓦尔军团的上尉;他非常有才干!他在《墨丘利神》中做了一个字母组合字谜,开始几个字为:砍掉我的头。还在《缪斯年鉴》上作了一首短诗:《心灵的呼唤》。"

当我对花园感到厌倦时,便改去蒙特鲁热平原。我看到了这个平原发生的变化:要是我没有看到变化该多好!二十五年前,当我去梅雷维尔、去马雷、去狼谷时,我经过了缅因关隘,在车行道的左右两旁,位于采石场的缺口处和卢梭老朋友塞尔斯的苗圃,我只是看到一些磨坊、一些吊车的车轮。德努瓦耶为皇家卫队士兵建造了几个可容纳万人的大厅,他们在每次战役失败之后,所有王国被打垮之后,便来这里喝闷酒。在磨坊的四周,立有几间乡间小屋从缅因关隘一直延伸到蒙-帕尔纳斯关隘。更高处是冉森教派的磨坊和与之对照的洛赞的小房子。乡间小屋旁边的一些金合欢树是这些穷人的纳凉处,就如同苏打水是乞丐们的香槟酒一样。一个庙会剧院让那些弹奏嘈杂音乐的流浪人定居下来。形成了一个小村庄,有了一条石板路,一些作小曲的人和一些警察;警察中有昂菲翁和塞克罗。

在生者定居的同时,死者也要求一席之地。尽管招致一些醉汉们的反对,人们还是在一个如阿布瓦塔一般废弃的磨坊的围墙里圈出了一处公墓:就是在那里,死亡每天都在运走它收获的谷物;一堵简陋的墙将死亡与舞蹈、音乐、喧嚣隔离开来;短暂的喧哗、一个小时的婚礼便将它们与无穷的沉寂无尽的黑夜和永恒的婚礼分隔开来。

我经常到这座远不如我年迈的公墓里去走一走,这里,吞噬着死人的虫子还没有死去;我读着这些碑文:多少十六到三十岁的女人成了坟墓的猎物!幸福的是她们只度过青春时代!热弗尔公爵夫人,迪·盖克兰,另外一个年代的骨骸的最后一滴血脉,在这些长眠的平民之间小憩。

在这次新的流亡中,我又多了一些作古的朋友;勒穆瓦纳先生[①]长眠于此。他是德蒙莫朗西先生的秘书,通过波蒙夫夫介绍给我的。我在巴黎时,几乎每个晚上,他都和我进行简单的交谈,我们的谈话诚挚友好,令我非常愉快。我疲惫不振的精神得到休息,变得健康放松。我将崇高的圣徒勒莫瓦纳先生的骨灰留在了台伯河畔。

围绕着诊所的林荫道和公墓是我散步的场所。在这里我不再渴望什么:不再有前途,我便不再有梦想。对于新一代人我显得陌生,在他们看来我好像是光秃秃的、布满灰尘的旧式圆眼镜;我现在勉强被一块经时光裁剪而变短的发角的破布覆盖着,就像一个部队的传令官裁剪着一个没有光荣历史的骑士的燕尾服一样,我乐于被撇在一旁。我很高兴住在关隘步枪的射程之内,住在一条大路旁边,随时准备启程。时光就在计程碑的脚下,在我注视着邮递员中流逝……

一八二八年我在罗马时,曾计划在巴黎我僻静住所的尽头,建一个花房和一个园丁住的房子,这是我在大使馆和在托尔·韦加塔发掘找到的文物残片得到的全部积蓄。德波里亚克先生从中斡旋,我将这处令我陶醉的地方奉献给了国家;我重新陷入穷困潦倒,再见了我的花房:财富就像玻璃一样不堪一击。

我用纸张和墨水有一个坏习惯,使得我忍不住潦草书写。我拿起这

[①] 他死于一八二九年,见勒瓦杨先生的《夏多布里昂先生的光辉、痛苦和幻想》。

支不知我将写什么的笔,将这段过长的描写涂抹了至少三分之一:如果有时间,我还会将它删节。

我应该请求那些感受到我某些想法的痛苦的朋友原谅我。我只会张开嘴笑,我忧郁、身体衰弱,的的确确是有病。无论谁看过这本《回忆录》都可以看到我的命运是怎样的。我没有依偎过母亲的怀抱,痛苦便早已向我袭来。我不断遭受失败,我感受到我一生的不幸,它对于这间脆弱的陋室显得过于沉重。但愿我所爱的人不会因此而自认为被背弃;但愿他们原谅我,但愿他们能容忍我的狂热:在这些冲动中,我的一颗心全是为了他们。

我待在那里,将这些脱线的纸页杂乱无章地扔在桌上,从开着的窗户吹进来的风将它们掀起,这时有人交给我如下的贝里公爵夫人的信和附论:走,再一次回到我双重生活的另一面:积极的一面。

我两次要求您来我这里,但遭到政府的拒绝,对此我深感不快。我遭到过无数的苛待,这一次可能是最沉重的。我有好多事要跟您讲!有好多事要征求您的意见!既然必须放弃见您的想法,那么至少我唯一可行的方法就是尽力将委员会的事托付与您,我愿意如此而且您也能做到:因为我毫无保留地相信您对我的关爱和对我儿子的忠诚。因此,先生我特别委托您去布拉格并且向我父母讲明,如果直到二月二十二日我们拒绝宣布我的秘密婚姻,那么我的想法更多的是为了我儿子的原因并借此证明,一个母亲,一个波旁内人并不害怕面对危险。我只是让我的儿子大体上能理解我的婚姻;但是政府的威胁,道德的折磨已达极限,促使我决定发表这个声明。我不知道何时才能还我自由,如此多的希望落空之后,该是向我的家人和全欧洲做一个解释的时候了,以防止一些败人名誉的猜测。我本希望早点这样做,但是一次绝对非法的拘禁和与外界联系上不可克服的困难让我一直拖到今天。您跟我家人说,我已在意大利和康波-弗兰哥王族的埃克托尔吕克谢齐-帕利伯爵成婚。

啊!夏多布里昂先生,我请求您给我亲爱的孩子们带去我给他们所有的爱,对亨利讲我比任何时候都更相信他能努力逐渐地赢得法国人的赞美和爱戴。对路易丝讲我多么希望能幸福地拥抱她,她的来信是对我唯一的安慰。向国王转达我的敬意并向我的兄长和姐姐献上我的温情。我请求您给我带回我孩子和家人对我的所有的祝愿。被囚禁于布莱的城墙内,我找到了一个安慰,那就是有一个像夏多布里昂子爵先生一样的代言人;他是我永远值得信赖的人。

玛丽-卡罗莉娜

一八三三年五月七日,于布莱的城堡

又及:

我对您和拉多尔-莫布尔侯爵先生之间达成的协议感到非常满意,其中对我儿子的利益给予了高度重视。

您可以把我写给您的信转给拉多菲内夫人。您向我姐保证,一旦我获得自由,便会刻不容缓地给她寄去所有关于政治事件的文件。我所有的愿望就是一旦获得自由便马上到布拉格去。但是我所经历的各种痛苦已如此摧残了我的健康,以至于我不得不在意大利停留以稍作恢复,并且不让我可怜的孩子们对我的变化感到惊恐。您研究我儿子的性格,他的品质,他的嗜好,甚至于他的缺点;您告诉国王拉多菲内夫人和我自己,他需要改变、改正和完善的地方,您要让法国了解她对年轻国王所寄予的希望。

通过与沙皇几次的接触,我知道他曾多次很好地接受了我儿子和奥尔加公主联姻的建议。德·舒洛①先生将给您提供在布拉格的人士的详尽情况。

首要的是做一个法国人,我请您向国王请求保留我王妃的称号以及我的姓。撒丁的国王的母亲,一直称作卡里尼昂王妃,尽管她嫁给了德蒙莱尔先生,而且她还给了他亲王的称号。玛丽·路易丝,帕尔默女公爵,在嫁给雷佩尔伯爵后仍保留了女王的称号,并仍是她儿子的监护人;她其他的儿子姓内佩尔。

我请您尽快动身去布拉格,我深深希望您能及时到达,并让我的家人能从您这儿得知所有这些细节。

我希望尽可能不让别人知道您的行程,至少不让别人知道您是我的送信人,以避免我唯一的、如此珍贵而不寻常的与外界联络的方法为人发现。我的丈夫吕克谢齐是西西里四个最古老的家族之一的传人,是唐克雷德国王②十二伴侣中唯一幸存的一支。这个家族因其对国王们的事业高尚的忠诚而为人关注,康波-弗兰哥王子,吕克谢齐的父亲,是我父亲议院的第一贵族。当今的那不勒斯国王③非常信任他,将其安置在其弟弟西西里总督的身旁。我不跟您讲他的情感;他的情感在各方面都与我们一致。

我坚信被法国人理解的唯一方法便是给他们讲荣誉,并让他们面对光荣。我有一个想法,便是把比利时并入法国并作为儿子执政的开始。吕克谢齐伯爵替我就这个问题向荷兰国王和奥兰日王子提出初步建议;他为这些建议的被理解做了很大贡献。对于我全部心愿所在的协定,我没能有幸完成它;但我想还会有成功的机会;离开旺代之前,我已授权德·布尔蒙元帅先生继续这件事情。没有人

---

① 德·舒洛(de Choulot),贝里公爵夫人与她的支持者之间的联系人。
② 唐克雷德(Tancrède),十一世纪西西里国王子。
③ 费尔蒂南二世(Ferdinand Ⅱ)为贝里公爵夫人的兄弟。

比他更能把这件事办好了，因为他在荷兰赢得了人们的尊重。

玛丽·卡罗莉娜

一八三三年五月七日，于布莱

又及：

我没有把握在什么地方我能给拉多尔-穆布尔侯爵写信，您动身之前请尽量去看看他。您可以跟他讲讲所有您认为合适的事情，但绝对要保密。您跟他商定给报界一个指导意见。

一八三三年五月九日，于巴黎地狱街

思考与决心

读了这些材料我很感动。作为那么多国王的女儿，这个从如此高处跌落下来的女人，在长期听不见我的建议后，她仍有崇高的勇气寻求我的帮助，并原谅了我曾经预言过她的举动不会成功：她的信任深入到了我心中并使我感到荣幸。贝里夫人对我做了准确的判断；我没有背离这个使她丧失全部的举动的宗旨。用王权、荣誉、将来和命运作赌注，不是一件平凡的事情：世界认为公爵夫人可能是一个英雄的母亲。但是应当被人诅咒的是，史无前例地针对一个虚弱、孤单、无助、受到密谋反对她的政府的各种力量攻击的女人不知羞耻的折磨，好像是战胜了一个了不起的当权者一样。一些父母听凭他们的女儿受到仆人的嘲笑，用四肢支撑着她让其当众分娩；叫唤角隅里的当局、狱卒、间谍、过路人来看孩子从女囚犯的腹中出生,就像人们曾号召法国来看他的国王[①]的诞生一样!哪个女囚?亨利四世的孙女!哪个母亲?被人们占据了王位又被驱逐的孤儿的母亲!在苦役犯监狱,人们能否找得到一个出身微贱的家庭有斥责一个蒙受了这种耻辱的孩子的想法吗?杀死贝里公爵夫人恐怕要比让她忍受极端专制的耻辱还更加高尚一些。在这件可耻的事件中,宽容归于时代,耻辱则属于政府。

贝里公爵夫人的信有不止一处值得注意:与比利时合并和亨利五世婚姻有关的部分,显示出她的头脑善于考虑重大的事情。有关布拉格家庭的部分令人感动,公爵夫人害怕被迫在意大利逗留以稍作恢复,并不使她的变化过分惊吓她可怜的孩子们。还有什么比这更忧伤和痛苦的呢!她补充道:"哦!夏多布里昂先生,我请求您给我亲爱的孩子们带去我所有爱,等等。"

哦!贝里公爵夫人,我这个风烛残年的衰弱的人,又能为您做些什么呢?但是听到这些话语我怎么能拒绝:"被囚禁在布莱的城墙内,我找到了一个安慰,那就是有一个像夏多布里昂先生一样的代言人,他是我永远值得信赖的人。"

是的,我将去履行我最后一次也是最光荣的一次大使职责;我将以布莱女囚的名义去找圣殿的女囚;我将去商谈一个新的家庭条约,将一个被囚禁的母亲的拥抱带给被流放的孩子们并出示这些信件,通过它们,她的勇气和不幸使我相信她的清白和美德。

[①] 一八三三年五月十日在布莱城堡,公爵夫人在众目睽睽之下生下一个女儿。

从巴黎出发——德·塔莱朗先生的敞篷四轮马车——巴塞尔——从巴黎到布拉格的日记

一封给多菲内夫人的信和给两个孩子的便条附在给我的信中。

我有一辆象征我昔日威严的双座四轮轿式马车；以前在乔治四世的皇宫里，我坐在马车里十分惹人注目，还有一辆敞篷四轮旅行马车，它是为了让塔莱朗亲王使用而制造的。我让人将这辆敞篷马车做了检修，以便它能用作超常的行驶：因为基于它的来源和习惯，在亲王死后，这辆马车便很少使用。五月十四日晚八点半，谋杀亨利四世的纪念日，我动身去寻找亨利五世，这个被流放的孤儿。

对于我的护照我不无担心：这是本外交护照，没有体貌特征，有效期为十一个月，它是由瑞士和意大利签发的。我使用它从法国出境并重返法国，不同的签证证明了各种情况。我不想更换这本护照，也不想重新申请一本。所有的警察局也许都得到了通知，所有的发报机也许都已开启。也许在所有的海关，我的牛皮车篷①马车和我本人都会遭到搜查。如果我的文件被查出，不知会有多少迫害的借口、多少次的住宅搜查、多少次的逮捕！对王室的囚禁更会遥遥无期！因为事实证明公爵夫人有她的秘密方法与外界保持联系。因此我不可能申请新的护照以让人知道我的动向；我相信会吉星高照。

避开行人过多的法兰克福这条路线和发报线下经过的斯特拉斯堡路线，我和我的秘书亚森特·皮洛热（他已习惯我所有的坎坷）和巴蒂斯特（当我是老爷时，他是一个侍者，我失去领地时不久他便成了我的仆人：

---

① 覆盖于马车外面的牛皮车篷。

我们可以说是荣辱与共）。还有我的厨师、有名的莫努米拉依（我从部里出来时他也离开，并表明他只为我做事）一起上了去巴塞尔这条路。通过复辟王朝时期引进大使时已明智决定卸任的大使都应回归自己的个人生活，巴蒂斯特也已经重新做了仆人。

到达了阿尔特克奇边境的一个驿站，来了一个宪兵并且要我出示护照。一看到我的名字，他便对我说他已按照我侄儿，在一八二三年西班牙战争中任龙骑兵上尉的克里斯蒂昂的命令行事。在阿尔特克奇和圣路易之间，我遇到了一位神父和他的教会堂区居民在举行一次反对鳃角金龟的游行，自从七月革命以来的这些日子里，这种丑陋的动物大量增长。在圣路易，海关人员认识我，便让我过去了。我高兴地到达了巴塞尔的城门口，去年八月曾经检查过我的那个瑞士老鼓手长在那里等着我，但这次与霍乱无关。我将南下去莱茵河畔的三王镇，时间是五月十七日上午十点。

旅馆的老板为我找了一个叫作施瓦兹的仆人，他是巴塞尔本地人，可以在波希米亚为我做翻译。他讲德语，就像我的好朋友，米兰的白铁匠约瑟夫在墨西亚用希腊语询问斯巴特遗迹一样。

当天，五月十七日晚六点，我离开港口。登上马车时，我惊讶地在人群中又见到了阿尔特克奇的宪兵；我不知道他是否被派来尾随我的：从法国起他便老老实实地护送着我的马车。我给了他一些钱，为他的老上尉的健康而干杯。

一个小学生走近我，递给我一张纸，上面写道：致十九世纪的维吉尔。我念着改自《埃涅阿斯纪》的这段话：Macte animo，generose puer[①]。车夫扬鞭策马，我带着在巴塞尔获得的崇高的声望骄傲地出发了，我为成为维吉尔感到十分惊讶，也为被称作孩子"generose puer"

[①] 拉丁语："勇敢些，高贵的孩子！"拉丁诗人维吉尔的诗句。也见于卷一，篇章二。

而心醉神迷。

一八三三年五月十四日到二十四日

在马车上用铅笔写作，在旅馆用墨水写作

莱茵河畔——莱茵河大桥——莫斯克奇——雷雨

我过了桥，让巴塞尔的市民和农民在他们的共和国中打内战[1]，并且以他们的方式完成在社会全面变革中他们被委任的角色。我重新登上了莱茵河的右岸并带着一些忧愁注视着巴塞尔乡村高高的山岗。去年我在阿尔卑斯山来找寻的流亡生活，于我似乎是更加幸福的生活的一个终结，是比我再次从事的帝国的事情更加愉悦的经历。我对贝里公爵夫人和她的儿子抱有一线希望吗？不是；而且我坚信，尽管我做了最近的这件事情，但在布拉格我根本找不到朋友。像那些对路易-菲利普发过誓的人，那些只是颂扬灾难性指令的人，对于查理十世来讲，比我这个绝不肯背誓的人一定更显亲切。因亲近国王更有双倍理由相信：人们喜欢奉承的背叛甚于严肃的忠诚。因此我来到布拉格，就像一个从联盟时期在巴黎被处绞刑的西西里战士[2]走向绞架；那不勒斯的教士尽力任他安息并在途中为他祈祷：阿门！阿门。我的思绪在驰骋，因此时马车正载我离开；但是当我想到亨利五世母亲的不幸时，我便对自己的抱怨感到

---

[1] 当时，巴塞尔城市与农村正发生战斗。
[2] 为梅耶内作战的西西里战士杀死了一个法国绅士。故事来源于埃图瓦尔。

自责。

莱茵河畔从我的马车旁疾驰而过,让我感受到这是一种非常愉快的消遣:当我们看窗外的景色时,不管你在想什么别的东西,映入你眼帘的景色仍然可以进入你的思绪之中。我们行驶在点缀着五月鲜花的草地间,树林中的一片新绿是果园和树篱。马、驴和牛,猪、狗和羊,鸡和鸽,鹅和火鸡在田野中与它们的主人相依相伴。莱茵河,战争之河,仿佛在这幅田园景色之中悠然自得,就像一个行军住宿在庄户人家中的老兵。

第二天早上,五月十八日,到达夏费斯之前,我叫人驾车去了莱茵瀑布;我抽出一些时间来欣赏瀑布壮观的景色。我可能将最后的日子安排在俯瞰瀑布的小城堡中。如果我把未曾实现的阿达拉梦想留在了尼亚加拉,如果在蒂沃利我存有另外一个已经在世上消逝的幻想[①],那么在莱茵河瀑布的城堡主塔中,我就不会发现一个更美的视觉,它飘浮于莱茵河畔并且用我失去的所有影子让我得到慰藉。

从夏富兹我继续赶路去于尔姆。这个地区是已耕种的盆地,一些覆盖着树林,彼此分开的小山丘一直延伸到盆地的底部。人们已对这些树林进行了开发,可以看到一些橡树,有些被砍倒了,还有一些竖立着。地上的表层,是一些白色的光秃秃的树干和树枝,仿佛是一副怪异动物的骨架;下层是一些多毛的细枝,点缀着一些黑色苔藓,呈现出一派春天的嫩绿,它们结合在一起,这种现象在人的身上是永远看不到的,它是一种暮年和青春双重美的融合。

在平原的枞树林中,一些树被连根铲除留下了一些空地,这些地方变成了草地。这些位于林中的草地显得既严谨又怡人,让人想起了新世界的热带草原。这些小屋取自瑞士人的性格,小村庄和小旅馆以一种诱

---

① 指波利娜·德·博蒙(Pauline de Beaumont)。

人的洁净而别具特色。这在我们国家还鲜为人知。

晚上六七点钟，停在莫斯克奇吃晚饭，我探头窗外，一群家畜在泉边饮水，一只小牝牛在跳跃嬉戏，就像一只狗子。凡是人们善待动物的地方，动物便会很快乐，并和人们愉悦相处。在德国和英国，人们几乎不鞭打马匹，也不呵斥它；马儿自觉排列在拴马柱旁，只要低声的指令或轻轻地拉拉辔头，马便会往前或停住。而法国人便显得不那么人道，您看过我的马车夫是怎样驱使他的马匹的吗？他们用靴子踢马的侧身，用鞭子抽打它的头部，为了让马后退，甚至拉断了马嚼子，并对这可怜的动物进行各样的诅咒和侮辱。人们强迫着这些牲畜拖拉或背负着超出它的体力的负重，为了强迫它们向前，人们把鞭子打得都卷了起来①。高卢人的野性仍留在我们身上。它仅是掩藏在我们的长袜和领带的丝绸下面。

不只我一个人惊讶，那些和我一样将头伸出窗外的女人也是如此。在经过一些不知名的小村庄时，我时常问自己："你愿意在这里住下来吗？"我总是回答自己："为什么不？"轻狂年少时，准不曾吟诵过行吟诗人皮埃尔·维达尔诗：

> 我有美丽的兰博
> 送给我的绶带，
> 比理查德国王拥有普瓦提埃、
> 图尔、昂日更富有。

梦想无处不有，痛苦和欢乐随处可见。莫斯克奇这些凝望着天空或我的马车，这些注视着我或什么也没有看的女人们，难道她们就不像巴

---

① 用鞭子毒打。

黎的人们一样，没有快乐和忧愁，没有财产、没有心事、没有家庭吗？如果不是晚餐在一声轰隆的雷声中富有诗意地开始，我还沉浸在对周围事情的遐想之中，真可谓小题大做。

多瑙河——乌尔姆

晚十点，我重新上了马车，在打在车篷顶上的淅沥的雨声[①]中入睡了。马车夫的小号声唤醒了我。我仿佛听到遥远的河流的潺潺之声……我们在一个城市的门口停下来，城门打开，有人检查我的护照和行李，我们进入了符腾堡国王陛下辽阔的帝国。我在《回忆录》中向埃莱娜大公爵夫人，这朵优雅而精致的、现在被禁锢于沃尔加温室中的鲜花致意。我仅仅体会了一天高位和财富的价值：在梅迪西斯别墅的花园里我为年轻的俄罗斯公主举行宴会。我感受到上天的神奇，地方的魅力、美貌和权力的魔力如何令人陶醉；我自认为同时成了多尔瓜多塔索和阿尔芬斯·德斯特；我胜过王子却不如诗人；埃莱娜比雷诺尔更美丽。作为弗朗索瓦一世和路易十四的继承人的代表，我有过一个法国国王的梦想。

没有对我进行任何检查，我对君主的权利也无任何的反感。当君王们不再承认王权时，我还承认了一个年轻君主的权利。海关和护照的粗俗和现代特征与暴风雨、哥特式的门、小号声以及激流声形成了鲜明对比。

---

① 笔误，原为啃食声。

没能见到我准备解救的被压迫的城堡女主人，而在出城时，我见到了一位年迈的好人；他问我要六个克莱泽。他用左手将一个灯笼举至与他的灰白的头平齐，向坐在位子上的施瓦兹伸出右手，张开的口活像被鱼钩钩住的白斑狗鱼的嘴；因淋湿了一身而生病的巴蒂斯特也忍俊不禁。

我刚刚穿过的这条激流是什么河？我问车夫。他对我吼道："多瑙河。"我又跨越了一条著名的河流而浑然不知，就像我上了玫瑰月桂欧罗塔斯床而不知晓！我饮过梅查色贝河、艾利坦河、台伯河、塞非兹河、艾姆斯河、约旦河、尼罗河、贝蒂斯河、特茹河、艾伯尔河、莱茵河、斯普雷河、塞纳河等这些默默无闻或驰名于世的河流的水啊！不为人知，它们没有给我一点它们的平和；声名显赫，它们也没有给我传达一点它们的光荣；它们仅能说他们看着我经过就像河岸看着水波经过一般。

在浏览了莫罗和波拿巴特的田园风景之后，五月十九日星期日清早，我到达了于尔姆。

亚森特，是荣誉勋位团成员，他佩戴着勋带：这种装束赢得了我们异常的尊敬。我的扣眼上只有一朵小花，人们知道我名字之前，依据我的装束，把我当作一个神秘人物，在开罗，我的穆鲁克骑兵①不管我愿意与否，把我想象为冒充博学之人的拿破仑的一位将军；他们一点也未放弃，并预计我不久就可以看到我将埃及放入我的囊中。

但是，正是那些我烧毁了他们的村庄并掠夺了他们的粮食的人们怀有这种感情。我享受了这种光荣；但如果在德国我们只做一些好事，我们在那里还会这样后悔吗？无法解释的人性！

战祸已被遗忘；我们在占领地上留下了生命之火。行进中的这群迟

---
① 古代埃及苏丹卫队兵士。

缓的人仍继续激昂，因为人们在此已开始融洽。今天我发现人们背着包在守夜，他们准备出发，好像在等着我们作为队伍的排头兵。法国人总是被当作传达行进命令的副官。

于尔姆是一个小城，没有特别的地方，毁坏的城墙成了菜园和散步的场所，所有的城墙都是如此。它们的命运与军人们的命运有些相似：战士们年轻时拿着武器，残废之后便成了园丁。

我去看了大教堂，这是一个哥特式的高尖顶大厅，底边分成两个狭窄的拱顶，仅由一排柱子支撑着。使得内部建筑既像一个大教堂也像一个大会堂。

教坛的帷盖上有一个精致的钟，尖尖的就像一顶主教帽；钟的内部有一个中心，一个石头的带有水泥图案的螺旋拱顶绕其旋转。一些穿透出来的对称的针好像是为了支撑一些大蜡烛。当主教在节日布讲传道时，这些蜡烛照亮着他的三重冠。我没有看到教士们的司仪，却见到了一些在花岗岩的叶饰上跳跃着的小鸟：它们在庆贺第五个创造日赋予它们声音和翅膀的上帝的话语。

中殿空荡荡的，教堂祭台周围有一些小伙和姑娘分成两群在聆听教诲。

宗教改革（我已经说过）错误地渗透到天主教的建筑物中，在这点上它是卑微可耻的。这些高的柱廊需要众多的神职人员。豪华的仪式、圣歌、油画、装饰物、丝绸的帷幕、打褶帷幔、花边、金银、祭坛的灯、花和香火。耶稣教柱讲了它回归了原始的基督教，这些哥特式的教堂说明它已背叛自己的祖先：这些耶稣教徒，这些奇迹的设计师们，是和路得和加尔文的后代不同的人。

一八三三年五月十九日

布莱尼姆——路易十四——海西森林——野蛮人——多瑙河源头

五月十九日中午，我离开了于尔姆。在蒂兰根，因为马匹缺乏，我在大街上逛了一个小时，作为消遣我看着筑在烟囱上的鹳巢，好似雅典的尖塔：很多麻雀无礼地将它们的巢建在安详的"长颈皇后"寝宫里。鹳的下面，住在二楼的一位妇人，在半卷的百叶窗的阴影中注视着行人；这位妇人的下面是一个放在壁龛中的木制圣徒。圣徒将匆忙地从壁龛走向大街，妇人从窗边走向坟墓：那么鹳呢？她将飞走：这三层楼便将如此完结。

在蒂兰根和多挪维慈之间，我们穿过了布莱尼姆战场。莫罗军队的脚步丝毫也未能抹去路易十四军队的脚印。在这方土地，伟大国王的失败胜过伟大皇帝的成功。

为我驾车的马车夫是布莱尼姆人，驶近他住的村庄时，他吹响了小号：也许他在告诉他喜爱的农女他打这儿经过；她会在田地间喜不自禁，而在这田野里，法国二十七个营和十二个骑兵连成了俘虏。纳瓦尔军团，我曾有幸穿过这个军团的制服，在凄凉的号角声中埋葬了它的军旗；这里是世纪更替的共同之所。一七九三年共和国从莱尼姆大教堂拿走了一七〇四年君主制时拔掉的旗帜，它为王国复仇并牺牲了国王，它砍掉了路易十六的脑袋，但仅仅只是让法国撕掉白旗。

一直到被拿破仑胜利的湍流冲饰成的沟底去找寻记忆，没有什么比这更能感受到路易十四的伟大的了。这位君王的东征西讨给我们国家留下了保存至今的国境线，布里埃内的学生，他合法地挥着一柄剑，将欧洲一段时间监禁在他的前厅；但欧洲从中走了出来：亨利四世的孙子将这同一个欧洲置于法国的脚下：欧洲仍保留着。这并不意味着我将拿破仑和路易十四做比较,他们有着不同的命运,分属不同的时代和不同的民族:一个结束了一个世纪,另一个开辟了一个天地。我们可以用蒙田评论恺撒的一句话来说拿破仑:"我原谅胜利没有能够摆脱他。"

我和佩尔迪埃一起看到的布莱尼姆城堡的不相称的墙毯,表现了塔拉尔元帅向马尔博鲁公爵脱帽献媚。塔拉尔仍然是老勇士的红人,他曾在伦敦被监禁,在安娜女王心目中,他击败了曾经在布莱尼姆战胜过他的马尔博鲁而成为法国科学院院士[①],按照圣西门所说的:"这是一个中等身材,眼中略带嫉妒,目光炯炯,充满狡黠的人,却因其野心而不断被魔鬼击败。"

我在马车上写历史:为什么不?恺撒在轿子上做得很好;如果他赢得了他所写的那些战斗,那么我也没有输掉我所说的那些战斗。

从蒂兰根到多挪维慈是一块富饶的平原,高低不平,麦田和草地错杂其间。随着道路和河流的蜿蜒曲折,我们离多瑙河忽远忽近。在这个高度,多瑙河水像台伯河水一样,仍然呈黄色。

您刚走出村庄,便会看到另一个村庄;这些村庄洁净而怡人,房子的墙上通常有一些壁画。随着我们走近奥地利,一些意大利的特征呈现出来:多瑙河的居民不再是多瑙河的农民。

> 他的下巴畜着浓密的胡子:
> 全身毛茸茸的
> 像一头熊,但却是一个野蛮人[②]。

但是这里却缺少意大利的天空:太阳低而且白;种植异常稠密的小镇不同于罗马尼亚的那些其中孕育着艺术代表作的小镇,人们耕种着土

---

① 塔拉尔(Tallart)不是法兰西学院院士,而是科学院院士。
② 引自拉封丹的《多瑙河的农民》。

地，而这种耕作，像一株麦穗，产生出古代凿子的某种奇迹。

在多挪维慈，我后悔到得太晚而未能欣赏到多瑙河的一个美景。二十一日，星期一，还是同样的景象，但土地显得比较贫瘠，而农民也显得比较贫困。我们开始看到一些枞树林和小山丘。海西森林绵延至此。普林给我们做了独特描述的树木经过几代人的砍伐，现在已和百年橡树一起被埋葬了。

当特拉让在多瑙河上架起一座桥时，意大利人第一次听到了对于古老的世界如此不祥的名字：哥特人的这个名字。无数的野人打通了这条路并洗劫了罗马。匈奴人和雅典人在莱茵河畔，像台伯河的敌人一样，对照戈利瑟建起了他们的木质宫殿。阿拉尼克的游牧部落于三七六年跨越了多瑙河，推翻了文明的希腊帝国，一八二八年，俄罗斯人在同样的地方越过多瑙河，企图推翻建立在希腊废墟之上的野蛮帝国。特拉姜猜得到有朝一日，在阿尔卑斯山脉的另一侧，在他几乎已发现的河流流域，将建立起一种新的文明吗？诞生在黑色丛林中的多瑙河，它也将死于黑色的海洋，它的主源头藏匿于何处？在一个德国男爵的院子里，男爵雇佣着女河神为他洗衣服。一位地理学家竟敢否认这件事实，于是这位贵族所有者对他进行起诉。判决结果为多瑙河的源头是在这位男爵的院子里，而不可能是在别处。以普多雷梅的谬误达到这个重要的真理需要多少个世纪啊！塔西佗山将多瑙河从阿伯罗巴山上引下山，但是科门德斯契、奴斯科、马罗曼和加德的男爵们是罗马的历史学家依附的官员，也没有像我们的德国男爵那样精明。当我让欧多尔去伊斯泰河的出海口时，他不知道这么多，在那里，按照拉西勒所说，欧辛应在两天里背负着米特里达特度过伊斯泰河？走向它的出海口，我发现一座石坟，上面生长着一株月桂，我拔掉那些盖住了一些拉丁字母的杂草便立刻看到了一位不幸诗人的哀歌的第一句：

>我的书,你将去罗马,你去罗马没有我的陪伴。①

多瑙河,在失去孤独中,看到了那些与社会不可分的灾难在它的两岸发生:鼠疫、饥饿、火灾,城市洗劫,战争以及因人类的激情或错误而不断产生的分歧②。

>我们已经看到了变幻无常的多瑙河,
>它有时是天主教的,有时又是耶稣教的,
>用它的波浪服侍着罗马和路德,
>它在罗马人和路德教徒的后面无足轻重,
>它完成了它的流浪旅程,
>甚至还不是基督徒。③

一八三三年五月十九日

雷根思堡——皇帝工厂——离法国越远,社会活力也越弱——德国人的宗教情感

过了多挪维慈之后,便是伯克汉和纽布尔。在英戈尔斯塔特吃中饭

---

① 奥维德(Ovide)《哀歌集》的开头一句。
② 奥维德《哀歌集》的开头。
③ 引自雷格尼尔·德斯马雷(Régnier-Desmarais)神父(一六三二——七一三)《慕尼黑之旅》诗选。

的时候，人们给我端上了狗子肉：吃这种可爱的动物是非常痛心的。每次读到一四六六年约克大主教乔治·雷维尔就职庆祝日的叙述时，我总是感到恶心：人们烤了四百只天鹅，合唱着它们的葬歌！这顿饭中是否也有两百零四只麻鸦，我相信会有！

经由多挪维慈到达雷根斯堡①，我们称之为雷根思堡，是因为这里风光秀丽。二十一日，我在驿站的旅馆前停住时，时钟敲了两下。人们在套车，这在德国做起来总是要很长时间，我走近邻近一个名叫"古教堂"的小教堂，这是一个粉刷一新并刷成金色的教堂。八个头发花白，身着黑袍的老教士在做晚祷；在第瓦里我曾在一个小教堂中为一个在我身旁做祷告的人做过祈祷；在迦太基的一艘供水船中，我曾给圣路易许过愿，他死在离乌提卡不远处。比加图更达观、比汉尼拔更真诚，比埃涅阿斯更虔诚：在雷根思堡的小教堂，我想向上天推荐我来找寻的年轻国王；但我过于害怕因要求王位而激起上帝的愤怒；我祈求所有仁慈的分发者赐予这个孤儿以幸福，并让他蔑视权力。

我从古教堂跑到大教堂。这个大教堂比于尔姆的那个小一些，便更具宗教意境，风光也更美。它的彩色玻璃窗用这种适宜的模糊引人遐思。那白色的小教堂更符合我对于无辜的亨利的祝愿，这阴暗的大教堂使得我为老国王查理而激动不已。

至于我无关紧要的旅馆，人们以前在其中推举过皇帝。至少可以证明曾有过一些选举的君王，甚至是一些人们审判过的君王。查理大帝遗训第十八条写道："如果我们子孙中的某个（出生的或将出生的）被指控，命令人们不要将他们的头剃光，不要把他们的眼睛弄瞎，不要砍下他们的四肢，或者未经很好地辩论和检察，不要将他们判处死刑。"我不知道哪一个曾在位的德国皇帝仅仅要求他们喜爱的葡萄钉子王权。

---

① 雷根思堡的德文名称。

在雷根思堡这个以前的君主工厂，人们常以卑劣名义用皇帝们来捞钱，这种买卖已经垮掉了。波拿巴的一场战斗以及普里马王子，我们万能宪兵的谄媚者，未能使这座濒死的小城复活。雷根斯市民，像巴黎一样打扮的怪客，没有任何外貌特征。这座城市，由于缺少众多的居民而显得忧郁；杂草和蓟包围着郊区，它们立刻就会向城堡主楼举起它们的军帽羽饰和长矛，科普勒像哥白尼那样让地球转动，永远长眠在雷根思堡。

我们经由布拉格公路大桥出城，这是一座吹得很响却非常难看的大桥，离开多瑙河盆地的时候，我们爬上了陡坡。克勒第一个驿站，位于一个陡峭的山坡上，在这个山坡的顶上，透过带有水分的云层，我发现了一些黯淡的小山和一些灰白的山谷。农民的面貌有所改变，小孩面黄浮肿，一副病态的样子。

从克勒一直到沃尔德门澄，贫困景象越来越明显。我们几乎看不到小村庄；一些圆枞木盖起的茅屋和地面的泥泞混作一团，如同在阿尔卑斯山脉贫瘠的山口处。

法国是欧洲的心脏，随着我们离法国越来越远，社会的活力也逐渐减弱。以我们经过的地方和萧条程度，我们可以判定距巴黎的距离。在西班牙和意大利，活力的减弱和死亡的增加不怎么明显：在前者，您见到的是另外一种人，另外一个世界，是一些信奉基督的阿拉伯人，后者迷人的气候和艺术，爱情和古迹的魔力会使您无暇感到压抑。但在英国，尽管物质世界很完善，在德国尽管人民具有美德，但人们仍感到沉闷。在奥地利和俄国，军事压迫凌驾于您的思想之上，就像您的头顶是一片没有阳光的天空：我不知道怎样来警告您，您既不能写，不能说，也不能独立地思考；必须以您的存在除去所有高尚的东西，只留下懒惰这个人的机能中最基本的因素，如同是神的一个毫无用处的赠予。自然的艺术和美不会来消磨您的时间，您只能沉溺在一种粗俗放荡中或沉醉于德国人感到满足的纯理论和事情中。对于一个法国人，至少对我而言，这种生存方式是不可能的，没有尊严，我不能理解生活，即便是有自由、荣誉和青春的各种诱惑，我甚至仍难以理解。

但是德国人有一件事吸引着我，那便是宗教情感。如果我不是太疲倦的话，我就会离开我在这篇日记中所写的米特挪旅馆，我就会和这些被钟声召唤去教堂的男女老幼一起去做晚祷。这群人看到我跪在他们中间，他们便会按照具有共同信仰的同一方式来接待我。哲人们在他们的殿堂里为一个远道而来的哲人祈福。并和这位陌生人一起向所有哲人心目中不一致的上帝做着一个类似的祷告，这一天什么时候才会到来？神父的念珠更加肯定，我坚持这一点。

一八三三年五月二十日、二十一日

到达沃尔德门澄——奥地利海关——被拒绝进入波希米亚——逗留在沃尔德门澄——致舒特克伯爵的信——担忧——盘缠

我于五月二十一日星期二早晨，到达沃尔德门澄，这是波希米亚一侧的巴伐利亚州的最后一个村庄。我庆幸我能很快地完成我的使命。我距布拉格仅二百公里之遥。我把脸沉到结冰的水中，用泉水洗漱一番，就像是一个准备隆重登场的大使，我出发上路，在距沃尔德门澄半古里之处，我充满信心地走向奥地利海关。一个低矮的栅栏挡住路，我和亚森特一起下来，他的红色勋带闪闪发光。一个年轻的关员，拿着一支长枪,将我们带到一幢房子的底层的拱形大厅。那里,一个又老又胖的德国头目像在法庭上一样坐在桌旁;他赤色的头发和胡须,粗粗的眉毛斜挂在两只半睐着浅绿色的眼睛上,一副凶相,维也纳警察局的密探和波希米亚走私犯的特点两者兼备。

他拿去我们的护照一言不发,当这头目检查护照时,那个年轻的关员,在他的面前好似在发抖,他怯懦地为我搬过来一张椅子。我没有坐,我去瞧着挂在墙上的手枪和放在房间角落里的一支马枪,马枪让我想起了戈兰特地峡的拉加射杀希腊农民使用过的枪[①]。五分钟沉寂之后,奥地利人叫出了两三个字,巴塞尔人是这样翻译的:"您不能过去。""怎么,我不能过去,这为什么?"

争辩开始了:

"您的特征没有标记在护照上。"

"我的护照是外交护照。"

"您的护照是旧的。"

"它没有一年期限,它在法律上仍有效。"

"护照没有在巴黎的奥地利使馆签证。"

"您弄错了,签了。"

"没有戳印。"

"大使馆忘了,您看看别的地方其他外国公使的签证。我刚经过了巴塞尔州,巴德大公国沃登伯革王国和整个巴伐利亚州人们没有找我一点麻烦。我说出我的名字,人们甚至不用打开我的护照。"

"您有什么特别的?"

"我曾经在法国当过大臣,是笃信基督的国王陛下的柏林、伦敦和罗马的大使。就私交而言我与你们的国王和梅特涅亲王都很熟。"

[①] 这个故事出于《旅行指南》。

"您不能过去。"

"您想要我交纳一笔罚款吗？您想叫人把我看管起来吗？"

"您不能过去。"

"如果我派一名信使去波希米亚政府呢？"

"随您便。"

我有点忍耐不住了，便开始拼命诅咒这位关员。作为在位国王的大使，耽搁几个小时无关紧要，但作为铁窗中的王妃大使，我感到这是对不幸的不忠，是对被囚禁的女王的背叛。

这个人在写着：巴塞尔人没有将我的自言自语翻译出来，但是有几句法语我们的士兵曾教过奥地利，并且它还没有忘记。我对翻译说："跟他解释一下我要到布拉格去向法国国王奉献我的忠诚。"关员没有中断书写回答说："查理十世对于奥地利来说不是法国国王。""对于我来说是。"我反驳道。这几句回敬凶恶的看守人的话好像起了一些作用，他从旁边偷偷地看着我。我相信他冗长的注释将最终给予顺利签证。他还在亚森特的护照上乱写了些什么，然后全部交给翻译。他的签证是说明不允许我继续旅行的理由，以至于我不但不能去布拉格，而且在其他地方我出示护照会给人以错误的印象。我重新登上马车，对车夫说："去沃尔德门澄。"

旅馆的主人对我的返回丝毫并不惊讶。他会讲一点法语，告诉我类似的事已发生过。一些外国人被迫在沃尔德门澄逗留，并将他们的护照寄往慕尼黑让奥地利公使馆签证。旅馆老板是一个很勇敢的人，他是驿站的站长，他负责向波希米亚的大公[①]递交这封信。

下面是该信的抄件：

---

① 舒特克（Choteck）伯爵代表奥地利皇帝统治波希米亚。

省长先生，

我个人很荣幸为奥地利国王陛下和梅特涅亲王殿下所熟识，我相信凭着一本没有一年期限的，仍有法律效用且已经奥地利驻巴黎大使签发去瑞士和意大利签证的护照能在奥地利旅行。事实上，伯爵先生，我已经过了德国，且我的名字优足以让我通过。唯独今天上午，奥地利阿塞尔巴契海关关长认为未经授权放行并在我随信寄上的这本护照及我的秘书皮罗日先生的护照上的签证中注明了理由。他迫使我很遗憾地退回到沃尔德门澄并在这儿等着您的命令。我希望公爵先生能解决阻碍我的这个小难题并通过我派去的信使寄给我去布拉格和从那里去维也纳的许可证明。

谨向您，省长先生致以崇高的敬意

您非常谦恭和顺从的仆人 夏多布里昂
一八三三年五月二十一日，于沃尔德门澄

请原谅，伯爵先生，我冒昧地附上一封给布拉加公爵的公开信。

我这封信流露出一点自傲，我被伤害，就像西塞龙一样感到屈辱，当他从他的亚洲政府凯旋时，他的朋友问他是从巴衣尔还是从特斯卡勒姆[①]的家中来："怎么，我的名字传遍了四方，难道哈塞尔巴赫山区的一个海关关员竟没有听说过！"这件事因为人们看到了我在巴塞尔的成功而更显残酷。

在巴伐利亚，殿下和大臣都曾向我问好，在沃尔德门澄，一个巴伐利亚官员在旅馆高声说道，就我的名字而言，就没有必要要奥地利大使

[①] 这是他政治生涯的开始，因为他以西西里任职回来，他恼火地看到他的同胞一点也不了解他。

签证。我承认这话使我感到很慰藉。但最终存在一个令人不快的事实,那就是在地球上还有一个人未听说过我的名字。

但是谁知道哈塞尔巴赫的这位海关关员是否知道我一丁点!各国的警察部门是如此的亲密默契!一个既不认可、也不赞成维也纳条约的政治家,一个热爱法国的荣誉和自由、仍忠于这个衰落强国的法国人,也许应该在维也纳受到查禁。对待夏多布里昂先生,就像对待一个有间谍嫌疑的旅行推销员,这是多么体面的报复!作为一个负责向被放逐的孩子偷偷地传达他的被囚禁的母亲的诀别的使者,只要能被当作一个证件不合规定的流浪汉,便感到万分庆幸了!

信使于二十一日上午十一时从沃尔德门澄出发:我估计后天(二十三日)中午至下午四点间便应返回;但我深感不安,我捎去的信会怎样?如果省长是一个果断且懂得处世的人,他就会给我寄来许可证明,如果他是一个怯懦和不明智的人,他便会答复说我的要求不在他的职权范围之内,他须立刻向维也纳请示。这件小事会使梅特涅亲王既感到高兴和又感到不悦。我知道他是多么害怕报纸;我见过他在维罗纳放下那些最重要的事情,发狂似的闭门谢客和德根兹先生①一道为《宪法》和《辩论报》撰文作答。在帝国部长的命令下达之前,多少的时光又将流逝。

另一方面,布拉加先生在布拉格会轻易会见我吗?德达马斯先生不会以为我是来取代他吧?拉蒂尔红衣主教先生一点也不担心?他们三位②不会利用这个不幸而将我拒之门外?没有比这更轻松的事,向总督说一句话,一句我一生都将不明白的话。我在巴黎的朋友们会怎样的担心?当这个冒险传开时,消息灵通者又怎么能只字不提?一些流言又怎

---

① 德根兹(de Gentz)德国外交官(一七六四——八三二)二十年时间内是梅特涅的亲密合作者。
② 夏多布里昂提到的这三个人是围绕查理十世和波尔多公爵身旁的嫉妒者。

173

么不四散传播呢?

如果总督大人不给我答复呢?如果他不在?如果没有人敢代替他?没有护照我将变成什么?去什么地方我才能得到承认?在慕尼黑?在维也纳?哪个驿站长会给我马匹?在沃尔德门澄我事实上将如陷牢笼。

这便是萦绕在我脑海中的烦恼和痛苦①;我还想到了我已青春远逝:我有生之日太短暂,再不能浪费一丁点。贺拉斯说过:"要好好儿地抓住时光。"这是对二十岁的人的忠告,也是对我这把年纪理智的建议。

我的脑海中反复思考着各种情况②,感到倦怠时,我听到外面人群的喧哗声,我的旅馆位于村子的广场上。通过窗户我看到一个神父在给一个临终的人举行最后的圣礼。国王们,他的仆从们和世人的事情与这个垂死的人有什么关系?每个人都放下手中的活跟随着神父,年轻的女人、年迈的老妪、孩子们以及怀抱着吮奶婴儿的母亲们,重复做着临终祷告,来到死者门口时,神父给临终圣体举行了降福仪式。参加的人开始跪下来,画着十字,低下了头。永恒的护照丝毫也不能被分发面包的人和乡村旅馆中给客人开门的人所理解。

五月二十一日

---

① 烦恼和痛苦。塞纳涅(Sévigné)夫人常将此词用作此义。
② 拉封丹的寓言(《人和蛇》)。

小教堂——旅馆里我的房间——对沃尔德门澄的描述

尽管我七天未曾躺下，我仍不能待在房里，超过一个小时都不行，从雷根思堡一侧走出村庄，我看到了右边的麦田中一个白色的小教堂。我朝教堂走去。门关着，透过倾斜的窗，我看到一个有十字架的祭坛。这个教堂的建造时间是一八三〇年，在下楣上写着："人们在巴黎推翻了一个君主制而在沃尔德门澄建立了一个小教堂。"三代被流放的人应来住在距离受难国王新的高高的避难所五十古里远的流放地。成千上万的事件同时发生：在台伯河河岸倒在短刀下的白人，对于同一时刻睡在尼日尔河畔棕榈树下的黑人做了些什么呢？那些在欧洲欢笑的人对于那些在亚洲哭泣的人做了什么呢？一八三〇年推翻圣日耳曼·奥塞尔，砍倒十字架的人对于建造这座小教堂的泥瓦工、一八三〇年颂扬这个基督的巴伐利亚的神父又做过些什么呢？仅仅是对于那些受难或获益的人，事件才显得重要，而对于那些不知晓或未曾涉及的人，它们无关紧要。在阿尔布鲁孜山上有这样一群牧人，他们未曾下山，而看到过迦太基人、罗马人及哥特人等中世纪的几代人及现代人经过。这群人丝毫也未融入山谷中的不断更替的居民中间，而仅仅是宗教深入到了他们的心中。

回到旅馆，我便躺倒在两张椅子上想睡一会儿，但无法成眠。想象中的冲动比疲倦更强烈。我反复不停地念叨① 着我的信使：晚饭时仍杳无音讯。在从田野放牧归来的家畜的嘈杂声中我躺了下来。十点钟，又传来另一种声音，守夜人在报时，五十只狗在吠叫，然后，这些狗回到了窝里，似乎是守夜人命令它们闭嘴，我感受到德国的纪律性。

从我到柏林旅行时起，日耳曼便开始了文明进程：现在床的长度对

---

① 对自己不停地说起我的信使。

于一个普通身材的人几乎足够了,但上面的被单总是与被子缝在一起,下面的床单太窄,扭曲、蜷缩在一起,让人感到很不舒适,既然我是在奥古斯特·拉方丹①的家乡,我便要模仿他的才能,我想把我这段时间在沃尔德门澄所住的旅馆房间的情况告诉我的子孙后代。要知道,子孙们,这是一间意大利风格的房间,光秃秃的墙刷成白色,没有一块护壁板和壁毯,底部是宽宽的墙脚板或着色的层间腰线;房顶是一个三张网状的圆环,檐板画成带有暗褐色月桂饰的蓝色玫瑰花饰,檐板下面的墙上,是一些美洲绿底带有红色图案的叶饰。四处有一些带框的法国和意大利小木刻。两个带有白色棉布窗帘的窗户,它们之间是一面镜子。在房间的中央,一张至少可以容纳十二人的桌子,桌上盖有高垂的带有玫瑰花及各种样式印花的漆布。六张带有垫子的椅子,垫子上盖有苏格兰方格红布。围绕着房间是一个衣柜和三张床;门旁一角,一个黑陶的炉子,其表面雕刻着巴伐利亚的武器图案,炉子上是一个哥特式皇冠形的容器。房门带有一种铁制的复杂机关,这种机关能锁住牢狱的门并且有防止情人和小偷的开锁钩。我为旅行者介绍了这间我开出了足可与《悭吝人》②相媲美的清单的绝好房间,我向可能会遭到哈塞尔巴赫的红色野山羊③的继承者阻拦的未来的正统主义者推荐这间房子。我《回忆录》的这一页将会让现代文学派人士④感到高兴。

在同我一样风烛残年的微光下,我数着天花板的半圆环饰,望着雕刻的年轻的米兰姑娘,美丽的瑞士女人,年轻的法国女人,年轻的俄罗斯女人,已故的巴伐利亚国王及已故的巴伐利亚王后,——王后很像我

---

① 奥古斯特·拉方丹(Auguste Lafontaine,一七五六——八三一),德国小说家,出生于法国难民家庭,他的描写细腻。
② 与《悭吝人》的清单对比。
③ 奥地利哈塞尔巴赫海关头目,赤色头发和赤色的胡须。"野山羊":可能是因为他住在山区后来又称之为"哈塞尔巴赫的狼"。
④ 夏多布里昂指责浪漫主义为"实践学校"过分地注重外部细节。

认识的一个女人，我已记不起她的名字了，——终于我睡着了一会儿。

二十二日我七点起床，洗了一个澡，驱走了剩下的疲倦。这个小山镇让我情有独钟，如同库克船长被他在太平洋上发现的小岛所深深吸引。

沃尔德门澄建在一个山坡上，很像是一个破败不堪的罗马帝国村庄。几所房屋的正面有壁画，主街的进出口有一张拱形的门，广场上是一些显眼的小店和一眼干涸的喷水池。夹杂着大石板和小砾石的可怕的街道，看到如此一般的路面，只有坎倍戈朗坦①能在上面行走。

人们外表朴素，服装一点也不特别。女人们露着头，有的如巴黎卖牛奶的女人一样用手帕包裹着头，她们的衬裙很短，像孩子们一样光着脚和腿走路。男人的穿着有的像城里人一样，有的像从前的农民。他们一个个很像是个神，只是戴着帽子，而我们市民丑陋的棉软帽对他们是陌生的。

根据习俗②每天在沃尔德门澄有演出，我在头等座位上观看了演出。早上六点，一个高而瘦的老牧人，在村庄各处转一圈：他吹着一个六尺长的直喇叭，人们远远地把它当作传音筒或哨子。开始他吹出三种和谐的金属声音，然后让人们听到奔马或瑞士牧歌一类急促的曲调，模仿牛哞哞叫和猪的号叫。铜管乐在一种假声的持续和上升的调子中结束。

突然，母牛、小牝牛、小牛犊、牝牛和公牛从各家各户一拥而出；有的吼叫着走进村庄的广场；有的从附近的街道沿着习惯的路去吃草；一群像野猪且呼噜作声的猪蹦跳着跟在后面。位于最后的山羊和羊羔咩咩叫着组成了协奏曲的第三部分；鹅群则显得比较持重；忽然间，所有这些景象消失得无影无踪。

晚上七点，又听到了号声，这是家畜群放牧归来了。畜群的顺序改

---

① 拉封丹寓言《陷入泥潭的赶车人》中的人物。
② 根据习俗，或根据定下的习惯。

变了，猪成了前卫，还是同样的音乐；有几个作为侦察兵，随意跑动或到处停留。羊群纵列行进；母牛和它们的儿女、丈夫一起殿后。鹅两边摇晃着。所有的家畜都回到了家，没有一个走错了门。但是有几匹劣马在偷吃农作物，有几个在玩耍不想回栏的冒失家伙，还有几只年轻公牛固执地要与和它们不同栏的女伴待在一起。于是拿着小鞭的妇女和小孩走了过来，驱使掉队者赶上队伍，迫使反抗者服从规矩。这场演出让我很开心，如同以前在绍尼，亨利四世让一个名叫"大家"的牛倌用号声召集牛群取乐。

很多年以前，在诺曼底费法克城堡居斯蒂纳夫人家中，我住着亨利四世的房间；我的床很大，贝阿尔纳曾在此和某个弗洛莱特共眠，在这里我得到了君主主义，因为我未曾自然地拥有它。灌满水的壕沟围绕着城堡。从我的窗子可一直看到费法克小河畔的草地。草地上，一天早上我看到一头白得出奇的漂亮的母猪，它好像是马尔卡散王子的母亲。它躺在柳树脚下鲜草地上的露水之中，一头年轻的公猪采集了一些纤细的苔藓，用牙咬成齿状，将它们盖在嗜睡的母猪身上；它多次重复着这个动作，直到母猪被完全盖住为止，它被埋在青青绿叶中，人们只看到黑色的蹄子从中伸出来。

这是在为名声不好的动物作辩护，而我过多地谈起它便会感到羞惭，如果荷马未曾歌唱过它的话。事实上我发现我的《回忆录》的这一部分不完全是一种奇遇：沃尔德门澄是衣塔克；牧人是忠实的欧迈俄斯和他的猪，我是拉埃尔特斯[①]的儿子，在游览了大地和海洋后回来了。我也许应更好地沉醉于欧安特斯[②]的玉液琼浆，品尝魔草[③]枯竭的花，在罗多发杰的国度疲惫衰弱下去，待在西尔塞的家中或听从美人鱼歌声的

[①] 即尤利西斯(Ulysse)的父亲。
[②] 即阿波罗祭司马戎之父。
[③] 这种植物可防止魔法(《奥德赛》)。

诱惑:《靠近些,到我们这里来》。

一八三三年五月二十一日

如果我还是二十岁,我就会在沃尔德门澄寻找一些奇遇以打发时间;但在我这种年龄,不再有丝绳梯①,它只是作为一种回忆,而且也仅仅是影子攀越围墙。以前我非常注重身体,提醒自己生活要有节制,以便在四十多年后显得十分强健和精力充沛。我的身体愚弄了我灵魂的誓言,它固执地寻欢作乐,从不愿花一个子儿做一天"保养得很好的人":"见鬼去吧!"它说,"我的青春年华是用来享受生活的快乐,如果没有人愿意和我分享这些快乐,我这么吝啬它又能得到什么呢?"于是它摆脱了头脑而自享其乐。

因此我被迫拥有这样一个身体。二十二日我到村子的东南边去散步。我们沿着莫利尔之间一条推动几个工场动作的小河走着。沃尔德门澄出产布匹,一幅幅布摊开在草地上,一些年轻的姑娘将布浸湿,光着脚在空地上跑着,用洒水壶洒水,就如同园丁在浇灌花坛里的花。沿着小溪,我想起了我的朋友们,想起他们,我很感动,然后,我猜想他们在巴黎会这样说起我:"他到了吗?他见到国王一家吗?他马上回来吗?"我考虑是否可以不派亚森特去找寻新鲜黄油和黑面包,而只在桤木树下的泉边吃一点水芹。我对生活没有很大的奢望:为什么命运将我与国王们紧紧连在一起呢?

回到村里,我打教堂旁经过,两个神龛与围墙相连,其中一个显得是被缚的圣皮埃尔及一个给囚犯的布施箱,为了纪念佩里戈②的监狱及

---

① 闲心。
② 西尔维奥·佩里戈(Silvio Pellico,一七八九——一八五四),意大利作家,他曾坐牢九年。

警察局的禁闭室,我放了几个克莱泽①。另外一个神龛表现的则是橄榄树花园的景色,景色是如此的超凡动人和雄伟壮丽,以致这里怪诞的人们也没有将它毁掉。

我匆忙吃过晚饭,跑着去做晚祷,我听到了晚祷的钟声。在教堂狭窄街道的拐角处,远处的小山顿时跃入我的眼帘:天边还显露着一点点微光,这一线即将消失的亮光来自法国那边。一股深沉的情感使人心碎,我此去朝圣何时才能完成?当我从亲王的军队返回穿过日耳曼大地时,我甚是很凄惨的;当我作为路易十八的大使出使柏林时,我得意扬扬;好多年以后,我又偷偷潜入同一个德国来寻找被再次放逐的法国国王。

我走进教堂:里面一片漆黑,甚至没有点一盏灯。穿过黑夜,在哥特式的凹陷中,我只是通过殿堂浓重的黑暗才分辨出它。墙壁、祭坛、柱子都好像带有装饰和蒙上黑纱的画;中殿整齐地贴满了一些结婚预告。

一个老年妇女用德语大声讲天主经,一些我看不见的年轻和年老的女人念着圣母经回应着。这个老妇发音清楚、声音纯净、语调低沉、哀婉动人,她离我有两条长凳距离,当她每次念到"基督"这个词时,她都会在天主经中加进某些祷告,低头在黑暗中深深地鞠躬。诵经过后接下来是对圣母的连祷,这些看不见的祷告者用德语单调地念着:Les ora pronobis 在我耳旁响起,就像重复着"希望、希望、希望!"这个词。我们混杂着走出教堂;我带着希望去睡觉,很久以来我没有将希望紧揽入怀中,但它一点也没有老,尽管它有不忠,但人们总是热爱它。

按照塔西佗的说法,日耳曼人相信晚上比白天更古老,对于他们来说,是黑夜带来了白昼。但我相信黑夜是年轻的而白昼是永恒的。诗人们也对我们说过,睡眠是死亡的兄弟:我不知道,但可以肯定,衰老是

---

① 日耳曼帝国货币名。

死亡最近的亲戚。

一八三三年五月二十二日

二十三日早晨，老天爷给我在痛苦中带来了一些甜蜜：巴蒂斯特告诉我，当地有一位要人，是啤酒酿造商，他有三个女儿，在他的小壶之间摆放着我的作品。当我出去时，这位先生和他的两个女儿看着我经过：第三位小姐在干吗？以前，我收到过从秘鲁寄来的一位夫人的亲笔信，他是太阳的表妹，很欣赏《阿达拉》，但在沃尔德门澄为哈塞尔巴赫的狼胡子所知晓，这是一件天大的荣幸事，在巴伐利亚，在距奥地利一古里之处，确实发生过人们轻视我的事情。这次波希米亚的远行，要是仅仅按照我自己的意愿，那会怎样呢（但在波希米亚我为自己会做些什么呢）？在边境受阻，我就会回转巴黎。有一个人精心策划了他的北京之行，他的一位朋友在巴黎的"王室大桥"上看到了他："怎么，我听说您到中国去了？""我回来了，那些中国人在当地给我制造了很多麻烦，我把他们丢在那儿了。"

在巴蒂斯特给我讲述我的成就时，一阵出葬的钟声将我吸引到窗户前。神父走在十字架前，一些男人和女人拥来，男人们身着大衣，女人们穿着裙子和戴着黑色修女帽。尸体从我旁边第三家抬走，送至公墓：半小时后，送葬的人们回来了，只是少了被葬者。两个年轻女人用手帕捂着眼睛，其中一个在哭喊，她们在哭她们的爸爸，死者就是我到达那天接受临终祝福的那个人。

当我自己已不在人世时，如果我的《回忆录》能流传到沃尔德门澄，今天举哀的这家人将在《回忆录》中找到已逝去的伤心日子。深卧床中，垂死者也许听到了我马车的声音，这也是他在世唯一能听到的我的声音。

人群散去，我走上了殡葬人群走向的往东的寒冷的路。我首先看到一个死水养鱼池,一条小溪在它的旁边急速地流着,如同坟墓旁的生命。小丘背面的十字架标明这是一个坟墓。我爬上一条凹陷的路,通过一堵墙的缺口,进入神圣的场所。

一些土堆代表着地下的一些尸体,到处都竖着一些十字架:它们为旅行的人标出了进入新世界的出路,就好像一条河流出海口处的航标为船只指明开放的航道。一个可怜的老人在为一个孩子掘着坟墓,独自一人,流着汗,光着头,他没有唱,也没有像哈姆雷特的小丑一样寻开心,更远处是另一个墓穴,在它的旁边可以看到一条矮凳,十根杆子和一根绳子,一直通往永恒。

我走近这个墓穴,它似乎对我说:"这是一个好机会!"一具盖着几铲灰尘的棺材卧在坑底,在等着余下的尘土。一块白布铺在草地上:死者很关心他们的裹尸布。

远离基督的国度,基督徒总有办法迅速地赶到这里,这便是围绕着教堂参观人类的最后一个避难所:坟墓是家园,宗教是共同的祖国。

我返回时已是中午,据各种推算,信使不可能在三点前回来,但每一次马蹄声都让我跑到窗前:随着时间的临近,我相信许可证不会来了。

为了打发时间,我要来了我花费的记账单,我估算我吃过的鸡肉,比我更伟大的人也没有鄙视这种细心。最负盛名的亨利·都铎,把混杂在一起的白玫瑰与红玫瑰清开来,就像我把白色花结与三色花结连在一起一样。我看过亨利七世一张张地签署账单:"三只苹果,给一个女人十二个苏,发现了三只兔子,给六个先令八个苏,给贝尔纳教师,盲人诗人一百先令(这比荷马要强);给小矮人,在沙弗特斯伯格,二十先令。"我们今天有很多的小人,但他们所值都超出了二十先令。

三点钟,是信使该回来的时候了,我和亚森特来到哈塞尔巴赫大路上。刮着风,天上飘着一些云,它们掠过太阳,将阴影投向田野和枞林。村子中的一群牲畜走在我的前面,行进中,它们扬起了曾经英勇地被英国骑士击败的契罗西大公军队扬起过的高高的尘土。一个耶稣十字架耸立在道路登高处的顶上，从那里可以看到一条长长的车行道。坐在一条沟谷中，我问亚森特："安娜修女，你没有看到什么过来吗？"远远地看到村子里的几辆小车让我们心跳；近前，才发现这些小车是空的，如同载着幻想。我只得回到住所满腹忧愁地吃晚饭。终于抓住了一根救命稻草：驿车会在六时经过，它不会带来总督的回信吗？六点响过，没有驿车的影子。六点一刻，巴蒂斯特走进我房间："布拉格的平信刚到，没有先生的任何东西。"最后一线希望破灭了。

一八三三年五月二十三日

舒特克伯爵的信——农女——从沃尔德门澄出发——奥地利海关——进入波希米亚——松林——与月亮对话——比尔森——北方大道——布拉格一瞥

巴蒂斯特刚从我房间出去，施瓦兹手里摇晃着一个盖有大印戳的信。他喊道："这就是许可证。"我跳起来扑向这份急件，我拆开信封，里面有一封总督的信、许可证和布拉加先生的一张短笺。下面便是舒特克伯爵的信：

子爵先生：

对于在进入波希米亚时给您的旅行造成的麻烦和耽搁我感到非常气愤。但是鉴于边境上对于所有从法国来的旅行者都有非常严格的命令，在目前情况下，您自己也会觉得这种命令是很自然的，我只能同意哈塞尔巴赫海关关长的做法。尽管您的名字享誉整个欧洲，还请您原谅这个未曾有幸知道您的职员，因而对您的身份有所怀疑，更因您的护照只有去伦巴第而没有去奥地利州的签证。至于您到维也纳的旅行计划，我今天已给梅特涅亲王写了信，您一到布拉格，我便会马上向您通报他的答复。

我荣幸地随信寄上布拉加公爵的答复，并请接受我崇高的敬意。

舒特克伯爵

一八三三年五月二十三日，于布拉格

这个答复礼貌而且恰到好处，总督不可能为我抛弃下面的官员，毕竟他是在履行自己的职责。在巴黎我曾经预见过我的旧护照可能会成为争辩的原因。至于到维也纳，我曾说过是出于政治的目的，是为了让舒特克伯爵放心并向他表示我不会躲着梅特涅亲王。

五月二十四日星期四晚上八点，我登上马车。谁会相信，我离开沃尔德门澄历尽这么多的磨难！我已习惯我的主人们，他们也已习惯我。我熟悉窗旁和门旁所有的面孔，当我散步时，他们友好地接待我。邻居们跑过来看我的如同于格卡贝君主制一般破旧的马车驶过。男人们脱下帽子，女人们则打手势向我致意。我的故事成为村子里聊天的话题；每个人都站在我这边：巴伐利亚人和奥地利人相互憎恨，前者为让我通过而感到骄傲。

我几次注意到在茅屋的门槛上，一个举止如拉斐尔的处女像的沃尔德门澄姑娘；她的父亲，一副老实的农民相，一直挥着宽边毡帽向我深深鞠躬致意。他用德语见我问好，我则用法语友好地回答他。他女儿站在他身后，从老人肩后满脸绯红地望着我。我又重见到这位姑娘，但她独身一人。我向她挥手道别；她一动不动，看上去很惊讶，我相信她心里有一种我不知道的隐秘的抱怨。我离开她就像人们离开在路边山谷上看到的一朵野花，它给您的旅途带来了芬芳。我经过了欧迈俄斯的羊群；他露出他的灰白的头看护着羊群；他已结束他的劳动，他和他的绵羊一起回去睡觉去了，但是，尤利西斯还在继续他的错误。

收到许可证前，我对自己说过："如果我得到了它，我将羞辱为难我的人。"到达哈塞尔巴赫，他对我，如同对待乔治·当旦[①]，我又生出该死的仁慈；对于这次胜利，我没有一点热情。我怯懦地蜷缩在马车一角，施瓦兹[②]出示了总督的命令；我对这位海关关员的混淆黑白感受太深。他在一旁，没有登上马车，甚至没有让检查车子。他非常地平静！但愿他能原谅我对他的辱骂，但是因为记恨于他，我也就没有从《回忆录》中删去这一段。

在离开巴伐利亚这一侧时，一片黑色而宽广的松树林在波希米亚形成了一个柱廊。山谷中弥漫着水汽，白昼在衰退，西边的天际呈现一片桃红色，地平线降到几乎挨着了大地。在这个纬度缺乏光亮，也因之缺乏生命力，一切都死气沉沉、无生气、变得苍白了。冬天似乎委托夏天替它保存着白霜直至来年冬天返回。一轮半遮半掩的月亮让我感到欣喜，并非一切都已消失，因为我发现了一个熟悉的面容，它好像对我说："怎么！你在这里？你记得在别处的森林中我见过你吗？你记得你年轻时对我说过的柔情的话语吗？确实，你没有讲过我太多的坏话。现在你为什么沉默不语？这么晚了，你独自一人去哪里？您不停地重操旧业吗？"

噢！月亮，你说得对。但是如果我曾说过你的魅力，你会知道你曾

[①] 这里夏多布里昂把莫里哀的乔治·当旦同拉辛的法官当旦搞混了。是后者在《诉讼人》中宣布判决时"被同情心所打动"。
[②] 夏多布里昂在波希米亚的翻译。

经给我的帮助；当我和我的爱情幻影一起散步时，你照亮着我的脚步；今天我的头脑和你的面容一样一片银白，而你却惊异地发现我一人独处！你对我不屑一顾，但我们在你的帐幕里度过了整整几夜。你敢否认我们在草地上和海边的约会吗？多少次你凝望着我充满激情地看着你的双眼！你忘恩负义又爱嘲笑人，你问我这么晚了去哪里？这样责备我日夜兼程太无情了。啊！如果我走过你那么多路，我不会像你每个月都回到摇篮的光环下而重焕青春。我没有新月，我生命的衰减一直要到彻底的结束，而当生命之火熄灭时，我将不会像你那样将火炬重新点燃！

我整夜都在赶路，我穿越了德尼兹、斯坦科和斯达布，二十五日早晨，我打比尔森经过，荷马风格的美丽兵营。这座城市带有笼罩着这个国家的忧伤气氛。在比尔森，渥伦斯坦希望抓住一根玉笏：我也正在寻找一个王冠，但并不是为我自己。

原野如刀切斧劈般高低不一，称之为波希米亚群山；山丘的顶端长着松树，农作物的绿色勾画着山的轮廓。

村庄稀少。一些关押着囚犯的断粮的堡垒耸立在岩石上像一些老秃鹫。从紫第兹到贝罗勒，右边的山峰变得光秃秃的。我们经过一个村庄，道路宽广，驿站齐备，这一切都显现出这是一个模仿古代法国的君主国。

菲利普德瓦卢瓦朝代的盲人让，路易十一时期的乔治大使，他们曾经过了哪些林间小道？德国的现代公路有什么用？路上渺无人烟，没有历史，没有艺术，也没有气候吸引外国人到他们寂寞的大道上来。对于贸易，公共道路如此宽广和如此昂贵的维护是白费的。陆地上最贵的运输，是印度和波斯的运输，它们是通过骡、驴和马驮着，通过刚刚开辟出的穿过山脉的沙漠地区的小道进行的。现在的大道，在那些运输并不频繁的国家，仅仅是为战争服务；这些路被用作新野蛮人的通道，他们从北方出来，伴随着庞大的军火列车，来淹没那些赋予智慧和阳光的地方。

在贝罗勒流淌着一条同名的小河，它就像所有好寻衅者一样讨厌。一七八四年，河水涨到了驿站旅馆墙上标记的高度，过了贝罗勒，几个峡谷绕过几座小山，一直向高原的入口处扩展过去。道路从这个高原沉入一个线条模糊的山谷，山腰上横立着一个村庄，从那里一条很长的山道通向德斯契尼克，那是此间最后一个驿站。我们马上下来，向着对面顶上竖着一个十字架的小山岗走去。在摩尔多瓦河的两岸，我们发现了布拉格。就是在这座城市里，圣路易的几个年长的儿子结束了他们的流亡生活，他们家族的继承人开始一种被流放的生活，而他的母亲则在他被驱逐的土地上的城堡中日渐憔悴。法国人！你们的祖先为其打开了圣殿大门的路易十六和玛丽-安托瓦内特的女儿，你们已将她派到了布拉格；你们不想在你们中间保存这座唯一的伟大和美德的丰碑吗？噢！我的老国王，我喜欢您，因为您已经下台，我为我的主人！噢！年轻的孩子，我第一个称您为国王，我要对您说什么呢？在您的面前，我怎敢自我介绍呢？我没有被放逐，我可以自由地回到法国，也可以自由地在第一次呼吸时曾激活我胸膛的空气中做最后一次呼吸，我的骨头可以长眠在我出生的大地中！在布莱身处囹圄的人啊！我马上就要看到您的儿子了！

篇章三十七

波希米亚诸王的城堡——第一次看见查理十世

五月二十四日晚上七点,我进入布拉格,下榻温泉旅馆,旅馆在老城,建在摩尔多瓦河左岸。我给德·布拉加公爵先生写了封短笺,通知他我到了,我收到如下回答:

子爵先生,如果您不过分劳累,国王将很高兴今晚九点三刻接见您;当然,如果您想休息,陛下亦将欣然于明日上午十一点半见您。

请接受我最热忱的问候

布拉加·德·奥尔普

五月二十四日,星期五,七点

我认为不可利用人家给我的选择,于是晚上九点半,我即动身;旅馆中有一个人略懂法语,于是给我带路。我走过几条寂静、昏暗,没有路灯的街道，到了一座高高的山丘脚下，小丘顶上就是波希米亚诸王的城堡①。那座宫殿在天空上勾画出了它庞大的黑色轮廓，不见任何光亮从它的窗子中透射出来；这里有某种梵蒂冈或从约撒法特山谷所见的耶路撒冷的寺庙那样的孤独、神圣和伟大。只有我和我的向导的脚步声清晰可闻；山坡太陡，我不得不时地在路阶的平台上停一停。

我一步步往上走，城市也在我下面渐渐展开。历史的交织、人们的命运、帝国的毁灭、福音的意图，纷纷涌上我的心头，与我的个人命运的回忆融为一体：探索过一座座死去的废墟之后，我又被召去目睹一座座活着的废墟。

我们到了赫拉德钦宫前面的平地上，穿过一个步兵哨所，岗哨紧靠着边门。我们从边门进入一个方形的院子，周围是一式的、无人居住的房子。我们穿过右侧底层一条长长的走廊，一些嵌在墙上的玻璃灯间隔越来越远地照着，酷似在一座兵营或一座修道院里。走廊尽头有一楼梯，楼梯口有两个哨兵走来走去。我登上第三层，正碰上下楼的德·布拉加先生。我同他一起进入查理十世的套房；那儿也有两个掷弹兵值勤。法国国王门口的这些外国士兵，这些白色制服，给我留下了痛苦难忍的印象：我想到的不是一座王宫，而是一座监狱。

我们前面是三个几乎没有家具又仿佛险象环生的大厅：我认为还是在那个可怕的艾恩库里亚修道院里游荡呢。走进第三个大厅时，德卡布拉加先生让我留下，他进去通报国王，这与杜伊勒里宫里的礼节一样。他回来把我带进陛下书房，旋即退下。

查理十世走近我，亲切地伸过手来，对我说："您好，您好，夏多布里昂先生，看见您我非常高兴。我一直等着您。您不该今晚来，您一定很累了。您别站着，坐下，您夫人怎么样？"

---

① 赫拉德钦宫。从一八三二年十月至一八三六年五月查理十世在此居住。

在高高的社会地位上，在巨大的生活灾难中，最让人肝肠寸断的莫过于几句实实在在的话语。我像个孩子似的哭了，我好不容易用手帕压住哭泣声。多少我准备冒死一言的事情，全部我用以武装我的宏论的空洞无情的哲学，此刻都荡然无存。我，居然想当个以不幸教人的老师！我，竟敢教训我的国王，我的白发苍苍的国王，我的被废、被逐、准备遗尸异国他乡的国王！我的年迈的君主望着我这个七日敕令的"无情敌人""强硬反对派"，又握住了我的手。他的眼睛湿润了，他让我靠着一张小木桌坐下，小木桌上点着两支蜡烛；他也挨着小木桌坐下，把他那只好耳朵凑近我，想听得更清楚些，他就这样告诉我，在他生活的不寻常的灾难之中，又加上了岁月造成的通常的衰弱。

在奥地利众皇帝的住处，我望着法兰西第六十八代国王，他被世世代代的统治和他的七十三个年头压弯了腰：这些年中，有二十四年是流亡生涯，五年在一张摇摇欲坠的宝座上度过；眼下君主正在最后的流放中了却余年，他带着孙子，孙子的父亲已被暗杀，母亲仍被囚禁。查理十世为了打破这片沉默，向我提了几个问题。于是，我简短地向他说明了此行的目的：我说我带来德·贝里公爵夫人给太子妃夫人的一封信，信中，布莱监狱的女囚把孩子托付给坦普尔监狱的女囚，这是不幸中的习惯做法。我还说，我也有一封信给孩子们。国王回答说："别把信给他们，他们母亲的事他们还不全知道；把信给我吧。再说我们可以明天两点钟再谈这些事；现在您去睡觉吧。您明天十一点钟会见到我的儿子和孩子们，然后跟我们一起吃饭。"国王站起来，祝我睡个好觉，走了。

我出来，在前厅我找到德·布拉加先生；向导正在楼梯上等着我。我回旅馆，走在路面溜滑的街上，下坡之快一如我去时上坡之慢。

王太子先生——法国的孩子们——吉什公爵及夫人——三人联盟——郡主

第二天,五月二十五日,我在旅馆中接待了住在同旅馆的科塞伯爵先生的来访。他给我讲了城堡中对波尔多公爵教育的争执的情况。十点钟我到了赫拉德钦宫;吉什公爵将我带到了王太子先生①的家中。我发觉他老了且瘦了;他身穿蓝色的旧衣服,一直扣至下巴,衣服显得过于宽大,好像是在旧货店中买来的:这可怜的王子让我感到一种特别的怜悯。

王太子先生有勇气,他服从于他的父亲查理十世,这妨碍他在圣克卢和朗布伊埃露面,使他仅在芝加拿②露面:他显得异常孤僻。他难以容忍见到一个新的面孔。他常对吉什公爵说:"您为什么在这里?我不需要任何人。没有足够小的老鼠洞可以让我藏身。"

他还几次说:"但愿人们没有说起我,也不要照顾我;我什么都不是,我愿意什么都不是。我每年有两万法郎收入,这超出我的需要。我该想的仅是得到解救和有一个好的结局。"他还说过:"如果我的侄儿③需要我,我就会拔刀相助;但为了服从我的父亲,我违心地签署了让位声明;我不会更改它;我也再不会签署什么;但愿人们让我安静。我只想说:我永不撒谎。"

的确,他的嘴里从未说过谎。他读的书很多,受过良好的教育,甚至在语言方面也如此;在西班牙战争中他与维莱尔先生的通信极具价

---

① 即昂古莱姆公爵。
② 在一八二三年。
③ 波尔多公爵(Le duc de Bordeaux)。

值,他与皇太子夫人的通信节选刊在《指南》①上,这使他大为高兴。他刚直不阿,笃信宗教,他的孝心升华成一种美德。但是不可克服的怯懦使王太子未能发挥他的能力。

为了让他感到轻松,我避免谈及政治,只是询问他父亲的健康状况,这于他是一个永无休止的话题。爱丁堡和布拉格气候的差异,国王的长期痛风,国王饮用的特普利孜水,他所感受的善事,这便是我们谈话的内容。王太子先生夜间照看查理十世就像照顾一个孩子一样;他近前吻他的手,询问他夜间的情况,拾起他的手帕,提高声音说话以让他听见,不让他吃不适的东西,根据冷热程度让他添减衣服,陪他散步并带他回来。我没有说起别的事。像七月革命的日子、帝国的灭亡、君主制的前途等。"现在是十一点,"他对我说,"您去看看孩子们,我们一起吃晚饭。"

我被带到家庭教师②的住处,门打开了,我看到达马斯男爵和他的学生;贡托夫人和郡主③,巴朗德先生④,拉维拉特先生和其他一些忠实仆从;所有的人都站着。年轻的王子,在一旁惊慌地望着我,看着他的老师好像在问他在这种危急的情况下该做些什么和怎样去做。郡主则带着羞涩和无关的神情微笑着:她好像很在意她兄弟的一举一动。贡托夫人显得对她所进行的教育感到很骄傲的样子。给两个孩子致意之后,我向孤儿走过去并对他说:"亨利五世,你愿意让我向你表示敬意吗?"当他将来登位时,他也许能回忆起我曾荣幸地对他的杰出的母亲说:"夫人,

---

① 百日战争期间。
② 达马斯(Damas)男爵是波尔多公爵的家庭教师,即王子的太傅。
③ 路易丝·德·波旁(Louise de Bourbon,一八一九——八七〇),贝里公爵和夫人的长女。一八四五年与夏尔·路易·德·波旁·帕尔姆结婚。
④ 巴朗德(Barande,一七九七——一八八三)巴黎综合理工大学毕业生,为波尔多公爵主要老师,直至一八三一年夏天。失宠后他住在布拉格,作为矿物学者,他的工作成就引人注目。

您的儿子是我的国王。"如此我是第一个称亨利五世为法国国王的人，并且一个法国陪审团，宣告我无罪，并承认了我的话。国王万岁！

孩子听到称他为国王，听我讲起人们再也没有跟他说过的母亲感到很惊愕；他一直退到了达马斯男爵的腿前，嘴里低声反复念着几个字。我对德·达马斯先生说：

"男爵先生，我的话好像让国王感到吃惊。我看他对他勇敢的母亲一无所知，也不知道他的仆从们有时有幸为合法王室的事业所做的事情。"

教师回答我："我们告知了殿下像您一样的一些忠诚之士，子爵先生……"他没有说完。

达马斯先生赶忙声称学习的时间到了。他邀请我回来听骑术课。

我去拜访了吉什公爵夫人，她住在相当远的城堡的另一处，要经过十分钟的走廊地带才能到达。在伦敦做大使时，我曾为吉什夫人举行一个小型的宴会，那时她是如此青春焕发并拥有众多的崇拜者。在布拉格，我发现她变了，但她面部的表情更让我心仪。她的发型搭配好极了：头发梳成像姬妾或是萨比娜奖章式样，前额两边的头发则用束发带系成花结。吉什公爵夫人和公爵在布拉格表现出一种身处逆境的美。

吉什夫人了解我曾对波尔多公爵说过的情况。她给我讲人们想疏远巴朗德先生；问题在于会找来一些耶稣教士；德·达马斯先生已经中止了但没有放弃他的计划。

有一个布拉加公爵、达马斯男爵及拉蒂尔红衣主教组成的三人联盟：这个联盟试图隔离年轻的国王并用一些信条及通过一些仇视法国的人来教育他以达到支配将来的统治。城堡的其他居民则反对这个三人联盟；孩子们自己更反对得厉害。但是反对意见也有细微的差别：贡托一派不完全等同于吉什一派；布耶女侯爵——贝里一派的背叛者，她和莫里逆神父一道站在三人联盟一边。王太子夫人，最不偏不倚，她也不完全倾向巴朗德先生为代表的青年法兰西一派;但由于她溺爱波尔多公爵,她常倾向他这边并支持他反对其教师。

阿古尔特夫人,全心全意忠诚于三人联盟,她只会插手制造麻烦,王太子夫人一点也不信任她。

拜访吉什夫人之后,我到了贡托夫人家中。她和路易丝公主在等着我。

公主有一点像她父亲:棕色的头发,蓝色的眼睛显得很机灵;她年龄显得很小,不像她的画像中描绘的样子。她整个人兼具有小孩、年轻姑娘和公主的特点:她低眉顺目,笑起来带有一种艺术感的天真可爱。我们不知道是该给她讲仙女的故事,还是向他做一个声明抑或像对待皇后一样和她崇敬地交谈。路易丝公主受过良好的教育并多才多艺:她能讲英语并开始懂得德语;她甚至有一点外国口音,流亡生活已在她的语言之中留有烙印。

贡托夫人给我介绍小国王的姐姐;无辜的逃亡者,他们好像是躲藏在废墟之中的两只小羚羊。瓦辛小姐,副家庭教师,一个优秀而文雅的女孩子来了。我们刚落座,贡托夫人对我说:"我们谈谈吧,小姐知道一切;她和我们一起为我们所看到的感到惋惜。"

小姐马上对我说:"噢!亨利今天早晨真笨:他害怕。爷爷对我说过,'猜猜你们明天将见到谁:这可是一个世界上的大人物!'我们回答:'那么,是皇帝。''不是。'爷爷回答。我们又试着猜了猜;但没有猜出来。他说:'是夏多布里昂子爵。'我拍着自己的额头后悔没有猜出来。"公主拍着额头,脸红得像玫瑰,一双温柔湿润的蓝色眼睛,笑起来更显聪颖;我多么想尊敬地吻她那白色的小手啊。她又说:

"您没有听到,在您提醒亨利让他回忆起您的时候。他对您说了些什么吧?他说:'噢!对,是这样!'但他讲得这么小声!他害怕您也害怕他的老师。我对他做手势,您看见了吗?您今晚会高兴些;他会讲话，您等着。"

小公主对她弟弟的这番关心很可爱；我几乎犯了欺君之罪。公主注意到这一点，这实际上是在给她一个善意的维护。我让她放心亨利留给我的印象。她对我说："我很高兴您在达马斯先生面前说起我妈妈，她马上就出狱吗？"

大家知道我有一封贝里公爵夫人给孩子们的信，我一点也没有和他们谈及，因为他们不知道囚禁后的细节。国王曾问我要这封信；我认为不能给他，而应给我被派来寻找的，喝阿尔斯巴尔水的王太子夫人。

贡托夫人又给我讲了德·科塞先生和德·吉什夫人和我讲过的事情。小姐带着小孩的严肃神情哼哼着。她的女教师谈到了解雇德·巴朗德先生和可能会来一位耶稣教士，露易丝公主交叉着手笑着说："这将太不得人心了！"我忍不住笑起来，小姐也笑了，她一直满脸绯红。

离国王接见我还有一会儿。我上了马车去寻找大公舒特克伯爵，他住在城堡一侧，城外半古里的一幢乡下房子里。我在他家中找到了他，并感谢他写信给我。他邀请我于五月二十七日星期一吃晚饭。

一八三三年五月二十四日，于布拉格

与国王交谈

两点钟回到城堡，像昨晚一样，布拉加先生领我晋见国王。查理十世也照常亲切地接见了我，岁月使得他更显平易近人。他又让我坐在小桌旁。下面便是我们谈话的细节：

"陛下，贝里公爵夫人命我来找您并交给王太子夫人一封信。我不知道信的内容，尽管这封信没有封口；信是用柠檬水写的，给孩子们的信也一样。但是我的这两封信，一封是公开的，另一封是秘密的。玛丽-加罗琳娜给我解释了她的想法。在她被囚禁期间，如同我昨日跟陛下说过的那样，将她的孩子们交予王太子夫人特殊照看。另外，夫人还要我向她汇报亨利五世——这里人称波尔多公爵——的教育情况。最后，贝里公爵夫人声明她自己和出身名门的埃克托尔·吕克舍齐·帕利伯爵秘密订婚。这些已有若干先例的王妃的秘密婚姻没有剥夺她们的权利。贝里公爵夫人要求保留她的法国王妃地位、她的摄政权及监护权。当她获得自由时，她打算来布拉格拥抱她的孩子们并向陛下致以敬意。"

国王严肃地回答我。我用一种反责的口吻予以辩驳。

"希望陛下原谅我，但在我看来有人似乎对她存在有偏见：布拉加先生应是我尊严的委托人的敌人。"

查理十世打断我："不，但她对他不好，因为他阻止她做一些蠢事，一些疯狂的事情。"

"不是每个人都能做这类蠢事，"我回答，"亨利四世像贝里公爵夫人一样斗争过，并且和她一样，他不总是有足够的力量的。"

"陛下，"我接着说，"您不希望贝里夫人是法国的王妃，尽管如此，她将仍然是王妃。全世界总是称她为'贝里公爵夫人'，亨利五世的英雄母亲。她的勇敢和痛苦超出一切；您不能将自己置于她的敌对行列，您不能像奥尔良公爵一样，同时鞭挞孩子们和母亲。宽待一个女人的荣誉对您就这么难吗？"

"好吧，大使先生，"国王带着一种夸张的亲切口气说道，"希望贝里公爵夫人去巴勒莫①，希望在那里她和吕切西先生，公开地以夫妻名义生

---

① 巴勒莫：意大利西西里岛北部港口。

活,我们会对孩子们说他们的母亲结婚了。她将来此拥抱他们。"

我觉得事情已说得差不多了,主要目的已经完成了四分之三,关于称号的谈话和准许在将来某一时间来布拉格的问题可以稍迟一些时候再说;确信和太子妃一道完成了我的工作,我便转换了话题。固执的想法抗拒着坚决主张;坚持这些想法,总想在激烈的斗争中一下子得到一切,往往会把事情搞砸了。

我转而谈起有关王子将来的教育,关于这个问题,我弄不大明白。宗教使查理十世成了一个孤僻的人;他的想法脱离实际。我略微谈起德巴朗德先生很有才能而德达马斯先生则较为缺乏。国王对我说:"德巴朗德先生受过良好教育,但他的事太多了;他曾被选来给波尔多公爵讲授自然科学,而他一切都教,历史、地理、拉丁文。我曾叫马卡尔蒂院长[①]来分担马朗德先生的工作,他死了,我指望另外一个教师,他很快就会来。"

这些话让我发抖,因为新教师事实上仅仅是一个耶稣会士代替另一个而已。在法国当今的社会状况下,为亨利五世找一个卢瓦娅娜的门徒只是查理十世头脑中唯一的想法,他对这个民族已经有些失望。

惊讶之余,我说:"在知名的但却是被诽谤的社会阶层中选择一个教师,国王不怕言论的影响吗?"

国王嚷道:"呵!他们仍是耶稣会士吗?"

我向国王谈起选举及保王党人想要了解他的意愿的想法。国王回答我:"我不能对一个人说:'违背您的良心起誓吧。'那些相信应该起誓的人可能会善意行事。我亲爱的朋友,对这些人我没有任何偏见;当他们愿意忠诚地服务于法国和王位继承权的时候,他们的过去无关紧要。共和党人在爱丁堡给我写过信,我接受了他们个人对我提出的一切要求。

[①] 马卡尔蒂(Maccarthy),爱尔兰耶稣会会士。

但是他们想强加给我一些政体条件，我拒绝了。在原则上我从来不让步，我想留给我孙子一个比我更加稳固的王位。法国人今天难道比和我在一起时更加幸福和自由吗？他们交的税少了吗？这个法国是怎样一头奶牛啊：如果我允许自己拥有奥尔良公爵拥有的四分之一的东西，会招致多少叫喊声、咒骂声！他们会密谋反对我，他们已承认这一点：我要自卫……"

国王停住了，好像沉浸在他的万千思绪中，他害怕说出一些伤害我的话来。

这一切都对，但是查理十世指的"原则"是什么？他是否了解反对他的政府的真的或者假的阴谋的原因呢？沉寂了一会儿，他接着说："您的朋友贝尔坦一家人怎么样？他们没有什么可抱怨我的，您知道：他们对于一个被放逐的，对他们没有任何伤害的人严厉极了，至少我知道这一点。但是我亲爱的，我不抱怨任何人，每个人都可以按照他自己的理解行事。"

一个被驱逐和受诽谤的国王的这种温和仁慈、这种基督徒的宽厚胸怀让我热泪盈眶。我想讲几句关于路易-菲利普的话。"啊！"国王回答，"奥尔良公爵……他已做了判断……您想要什么？……人们就是如此。"从三次被流放的老人的嘴里没有说出一句苦涩的话，没有指责也没有抱怨。而法国人的手却砍下了他兄弟的头，刺穿了他儿子的心脏；这些手对于他来说是记忆犹新和不共戴天的！

我用一种激动的语调赞美国王伟大的胸怀。我问他是否从未想过中止所有这些秘密的联络以及让所有这些四十年来一直在欺骗王权的委员们离开。国王向我保证他要坚决地中止这些无效的烦恼。他说：他已指派一些重要的人，其中包括我，在法国组成一个适当的委员会以告诉他真相。布拉加先生将给我解释这一切。我请求查理十世集合他的仆从并听取我的意见。他让我去找德·布拉加先生。

我勾起了国王对于亨利五世成年时代的思绪,我和他说起到时发表一份声明是一件有用的事情。国王,他内心一点也不愿意发表这份声明,他请我为他起草一份样本。我尊敬地但是很坚决地回答:如果在声明上我的名字没有出现在国王的名字之下,那么我绝不撰写这样一份声明。我的理由是我不愿意承担因为梅特尼克王子和德·布拉加先生的任何行为而引起的可能的改变。

我向国王指出他离法国太远,在他于布拉格得到消息之前,人们能有时间在巴黎举行两到三次革命。国王辩驳说皇帝让他在整个奥地利各州自由选择居住的地方,伦巴第王国除外。"但是,"陛下补充道,"奥地利可居住的城市距法国的距离都差不多。在布拉格,我住在这儿什么都不要,而我的境况迫使我这么打算。"

君王五年间庞大的开支达两千万,还不包括王室的住所。对于将殖民地阿尔及利亚和波旁家族的古老遗产留给法国的君王,估计为两千五百万到三千万的收入!

我说:"陛下,您忠实的臣民常想贫穷的王室可能需要些什么,他们准备根据各自的财产凑一些钱,以使您摆脱对外国的依赖。"

"我相信,亲爱的夏多布里昂先生,"国王笑着说,"您一点也不比我富裕,您是怎么支付您的旅费的呢?""陛下,如果贝里公爵夫人不给她的银行家若歇先生下命令,支付我六千法郎的话,我是不可能到您这儿来的。"

"这太少了,"国王喊道,"您需要补充一些吗?"

"不,陛下,足够了,我甚至还要退还一些给可怜的被囚禁者,但我一点也未过分节省。""在罗马时您是一位阔绰的老爷吗?""我总是尽责地吃着国王给我的俸禄,没有剩下几个钱。""您知道我一直保存着由您支配的您的同等的薪俸,您不想要。""不,陛下,因为您有一些仆从比我更困难。您曾帮我摆脱了我在罗马大使馆留下的两万法郎的债务，另外一万法郎，我从您的伟大的朋友拉斐德①处借的。"

"这是我应该做的，"国王说，"您辞去大使职务并不意味着您放弃您的工资，附带说一句，您的辞职给我带来不少麻烦。""不管怎样，陛下，应付或不应付，您帮助我归还我工作所得，而我在可能时也会把钱归还给他。但不是现在，因为我一贫如洗，我的地狱街的房子还未付款。我和可怜的夏多布里昂夫人的家人拥挤在一起勉强度日，一边等着您在位时在吉泽凯②先生家看过的住所。当我经过一座城市时，我首先打听是否有一家医院。如果有，我便高枕无忧。'有吃有住，还有何求③？'"

"噢！不能长此这样下去吧。夏多布里昂先生，您需要多少钱才算富裕？"

"陛下，您会白费时间，今天上午给我四百万，今晚我便会一文不剩。"

国王用手摇着我的肩膀："好极了！但是您的钱都干什么了？"

"说真的，我一点也不知道，因为我没有任何嗜好也没有任何花费。这不可理解！我真蠢，在做外交官时，我不愿拿两万五千法郎的安置费，离任时我又不屑隐没秘密经费！您和我谈到我的财产是为了避免和我谈起您的财产。"

"是这样，"国王说，"现在轮到我坦白了：我年复一年坐吃山空。我计算过以我现在的年纪我可以无须别人的帮助而活至最后一天。如果我处于贫困中，我希望，就如同您向我建议的那样，得到法国人及外国人的帮助。人们已给了我一些借款，另外在荷兰还有一笔达三千万的借贷。但我知道，这笔债是欧洲的主要基金提供，它会降低法国的基金。

---

① "伟大的朋友"是笑着说的。拉斐德自路易-菲利普登基以来，工作最多。
② 吉泽凯（Gisquet），警察局局长。
③ 引自拉封丹的一则寓言

这阻止我采纳这个计划：影响法国公共财产的任何方法都不适合我。"无愧于一个国王的情感！

谈话中，我们可以看出查理十世慷慨的性格、温和的习性以及他的通情达理。而作为一个哲人，我和国王在一个向波希米亚君王借住的城堡深处相互探询各自的财产并且相互秘密地倾吐各自的痛苦，这真是一件奇特的事情！

亨利五世

和国王交谈之后，我便去看亨利的骑术训练。他骑两匹马，第一匹无马镫，拉着马缰绳疾跑；第二匹有马镫，不牵马笼头打圈，一根棍子在它的背部与他的手间挥动。那孩子很勇敢，身着白色裤子、燕尾服，小绉领和鸭舌帽，非常潇洒。奥埃热蒂神父是马术教师，他喊道："那条腿怎么了，像一根棍子，让这条腿动一动！对！真糟，今天您怎么了？等等。"训练结束了，这位年轻的贵族骑着马停在场地中间，一把脱下他的鸭舌帽，和观礼台上的我打招呼——我和达马斯男爵及几个法国人待在那里——他像小让·德·森特雷[①]一样轻松优美地跳到地上。

亨利瘦长，敏捷，他长得很好，棕色头发，蓝色眼睛，左眼的眼神酷似他的母亲。他动作很唐突，他坦率地接近别人；他好奇而且多问；一点也没有报纸上所说的迂腐；他是一个真正的小男孩，如同所有的十二岁的小男孩一样。我赞扬他的骑姿优美：

---

① 十五世纪骑士小说中的主人公：一个小侍从成为一个地道的骑士。

"您什么都没看到，"他对我说，"您应看我骑我的黑马；它像魔鬼一样坏；它尥蹶子，把我摔在地上，我再爬上去，我们跳越栅栏。一天它撞伤了，腿肿得有这么粗。我最后骑的一匹马漂亮吗？但刚才我没心思。"

亨利目前讨厌达马斯男爵，他的神情，性格和主意都令他反感。亨利常惹他生气。他狂怒之后，不得不让王子悔过；有时罚他待在床上：愚蠢的惩罚。半路杀出一个神父莫利尼，为叛逆者做忏悔并竭力让他害怕魔鬼。固执的亨利什么都不听并拒绝吃饭。于是，太子妃认为他有理，他又开始吃饭并嘲讽男爵。对亨利的教育便是这样的恶性循环。

对于波尔多公爵而言，应该用一只轻柔的手引导他，让他不感到压抑，家庭教师不仅是他的老师，更应是他的朋友。

如果圣路易家族也和斯图亚特家族一样，是被一场革命驱逐而被禁闭在一个岛上的特殊家族，那么波旁家族的命运在短期内对于年轻一代人将显得陌生。我们古老的王权不是这样；它代表古老的君主制：人民政治，道德，宗教上的过去都源于这种权力并聚集在其周围。与社会秩序如此交织联系在一起的一个民族的命运，人们永远也不可能漠然视之。但是，这个民族生存的命运，构成这个民族的个体的状况以及他们永无休止的厄运是可悲可泣的。在长期的不幸中，这些个体，沿着他们家族的光荣的回忆，在一条平行线上忘我地行进。

没有什么比下台的国王的状况更凄惨的了；他们的日子交织着现实和幻想：在他们家中，他们的仆从中和他们的记忆中，他们仍是君王，他们宁愿不跨出房子的门槛，也不愿意在门口发现嘲讽的现实：雅克二世或者爱德华七世①，查理十世或路易十九②，由秘密的变成了公开的雅克

---

① 查理·爱德华·斯图亚特（Charles-Edward Stuart），"觊觎王位者"，雅克二世的孙子。
② 昂古莱姆公爵在其父及自己让位给侄儿时临时所用名字。

或爱德华，查理或路易，没有序数，他们如同相邻的受苦的人：他们有宫廷生活及私人生活的双重麻烦；一方面是谄媚者、宠幸者，阴谋和野心；另一方面是侮辱、悲痛和说长道短：这是一个仆从和大臣改换着装束的没完没了的假面舞会。在这种情况下脾气变坏，希望在磨灭，遗憾在增加；他们重温过去，他们在指责，言语的表达也不再仅仅是良好出身的风雅及优越地位的彬彬有礼，人们之间的相互指责也因此变得更加尖酸：人们因世俗的痛苦而变得庸俗；失去王权的忧虑化成各种各样的家务烦恼：教皇克莱芒十四和庇护六世在"觊觎王位者"[1]的全体仆役中从未能重建和平。这些被废黜的外国人在人们中间总是受到监视，他们像厄运的传染者而被君王们排斥，像权力的伤害者而为人民所怀疑。

一八三三年五月二十五日、二十六日，于布拉格

赫拉德钦宫的晚餐和晚会

我去换衣服：有人通知我仍可以身着礼服和靴子参加国王举行的晚餐；但是在这样的高层场合穿着随意实在不好。六点差一刻我到达城堡；在一个入口大厅中已摆好了席。我在客厅里发现了拉蒂尔红衣主教[2]，自从在罗马他到我使馆来做客之后，我便再也未见过他，那次是莱昂十二死后，他来参加主教选举教皇的会议。在这期间，我和世界的命

---

[1] 他在罗马隐退。
[2] 一八四〇年，他给德波拉斯特龙夫人做了最后的圣事，是与阿尔图瓦伯爵最后的联系。

运又发生了多么大的变化啊!

总是这个有着圆圆的肚子,尖尖的鼻子,苍白的面孔的无声望的教士,就如同我在贵族院中看到他手里拿着一把象牙刀,一副生气的神态一样。人们肯定他没有任何影响,人们拍打他几下便带到角落里去喂养;也许:有各种不同的信任:对枢机主教的信任显而易见,尽管它隐藏起来;从在国王身边的漫长岁月中,从教士的性格中,他得到了这种信任。拉蒂尔神父曾是亲信;德皮拉斯特龙夫人的回忆伴随着听忏悔神父的白色宽袖法衣;最后的软弱的仁慈的魅力以及最初的宗教情感的甜蜜沉浸在年迈君王心里的回忆中。

德·布拉加先生,阿·德·达马斯先生,男爵的兄弟,奥埃热蒂神父先生,科塞先生和夫人相继到来。六点整,国王出现了,后面跟着他的儿子;人们走向桌旁。国王让我坐在他左边,太子先生在其右侧;德·布拉加先生坐在国王对面,在红衣主教和科塞夫人之间;其他人则随意就座。孩子们只有星期天才和他们的祖父一起用餐:这是在流亡中放弃亲近和家庭生活中仅存的幸福。

晚餐简单而且相当糟。国王向我夸奖摩尔多瓦河的一种鱼,其实它不值一文。四到五个穿着黑衣的仆人走来走去,像是食堂中不受神品的办事修士;没有膳食总管。每个人夹着面前的菜并将其递给别人。国王吃得很好,他要着并亲自递去别人要的菜。他情绪很好;原先我的恐惧早已消失。谈话在一个公共场合循环进行,谈波希米亚的天气,太子妃的健康状况,我的旅行,第二天将举行的圣灵降临节仪式;从不涉及政治。太子先生埋头吃饭,有时也打破沉寂,对拉蒂尔主教说:"主教,今早的《福音书》是圣马蒂厄的?""不,阁下,是圣马可的。""怎么,圣马可?"围绕圣马可和圣马蒂厄展开了激烈的争论,枢机主教输了。

晚餐持续了将近一个小时;国王站起来;我们跟着他到客厅。报纸放在桌上;每个人都坐下来开始看这看那,就像在一个咖啡馆。

孩子们进来了，波尔多公爵由他的教师领着，女教师则带着公主。他们跑过来拥抱他们的祖父，然后他们向我冲过来；我们坐在一扇窗户的四瓣饰中，窗户朝向城市，视野很美。我重新提起在马术课上的赞扬之词。公主迫不及待地重复着他兄弟对我说过的话。说我什么也没看到；黑马跛了，我们什么也不能判断。贡托夫人过来坐在我们身旁，德·达马斯先生在不远处竖着耳朵听，一副好笑的忧虑相，好像我会吃掉他的受监护的孤儿，会说出赞美新闻自由或贝里公爵夫人的荣耀的话来。如果自波里尼亚克先生之后，我还会取笑一个可怜的人的话，那么我就会嘲笑我给他带来的害怕。突然亨利对我说："您见到过蟒蛇吗？""殿下是想说蟒蛇；在埃及和突尼斯都没有，我只到过非洲的这些地方；但在美洲我看见过很多的蛇。""噢！对，"路易丝公主说，"响尾蛇，在《基督教真谛》中提到。"

我低头谢谢公主。"但您还看到别的蛇吗？"亨利又说，"它们很凶吗？""有一些很危险，殿下，还有一些没有毒液，人们可以舞耍它们。"

两个孩子高兴地靠近我，四只炯炯有神的眼睛紧紧盯着我的眼睛。

"还有一种玻璃蛇，"我说，"它很美，对人无害；它有玻璃的透明和脆性；人们一碰它，它就碎了。""肢节不能重新联结起来吗？"王子问。"当然不能，我的弟弟。"公主替我回答。"您去过尼亚加拉大瀑布吗？"亨利又说，"它发出很吓人的轰鸣声吗？人们可以坐船下去？""殿下，有一个美国人好玩，将一只大船冲放了下去；听说另外一个美国人，自己跳到了瀑布里面；第一次他没有死；他重新开始，第二次则死了。"两个孩子举起手叫道："噢！"

德·贡多夫人说话了："德·夏多布里昂先生去过埃及和耶路撒冷。"公主拍着手更加靠近我，她对我说："德·夏多布里昂先生，那么给我弟弟讲讲金字塔和耶稣基督的墓吧。"

我尽可能给他们讲述金字塔、圣墓、约旦河、圣地。孩子们出奇地专心：公主两手托着她漂亮的脸庞，手肘几乎抵着我的膝盖，亨利待在高靠椅中，摇晃着双腿。

愉快地谈过蛇、瀑布、金字塔、圣墓之后，公主对我说："您能不能给我提一个关于历史的问题？""关于怎样的历史？""嗯，问我一个年代，法国历史上最黑暗的年代，除了十七和十八世纪，我们还没有开始学。""噢！我，"亨利喊道，"我更喜欢著名的年代：问我一些关于著名年代的事情。"他没有他姐姐对事情那样有把握。

我开始听从公主的，于是说："嗯！公主能不能给我说说在一〇〇一年发生了什么，谁统治法国？"轮到姐弟俩思索了，亨利抓着头发，公主用两手遮住脸，这是一个习惯性的动作，好像是在捉迷藏，然后她突然露出幼稚和幸福的表情，嘴角微笑着，眼睛透亮。她第一个说："是罗贝尔统治，格雷古瓦五世是教皇，巴齐尔三世是拜占庭帝国皇帝……""奥东三世是西罗马帝国皇帝，"亨利迫不及待地喊道，生怕落在他姐姐后面，他补充道："韦勒蒙二世在西班牙。"公主打断他的话说："埃泰雷德在英国。""不，"他弟弟说，"是爱德蒙，铁海岸。"公主是对的；亨利因偏爱"铁海岸"而弄错了几年；但这仍然不能不让人感到惊讶！

"那么我的著名年代呢？"亨利带着半生气的语调问。"好，殿下，一五九三年发生了什么事？""呵！"年轻的王子喊道，"是亨利四世的公开放弃王位。"公主因未能第一个回答而变得脸红起来。

八点响过，德·达马斯男爵的声音打断了我们的谈话，就像是在贡堡的大厅中，钟槌敲过十下，中止了我父亲的脚步声。

可爱的孩子们！年迈的十字军战士给你们讲述过巴勒斯坦的奇遇，但不是在无辜的王后的城堡家中！为了找到你们，他拄着棕榈木棍，穿着满布灰尘的便鞋，撞在外国的冷冰冰的门槛上。布隆代尔在奥地利公爵城楼的脚下徒然歌唱①；他的声音未能再为你们打开祖国的道路。年轻的被放逐者，远方的旅行者对你们隐藏了他故事的一部分；他未曾对你们说，作为诗人和预言家，他在佛罗里达的丛林中，在犹地亚的群山上背负着如此多的失望、忧伤和激情，就如同你们所有的希望、快乐和天真一样；他有一天曾像于连一样，将他的血抛洒向上天②；慈悲的上帝为他保存下来几滴血，用来赎回他曾经交付给诅咒之神的血滴。

王子，由他的老师领着，他请我去听下星期一上午十时的历史课；德·贡托夫人和公主一起离开。

然后开始了另外一番情形：未来的王权，体现在一个孩子身上，刚将我和他的游戏结合在一起；过去的王权，在一个老人身上，让我参与他的游戏之中。一盘惠斯特牌戏，在一个昏暗的大厅的一角，由两根蜡烛照明，在国王和太子，布拉加和拉蒂尔主教之间开始了。只有我和奥埃热蒂骑术教练是旁观者。透过未合上窗帘的窗户，黄昏将它的暗淡和蜡烛的昏暗掺和在一起。君主政体在这两者垂死的微光中熄灭。死一般的沉寂，除了纸牌的沙沙声和有时国王生气的叫喊声。牌被换成拉丁字母的，以减轻查理六世的敌意；但是，在查理十世时期，这些不幸的消遣，将再也没有奥日埃和拉伊尔来命名。

游戏结束后，国王向我道过晚安。我经过我昨晚穿过的冷落昏暗的大厅，同样的楼梯，同样的院子，同样的守卫，我走下了山丘的斜坡，迷失在街道上和黑夜中，我回到了旅馆。查理十世仍禁闭在我离开的黑色城堡中，没有什么能够描绘出他放弃权力和他所度过的岁月的忧伤。

---

① 指格雷特里和塞代纳的歌剧《理查德，狮之心》。理查德奥地利公爵的囚犯被关在一座城楼中。为了让他认出来，行吟诗人布隆代尔唱着著名的浪漫曲："噢理查德，噢我的国王……"
② 以于连阿波斯塔之死，类比夏多布里昂在贡堡曾经试图自杀的事。

拜访

我实在是太困了,想休息一会儿。但是从荷兰来的、住在我隔壁的卡佩尔[1]男爵朝我走了过来。

滂沱大雨从天而降,它流入它冲击成的深渊,从此一动不动,静寂无声。那些软弱的大臣们任圣路易的王冠跌进这一深渊,我对他们没有任何耐心和同情,他们本该将王冠物归原主的!在我看来,那些反对敕令的强硬派是罪魁祸首;那些自称是温和派的人其是别有用心。既然他们对这一切已了如手掌,为何不置身事外呢?因为他们不愿放弃王权。勒·多芬先生把他们视为胆小鬼。蹩脚的借口,其实他们是少不了钱。不管他们都说些什么,在这场空前的灾难中没有什么别的东西。他们对此所抱有的冷静是多么明智啊!有一位在对法兰西的历史做了精心的编排之后,又对英国历史胡乱涂鸦。有一位[2]则将波尔多公爵送往布拉格后,对雷斯代德公爵的死悲痛不已。

我了解卡佩尔先生,他对自己过去的贫穷生活毫不隐讳,他的要求也不过分。就像吕西安[3]所说的,他是很知足的。"如果你来听我讲一讲呼吸着异香和倾听天鹅发出的天籁之音,我敢说这是上帝从未曾向我提及的美妙的字眼。"如今,谦卑是一种罕见的高贵品质。卡佩尔先生唯一的过错是不该出任部长职务。

达马斯男爵先生曾经拜访过我。这位勇敢的军官的优秀品质已经显

---

[1] 卡佩尔(Capelle)男爵是波利尼亚克内阁的公共工程大臣。他在敕令上签了字,在七月革命期间逃离了法国。
[2] 指荷塞(Haussez)侯爵和蒙贝尔(Montbel)伯爵,他们分别任波利涅克内阁的海事部长和财务部长。
[3] 吕西安·德·桑摩萨特(Lucien de Samosate,公元二世纪),出自《从阴影到天鹅》一书。

示在他满面红光上了。他命中注定要掉进这个圈子里：雷维埃尔①公爵临终前要达马斯先生接替波尔多公爵的位子。波利涅克亲王是这个小集团中的一分子，无能成了联系遍布全国的共济会的纽带。这个烧炭党打开了地牢的大门，等级得以消除。

使唤仆人在宫廷中习以为常，因此达马斯先生选拉夫拉特先生作为波尔多公爵大人的管家。除此之外他并没想过给予他其他什么头衔。第一次见面，我就把这个军人当成长着雪白獠牙，负责保护绵羊的忠实的看门狗。在威严的蒙吕克元帅看来，他属于那些手持榴弹的人。他曾说过："他们并没有留一手。"拉夫拉特先生将因为他的忠诚而被打发走，而不是因为他的军营里的那种颐指气使。大家很合得来。经常有人抱着满不在乎的态度在军营里大拍马屁，但在我谈到的这位忠诚的老战士身上，一切都十分坦率。如果他像让德卡斯特罗②一样借了三万皮阿斯特③的话，他将骄傲地收回他的胡子。他那可憎的面目只要象征着自由；他只是用脸色警告他。在指挥他的军队投入战场前，佛罗伦萨人用马提内纳大钟警告他们的敌人。

一八三三年五月二十七日，于布拉格

---

① 雷维埃尔（Rivière），波尔多领地的第一长官。死于一八二八年。
② 出自孟德斯鸠《波斯人信札》一书中的一个讽喻故事：一个名叫让·德·卡斯特罗的葡萄牙著名将军在印度急需钱用，于是将自己的胡子割下一绺来，作为抵押，向哥阿的居民借了两万皮斯托尔（西班牙、意大利的一种古金币）。这笔钱借到手以后，他随即很骄傲地收回了自己的胡子。
③ 皮阿斯特：埃及等国家使用的货币名称。

弥撒——克热尼基将军——在哥尔·布可夫总督大人家吃饭

我曾计划去一些城堡旁边的大教堂听弥撒。因受来访者的影响,我仅有时间去了一所耶稣会教士的古罗马会堂。我们在那儿跟着管风琴的伴奏歌唱。一个坐在我身边的女子的声音令我头晕脑涨。在领圣体的时候,她双手掩面,碰都不去碰圣台。

唉!我已经仔细地参观过世界各地的许多教堂了。甚至在耶稣基督的坟前,我也抛不开精神上的苦衣。我是这样描写阿邦·阿梅在科尔多瓦[1]的基督教清真寺里游荡的情形的:"他隐隐约约地看到一个圆柱下的一动不动的影子。他起先以为那是在坟墓上的一座雕像[2]。"

阿邦·阿梅模糊地预感到这个骑士的祖先是一个我在埃斯克利尔教堂碰到的修道士,我渴望得到他的信任。谁知道在如此虔诚的灵魂深处有着这样的狂潮,在神圣无罪的大祭司面前出现了多少祈祷?我曾在埃斯克利尔的空无一人的圣器室里欣赏最美丽的穆丽尤圣女。我曾和一个女人[3]在一起,她第一个为我指出了在激情的声音中出现的虔诚的寂静,这些激情在她身边擦身而过,穿过了悄然无声的庙宇内殿。

在布拉格的弥撒过后,我打发人去寻找一辆敞篷四轮马车。我选择了沿途建有古老的堡垒的小路,马车沿着小路来到了城堡。我们忙于欣赏壁垒上的花园。那儿森林里的美妙音乐代替了布拉格战争的喧嚣。这所有的一切在未来四十年里将会十分美丽:上帝叫亨利五世别长期待在这里,因为这儿连一片树叶的阴影都没有。

---

[1] 西班牙地名。
[2] 《最后一个阿邦斯哈日的历险》(阿邦斯哈日是奥克语),这个主人公是指朗泰立。
[3] 指娜塔莉·德·诺阿耶(Natalie de Noailles)。

在第二天去总督家吃晚餐之前,我想应先礼节性地去拜访舒泰克伯爵夫人。只要她不提起我的作品片段,我就会觉得她既美丽又可爱。

我参加了吉什夫人的晚宴。在那儿我遇见了克热尼克①将军及夫人。他向我讲述了波兰人的暴动②和奥斯托兰卡③的战斗。

当我起身准备告辞时,将军请我伸出尊贵的双臂去拥抱新闻自由的倡导者。他的夫人想拥抱我这个《基督教真谛》的作者。保王党人接受了共和党人胸襟宽广的兄弟般的亲吻。我对人们的正直满意极了;很高兴在陌生的心灵里唤醒了各种可贵的善良天性,在丈夫和夫人的内心里轮流受到自由和宗教信仰的冲击。

二十七号星期一的早晨,我得知了反对意见。我绝不可能看到年轻的王子:达马斯先生在大赦年的各个祈祷处,带着他的学生参观一个又一个教堂,把他搞得疲惫不堪。这种疲倦是一个假期的借口,是到乡间散心的理由:有人想把小孩藏起来,不让他见我。

我用整整一个早晨跑遍了全城。五点钟的时候,我去舒特克伯爵家进晚餐。

一八三三年五月二十七日,于布拉格

---

① 克热尼克(Czernicki),波兰将军,曾在拿破仑的军队里服役;当时被流放。
② 发生于一八三一年。
③ 波兰暴动在此地被俄国镇压。

在舒特克伯爵家吃饭

舒特克伯爵的房子是他父亲建造的(他父亲也曾是波希米亚总督),呈现出一种明显的哥特式小教堂的风格:如今这已不足为奇了,一切都有人模仿。从客厅里,我们可以看到花园;它呈斜坡形伸向一块谷地:那里常年光线昏暗,浅灰色的土地像是在北方层峦起伏的谷底披上了一件苦行者穿的粗毛衬衣。

餐桌摆在一个很舒适的树荫下。我们进餐时没戴帽子。我那久经风霜的头发被风吹得乱七八糟,当我强迫自己来吃饭时,我无意间看着我们头顶上的小鸟和乌云。被卷进和风中的过客与参加宴会的人有着不可告人的关系。旅行者是我的主要观察目标。我的眼神不能随风而去却不带一丝怜悯。我宁愿与平凡世界的空中流浪的食客在一起,也不愿与坐在我身旁的客人相处:拥有一只乌鸦提供食物①的隐士们是多么幸运啊!

我不能跟您谈起布拉格的社会,因为我仅仅在这次宴会上见到了一个在维也纳很时髦的女人,有人坚持称她才华横溢。尽管她还有些年轻,但她在我眼里却是尖酸刻薄而又愚蠢,就像一些夏天的树还保留着它们春天剩下来的干枯了的花朵一样。

我仅仅了解十六世纪这个国家的一些风土人情,那是巴松皮埃尔讲述的:他曾爱过安娜·依斯丹,她是一个守了六个月寡的十八岁的女人。他乔装打扮在他情妇旁边的房子里过了五天六夜。他与华伦斯坦在哈德斯辛打了网球。不管从华伦斯坦身上,还是巴松皮埃尔身上,我都没奢望有尊严和感情。现在的依斯丹人想要阿苏埃琉斯人穿起黑色长外套乔

---

① 提供食物者——不少隐士以请求衔着面包的乌鸦的救济而出名。

装起来，度过他们的漫漫长夜：我们不能放下长久以来的面具。

圣灵降临节[①]——布拉加公爵

七点钟，吃了晚饭，我来到国王家里。我在那儿遇到了昨天那些人，只有波尔多公爵不在。我们聊起星期天的活动[②]它们真把他累得够呛。国王半躺在长沙发上，大郡主坐在查理十世对面的椅子上。一边爱抚着小女儿的胳膊，一边给她讲故事。年幼的小公主听得津津有味。当我出现时，她看着我，并冲着我适当地微笑，大概是想对我说："我应该使祖父高兴高兴。"

"夏多布里昂，"国王说道，"我昨天没见到你吗？""陛下，我得知陛下请我列席宴会的时候已经太晚了，接着是圣灵降临节，这使我无法晋见陛下。""这是怎么回事？"国王问道。"陛下，那是九年前的圣灵降临节，我前去觐见陛下，他们不让我进门。"

"没有人会把你从布拉格城堡赶走。"查理十世激动起来。"不是这样的，陛下，是因为在这儿，您的手下不会在这幸运的日子里把我拒之门外。"惠斯特牌戏[③]开始了，意味着这一天也结束了。

打牌以后，我回访了布拉加公爵。他对我说："国王通知我和你面谈。"我回答他说，国王认为目前不适宜召集议会，所以让我在会上就法国的未来阐述我的想法和波尔多公爵的主要意见。这样我就没有什么可

[①] 复活节后，第七个星期日。
[②] 大赦年的祈祷处（包括参观教堂）。
[③] 桥牌的前身。

213

说的了。"国王陛下没有一点自己的主张。"布拉加先生嘿嘿地笑了两声，双眼写满了兴奋，说道："他只有我了，绝对只有我了。"

藏衣室的总管自视很高。——法国人的通病。按他的说法，他什么都干，什么都会干。他和贝里公爵夫人[①]结了婚；他控制着各王宫贵族，他牵着梅特涅的鼻子走；他抓着勒斯罗德的衣领；他统治着意大利；他已将自己的大名镌刻在罗马的方尖形纪念碑上；他的口袋里兜着选举教皇的会场的钥匙；后来的三个教皇必须对他毕恭毕敬；他对舆论了如指掌，他根据自己的能力将雄心壮志发挥到了顶点以至于陪伴在贝里公爵夫人左右，他自认为完全有资格坐上摄政议会的首脑、总理和外交部长的宝座！这就是可怜的人们如何了解法国和这个时代的。

然而，布拉加先生是集团中最聪明，最圆滑的一个。说话的时候，他头头是道。他总是附和你的意见。"您这么想！这正是我昨天所说的，我们的意见完全一致！"他同情他的奴隶，厌倦他的工作，他想住到一个鲜为人知的地方，在那里远离世界而安详地死去。至于他对查理十世的影响，别对他说：我们觉得他控制了查理十世：不对！他对国王什么也不能做！国王不听他的；今天早晨，国王就拒绝了他一件事；晚上，他也承认了此事。我们并不知道他为什么改变了主意，等等。当布拉加先生跟你絮絮叨叨的时候，他是"真诚"的，因为他从来就不和国王唱反调。他并不可靠，因为他只会将国王的意志与王子们的想法达成一致。

再者，布拉加先生既有勇气，又有威望，他不是不宽宏大量；他忠心耿耿，值得信赖。在与贵族显要打交道并逐步走向富裕时，他学会了他们的高贵品质，他出身很好，从一贫如洗的房子里走了出来。但这房子是古老的，在诗歌和徽章中享有盛名。他做作的举止，四平八稳

[①] 一八一六年时为驻那不勒斯特别大使。

的站姿，过分循规蹈矩的礼节，与他的上司们保持着我们在不幸中很容易丢得一干二净的修养；至少，在布拉格的博物馆里是如此，一动不动的盔甲支撑着摇摇欲坠的身体。布拉加先生并不缺乏一定的运动。他迅速地处理公事，有条不紊，在考古学的某些领域颇有造诣，对艺术饶有兴趣，却缺乏想象力。而且他还是个冷酷无情，放荡不羁的人。他甚至没有激情。他的冷静是国务活动家的优秀品质，如果说他的冷静不是别的，只是对他禀赋的信赖，而他的禀赋又与信赖背道而驰的话，我们将会觉得他是一个失败的官僚，就像他的同乡拉瓦来特·埃佩卡公爵[①]一样。

我们将去的那个地方，也许有复辟，也许没有。如果有的话，布拉加先生将带着他的高贵地位和体面回来。如果没有，藏衣室的总管的几乎全部家当将会流出法国。查理十世和路易十五将会去世。布拉加先生自己也将会变成垂垂老者，他的子女们仍将是被流放的王子的同路人。奇怪的画面出现在奇怪的宫廷，上帝的一切给出卖了！

如此看来，产生和灭亡波拿巴的革命，将会使布拉加先生受益匪浅：这是要付出代价的。布拉加先生拉长了脸，面色发白，一手操办了葬送君主制的盛大仪式；他将它葬在哈特威尔[②]，葬在岗德，葬在爱丁堡，并将葬在布拉格或其他地方。他一直照看着有权有势的死者的遗体，就像海边的农民收集那些被大海抛到岸边的沉船物一样。

一八三三年五月二十七日

[①] 亨利三世原来的宠儿。
[②] 坐落在伦敦西北边的城堡；后来路易十八在第一帝国时期曾在此小住。

事变——对布拉格的描述——蒂肖·布拉埃——贝尔迪达

五月二十八日，星期二，我本要参加的十一点钟的历史课没有举行，因此，我有时间跑遍，或更确切地说是参观了全城。我来来回回看了又看。

我不知道自己为什么曾设想布拉格是蜷缩在一个山洞里，将群山的影子映在一大片尖尖的①房子上：布拉格其实是一座喜气洋洋的城市，这里高耸着二十五到三十座漂亮的塔和钟楼。它的建筑使人想起一座复兴的城市。在内阿尔卑斯一带的国王的长期统治给德带来了那儿的许多艺术家。奥地利村庄是属于伦巴第，属于工斯卡内或威尼斯的坚固国土：我们想象着在一个意大利农民的家里，在有着光秃秃的大房子的农场，一个锅子能否代替太阳。

从城堡的窗户看，景色很美。从这边，我们可以看到有着绿色山坡的小山谷上的果园，城市的锯齿状的围墙一直往下延伸到莫尔多河；有几分像罗马的梵蒂冈城墙往下延伸到台伯河；另一边，河流穿过了城市，使上游的一个小岛更加美丽，在北部市郊的边缘地区环绕着下游的另一个小岛。莫尔多河一直流入易北河。我要是在布拉格大桥坐船，完全可以在巴黎的王室大桥②上岸。我不是国王和尘世的产物。对于现在从尼罗河到塞纳河的方尖形纪念碑，我既没有感觉到它的分量，又没有它的历史悠久。为了拖我的帆桨战船，古罗马贞女的腰带受到了亵渎。

莫尔多河大木桥由玛塔建立于七九五年，其间经历了好几世纪，后多次用石头重建。正当我在这座桥上踱步时，查理十世走上了人行道。

---

① 可能应该这么理解：在层层叠叠的房子上有一个压平了的房顶（就像把锅子翻转过来）；见后面的字："耸立……塔……钟楼。"
② 在伏尔泰的信中曾提起过。

他的胳膊下夹着一把雨伞。他的儿子就像一名尽职尽责的导游一样陪着他。我曾经说过，保守派只须站在窗前，就可见到君主经过。我在布拉格大桥上就见到了。

在组成哈德斯年的建筑群里，我们看到了历史上的大厅，博物馆里挂着修复的油画和波希米亚公爵和国王们擦亮了的武器，离这些乱七八糟的东西不远，一座拥有典雅的柱廊的十六世纪的漂亮建筑物直插云霄：这座不相宜的建筑物与气候格格不入。我们能否在波希米亚的冬天，将这些意大利的宫殿与棕榈叶一起放进温室呢？我对它们在夜里所遭受的严寒总是忧心忡忡。

布拉格经常遭受围困，一次又一次地被攻下，一次又一次地被收复，由于以它命名的战役和在沃弗纳格的大撤退而闻名于世。城市里的林荫大道被破坏殆尽。在山坡的一处较高的平地上，城堡的排水渠，如今变成了种着杨树的又狭又深的裂缝。在三十年战争期间，这些排水渠曾经注满了水。新教徒于一六一八年五月二十三日潜进了城堡。从窗户里扔下去两名天主教的大老爷和一位国务秘书：三个潜入者逃跑了。这个秘书作为一个很有教养的人，因无礼地跌在了一位大老爷身上而多次向他道歉。在这一八三三年的五月里，我们已没有什么教养礼貌可言了：在类似情况下我会说些什么不大清楚，因为我也当过国务秘书。

蒂肖·布拉埃[①]在布拉格去世了。就他的理论，你愿意有一个像他那样的蜡制的或银制的假鼻子吗？蒂肖在波希米亚自我安慰，而查理十世凝视着天空；天文学家羡慕成果，国王羡慕二人。星星出现于一五七二年（消逝于一五七四年）。银色的光辉连续地掠过红黄色的火星和铅白色的土星，给蒂肖的观测展现了一片火红世界的景象。革命的威力促使路易十六的兄弟打倒了丹麦的牛顿，伴随着不到两年的时间里粉

---

① 蒂肖·布拉埃（Tycho-Brahé），十六世纪丹麦天文学家，他的观测结果促使开普勒建立了星体运动的理论。

碎一个星球。这是什么一回事？莫罗将军来到布拉格与俄罗斯的皇帝商讨复兴一事。而莫罗将军却是不应该目睹这一切的。

如果布拉格坐落在海边，那么就没有比它更迷人的了；就连莎士比亚都用魔棒敲打波希米亚，使之变为海滨城市。

"你能肯定吗？"在《冬天的故事》里，安提柯①问一名水手，"我们的军舰已经靠近波希米亚的不毛之地了吗？"

安提柯来到陆地，负责向一个小女孩讲明一切。他是这样说的："花儿！在这里欣欣向荣……暴风雨马上就要来临……看来你必须在摇篮里狠狠地摇晃一下！"

莎士比亚似乎没有提前讲述路易丝公主②的故事。这个如花似玉的女孩，这另一个贝尔迪达也将被带到波希米亚的不毛之地来吗？

一八三三年五月二十八日、二十九日，于布拉格

事变续篇——关于波希米亚——斯拉夫和现代拉丁语文学

混乱，流血，灾难，这就是波希米亚的历史；它的公爵和国王们，在内战和外战中，为了各自的目的和利益，与来自西里西亚、萨克森、波兰、摩拉维亚③、匈牙利、奥地利和巴伐利亚的公爵和国王们扭打在

---

① 在《冬天的故事》中，安提柯是西西里的一位老爷，而贝尔迪达则是西西里国王的女儿。
② 路易丝（Louise）是贝里公爵及其夫人的女儿。
③ 捷克斯洛伐克地名。

一起。

在旺塞拉斯六世统治期间,如果他的厨师没有把兔子肉烤好,就把他放到烤肉铁杆上。这时诞生了让·于斯,他曾就读于牛津大学,带来了维克莱夫的理论。新教徒到处寻找鼻祖,但就是找不到。据他们说,让站在高高的木柴堆上,高唱着有关于路德将来临的预言。

波舒哀说过:"世界充满了丑恶,于是诞生了路德和加尔文,他们将基督教徒安置在各地。"

基督教徒和异教徒之间的斗争,提前到来的波希米亚的异端邪说,外国资本的输入和外国风俗习惯的潜移默化,形成了谎言密布的混乱局面,波希米亚变成了一个巫师的国度。

一八一七年,由布拉格博物馆的图书管理员昂卡在科尼然霍夫教堂的档案馆发现的古代诗集是鼎鼎有名的。我非常高兴地提到年轻的昂佩尔先生,他是一个著名学者的儿子。将这些诗篇的灵魂思想公之于众。塞拉科夫斯基还将其中的著名篇章推广到斯拉夫的习惯用语之中。

波兰人觉得波希米亚的方言有点娘娘腔,这是古希腊多利斯和爱奥尼亚的抗衡。下布列塔尼的瓦讷地区认为下布列塔尼的特雷吉埃地区是未开化的地区。而斯拉夫人、马扎尔人对各种表达方式都欣然接受:我可怜的《阿达拉》按照匈牙利的审美观被穿上了奇装异服[①];她套着亚美尼亚的土耳其长袍,戴着阿拉伯的面纱。

另一种文化在波希米亚欣欣向荣。那就是现代拉丁文化。而这一文化的佼佼者,是博于拉斯·哈桑斯坦·洛科维茨男爵。他生于一四六二年,一四九〇年来到威尼斯。他访问过希腊、叙利亚、阿拉伯和埃及。洛科维茨比我早三百二十六年来到这些著名的地方,就像拜伦勋爵讴歌他的朝圣一样。在时隔三个世纪以后,我们有着迥然不同的灵魂、心

---

① 暗示《阿达拉》的匈牙利文译本。

灵、思想、习惯。我们在同样的废墟上和同样的阳光下思考。洛科维茨,波希米亚人,拜伦勋爵和我,法兰西的儿子!

在洛科维茨旅行期间,万人敬仰的纪念碑在坍塌之后,又重新站了起来,这是一个壮观的画面:食人生番用尽全身力气,将被打倒在地的文化死死地踩在脚下。穆罕默德二世的士兵,沉湎于鸦片、胜利和女人,手持弯刀,头绑血迹斑斑的头巾,整齐地排列在进攻埃及和希腊的废墟前的阵地上;而我,在同样的废墟中见过同样的野蛮人在文明的脚下自相残杀。

在布拉格市区和郊区漫步时,我刚刚讲到的东西与我的记忆相吻合了,就像光学视角①。但是,就在我所处的某个角落,我看见了赫拉德钦。而法兰西国王正靠在城堡的窗前,就像统治着所有影子的幽灵一样。

一八三三年五月二十八日、二十九日,于布拉格

向国王告辞——永别了——孩子们给妈妈的一封信——一个犹太人——萨克森女用人

我又一次游览了布拉格以后,五月二十九日六点钟,我去城堡里进晚餐。查理十世十分高兴。离开餐桌之后,他坐在客厅的沙发上,对我说:"夏多布里昂,你知道今晨到的《国民报》宣称我有权颁布法令一事

---

① 光学视角:从魔灯里发射出来的。

吗？""陛下，"我回答道，"陛下往我的花园里扔了石头。"国王犹豫了一下，终于打定了主意。"我心里有些不舒服，你在议员面前讲话的第一部分对我极为不利。"国王没给我回答他的机会，紧接着大叫道："噢！结束了！结束了！……圣德尼的……太妙了……太棒了！太棒了……别再说。我不想再这样下去……完了，完了。"他为自己竟敢拿这么一点点词儿去冒险而表示道歉。

我毕恭毕敬地亲吻了国王的手。

查理十世又说道："我想对你说的是，也许在朗布依埃没有为自己辩解是错误的；当时我还有的是办法①……但我不愿意有人为我流血，所以我退让了。"

我对这种堂而皇之的借口丝毫没有反驳；我回答道："陛下，波拿巴像您一样退让了两次，是为了不加深法兰西的罪孽。"我就这样用拿破仑的耀眼光辉掩盖住我那老国王的软弱。

孩子们来了，我们走近他们。国王谈到了小姐的年龄："怎么！小东西，你已经十四岁了。"国王惊叫道。小姐说："噢！我真的十四岁了！""那么，你想干什么呢？"国王问道。小姐突然沉默不语。

查理十世讲述了一些东西。波尔多公爵说："我记不清了。"国王回答道："我记得很清楚，这件事正好发生在你出生的那天。"亨利说："噢！那真是很久以前的事了。"小姐微微地将头靠在他肩上，脸面对她的哥哥，而她的目光却扫向我，略带挖苦地说："那您出生至今已有很久了啰？"

孩子们要走了，我跟孤儿告辞：我必须在夜里出发。我用法语、英语、德语跟他道别。为了讲述他流浪的遭遇，为了向外国人乞求一块面包和一个容身之所，亨利究竟要学会几种语言呢？

---

① 这也是夏多布里昂的意见。

当惠斯特牌戏开始时，我得到了国王的命令。"你去卡尔斯巴德看看王太子妃。"国王说，"一路顺风，我亲爱的夏多布里昂。我们将在报纸上看到有关你的消息。"

我在城堡里挨家挨户地向人们表达我最后的敬意。我在贡托夫人那儿再次见到了年轻的公主。她委托我转交一封给她母亲的信。信的下面还有亨利的几行字。

我必须在三十号早晨五点出发；肖忝克伯爵十分好意地为我在路上叫了一辆马车。我稀里糊涂地坐车一直到中午。

我带有可以在布拉格支兑的二千法郎支票。我来到一个又矮又胖的犹太人家里。他发出惊讶的呼喊声，瞅着我。他叫他的妻子来帮忙，她跑了过来，甚至可以说是滚到了我的脚下。她坐在我对面，又矮，又胖，又黑，两只手臂像一对翅膀。用她铜铃般的大眼睛盯着我。当我焦急等待的人从窗户潜入后，这个叫拉歇尔的女人不那么兴致勃勃了；我觉得自己被一个哈利洛亚所恐吓。经纪人拿出了他的财产，可以在犹太人的范围内通兑的支票；他补充说他将把二千法郎送往我住的旅馆。

二十九号晚上，仍没见钱的影子。三十号早晨，几匹马都已套上车时，来了一个带着装满指券①及各种票据的包的职员。这些指券和票据在当地或多或少已失去价值。在奥地利国外一文不值。我的账户被分成几部分，只剩下些余额。这可是"好钱"，我大吃一惊："你们要我拿这些做什么用？"我对职员说道。"怎么，要用这么张白条支付邮资和旅馆的花销吗？"职员跑着去查找原因。另一个职员过来跟我没完没了地算来算去。我把第二个职员打发走；第三个职员用布拉邦特②的埃居还给我。我走了，再也没有耐心在耶路撒冷的姑娘们当中呼吸自如了。

我的马车停在门边，被旅馆里的人围得水泄不通。在他们当中有一

---

① 是一七八九年至一七九七年流通于法国的一种国家担保的证券，后作为通货使用。
② 比利时省名。

222

位萨克森的美丽女仆，她总是在两次铃响间的空当儿奔向一架钢琴：恳求利穆赞的莱奥纳尔德或皮卡第的方雄为你弹奏《唐蒂·帕尔皮蒂》或《摩西的祈祷》钢琴曲①。

一八三三年五月二十九日，于布拉格

我给布拉格留下的

我是提心吊胆地走进布拉格的。我对自己说：为了迷失方向，只消将自己的命运放在上帝的双手之上；上帝为了人类而创造奇迹，但他放弃了对他们的引导，没有了引导，人就可以自作主张：人类使这一奇迹的胜利果实损失殆尽。在这个世上，并非所有的罪恶都会受到惩罚；错误更是如此。罪恶是人类无穷无尽的和普遍的天性；只有上天对此一清二楚，偶尔对此加以惩罚。有度的间或的错误是地球上狭隘主义的产物：这就是人们无法原谅君主制的最后的错误的原因。

我还对自己讲：我们目睹王室摔倒在无法弥补的错误上，还在为自身本性的错误估计而自命不凡：一会儿自认为自己是神圣的独一无二的家族；一会儿又是无可救药的自私的家族；一般情况下，他们是凌驾于公共法律之上或自律在法律的范围之内。他们违反宪法吗？他们大声疾呼自己拥有权利，他们是法律的源泉，他们不能凭一般的法规评判。他

---

① 这是两支罗西尼的著名钢琴曲，前者被收录在《唐克雷德》中，后者收在《摩西》中。

们愿意在家庭内部犯错吗，比如给王位的继承者进行危险的教育，他们激动地回答说："一般人可以随心所欲地对孩子做一切事情，而我们做不到！"

不，你们不能这么做；你们既不是一个神圣的家庭，也不是一个私人的家庭，你们是一个公共的家庭；你们属于整个社会。王室的错误不仅冲击王室本身；而且对整个国家不利。国王失误可以一走了之；但是国家又何去何从呢？国家没有一点不正常吗？那些依旧与被架空了的王权息息相关的人和自己面子的牺牲者，难道他们没有在仕途中受阻吗？没有追随他们的亲朋好友吗？没有被束缚而失去自由吗？没有在生活里受到威胁吗？再重申一次，王权不是私人财产，而是公共的，不可分的，其中部分已与王位的命运结为一体。我害怕，在与痛苦密不可分的混乱中，王权不能看清这些事实，而且及时采取措施挽回。

另外，在认识撒利克法典的巨大优点的同时，我并没有忘记种族的延续对人民和国王有着种种很明显的不利因素：对人民来说，因为他们将他们的命运和国王的命运联系得太紧密了；对于国王来说，因为永久的权利使他们陶醉；他们将地球上的普遍规律抛之脑后；这一切都不在他们的祭台上，虔诚地拜倒在地祈求，谦卑的愿望，匍匐在地，其实是亵渎宗教的行为。痛苦并不属于他们；逆境只是使平民丧失尊严，灾难对他们来说只是蛮横无理的行为。

我有幸受了骗，我根本就没发现查理十世在社会上层所犯下的滔天大错；我只是在统一的幻象中发现了始料不及的事件，这是可以理解的。这一切都是为了安抚路易十八兄弟的自尊心；他目睹了政治世界崩溃，他不无理由地将这种崩溃归罪于时代，而不是他个人：路易十六没有完结吗？共和国没有垮台吗？波拿巴不是被迫两次放弃他那光荣的一幕，而后主动躺在棺材里等死吗？欧洲的王权不是岌岌可危吗？那么，他查理十世除了被推翻的政权还能有什么作为？他想在敌人面前自卫，警察和公众的征兆对面临的危险已给他提出了警告：他掌握了主动权；他以攻为守。三次暴动的英雄们不是承认他们是暗中策划好的，他们在十五年之内扮演了一幕喜剧吗？好！查理认为努一把力是他的责任；他试着想挽救法国的王位继承权，继而想挽救欧洲的王位继承权，他投入了战斗，结果失败了；他为拯救君主制而做出了牺牲；这就是一切：拿破仑有滑铁卢战役，查理十世有七月的日子。

就这样，事情发生在不幸的君主头上；他是一成不变的，依靠在这些左右和奴役他思想的事件上，由于坚持不懈的努力，他终于达到了一定的高度：具有幻想力的人，他聆听你讲的话，他不因与你意见相左而大发雷霆，他似乎全身心地投入，又好像完全置身事外。他成了大家公认的原则，我们把这些原则当作在他身前的一些土筐；然后在此掩护下，向过路的聪明人开火。

根据历史上的那些周而复始的事件，大多数的蔑视其实是作自我规劝；人类依旧处于它的老位子上；他们将激情与思想混为一谈：前者古今皆同，后者则随着时间的推移而改变。如果说一些行动的物质影响在不同的年代是相似的话，那么产生的这些结果的原因则不尽相同。

查理十世自诩是一个原则，然而事实上有一些人，由于生活在一成不变的思想里和区别甚微的一代又一代人当中，他们只是变成了纪念碑。某些个体，由于时间和举足轻重的地位的影响，由东西转变成了人；这些个体在事情刚刚失败后灭亡；布鲁图和加图是带有罗马色彩的共和国；他们不能再生存下去，当鲜血止住时，心脏也停止了跳动。

我曾经这样勾勒查理十世[①]的画像：

"十年来，您也看见了，忠诚的话题，值得尊敬的兄弟，温柔的父亲。如果他们当中有一个儿子受苦受难，其他人一定会来安慰鼓励！

---

① 见路易十八死后出版的小册子《国王死去》《国王万岁》。

你很清楚，这个波旁在我们痛苦之后，是第一个到来的，可谓法兰西的传令官，手持一束百合，投身于你们和欧洲中间！你用充满感情和满意的眼光看着这位亲王。他有他这个年龄的成熟，有年轻人的魅力和高贵气质。他现在头戴王冠，不再仅仅是你们当中的一个普通的法国人！你用激情的话语重复这个年轻的君主的话语，它能够从他高贵的心灵中汲取金玉良言！

"我们当中有谁不信任他的生命、他的命运、他的名誉？这个人是我们永远的益友，我们当今的国王。啊！尽量使他忘记为他的生命所做的牺牲吧！但愿王冠在这匹基督教战马的白色头顶不是那么沉甸甸的！虔诚如同圣·路易，亲切、富有同情心和公正如同路易十二世，彬彬有礼如同弗朗索瓦一世，真诚如同亨利四世，希望他获得他久违的幸福！当众多君王遇到波折时，但愿王冠是他的一个栖身之所。"

另外，我还要歌颂同一个亲王：榜样已老矣，但是我们依旧记得他们在画像中年轻的模样。岁月用夺走使我们神采奕奕的某种诗歌的精华的方法让我们老去，然而大家无论如何还是喜欢已经枯萎了的面容和自己的行为。我曾为亨利四世的家族高唱赞美诗；我将带着宽广的胸怀又再次唱起来，面对着对王位继承权的鄙视和它给我带来的种种不幸，如果它是用作重生的话。原因是合法的君主立宪制一直都是我走向完全自由的最温和、最可靠的道路。我曾想过用找出这种政体的优点的方法行动起来，做一个好公民，如果这要靠我的话，我将给它足够时间来完成社会和风俗习惯的逐渐改造。

我要用十足的事实驳斥人们对他未来的飞短流长的办法来帮助查理十世回忆。党派之间的敌对情绪使他成了一个对自己誓言不忠的人和政治自由的破坏者：他根本就不是那样的人。他曾攻击宪章[①]因而有着良

---

① 法国一八一四年的宪章。

好的声誉；他从来没想过，也不应该想违背誓言；他有坚强的意志，在拯救了宪章之后；用他自己的方式，并按照他的理解，重新把它建立起来。我是这样看待查理十世的：温和，尽管对某些事发脾气，善良温柔地对待家人，亲切、轻盈、不自傲，具有一名骑士的所应有的精神，忠诚、高贵、礼貌而又典雅，但同时也有虚弱的一面，这并没有排除他被动的勇气和英勇献身的光荣；不能将一个好的或坏的解决方法坚持到最后；带有对他这个时代和身份的偏见；在一个平凡的时期，是一个恰当的国王；在一个非常的年代里，是一个多灾多难的人，而不是一个不幸的人。

一八三三年五月二十九日、三十日，于布拉格及途中

波尔多公爵

说起波尔多公爵，我们应该把他看作一个永远在战马上的赫拉德钦的国王，总是挥剑前进。毋庸置疑，他是勇敢的；但在这个时候，将征服的权力弄得沸沸扬扬是错误的。让亨利四世登上王位就行了。没有勇气，我们就不能统治；有勇无谋，也不行；波拿巴将胜利的威信给葬送了。

对亨利五世可以设想成一个非凡的角色：我猜想他在二十岁时就弄清了自己的位置，并对自己说："我不能一动不动；身为王族，对过去我有应尽的职责，但是，我非得让法兰西仅仅因为我的缘故而动荡不安吗？我应该掂量以往年代在未来世纪的重量吗？解决问题：为不公正

地将我在幼年时期流放异国他乡而感到后悔，向他们展示我能做的。我只知道靠效忠国家重新献身于世袭君主制的原则，而不管战斗的结果如何。"

于是，圣路易的儿子带着双重目的来到法国——光荣和牺牲；他带着坚定的信念来到这里，一顶王冠戴在头上，或是一颗子弹在心中；最后，他的继承权给了菲利普。亨利的胜利的生和崇高的死巩固了王位继承权，只是抛弃了那些与时事不合拍的东西和跟不上年代的人，另外，想着我年轻的王子的牺牲，并不是为了我：亨利五世去世后，没有孩子，我将对法国的君主制一无所知。

我任自己走进了梦境：我料想抓住亨利的决定是不可能的：就方法而言，我置身于凌驾在我们之上的秩序中；这一秩序对于缥缈而崇高的时代来说是很自然的，今天它只是一种小说中的赞美，这就是我当时发表意见时所讲的，他回到了十字军东征时代；然而，我们实实在在地处于正逐步减少的人道主义的现实悲剧之中。这就是灵魂的处置，亨利五世发现了在内部对法国的冷淡，在外部对王权的不可逾越的障碍。因而他必须绝对服从，他得同意等待事情的发生，至少，他决定了一个我们不会忘记的烙下了名字的冒险家的角色，他必须回到一系列平庸的事实，而不是每次让自己承受过重的负担，让各种困难将他重重包围。

波旁王朝能够在帝国灭亡之后一统天下是因为他们成功地继承了专制制度：试想，完全自由已没有利用价值以后，亨利由布拉格迁往卢浮宫，法兰西民族从内心里不喜欢这种自由；但她崇尚平等；她只推崇一切为自己，和由自己掌管一切，她的虚荣心规定自己只做那些非做不可的事。《宪章》想把本已是两个不同的民族——古代法兰西和现代法兰西统一在一种法律之下，但却前功尽弃；怎么，当偏见已经产生的时候，您怎能让这样和那样的法兰西相互谅解呢？您不可能在众目睽睽无可争议的事实面前重新找回原来的思想。

就激情和无知而言，波旁王朝是给我们带来痛苦的罪魁祸首；旧的职位的复位是城堡统治机构的重建，波旁王朝是这些不平等条约的元凶，我完全有理由对此抱怨连连。没有什么比这些指控更荒谬了，时间被人遗忘，事情也大部分变了质。复辟王朝[①]只是在第一次遭到入侵时利用了一些外交手腕的影响。众所周知，人们一点都不喜欢这个王朝，因为我们已和波拿巴在沙蒂隆谈判；只要他愿意，他依旧是法兰西的皇帝。由于他天性中的顽固和智者千虑必有一失，我们选择了那时的波旁王朝。帝国的少将先生，参与了当时的交易；我们在《亚历山大的生活》[②]中看到一八一四年所签订的巴黎协定给我们留下了什么。

一八一五年，问题不再是波旁王朝，他们在第二次入侵中不再搞掠夺协议了：这些协议的结果导致打破了违反厄尔巴岛的放逐令。在维也纳，他们声称只针对一个人来结成联盟；他们既不打算把任何形式的主人，也不企图把任何形式的政府强加给法兰西。亚历山大甚至向国会提出路易十八以外的其他君主。来自杜伊勒利宫的路易十八并不急着盗走他的王冠，他不会君临天下。一八一五年的协定可恶至极，完全是因为我们拒绝听取王位继承权的慈父般的声音，正是为了让这些协定化为灰烬，我才预备在西班牙重建我们的权威。

我们仅仅在埃克斯·拉·夏佩尔国会上找到了主旨；联盟国已经商定要夺去我们的东部和北部的省份：黎塞留先生从中进行干预。沙皇同情我们的遭遇，十分公正地在黎塞留公爵的面前拿出法国地图，并在上面画出了最后的国界线。我曾亲眼见到蒙卡尔姆夫人手中的这张斯提克斯地图，她是尊贵的谈判者的姐姐。

法国就像过去那样被占领了，我们坚固的国土上站着外国的卫戍

---

① 法国复辟王朝时期（一八一四——一八三〇年）。
② 见《维罗纳会议》的"亚历山大，他一生的缩影"第一章。夏多布里昂在此是要说明，由于亚历山大，法国才没有在一八一四年受到不公正的对待。

部队,我们还能坚持到底吗?一旦各省被剥夺了武装,我们还有多少时间在敌人的征服下呻吟叹息呢?拥有一位来自新家庭的君主,一位临时的王子,是不会受到人们尊敬的。在联盟国中,有些人在庞大家族的气势面前退缩了,其他人则认为,在已过时的强权政治下,王室丧失了它的能力,不再是一个令人担忧的问题:科贝特自己在信①中也持相同看法,这是一种无形的、奇异的徒劳无益,如果我们仍是古老的高卢人,那么我们就必须拿出我们最痛恨的血腥。这种鲜血,八个世纪以来一直在法兰西血管里流淌着,是这种鲜血把法国变成了现在这个样子,而且拯救了她。为什么要顽固地、没完没了地否认既定事实呢?人们滥用胜利反对我们,就像我们曾滥用胜利反对欧洲那样。我们的军队曾挺进俄罗斯;他们后撤时带回了在他们前面逃跑的士兵。行动,再行动之后,就是法律。这对波拿巴的耀眼光芒丝毫没有影响,孤立的光芒保持着其统一性;这也无损于我们的民族自豪感,尽管这种自豪感盖满了我们旗帜,横扫欧洲的滚滚征尘。在过分公正的困扰下,在万恶之中找出真正的原因是没有用的。远不是由于这种原因,而使得波旁王朝成为我们的梦想,使得我们四分五裂了。

分析一下如今以复辟王朝当靶子的诽谤;有人就对外关系的成果提出疑问,我们将因在路易十八和查理十世统治下的强国的语言独立而充满信心。我们的君主有着强烈的民族自尊心;他们更是国外的皇帝,外国对重建从来就没有诚意,只是不情愿地看着年迈的君主制复活。这一时期法国的外交辞令,我认为,也应该说是特殊的贵族政治;民主,有着广泛而丰富的道德,当它占上风时又是狂妄自大的:当需要大量牺牲时,表现出无与伦比的慷慨大方,它输在一些琐事上;很少有人把它捧得很高,尤其在长期的战乱中。英国和奥地利宫廷对王位继承权的部分

---

① 这封给夏多布里昂的信的译文见《维罗纳会议》。威廉科·科贝特(一七八二—一八三五)是一个英国的激进派论战者。

仇恨来自波旁王朝内阁的强硬。

远不是要加快王位继承的步伐，更重要的是要支撑住百废待兴的局面；在国内的大力支持下，我们建立了一座座高楼大厦，就像在一片岩石中开凿出来的船坞中建造一艘可以经得住海浪的军舰：这样，英国的自由形成了诺曼底法律的主旨。不能抛弃君主制的幽灵；这位中世纪的百岁老人犹如当多洛①一样，漂亮的头上长着一双眼睛，否则，就什么也看不见了：老人能够指引年轻的十字军，带着满头白发，在皑皑白雪上深深地印下挥之不去的脚印。

可是，在我们深深的恐惧里，多少偏见、羞愧和虚荣心蒙蔽了我们的双眼，我们很了解；但是后代们将会认识到复辟王朝在历史上是周而复始的革命中最幸福快乐的阶段之一。热情没有熄灭的党派现在可以站出来高呼："我们在第一帝国时期是自由的，而在完美的君主制的统治下才是奴隶！"后代们将不会在这些可笑的谎言上纠缠不休，如果不是诡辩者的话；他们会说波旁王朝预见了法国的分崩离析，会说它加深了具有代表性的政府在我们心目中的地位，会说它搞活财政，偿还不是他们承担的债务，一直认真支付罗伯斯庇尔的姐姐的抚恤金。最后，为了对我们已失去的殖民地做出补偿，他们在非洲给我们留下了罗马帝国的一个最富庶的省份。

在复兴的王位继承权中，有三件事已成定局：她进入了西班牙的加的斯；她还给希腊的纳瓦兰以独立；她用占领阿尔及尔的方式跨越了基督教国家；这些是波拿巴、俄罗斯、查理五世和欧洲都未能实现的，这是一个仅维持了几天的政权，并且争议颇大，但却完成了这样多的事情，你能给我再找出一个来吗？

真心诚意地讲，我丝毫没有夸大，我只是陈述了一些诸如我刚刚

---

① 当多洛家族在威尼斯出了几个执政官。其中最著名的昂里科·当多洛生活在十二世纪，活到近一百岁。

提到的王位继承权的有关事实。波旁王朝肯定既不愿意也不可能重建宫廷君主制，只能满足于一个贵族和神父的小集团；可以肯定他们绝不是被联盟军带回来的；他们的回归纯属偶然，我们灾难的根源不是来自他们，是明显地来自拿破仑。但也可以肯定的是，第三王族[①]的复兴很不幸地与外国军队的成功同时发生。哥萨克人正好在我们再次见到路易十八时在巴黎出现了：于是为了受屈辱的法国，为了特殊的利益，为了各种激情，复辟王朝和入侵二者是一致的；波旁王朝成了混乱的事实的牺牲品，成了变相诽谤的靶子，就像其他那些事情，是一种真实的谎言。唉！想逃避自然和时间制造的灾难是不可能的！大家徒劳地与之做斗争，有理并不一定就会获胜。帕西勒人，一个非洲古老的民族，拿起武器与南部的狂飙斗争；刮起了一阵旋风，吞没了这些勇敢的人："纳扎莫人，"希罗多德说道，"他们夺回了被遗弃的城市。"

说起波旁王朝的最后一次灭顶之灾，我不由得想起了他们的开端：我不知道在他们的摇篮里让人听到了来自坟墓的什么预兆，亨利四世并未感到自己是巴黎的主人，他有了一种不祥的预感。暗杀行动又开始了，没有警告他的勇气，影响着他自然而然的快乐情绪。一五九五年一月五日，在迎圣灵的宗教仪式上，他一身漆黑，上嘴唇打了膏药，这伤口是在让·夏泰尔一剑想刺向其心脏时划破的。但神情忧郁；德巴拉尼夫人曾向他问起原因；他回答道："怎么，我难道因为看到一个如此忘恩负义的人还会高兴吗？更何况我已经尽我所能做了，并且每天还在为人民做一切事。为了拯救人民，我愿意死一千次，愿意成天面对新的谋杀，如果上帝愿意赐给我这么多次生命的话，因为自从我来到这儿，我一直没有谈到别的事。"

然而，这个人大呼："国王万岁！"一位宫廷大臣说道："陛下，请

[①] 在《在法兰西历史的正确分析》的开头部分，夏多布里昂指出，正如人们在十八世纪经常所做的那样，历史上有三个王族，墨洛温王族、卡洛温王族和卡佩王族。

看看您的臣民是如何以能见上您一面为荣。"亨利摇摇头说:"这只是一个人。如果我的最大的敌人处在我的位置,而且他也看到了这一切,他会像对待我一样对待他,甚至喊声会有过之而无不及。"

一位联盟成员远远看见消沉的国王在华丽马车的里面,说道:"他已经在双轮马车的底部了。"你难道不觉得这位联盟成员就像是说从寺庙来到断头台的路易十六吗?

一六一〇年五月十四日星期五,斐扬派的国王对同行的巴松皮埃尔和吉兹公爵说道:"你们现在并不了解我,你们这些人;当你们失去我时,那时你们就会知道我的价值和我与其他人的区别了。""我的上帝,陛下,"巴松皮埃尔说道,"您能不能停止折磨我们?尽说一些您会死的话。"接着,元帅就沉浸在向亨利描绘他的光辉业绩之中,他的成功,他的健壮身体和青春常在。"我的朋友,"国王回答道,"必须离开这一切。"拉瓦伊阿克站在了卢浮宫的门口。

巴松皮埃尔退下去了,他再见到国王时是在他的书房里。

"他躺在床上,"他说道,"维克先生也坐在这张床上,将十字架勋章放在嘴唇上,向他说起对上帝的怀念。勒格朗[①]先生来了,跪在小路边,执起他的一只手亲吻,我跪在他的脚下,一边拥吻,一边痛哭流涕。"

这就是巴松皮埃尔的记述。

跟随着这些痛苦的回忆。我好像又看见了在赫拉德钦的长厅里,波旁王朝的最后几个人悲伤、忧郁地走过,就像波旁王朝的第一人[②]站在卢浮宫的长廊里一样:我来吻死去的君王制的双脚。无论它永远地死去或者复苏,她都将得到我最后的誓言:明天,当它最终消失时,共和国就为我开始了。帕尔卡女神应该出版我的《回忆录》,也许不会立即出

---

① 勒格朗(le Grand),法兰西的年轻贵族。
② 指亨利四世。

版①，当它全部出版时，当人们可以看到它的全貌，心情沉重时，人们将会了解，我在遗憾和推测中受骗上当到了何种地步。——向悲痛致敬，向我曾效力的，并以我最后的日子的休憩为代价继续效力的一切致意，我觉得我的真言或谎话在我每况愈下的日子里，如同枯萎而轻巧的树叶，在不断的微风的吹拂下将很快随风飘散。

如果高贵的家族们走向末路的话（将来的一切可能和生气勃勃的希望不停地在人们心灵深处滋长且撇开不谈），难道一个与他们的伟大相称的结局，他们在过去岁月的夜晚随着时代而隐退，不是更好吗？将这些没有显赫声名的日子延伸下去是不名一文的；人们对你和你的夸夸其谈已经厌倦了；他们抱怨你老是赖着不走：亚历山大、恺撒、拿破仑都是在盛名之下，急流勇退。为了美丽地死去，就必须早死，不要跟孩子们提起春天："怎么！就是这个天才，这个伟人，这个家族，让人们拍手叫好，我们为之付出了头发、微笑和对生命牺牲的一瞥！"看到年迈的路易十四除了维尔鲁瓦老公爵外，身边找不到其他人聊聊他的年代，是多么惆怅啊！这是大孔代的最后一次胜利，在他的坟边遇见了波舒哀：演说家使尚蒂利的死水复活了，使老年人返老还童，重新塑造一个年轻人的青春；他将在罗克鲁瓦上的获胜者的前额的头发再染成棕色，说他波舒哀对他的银发道一声不朽的永别。爱好荣耀的你们，好好照看你们的坟墓；好好在这儿躺着，尽量保持最佳状态，因为这里将是你们的长眠之所。

---

① 当他写到这里时，夏多布里昂对《回忆录》在其死后马上出版并不抱太大希望。（见《回忆录》前言）

篇章三十八

王太子妃

从布拉格到卡尔斯巴德的道路一直延伸到令人烦心的，沾染了三年战争鲜血的平原。在夜里穿过这片战场时，在战神面前，我感到丢脸，他将天空缠绕在指间，如同一个戒指。我们可以看见远处树木繁茂的小山脚下，流着潺潺的溪水。卡尔斯巴德的医生的纯良美德与医神山的蛇形山路交相辉映，蜿蜒到小山下，来喝伊日酒杯里的琼浆玉液。①

"城市塔"是一个坐落在城市最高处的塔楼，上面装着一口钟，守卫们一旦看见一个陌生人就吹号。他们把我当成一个垂死挣扎的人，用欢乐的曲调向我致意，群情激昂地在路上奔相赴告，"这是一个关节病患者，一个精神忧郁者，一个近视眼！"唉！我比这严重多了，我已病入膏肓。

三十一日早晨七点钟，我下榻在博尔佐纳伯爵开的金盾旅馆，伯

---

① 主要是指医学天神，是一条缠在一捆长条形棍子上的蛇。医神的女儿伊日象征着健康（健康女神）。

爵是一个破了产的贵族。住在这家旅馆的还有科塞伯爵及夫人（他们比我先期到达），我的同乡特罗戈夫将军，他不久以前曾任圣老卢堡的总督，这个在朗迪维齐奥的朗德尔诺月光的眷顾下出生的人，又矮又胖，在大革命期间在布拉格的奥地利精锐部队的上尉。他刚探望过被流放的长官，圣克卢的继承人，在那个时候是圣克卢的一名修道士。过后，特罗戈夫回到了下布列塔尼。他带回了一只匈牙利夜莺和一只波希米亚夜莺，吵得旅店里的人无法入睡，它们一直在抱怨着代雷①的残酷暴行。特罗戈夫给它们填满了烤牛心，也没能让它们战胜痛苦。

我和特罗戈夫像两个布列塔尼人那样拥抱在一起。将军又矮又胖，圆滚滚的，像一个科尔努阿伊的塞尔特人，在真诚的外表下有一颗细腻的心，言谈之中不乏诙谐感。他逗得王太子妃相当开心，而且因为他懂德语，她还和他一块儿散步。科塞夫人通报我来了，她告诉我可以在九点半钟或中午去看她：中午，我如约而至。

她住在村头一所单独的房屋里，它坐落在泰普尔河右岸，小河流经高山，蜿蜒穿过卡尔斯巴德。登上公主的房间的楼梯，我有些心绪不宁：我就要见到公主了，几乎是第一次见面，这是人类痛苦的一个完美的典范，这个基督教的"安提戈涅"。我过去与王太子妃交谈总共不到十分钟；那是在她短暂的幸福日子里，每次才两三句话；她与我交谈时显得很尴尬。尽管我总是以一种深深的敬意来写或说她，王太子妃想必是对我抱有前厅教徒们的偏见，她生活在他们中间：王室成员整天孤独地生活在充满愚昧和嫉妒的城堡中，<u>重重包围</u>，新的一代根本就进不去。

一个仆人为我打开了门；我看见王太子妃坐在客厅深处两窗之间的沙发上，手里正绣着一块挂毯。我进去时是如此激动，以至于我不知道自己能否一直走到公主的身边。

---

① 根据传说，夜莺因饱受代雷的暴行摧残，故而用"抱怨填满空间"：这是维吉尔的一首诗句的含义，被夏多布里昂引用。

她抬起了专心做活的头,似乎是为了掩饰她自己的情感,跟我聊了起来,她对我说:"我很高兴见到您,夏多布里昂先生;国王向我通报了您的到来。您整夜都在赶路吗?那么您一定很累了。"

我恭敬地把贝里公爵夫人的信交给了她;她接过去,放在身边的沙发上,说:"请坐,请坐。"接着她以一种迅速、机械和痉挛的动作,重新开始了她的刺绣。

我闭口不言;王太子妃也保持沉默:只听见公主的针线在布上穿来穿去的声音,在绣花底布上我看见掉下了几滴泪珠。这个不幸的人不停地用手背擦拭眼睛,并没有抬起头来。她问我:"我弟妹怎么样了?她好可怜,好可怜。我真为她抱冤,为她抱冤。"这短促的、不停重复的话没能使打断的谈话重新开始,两个对话者都没有了心情。王太子妃双眼因流泪而红肿,使她徒自增添了一份美丽,酷像斯巴齐诺① 圣女。

"夫人,"我回答道,"贝里公爵夫人的确很不幸。她要我在她被囚禁期间将她的孩子们托付给你。想到亨利五世能重新找到陛下这样的第二个母亲,这将大大缓解她的痛苦。"

帕斯卡② 有理由将人类的伟大和痛苦掺和在一起:谁会相信王太子妃把诸如女王、陛下的称号看得很重?其实这对她来说是很自然的事,尽管她也知道这些称号不过都是虚荣而已。对了,"陛下"这个词真是个神奇的字眼;它照射在公主的额头上,一瞬间将乌云一扫而空;可这些乌云像一顶王冠似的又猝然地重新笼罩在她的头上。

"噢!不、不,夏多布里昂先生,"公主看着我,停下了手中的活儿,"我不是女王。""您是的,夫人,根据王族的法律,您是女王:太子殿下只能退位,因为他是国王。法兰西将您视为她的女王,您将是亨利五世的母亲。"

---

① 痛苦的"痴"圣女,儒勒·罗曼的油画,珍藏在普拉多。
② 帕斯卡(Pascal),法国数学家、物理学家和哲学家。

王太子妃不再争辩：这个可怜的女孩，打扮成女人的模样，脸上洋溢着崇高圣洁的光彩，使其更增添了几分魅力，与平民的联系也更加紧密了。

我高声朗读着委托信，信中贝里公爵夫人向我解释了她的婚姻，要我到布拉格来，要求保存其法国王妃的称号，将她的孩子托付给她的嫂子。

公主又重新开始了她的活计；当我读完信后，她对我说："贝里公爵夫人有理由相信我，这太好了，夏多布里昂先生；太好了：您对她讲，我十分同情我的弟妹。"

除了叫我向贝里公爵夫人转达她的同情之外，再没有其他的了，这让我清楚地了解到，这两个人之间实际上并没有多少感情，我也觉得似乎有一种并非自愿的情感在冲击着圣徒的心。多么残酷的竞争！玛丽·安托瓦内特的女儿不必忧心这场斗争；棕榈叶始终在她手上。

我又说道："如果夫人想看贝里公爵夫人给您的信和给她的孩子们写的信，您可能在其中找到新的解释。我希望夫人写一封信，让我带回布莱。"

信是用柠檬汁写的。"我一点也看不清，"公主说道，"我们该怎么办？"我建议用一只小火炉，里面放上一些白色的小木片；夫人拉了一下铃，铃绳一直伸到了沙发后面。一个仆人走进来，接受了命令，将炉子搁在客厅门前的平台上。夫人站起身来，我们于是走向火炉。我们将它放在一张小桌子上，旁边用楼梯的灯照明。我拿出两封信中的一封，平行地放在火焰上方。王太子妃看着我，并笑了笑，因为我没成功。她对我说："给我，给我，该轮到我试试了。"她将信在火焰上方荡来荡去，贝里公爵夫人的粗大的圆形字迹出现了；第二封信也如法炮制。我祝贺夫人的成功。奇怪的一幕：路易十六的女儿和我一起坐在卡尔斯巴德高高的楼梯上，辨认着这些神秘的字体：布莱的俘虏写给寺院的俘虏的信！

我们重新回到客厅里坐下。太子妃读着给她的信。贝里公爵夫人谢谢她嫂子对自己厄运的同情，把她的孩子托付给她，特别交代将儿子托给他的婶婶管教。写给孩子们的信只是些温柔抚慰的话。贝里公爵夫人请亨利使自己成为无愧于法兰西的人。

太子妃对我说："我弟妹给予了我公正。我很了解她的苦衷。她肯定很痛苦，很难过。请您告诉她，我会照顾好波尔多公爵先生。我很爱他。您是怎么找到他的？他的身体很好，不是吗？很健壮，尽管有些神经质。"

我与夫人面对面地交谈了两个钟头，这是很少有的荣幸；她看起来很高兴。不要总是对我抱有敌意的偏见，她大概将我看作一个强壮、充满优点的人；她认为我和蔼可亲，是个好小伙子。她真诚地对我说："我将像平时那样散散步；我们三点钟吃饭，如果您不午睡的话，就请光临。我希望这不会使您太累。"

我不知道我究竟为什么会如此成功，但值得肯定的是坚冰已经融化，冰释前嫌；这种与宫廷的路易十六和玛丽·安托瓦内特紧密相连的目光，善意地投射在一个可怜的仆人身上。

我终于使太子妃不再感到局促不安，但我却感到特别压抑：害怕超过我类似于在查理十世身边时所能控制的限度。也许是我没有那引出夫人灵魂深处的崇高内涵的诀窍；也许是我对她的崇敬关闭了思想交流的大门，我感到一种痛楚的无助正在走近我。

三点钟，我又来到了太子妃的家中。我在那儿见到了埃斯泰拉齐伯爵夫人和她的女儿——阿古尔夫人，以及小奥埃热尔蒂先生和特罗戈夫先生；他们为能在公主家吃饭而感到十分荣幸。曾经十分美丽的埃斯泰拉齐伯爵夫人风韵犹存；她曾经在罗马与布拉加公爵结合。大家肯定她已融入了政治当中，并将自己所学全部交给了梅特涅亲王先生。在出宫廷时，夫人被派往维也纳，她遇见了后来成为她同伴的埃斯泰拉齐伯爵夫人。我注意到她很认真地听我讲话；第二天她很天真地对我说，她彻夜在写写画画。她决定出发去布拉格，在一个约定的地方安排了与布拉加先生的秘密会晤；从那里她将去维也纳。在间谍活动的安排和促使下，旧情复燃了！什么事情！多么兴奋！埃斯泰拉齐小姐一点也不漂亮，她看起来聪明又狡猾。

阿古尔子爵夫人今天很虔诚，她是一个在所有公主的办公室里都可见到的重要人物。她尽其所能使其家庭发达，她跟所有的人说话，特别是我；我曾有幸安置了她的侄儿们；她似乎对已故的司法大臣康巴塞雷斯也很有热情。

晚餐是如此的难吃和不丰盛，出门时我仍饿得发慌；就在太子妃的客厅里进行，因为她没有餐厅。晚餐过后，有人移走了桌子；夫人又坐在沙发上，开始了她的活计。我们围坐在一起。特罗戈夫讲起了夫人喜欢的历史故事。她很关心女人们，是有关吉施公爵夫人的问题。"她的辫子织得不怎么好"，王子夫人说道，这话令我惊讶不已。

坐在沙发上，夫人可以透过窗户把外面的一切看得清清楚楚。她挨个说着散步的男人和女人的名字。这时，过来了两位身着苏格兰服饰的骑士，带着两匹小马；夫人停下工作，不停地看着，说道："这位是……夫人（我忘了她的名字），她要和孩子们到山上去。"玛丽泰雷滋[①]很奇怪，她知道附近的规矩，戴王冠的公主和上绞刑架的公主从其生活的高峰降到与其他女人的相同的水准，她们使我特别感兴趣；我带着一种哲学家的怜悯观察着这一切。

五点钟，太子妃坐马车出去散步，七点钟我又回到晚会上。一切照旧：夫人坐在沙发上，吃饭的和五六个年轻或年迈的喝水的人扩大了围

---

① 这是昂古莱姆公爵夫人的名字。

成的圈子。太子妃的努力叫人感动，显而易见，是为了表示出大度；她和每个人都聊两句。她几次提到我，将我介绍给大家，但在每两句话中间，她总是有一个停顿。她的针动作加快了，她的脸几乎贴着手中的绣毯，我注意看着公主的侧面，夫人与其父亲有着惊人的相似之处：当我看见她的头低得就像在一把痛苦的利剑下时，我仿佛看见了路易十六眼睁睁地看着利刃落下时的情景。

八点半，晚会结束了；我又累又困，很快便入睡了。

六月一日，星期五，我五点钟就起床；六点钟我来到米朗巴德（风车浴）：饮酒作乐的人们围绕在喷泉边，在一排排树荫下或紧挨着的花园里漫步。太子妃来了，穿着一件紧身的灰色裙子；肩上围着一件旧披肩，头上戴着一顶旧帽子。她有着一副与其服装相称的表情，像她在巴黎裁判所监狱里的妈妈一样。奥埃热尔蒂先生是她的骑士，向她伸出了胳膊。她走进人群里，为舀泉水的女士们递杯子。没有人注意到马尔纳[①]伯爵夫人。玛丽-泰雷兹[②]，她的祖母，于一七六二年建造了这所叫米朗巴德的房屋；她也给予了卡尔斯巴德一些钟，它们将把她的孙女召唤到十字架下。

夫人走进了花园，我走近她：她似乎有点受宠若惊。我很少为王室成员而起这么早，可能除了一八二〇年二月十三日我去歌剧院找贝里公爵。公主允许我陪着她在花园转悠了五六圈，友好地交谈着。她说在两点钟接见我并给我一封信。我审慎地离开了她；我用完早餐，就用剩余的时间跑遍了山谷。

---

① 在卡尔斯巴德她就让别人这样称呼她。
② 老玛丽-泰雷兹皇后。

小故事——泉水——矿泉水——历史的回忆

就像所有的法国人一样,我在卡尔斯巴德只能找到沉重的回忆。这座城市以查理四世的名字命名,他是波希米亚的国王,来此治疗在克雷西受的三处伤,当时他追随他的父亲让作战。洛科维茨断定让是被一个苏格兰人杀死的;历史学家对此嗤之以鼻。

当他为保护高卢人的国界和朋友的土地而战时,他被一把喀里多尼亚①利剑直刺胸膛。

诗人是为了创造诗的意境而使用喀里多尼亚这个词吗?一三四六年爱德华正与罗贝尔·布律斯交战,苏格兰人与菲利普订有盟约。

波希米亚的让在克雷西的死是最有英雄气概,最悲壮的骑士的历险。让想去救他的儿子查理;他对随从说:"军官们,你们是我的朋友;我请求你们让我上前一步能够轻而易举地刺上一剑。"他们回答说愿意,并将照办……波希米亚国王冲锋陷阵,挥剑斩敌,十分骁勇善战,同样感染了他的战友们;直冲到英国人中间,第二天,人们发现所有战士都倒在那里,围着他们的首领,所有的马也围在一起。

大家几乎都不知道波希米亚的让被埋葬在蒙塔基的多米尼亚教堂里,在他的坟墓上我们可以看到这样的模糊不清的墓志铭:"他带领部下英勇战死,将他们一起托付给天主,请上帝保佑这位善良的君主。"

但愿这个法国人的过去能够补偿法国的忘恩负义,在新的多灾多难的岁月里,我们用亵渎圣物的行为恐吓上天,为了能够在古老的灾难里

---

① 苏格兰的古名。

熬下去，从他的坟墓中为我们扔出一个死了的王子。

在卡尔斯巴德编年史中指出：让国王的儿子查理四世在打猎时，一只猎狗在追逐一头鹿时失足跌进了一个滚烫的水塘里。惨叫声使猎人们闻声而来，斯普吕代尔的源头被发现了。一只在特普利茨水中被烫伤的猪将它指给牧人。

这是德国人的传说。我曾路过科林斯①；朝臣们的寺庙的灰烬散落在格利塞勒的废墟上；但是，由仙女的泪珠而形成的皮雷纳喷泉仍在月桂玫瑰中奔流不息，佩加兹飞骏马②在诗歌的年代飞奔。没有船舶的港湾的浪涛洗涤着倒下的圆石柱，柱头被浸在了水中，就像年轻姑娘的头埋在了沙子里；爱神木在浓密的枝叶中生长，替代了爵床③的叶子——这就是希腊的传说。

在卡尔斯巴德有八处喷泉，其中最有名的是斯普吕代尔，它是被猎犬发现的。这座喷泉在教堂和泰普尔河之间的土地下喷射出来，震耳欲聋，还带着氤氲的水汽，它不规则地喷出来，有六到七英尺高。只有冰岛的喷泉能胜过斯普吕代尔，但是没人会在生命断绝的埃克拉沙漠中寻找健康，那儿在夏季，每天都是白昼，既没有日出，也没有日落；在冬季，每天都是黑夜，没有曙光和黄昏。

斯普吕代尔的水可以煮鸡蛋、洗碗；这一大自然的恩惠为卡尔斯巴德的家庭主妇服务分忧：请想象，天才降低了自己的身份，在庸俗的作品上显示才华。

洛科维茨为斯普吕代尔温泉写了一篇拉丁文颂歌，大仲马先生把它意译成法文：

---

① 希腊地名。
② 神话中的飞马，即诗神所骑的有翼天马，后成为写诗灵感的象征。
③ 一种植物。

《Fons heliconianum...[①]》

喷泉是诗人们赞歌的主题,
你隐秘的热力的源泉是什么?
你那燃烧着硫黄和石灰的河床来自何方?
埃特纳火山[②]的熊熊火焰不再使云彩着火,
她是不是向你敞开了陌生的道路,
或者,斯提克斯的邻人,沸腾了你的水?

卡尔斯巴德是君主所通常会晤的地方;他们应为了他们和我们远离王冠,来此疗伤。

有人公布了一份斯普吕代尔每天游客的名单表:在一些古老的名册上,我们可以看到一些北方最知名的诗人和文人,如居洛夫斯基、登凯尔、韦斯、埃尔代、歌德;我希望见到席勒的名字,他是我最喜欢的。在今天这一页里,在不出名的来访者中间,可以看到马尔纳伯爵夫人的名字,是唯一用小号大写字母写的。

一八三〇年,王室家族在圣克卢垮台的同时,克里斯托夫的遗孀和他的女儿们喝了卡尔斯巴德的水。海地的国王陛下撤退到托斯卡纳,拿破仑家族陛下的身边。克里斯托夫国王最年轻、最博学和最美丽的女儿在比萨死去了;她乌黑色的美貌自由自在地躺在康波藏托的柱廊下,远离甘蔗田和红树丛,她生来就忠于红树荫。

一八二六年,人们在卡尔斯巴德看到一个加尔各答来的英国女子,从印度的榕树下窜到波希米亚的油橄榄树下,从恒河的阳光下跑到泰普尔的阳光下;她就像一缕印度的阳光在寒冷和夜色里迷失了方向。基地

---

① 《诗歌之泉……》。
② 埃特拉火山位于意大利。

在健康而又有生气的地方显得凄凉伤感：那里长眠着一个个外国的年轻女子；墓碑上刻着她们去世的日子和来自哪个国家；让人觉得就像在种着各种季节的花朵的暖房里漫步，用小标签在花儿的根部写上它们的名字。

当地已经制定了有关外国人死亡的法律：预见到了旅行者客死异乡的情况，允许预先掘坟。因此，我可以在圣安德烈的坟墓里待上十来年，没有什么能够阻挡回忆录作为遗嘱的做法，如果太子妃在这儿去世，法国法律会同意把她的骨灰送回祖国吗？这将是一场支持教义的索邦神学者和主张取缔的决疑论者之间十分棘手的辩论焦点。

肯定的是，卡尔斯巴德的水对肝脏有裨益，对牙齿却有害处。对于肝脏，我无从知晓，但是在卡尔斯巴德却有许多牙齿掉光了的人；也许罪魁祸首是年龄而不是水；时间是一个狡猾的扯谎者，它拔掉了人们的牙齿。

你们是不是觉得我又开始了无名氏[①]的代表作？一个字带着我走向另一个字；我就要去冰岛和印度了。

这就是亚平宁山脉，那就是高加索[②]。

然而我还没从泰普尔的河谷走出来。

一八三三年六月一日，于卡尔斯巴德

[①] 指一篇无名氏的作品，文章中博学受到嘲讽（一七一四年）。
[②] 拉封丹的寓言《老鼠和牡蛎》。

小故事续篇——泰普尔河谷——她的植物

为了浏览一下泰普尔河谷，我翻过一座小山，穿过了一座松树林：笔直的树木和倾斜的土地形成了一个尖尖的角度；有的露出树尖，有的露出三分之二、一半和四分之一树干，剩下的只露出树根。

我向来就喜欢树木；卡尔斯巴德植物丛上空的微风吹拂着脚下的草地，漂亮极了；我发现了手指状的小草，平庸的颠茄，普通的千屈菜，金丝桃，生气勃勃的铃兰，灰白的柳树；我的最初的文选的美好题材。

我年轻时的模糊记忆悬挂在我走马观花认出的一些植物的茎秆上。您还记得我在西米洛勒一家做过的植物学研究吗？有佛罗里达的月见草和睡莲；有缠着一只乌龟的铁线莲做的花圈，在湖边我们惬意地小憩，木兰属玫瑰叶瓣如雪花般飘落在我们的头上。我不敢计算我曾经朝三暮四过的"画儿姑娘"的年龄；今天我会在她的额头上细数我的皱纹吗？她现在无忧无虑地长眠在亚拉巴马州的柏树林下；而我仍将这些遥远的回忆深深地埋在记忆里，孤独，没有人知道我看见了！我在波希米亚，不是与阿达拉和塞吕塔在一起，而是在太子妃身边，她将交给我一封写给贝里公爵夫人的信。

与太子妃的最后一次交谈——出发

一点钟，我正听凭太子妃的吩咐。

"你打算今天出发吗？夏多布里昂先生？"

"如果陛下允许的话，我想回法国，到贝里夫人那儿去；否则我就不得不去西西里，那样殿下想等回音，就得好长一段时间了。"

"这里有张字条是写给她的。我没有提您的名字，免得万一您被牵连进去。请看。"

我看了一个字条；全是太子妃的手迹；我将它一字不误地抄了下来。

我亲爱的姐姐，我非常高兴，终于直接收到了你的消息。我万分地同情你，请相信我一直以来对您，尤其是对您的孩子们的关心，对我来说，他们比过去任何时候更珍贵。只要我一息尚存，我的一切都可以为之牺牲。我还没有将您的委托告知家里，由于健康问题，我来此地进行温泉疗养。但我很快就会回去，我们，包括家人和我自己，会以从未有过的爱心来照顾他们。

再见，我亲爱的弟妹，我打心底里同情您的遭遇，亲切地拥抱您。

姆特

一八三三年五月三十一日，于卡尔斯巴德

我对字条中的审慎的词句感到震惊：几句含糊其词的表达感情的话并没有将干涸的心灵掩饰得很好。我注上了敬辞，再次为不幸的贝里夫人进行解释，夫人回答我说国王会做决定。她向我保证会好好关心她姐姐；但不论是在她的语气还是语调里，都没有一丝真诚；反而可以感到一种隐隐的生气。我的主顾的事似乎就要失败了。我又想到亨利五世。我想我必须对公主忠心不贰，就像曾在大风大浪中为了使波旁王朝欣欣向荣而所做的那样；我既没有拐弯抹角，又没有阿谀奉承地跟她讲起了对波尔多公爵的教导。

"我知道夫人已经满意地看了一本小册子，在它的结尾处我表达了自己关于亨利五世的教育的一些看法。我恐怕环境对他们不利：德达马斯先生，布拉加先生和拉蒂尔先生并不是普通人。"

夫人同意我们看法：她甚至一下子就把德达马斯先生完全抛在脑后，只是三言两语地讲起他的勇敢、正直和宗教信仰。

"九月份，亨利五世就将成年了：夫人难道没有想过，在他身边设一个理事会是很有用的吗？我们让一些法国对其成见较少的人进入理事会。"

"夏多布里昂先生，增加理事，就等于增加了不同意见，而且，您会向国王推荐谁？"

"维莱尔先生。"

正在刺绣的夫人，停下了手中的针线，惊讶地看着我。然后，轮到她让我吃惊了，她振振有词地批评了维莱尔先生的性格和思想，她只把他看成一位技艺高超的官员。

"夫人言过其实了，"我对她说，"维莱尔先生是一个有条理、有责任心、稳重冷静的人，而且足智多谋；如果他有霸占第一把交椅的野心，也完全没有那个必要，作为一名部长永久性地在国王的理事会里任职就足够了；没有人可以代替他。将他安排在亨利五世身边是最佳选择。"

"我想您是不喜欢德维莱尔先生吧？"

"君主制灭亡之后，如果我仍抱有一种庸俗的竞争意识，那我就会蔑视自己了，王室的藩镇割据状态已经带来了太多灾难；我以宽广的胸怀公开放弃它们，并准备向那些冒犯我的人道歉。我请求陛下相信那里既不是错误的慷慨的陈列处，也不是一块防备未来不幸的宝石。对流放中的查理十世，我能提什么要求呢？如果复辟王朝到来了，我不是已在坟墓的深处了吗？"

夫人亲切看着我，她好意地这样赞美我："这太好了，夏多布里昂先生!"她似乎总是因为发现这个"夏多布里昂"与别人对她描绘的如此不同而惊讶不已。

我又说道:"还有另外一个人,夫人,我们可以叫他来:我高贵的朋友,莱内先生。我们三个人在法国是永远不向菲利普宣誓的:我,莱内先生和鲁瓦伊埃·科拉尔先生。在政府以外和其他场合,我们组成一个具有一定影响力的三人联盟。莱内先生虚弱地发了誓,鲁瓦伊埃·科拉尔先生庄严地发了誓;前者会为此而死;后者却会活下来,因为他看到了自己所做的一切,却不能做一点令人尊敬的事。"

"你对波尔多公爵先生满意吗?"

"我觉得他很有魅力,肯定陛下有点溺爱他。"

"噢!不不,您对他的健康状况满意吗?"

"他似乎身体还不错;有点纤弱和苍白。"

"他脸色一般来说都很好;只是他有点紧张。王太子先生在军队中名声不错,是不是?享有盛誉?大家都将铭记在心,是不是?"

这是突然的问题,与刚刚我们的话题毫无关联,使我揭开了一个在圣克卢和朗布依埃的日子里太子妃心中的秘密的伤痕。她为了放心恢复了丈夫的姓。我在公主和夫人的想法前彷徨;我坚信:军队里仍不能忘怀大元帅的公正、美德和勇气。

眼看散步的时候到了。

"陛下再没有事要吩咐了吗?"我害怕变得使她腻烦。

"告诉您的朋友我是多么热爱法兰西;但愿他们清楚我是一个法国人。我特地请您带这个话;还请您说一下:我为法兰西感到遗憾,感到非常遗憾。"

"噢,夫人,法兰西给了您什么?作为受过如此多磨难的人,您怎么还有思乡病呢?"

"不,不是的,夏多布里昂先生,不要忘了好好跟他们说,我是法国人，一个法国人。"

夫人走了，我不得不在出发前停在楼梯口；我不敢走到街上去；一想到这幅场景，我的眼眶就湿湿的。

回到旅馆后，我又穿上了我的旅行服装。当准备马车时，特罗戈夫跟我聊天；他不断地说太子妃对我非常满意，她没有回避，她把一切说给想听的人："您的旅行可真是件大事！"特罗戈夫叫道，努力地想控制他那两只夜莺的叫声。"您想看到以后的故事！"我觉得没有"以后"。

我是有根据的；我们当晚等待着波尔多公爵的来临。尽管每个人对他的到来都心知肚明，但大家还是要把它搞得神神秘秘的。我要自己做出知晓秘密的样子。

晚上六点钟，我坐车前往巴黎，不管布拉格的不幸是怎样的没完没了，王太子的拘束生活仍是痛苦得难以忍受；要喝尽最后一滴酒，必须烧毁他的宫殿，痛快淋漓地大醉一回。唉！又一个西马克[①]，我为抛弃祭台而痛哭流涕；我把手伸向卡皮托利山丘[②]；我祈求罗马的君王！但如果上帝变成了木头，罗马会永远不再在废墟上复苏吗？

从卡尔斯巴德至巴黎的日记——森蒂——埃格拉——华伦斯坦

沿着埃格拉的从卡尔斯巴德至埃尔博根的小路走很舒服。这座小城

[①] 最后一个异教的捍卫者。见《殉道者》一书。
[②] 罗马的卡皮托利山丘，是朱庇特神殿所在地。

的城堡建于十二世纪，是一座大山隘口的步哨。山岩下，布满了树林，将埃格拉的山形包裹了进去：城市和城堡的名字便由此得来：埃尔博根（拐弯的地方）。我在大路上注意到城堡主塔被最后一缕夕阳染红了。在大山和森林的上端有一个铸造厂的斜斜的烟囱。

在兹沃达驿站休息过后，九点半钟我出发了。我沿着当年沃弗纳尔格从布拉格撤退时的路走着；在为一七四一年阵亡的军官所致的悼词中，伏尔泰对这位年轻人说了一番这样的话："你不在了，啊，我余生的美好希望；我总觉得你是最不幸也是最安静的一个人。"

从马车的里面，我看见了升起的星星①。

别害怕，森蒂；这只不过是我们经过的看似在移动的森林边芦苇的窃窃私语。我有一把给你准备的嫉妒和鲜血的匕首。但愿这坟墓不会给你造成任何不快；这是一个像你一样被人爱的女人的坟墓：瑟西莉阿·默泰拉②长眠于此。

罗马乡间的这个夜晚是多么的可爱啊！月亮从萨比娜后升起来，为的是看看大海，她拨开朦朦胧胧的黑雾，使蔚蓝的阿尔巴诺火山口湖③的灰白峰顶及索拉克特④遥远的模糊的线条清晰起来。沿着引水渠的河道里，浪花，水珠飘来荡去，楼斗菜，紫罗兰连接着大山与城市。擎天柱直插云霄，旁边岁月的流逝，小河流淌。世界的主宰——罗马，坐在它坟墓的废墟上，穿着陈旧的衣袍，将它巨幅的不规则的图形扔进孤独的历史长河。

我们坐了下来：这棵松树像阿布吕兹的白扁豆一样，在废墟中展开

---

① 旅行者在此沉醉于他的梦想之中。在这六月清新温馨的夜晚，他以为自己置身于罗马的乡间；一位年轻的意大利姑娘坐在他的身旁：为了使她安心，他叫她森蒂，这是拉丁诗人普罗佩尔斯女友的名字。
② 他们在通往阿皮埃纳的路上：瑟西莉阿·默泰拉的坟墓就在他们面前。
③ 在罗马东南面。
④ 在萨班的山峰上。

了它的小阳伞。月光凝聚在梅特拉的坟墓的哥特式冠形圆顶上，凝聚在牛头饰的牛角形花边上；汲取了一些优雅，邀请我们享受似水年华。

听！爱捷丽仙女在喷泉边引吭高歌；夜莺在西庇阿的地下建筑的葡萄架上浅吟低唱；从叙利亚吹过来的让人喘不过气来的微风给我们带来了野生晚香玉的似有似无的香气。废弃的"别墅"的棕榈叶半浸在月光的如水晶般的蓝色中。但你，由于月神狄安娜的单纯的反映而苍白，噢，森蒂，你比棕榈树[1]要优美上千倍。代莉、拉拉热、吕底亚、莱比[2]的阴魂在鬼斧神工般的悬崖边围着你结结巴巴地说着些神神秘秘的话[3]。你的目光与星辰的光辉交相辉映。

但是，森蒂，你只能享受真正的幸福。头顶上的星辰是这样的明亮，它们与你的极大幸福只能在幻觉中融为一体。年轻的意大利女郎，时光飞逝！在一片花海之中，你的伴侣已经悄然离去了。

这时，升起了一层薄雾，用一层银纱包裹住了夜的双眸；鹈鹕叫着回到了沙滩；丘鹬在闪着银光的木贼树里打架；教堂的钟在圣·皮埃尔的穹顶下敲响着；夜间的素歌像中世纪的声调使圣·克鲁瓦孤独的修道院蒙上了一层悲剧色彩；修道士跪在圣·保罗烧毁的石柱[4]前用一成不变的声音朗读颂赞经；贞女们拜倒在关闭地下室的冰冷的石板上；皮费拉罗[5]站在地下墓地紧闭的石门前面对寂寞的圣母玛利亚吹着夜晚的悲歌。惆怅的一刻，宗教苏醒了，爱情睡着了！

森蒂，你的声音渐渐减弱了；那不勒斯的渔夫在扬着风帆的船上或

---

[1] 荷马回忆：在荷马史诗《奥德赛》中，尤利西斯将诺西卡比作"棕榈树的一枝直插云霄的新枝"。
[2] 几个拉丁诗人喜欢的女人，蒂比喜欢代莉，贺拉斯喜欢吕底亚和拉拉热，卡蒂尔喜欢莱比。
[3] 在《伊利亚特》和《奥德赛》中，阴魂比作飞来飞去轻声鸣叫的蝙蝠。
[4] 指一八二三年圣·保罗发生的一场火灾。
[5] 吹短笛的人。

者威尼斯的桨手划着轻舟时教你学会的副歌已经消逝。去休息一下吧，你太消沉了，放心睡吧，我会看着的，夜里，你沉重的眼皮盖住了双眼，感受不到昏昏欲睡和芬芳的意大利倾泻在你额头上的甘美。当能在乡野听到马嘶时，当早晨的星星宣告黎明的到来时，弗拉斯卡蒂[1]的牧羊人带着羊群走了下来，而我也将停止对你轻轻的催眠曲。

"一束茉莉和水仙，一个刚刚从岩洞中出土的或从寺院里的三角楣上新近跌落下来的洁白的赫伯[2]，都静静地待在秋牡丹的花床上：不，缪斯，您错了。茉莉花洁白的赫伯是罗马的巫神，诞生在五月的春季，已有十六个月，在弦琴声中，在黎明里，在帕埃斯顿的玫瑰花海里。

"巴勒莫港带有橘子气味的风吹拂在西尔塞岛上；微风轻吻着塔斯的坟墓，爱抚着法尔内齐纳[3]的仙女和爱情，您在梵蒂冈与拉斐尔[4]的贞女们嬉戏，穿梭于缪斯神像之间，您在蒂沃利的瀑布下弄湿了翅膀，艺术的天才生长在经典巨著间，在回忆里飞来飞去，来吧：我只允许您唤醒森蒂的酣睡。

"还有你们，毕达哥拉斯[5]尊敬的女儿们，帕尔卡女神穿着亚麻的裙子，永远的姐妹坐在天球轴上，在金锭子上一圈圈地缠着森蒂的生命线；让她们从你的手指飞下来，再以难以形容的美妙的声音飞到你的掌心；永生的纺纱女人，打开通向梦境的，轻轻压在一个女人胸前的象牙大门[6]。我要为您歌唱，噢，罗马神圣的头顶供品的少女，年轻的夏丽特靠维纳斯女神怀中的精美食品为生，东方式的微笑潜入了我的生活；在贺拉斯的花园，蝴蝶花被人遗忘……"

---

[1] 意大利中部城市，离罗马不远。
[2] 希腊青春女神。
[3] 带有壁画大厅的罗马别墅。
[4] 意大利文艺复兴时期画家。
[5] 古希腊数学家，唯心主义哲学家，发现了勾股定律。
[6] 通过此门可进入虚幻和美妙的梦境。

"先生，过关请付十克莱泽。"

你这该死的笨蛋①！我已经改头换面了！我是如此精神饱满！缪斯一去不复返！不管我们到哪儿，这个该死的埃格拉就是我倒霉的原因。

在埃格拉的夜晚凄凄惨惨。席勒告诉我们，华伦斯坦被他的同伙们给出卖了，向埃格拉堡垒一个大厅的窗子靠近②："天空暴风骤雨，一片混乱，"他说道，"狂风吹乱的堡塔上的军旗；乌云很快地扫过月牙儿，在夜空中投下忽隐忽现的月光。"

华伦斯坦在被暗杀的时候，为被黛克拉所爱的马克斯·皮科洛米尼的死而感动："我生命里的鲜花已经消失；他像我年轻时代的幻影出现在我身旁。他为了我而把现实变成了梦幻。"

华伦斯坦在他休息的地方停了下来："夜已深了；我们在城堡里已听不到一丝声响；来吧！照亮我吧；注意不要太迟才叫醒我；我想我将长眠，因为日子实在太难熬了。"

凶手的匕首把华伦斯坦从雄心勃勃的梦中惊醒，就像邮递员站在栅栏边，告诉我，我的梦破灭了。席勒，邦雅曼·龚斯唐③（他在模仿德国悲剧时惟妙惟肖），前来会见华伦斯坦，由此让我想起了在埃格拉门前他们的三次叫门。

一八三三年六月一日晚上

---

① 夏多布里昂嘲笑海关人员使用克莱泽这个词（克莱泽：德语，是日耳曼帝国货币名）。
② 见《华伦斯坦》三部曲的末尾。
③ 他曾饰演过根据席勒的三部曲改编的一部法国的悲剧。

韦桑塔德——旅行者——贝尔内克和回忆——拜罗伊特——伏尔泰——霍尔菲尔德——教堂——背篓中的小女孩——旅馆老板和他的女仆

我穿过了埃格拉,六月二日,星期六的黎明时分,我进入了巴伐利亚:一个红棕色头发、光脚、没有戴帽的少女为我开了门,像一个奥地利人的待客之道。寒流仍在继续;壕沟的野草上覆盖着一层薄薄的霜;浑身湿淋的狐狸窜出燕麦田;半圆形的灰色云层布满天空,交错而过,像鹰的翅膀划过长空。

我在早晨九点钟到达韦桑塔德,此时一辆出租马车载着一个戴着帽子的年轻女子走过来;她拥有一切她应有的东西:幸福、短暂的爱情,另外就是医院和公共墓穴。漂泊的快乐,但愿天空在你的露天舞台上并不太生硬,人世间有比你更蹩脚的演员。

在走近村庄之前,我穿过了"wastes":这个词出现在我的笔端;它属于我们古老的法兰克语:它比"荒野"这个词更能描绘一个荒凉的坟,它的意思是土地。

我仍记得晚间穿过原野时唱的歌曲。

> 这是荒野的骑士;
> 不幸的骑士!
> 当他出现在荒野之上时
> 听见猴子在鸣叫。

过了韦桑塔德,便来到了贝尔内克。在出贝尔内克时,一条两边种着杨树,绕来绕去的林荫路引发出我不知是高兴还是痛苦的一种感情。

我一边在记忆中搜索，我发现它们像以前整齐排列在巴黎附近的杨树，在约讷河畔维尔纳韦入口处。博蒙夫人已经不在了；儒贝尔先生也不在了：杨树被砍倒了，在君主制第四次崩溃以后，我来到了贝尔内克的杨树下："赐我一个爱护我，理解我的人吧！"圣·奥古斯坦说道。

年轻人笑自己的不自量力；她是迷人的，快乐的；警告她陷入相似的苦海之中是徒劳的；她用她轻盈的翅膀碰碰你，然后飞向幸福：如果她和幸福同生共死，那么她就是对的。

这就是拜罗伊特，是一种模糊的记忆。这个城市坐落在良田和牧场错落有致的平原上：街道宽敞，房屋低矮，人口稀少。在伏尔泰和弗雷德里克二世时期，拜罗伊特的总督很有名望：他的死招来了费尔内唱经班为他高唱颂歌[①]，在此也体现了一点点抒情的味道。

> 你将永不再歌唱，寂寞的西尔旺德尔，你的声音在这艺术的宫殿里荡气回肠，
> 敢于反对偏见，
> 权利让人谈论人道主义。

如果这不比伏尔泰-西尔旺德尔更孤独寂寞的话，诗人对此是相当满意的，诗人还对总督补充说道：

> 平静而高明的哲学家，
> 他用安详的眼睛和怜悯之心注视着，
> 幽灵们改变他们生活的梦幻，
> 如此多的梦破灭，如此多的计划泡汤。

[①] 为拜罗伊特亲王夫人所唱的颂歌。

在宫殿的顶楼,他可以自由自在地用安详的眼睛注视过路的可怜的魔鬼,但这些诗句却并不虚弱无力……谁能比我更了解这些呢?我曾目睹成群结队的幽灵穿越他们生命的梦境!此时此刻,我不是刚刚看到布拉格皇宫的三个幼儿和卡尔斯巴德的玛丽·安托瓦内特的女儿吗?一七三三年,刚好一个世纪前,大家在干什么?人们有没有想想今天是什么模样?一七三三年,弗雷德里克结婚,生活在他父亲的严密监护下,他是否在马蒂厄·拉昂斯贝尔①的书里看到了拜罗伊特的总督图尔农②,又为了罗马行政长官的职位放弃总督吗?而一九三三年途经法兰克尼亚的旅游者会询问我的影子,问我是否能猜出他所见证的现实是什么样子。

我正在午餐时,看到了一个德国妇女按照一位老师的口授写下来的忠告,她年轻,必定漂亮。

"那些幸福的人,是富人。您和我钱很少,却很幸福。在我看来,我们比那些拥有一吨金子的人更幸福。"

的确如此,小姐,您和我都不富有;您是幸福的,就像看起来的那样,您嘲笑一吨金子,但如果我偶然不开心时,您给我一吨金子,那将使我异常舒畅。

出了拜罗伊特,我们走了一段上坡路。修剪过的瘦长松树使我想起了开罗清真寺或科尔多瓦大教堂的柱子,但要小些,黑些,就像在暗室中③成的像那样。小路经过一座又一座小山,一座又一座山谷;巨大的山前有一小撮树木,狭窄的,绿色的山谷,却没有什么浇灌。在山谷的谷底,我们看见了一座小教堂的钟楼及整个村庄。所有的基督教文化形成了一种模式:传教士不再变成本堂神父;乡野村夫驻扎在他周围,就

---

① 《软木笔记》一书不知名作者的笔名,是一本很流行的预测未来的书。
② 一八〇九年,图尔农伯爵(Tournon,一七七八——一八三三)成为罗马的行政长官。
③ 凭借经验预示(一八三九年)摄像术的发明。

像羊群围绕着牧羊人,以前这种摆脱尘世的隐蔽的陋室让我梦想着某种假象;今天,我不再做梦,在哪儿都一样不好受。

巴蒂斯特疲惫不堪,使得我不得不在霍尔菲尔德停了下来。在准备夜宵时,我登上了一块可以看到部分村庄的岩石,这块岩石与一座四四方方的钟塔相连;雨燕一边叫着,一边掠过主塔的顶尖和侧面。自从我在贡堡的童年时代,这种几只小鸟和一座古老的塔楼构成的画面就再也没有浮现过;我心情十分沉重。我来到这座地面往西下垂的教堂;它被一些刚死不久的死者的荒坟所包围着。去世多年的死者仅在此细细地勾画他们的皱纹;以证明他们曾辛勤地耕耘过。太阳正在落山,苍白地淹没在远处冷杉林形成的地平线下,照亮了除了我之外再没有其他人站着的公墓。什么时候轮到我长眠?虚无的愚昧的人们,我们的无能和强大是如此明显:我们不能任意拥有光明和生命;大自然赋予我们双眼和手,却任意支配我们的夜晚和死亡。

走进虚掩着大门的教堂,我跪下为了母亲灵魂的安息念了天主经和圣母经;不死的奴性强迫基督教徒彼此温柔相待。在此,我听到了忏悔的小门敞开了;我感到是死亡而不是神父将出现在忏悔的窗栅栏前。当关闭教堂大门的钟响起时,我才发现该回去了。

在回旅店的路上,我遇见了一个背着背篓的小女孩:她的腿、脚都是光着的;她的裙子很短,紧身的上衣撕破了,她佝偻着背,双手交叉放在胸前走着。我们同时走上了一条陡峭的路:她将她那黑黝黝的脸稍稍地转过来对着我:一头美丽的乱发贴在背篓上。她的眼睛是黑色的;她的嘴唇因为呼吸而微张着;我们可以看见,她负重的肩膀下年轻的胸腔只感受到果园蜕皮的沉重。她想对他说起玫瑰;这就是你对我讲的玫瑰(阿里斯托芬)[①]。

[①] "这就是你对我讲的玫瑰":在阿里斯托芬的《威胁》中有一段"公正的推理和非公正的推理"之间的口舌之争;为后者的言辞所激怒,前者辱骂它是非公正的,即讽刺意义上的"玫瑰"。

我开始给这个采葡萄的少女算命：她会不会在一台压榨机前日渐衰老，成为一个平常而幸福家庭的主妇？她会不会被一个二级下士带到军营中去？或将成为某个堂吉诃德的猎物？被劫走的村姑希望劫持者意外地给她带来爱情；他将她带到梅斯海峡的大理石的宫殿里，有翩翩的棕榈树和叮咚的泉水，面对着层层蓝色海浪和喷射着火花的埃特纳火山。

我沉浸在自己的故事里，而我的同路人转向左边一块很大的空地，走向几幢孤立的房子。在快消失的时候，她停下来，向陌生人投来最后一瞥，然后，为了让背篓通过低低的门，她弯腰走进了一间茅屋，就像一只小野猫溜进装着一堆堆麦捆的谷仓。让我们去牢房寻找贝里公爵夫人殿下。

> 我跟随着她，但我在哭泣，
> 因为不能再随她而去了。①

我在霍尔菲尔德的店主是一个古怪的男人：他和他的女仆当客栈老板十分勉强，总是对旅客有反感。当他们发现远处一辆车走过来时，他们就躲起来，还骂这些流浪汉无所事事，在大街上游游荡荡，这些懒汉打搅了体面的酒店老板，不让他喝不得不向他们出售的酒。老妇人眼见她的户主破产；但她为之等待天公的一臂之力；像桑丘一样，她说："先生，请接受这个壮丽的米科米翁王国吧，它从天而降，落在你的手心里②。"

一旦一阵情绪过后，夫妇二人喝了两杯酒，看起来心情还不赖。女主人说了一点不太地道的法语，紧盯着你看，似乎想跟你搭腔："我曾在拿破仑的军队里看到过像你这样殷勤的年轻人！"她抽起烟斗，喝起酒

---

① 仍是伏尔泰的诗（《写给城堡夫人的诗节》）。
② 见《堂吉诃德》。

来仿佛像露营一样光荣,她向我暗送挑逗和俏皮的秋波:在我们不想活的时候有人爱,这是多么幸福的事!但是雅沃特,太迟了,我的欲望已经支离破碎,苦苦压抑,就像从前一位法国人[①]所说的;我宣布一切结束了:"平和的老人,休息吧。"莱尔米尼埃[②]先生曾对我说。您看见了,好心的陌生人,他不让我听到你的歌声:

> 军团的随军女酒贩[③],
> 大家都叫我雅沃特。
> 我痛快地出卖,给予,畅饮
> 我的葡萄酒和烧酒。
> 我有轻快的步伐和倔强的眼神,
> 叮叮,叮叮,叮叮,叮叮,
> 叮,叮,叮。

这就是我拒绝您的引诱的另一个原因,您很轻浮,您将背叛我。走吧,巴伐利亚的雅沃特夫人,像你的先行者伊莎博夫人那样[④]!

一八三三年六月二日

---

① 见《蒙田散文集》第三卷。
② 莱尔米尼埃(Lherminier),自由右派的倡导者,格格伯的前合作者。
③ 见贝朗瑞的《女酒贩》的第一段。
④ 伊莎博(Isabeau)夫人,摄政者。她"背叛"了法兰西和她的儿子查理七世的利益。

班贝克——一个驼背女人——维尔茨堡：它的议事司铎们——一个醉汉——燕子

从霍尔菲尔德出发，我经过班贝克时，已经是夜里了。一切都已沉睡；我注意到一束微弱的光线从一间房子的苍白的窗口投射出来。谁在此守护？幸福还是痛苦？爱情还是死亡？

一八一五年在班贝克，纽沙泰尔的亲王贝蒂埃从阳台摔到街上！他的主人将从更高处摔下来。

六月二日，星期日。

在代泰尔巴克，又出现了葡萄园。四种植物标志的四种自然景观和四个季节：桦树、葡萄、橄榄树和棕榈树，一步步走向阳光充足的地带。

离开代泰尔巴克，中间经过了两个驿站，到达了维尔茨堡，一个驼背女人坐在我的马车后面；泰朗斯在《安德里安纳》中说"inopia tgreiga forma，aetate integra[①]"，车夫想叫她下车；我以两个理由拒绝了：第一，我害怕这个仙女扔给我一个符咒；第二，曾经在一本关于我的传记中看到，我被描述成是一个驼背[②]，因此所有驼子都是我的姐妹。谁能肯定自己不是一个驼背呢？谁将永远不会说你是驼背呢？如果您照照镜子，您什么都看不见；我们能看到自己的真实模样吗？您将发现一个最符合自身的尺寸。所有的驼背既骄傲又开心；有歌颂驼背优点的赞歌。在小路的路口上，这个驼背女人，背上沉甸甸地，庄重地下了车：像所有的凡

[①] "可怜的人，一种罕见的美，在花儿一般的年纪"（《安德里埃纳》）。此处讽刺地引用。

[②] 夏多布里昂"有点耸肩缩颈"。见迪施曼的《夏多布里昂》。

人一样背着自己的包袱。她像蛇一样钻进一块麦地，消失在比她高一头的麦穗之中。

六月二日中午，我到达了一个山岗上，从这儿可以看到维尔茨堡。城堡主塔在最高点，城市和宫殿、教堂的钟、小塔在较低处。宫殿的建筑尽管有些笨拙，但无论如何在佛罗伦萨是不错的；在雨天，亲王可以让他所有的臣民在城堡里避雨，而不必腾出自己的房间。

维尔茨堡大主教在任命教士会议的议事司铎上曾是很有权威的。在他当选后，他光着膀子，走到两排他的教友中间，让人鞭打，大家猜想，那些亲王们对这种向皇室成员的背脊祝圣的方式大为震惊，并拒绝加入两队人的行列。今天，这一切不会再重演：查理曼大帝的子孙不会为了得到伊夫托的皇冠而让人连续鞭打三天。

我曾见过奥地利皇帝的弟弟，维尔茨堡公爵；他在枫丹白露弗朗索瓦一世的宫殿里约瑟芬皇后举办的音乐会上高歌，唱得棒极了。

施瓦茨在护照办公室被滞留了两个小时。将马车停在一座教堂前面之后，我走了进去，我与那些基督徒们一起祈祷，他们在新社会中却代表着旧势力。一长列仪式队伍走了出来并环绕教堂走了一圈；可惜我不是罗马城来的传教士！我归属的时代将在我的身上结束。

当第一批宗教种子在我的灵魂中萌芽时，就像在一片未开垦的土地上生根发芽，摆脱荆棘，并有了第一次收获。一阵又干又冷的北风刮来，土地变干了。上天怜悯它，赐给它温和的玫瑰；接着，风又刮了起来。这种怀疑和信任的交替造成了我生活中绝望和难以形容的乐趣交错出现。我圣洁的母亲，为我向耶稣基督祈祷吧：您的儿子想赎罪变成另一个人。

我四点钟离开了维尔茨堡，往曼海姆进发。进入巴登公爵领地；这是个开心的村庄；一个醉汉把手伸向我，大叫"皇帝万岁！"在德国已成为过往云烟。这些人揭竿而起，为的是想从拿破仑的勃勃野心中挣脱出来，争取民族独立，然而，他们却念念不忘拿破仑，因为从帐篷里的贝督因人到茅屋中的条顿人，无不被他的功勋所震动。

随着我离法兰西越来越近，小村庄里的孩子们兴高采烈，车夫赶马也更起劲了：生命复活了。

在比肖夫海姆，我吃饭的地方来了一个漂亮的不速之客：一只燕子，真正的帕罗克内①，微红的胸脯，栖息在我敞开的窗前一根支撑"黄金阳光"的招牌的铁杆上；接着用世界上最婉转动听的声音叫起来，以一种熟识的眼光看着我，没有一丝恐惧。我从不抱怨被庞迪翁②的女儿吵醒；我从来不像阿那克里翁一样叫它"吱吱喳喳"的小鸟；相反，我总是用罗德岛③的儿歌为飞回来的燕子欢呼："她回来了，燕子回来了，带来了好天气，好年景！请开门，不要轻视燕子。"

在比肖夫海姆，我的这位客人对我说："弗朗索瓦，我的高祖母曾住在贡堡你的小塔顶的橡子下面的房子里；你每年秋天都陪着她，你想在夜里跟你的女风精会面，你就在池塘的芦苇丛里等着。她在你动身去美国那天围绕在你身边，然后还跟着你的帆飞翔了一段时间。我祖母住在夏洛特的交叉路口；八年后，她和你一起到了雅法；你在《旅行指南》④中提到过。我的母亲在朝霞中啁啾鸣叫，有一天落在了外交部你办公室的壁炉里；你为她打开了窗子。我母亲有好几个孩子；正和你说话的我是她最小的孩子；我在罗马的乡间的蒂沃利古老的小路上多次遇见过你；你还记得吗？我的羽毛是那样漆黑油亮！你忧伤地看着我，您愿意和我一起翱翔吗？"

"唉！我亲爱的燕子，你是如此了解我的过去，你真是好心；但我

---

① 夜莺的美称。
② 在变成燕子前，帕罗克内是雅典王庞迪翁的女儿。
③ 位于希腊。
④ 见《旅行指南》一书。

只是一只掉了毛的可怜的鸟儿,我的羽毛再也不会长出来;所以我不能和你一道振翅飞翔。有太多的悲伤和岁月,使我不能和你在一起。而且,我们能去哪儿呢?春天和美好的天气不再是属于我。你拥有空气和爱情,我只有大地和孤寂。你走吧;但愿露水能使你的翅膀恢复原貌!当你飞越爱奥尼亚海①时,但愿一根好客的横桁能让飞行疲劳的你歇息片刻;但愿有一个宁静的十月的天气使你免遭暴风雨的袭击!代我向雅典的橄榄树和罗泽特的棕榈树问好。当鲜花将你召唤回来时,如果我不在了,我邀请你参加我的葬礼:在我坟前的草地上,在夕阳中捕捉小飞虫;像你一样,我热爱自由,但我生命短暂。"

一八三三年六月二日

威藏巴克的旅馆——一个德国人和他的妻子——我的暮年——海德堡——朝圣者——毁灭——曼海姆

燕子成双成对后,我一个人上路了,夜幕降临。一轮弯弯的月亮在云中漫步,月光微弱,我眼睛半睁半闭地看着;我感觉自己好像在神秘的照亮了黑暗的光线中呼吸:"我感受到一种难受的沉寂,最后的晚餐的先驱"(曼佐尼)②。

我在威藏巴克停了一下来:孤单的旅店处在森林覆盖的两山之间的

---

① 介于意大利南部和希腊之间。
② 夏多布里昂对曼佐尼(一八二三年)的这部剧情有独钟。

小山谷中。一个像我一样的来自不伦瑞克的德国游客听说了我的名字，跪了过来。他握着我的手，跟我聊起我的作品，他对我说：他妻子就是在《基督教真谛》一书中开始学法语的。他不断地为我的"年轻"而感到惊讶。"但是，"他补充道，"这是我判断的错误，从您最近的作品看，我应该相信您就像现在一样年轻。"

我的生命中掺入了我如此多的传奇经历，以至于在读者的眼里，我和这些经历一样古老久远。我常说自己头发斑白：其实是为了自尊心，好让别人在看到我时叫道："啊！他并不是这么老！"我们对白发总是很自在；可以吹吹牛；自吹自擂地说拥有黑发会倒胃口；你的母亲生下你是一项伟大的成功！但时间、痛苦和你的聪明才智是如此美妙！我成功地耍了几次小聪明。最近，一个传教士想见我；当他见到我时哑口无言，最后才找出话来，大喊："啊！先生，您还可以为信仰长期地战斗！"

一天，路经里昂，一位夫人写信给我，请求我将她的女儿放在我车上，并将她带到巴黎。我觉得这请求很独特；但最后，从字迹看出，这位陌生的妇人是值得尊敬的；我礼貌地答应了。母亲把女儿带来了，是个十六岁的小姑娘。母亲不敢看着我，她满脸涨得通红；她的信赖出卖了她："请原谅，先生，"她结结巴巴地说，"我并不是没有慎重考虑……但您是懂礼的……我搞错了……我是如此吃惊……"我只一味地看着我未来的同路人，她似乎对谈话感到好笑；我连声保证说，对这个漂亮的小女孩，我会千方百计照料好的；母亲喋喋不休地说着抱歉和感激的话。两个女人都退了下去。我对使她们感到害怕而骄傲不已。一段时间里，我觉得自己被晨曦变得年轻起来。这位夫人本以为《基督教真谛》的作者肯定是一个值得尊敬的修道院院长夏多布里昂，高大，乏味的老好人，不停地用马口铁制的鼻烟壶吸烟，他能很好地将一个年轻的寄宿生带到圣心教堂。

五年或十年前，在维也纳有人说，我独自一人生活在一个名叫"狼谷"的山谷里。我的房子建在一个岛上：如果有人想见我，就必须在河对岸吹号角（在夏特内的河边）。然后，我从一个小洞里观察：如果来人使我高兴（这是很少见的），我会亲自坐船去接他；否则便不去。夜里，我把船拖到岸上，没有其他人上岛。实际上，我本应该这样生活；这个维也纳的故事总是那么炫人；德梅泰尔尼克先生绝不会制造出这样的故事；就凭这点他就不完全是我的朋友。

我不知道这位德国游客会跟他妻子说起我，似乎急于向他妻子说明我并非么回事。我害怕遇到既有黑发又有白发的尴尬事儿。我害怕既不十分年轻又不十分聪明。另外，我又没有向威藏巴克献媚；一股忧伤的风吹拂在旅店的门边和走廊里；只有当风吹起来时，我才对他充满感情。

从威藏巴克一直到海德堡，我们一直顺着内克尔河走。它四周青山环抱，有连绵不断的沙堆和红粉色的硫酸盐。我看见过多少的河水流淌啊！我遇到了瓦尔蒂兰的朝圣者：他们在大路两边排成两列行走；马车走在中间。女人们光着脚，手上拿着一串念珠，头顶一个布包；男人光着头，手上也拿着一串念珠。下雨了；在有些地方，这些光头赤脚的人露宿在山侧。一些载着木头的船顺流而下，另一些船则张着帆或拉纤逆流而上。在山与山之间，有田野和小村庄，在丰硕的果园里有孟加拉的玫瑰和各种灌木。朝拜者，为我们不幸的小国君祈祷：他被流放了，他是无辜的；当你们和我做完各自的朝圣后，他也开始朝圣。如果他不该统治天下的话，在如此巨大的灾难中，我的救生艇能打捞起一些残骸碎片时，总是一件光荣的事。只有上天才会赐给人们一路顺风和宁静的港湾。

接近海德堡，内克尔的河床布满了越来越大的岩石。我们注意到城市的港口和城市的本身面积很大。整个画面的最远处是高高的地平线：

它像河流的堤坝。

一座红色的石质的凯旋门标志着海德堡的入口。左边的一座小山上，有座中世纪城堡的废墟。除了这些美丽的风景和一些大众的传统，哥特时代的断垣残瓦只会使那些认为这是杰作的人感兴趣。一个法国人会不会因为德国王室的老爷们感到尴尬，德国王室的王妃们，又白又胖，长着一双蓝眼睛？大家为了布拉邦的圣·热纳维埃夫而忘了他们。在现代的废墟中，没有什么是和现代人相通的，除了基督教的面孔和封建的性格。

希腊和意大利的古迹则是另一回事（不包括太阳）；它们属于所有的民族；它们开创了历史；碑文是用所有受过教育的人能看懂的文字书写的。意大利废墟本身就引起了普遍的关注，因为它们打上了艺术的标记，而艺术属于社会的大众领域。一幅多梅尼基诺或提香已经褪了色的壁画，米开朗琪罗或帕拉迪奥的倒塌了的宫殿，让各个世纪的天才感到伤心。

在海德堡有一个特大的酒桶，变成醉汉的柯利塞剧场的废墟；至少没有一个基督徒在莱茵河的这个圆形剧场丧命；理由是，这损失并不大。

走出海德堡，内克尔河左右两岸的山丘散开了，我们走进了一片平原。曲折蛇行的道路，比麦子高出几英尺，两侧是被风吹得东倒西歪的樱桃树，和"经常被过路人欺负"[①]的核桃树。

走进曼海姆时，我们穿过了一片啤酒花，它的长花架只被一些向上攀缘的藤蔓占住了三分之一。朱利安·拉波斯塔曾为啤酒写了一首很美的讽刺诗；拉布莱特里神父[②]将之模仿得惟妙惟肖：

---

① 在那里，过路人敲打核桃树，将核桃击落：见布瓦洛的回忆，书信。
② 拉布莱特里（La bletterie），《朱里安国王的生活》（一七三五年）的作者。

你只是一个虚伪的酒神……
我有证据。
高卢人口渴难耐，
在没有花串的情况下，求助于穗，
他夸奖邑列斯①的儿子：
塞梅勒的儿子万岁！

  几座果园，小路柳树成荫，在每个地方形成了曼海姆独特的绿色市郊。城市的建筑大多数只有两层楼。主要马路很宽广，路中间种着树木；但这仍是一座没有生气的城市。我不喜欢假金子；而且我也绝不想要曼海姆②的金子；但我一定有"图卢兹的金子"，这是由我生命中的不幸辨别出来的；有谁还会比我更尊敬阿波罗神殿呢？

一八三三年六月三日、四日

莱茵河——莱茵伯爵领地——贵族军队——平民军队——修道院和城堡——托内尔山脉——孤独的旅店——恺撒斯劳滕——睡意——小鸟——萨尔布鲁克

  我下午两点钟过了莱茵河；在我过河的时候，一艘蒸汽船正逆流而

---

① 罗马谷物女神。
② 也就是说"模仿"。——见《图卢兹的金子》一书。

上。当恺撒建他的大桥时,如见到了这样的机器,他会说什么呢?

莱茵河的对岸,也就是曼海姆的对面,我们又来到了巴伐利亚,这是由于一系列的可恶的割裂活动,维也纳及埃克斯·拉夏佩尔条约的舞弊行为,各人用剪刀给自己瓜分了一块,不需要理由、人性、公正,丝毫不为少数老百姓落入了王室的口袋里而感到揪心。

在这边的莱茵伯爵领地上赶路,我想这一地区过去算是法国的一个省,白色高卢被莱茵河包围着,从日耳曼的"蓝色"割裂出来。拿破仑以及他之前的共和国已实现了我们好几代国王,尤其是路易十四的梦想。如果我们不占有天然的国界,欧洲就将有战争发生,因为保守利益推动着法国抓住国家独立的必要边界线。在此,我们为要求时间和地点种下了战利品。

莱茵河与托内尔山脉之间的平原是可悲的;那里的土地和人们似乎在诉说:他们的命运飘浮不定,他们不属于任何一国人;他们仿佛在等待着新的军队入侵,就像等待着再一次洪水泛滥一样。心照不宣的日耳曼人在他们边境的大片土地上大肆蹂躏,任凭其在他们和敌人之间荒芜。耕耘在战场的边境上的平民是多么不幸,那里的各民族应该团结一心。

在走近……的时候,我目睹了一件悲惨的事:一片五到六英尺高的小松树林被砍伐并捆成柴堆,森林还未长成就被毁了。我曾经说过有许多小孩的坟墓挤在一块儿的卢塞恩墓地。我从来没有如此渴望过尽快结束我的路程,在抚摸我的心脏察看并保护我的朋友的手臂之中死去,然后有人说:"它不再跳了。"站在我坟墓的旁边,我希望能够十分满意地回顾我过去的岁月,像一位来到庙宇内殿的高级神职人员,祝福穿着长礼服的一队随从。

卢瓦火烧了莱茵伯爵领地;不幸的是,持火把的那只手是蒂雷纳的。革命毁坏了这个地区,使它相继成为贵族和平民胜利的见证人和牺牲品。有足够的战士的名字来证明时代的不同：一边有孔代、蒂雷纳、克雷基、卢森堡、拉福斯、维拉尔；另一边有凯勒马恩、奥什、皮舍格吕、莫罗。不要否认我们的任何胜利；军事的光荣只知道法兰西的敌人，只有一个信念：战场上，荣誉和危险只会使两边势均力敌。我们的父辈管那些并非致命的伤口流出来的血叫"朝三暮四的血"：一个蔑视死亡的特殊词，在每个时期对法国人来讲是很自然的。什么制度也改变不了这一民族特性。战士们在蒂雷纳死后说过："我们放开白底黑斑马[①]，她停在哪儿，我们就在哪儿扎营。"完全抵得上拿破仑的精锐部队。

在敦凯姆的高地上，在高卢人建的第一个壁垒边，我们发现了扎营的位置和如今已没有战士的阵地：勃艮第人、法兰克人、哥特人、亨斯人、絮埃弗人等蛮族像汹涌的洪水，一次次地冲击着这些高地。

离敦凯姆不远，我们看见了一座坍塌的修道院。当年院内的修道士将一些在下面往来的军队看得很分明；他们殷勤接待了许多战士：在这里，有几名十字军丢了命，将柱形尖顶头盔换成了修道士的头巾；一些呼唤寂静和休憩的激情在最后的休憩和最后的寂静之前逃之夭夭。他们找到了要找的东西吗？这些废墟还是沉默不语。

看过了和平的庙宇内殿废墟后，就是战争巢穴的瓦砾，堡垒、弹盾、护墙，一座城堡被拆毁的炮耳。这些城墙像修道院一样垮掉了。城堡里的人为了狙击敌人，埋伏在危机重重的小路上；可城堡却挡不住时间和死亡。

从敦凯姆到弗朗龚斯唐，道路曲折延伸到狭窄的山谷，路面刚够一辆车子通行，两边山坡上的树木往下延伸，最后会合在谷地。从美塞尼亚到阿尔卡迪，我沿着漂亮的小路一连走过了好几个类似的山谷：畜牧神潘在桥上和路上没有听到半点声响。开花的染料木和一只松鸦把我带

---

① 蒂雷纳的马。

进了布列塔尼的回忆；我回想起在犹地亚山上这种鸟的叫声给我带来的愉悦。我的记忆中有一幅全貌：在相同的背景上，阳光照耀的五颜六色的天空和景色，远处雾蒙蒙的地平线。

弗朗龚斯唐的旅馆坐落在山间的牧场，这儿有流水的灌溉，驿站长说着法语；那位不知是他的妹妹，还是他的妻子，或是他的女儿，非常美丽迷人。他抱怨是一个巴伐利亚人；他负责开发森林；他看起来像一名美洲的种植园主。

我到恺撒斯劳滕时已是夜里，就像到达班贝克时一样；在这里我穿越了一个梦幻的地区：在睡梦中，这些居民都看见了什么呢？如果我有空，我会写关于他们的梦想的故事，什么也不能使我联想起大地，要不是两只鹌鹑在两个笼子里交头接耳的话，在德国的乡间，从布拉格到曼海姆，我们只遇见了小嘴乌鸦、麻雀、云雀；但城里到处是夜莺、莺、鸫、鹌鹑；一些关在笼子里的小鸟当你路过时站在小棒上冲着你凄惨地哀鸣。窗户上装饰着石竹、木樨草、玫瑰、茉莉花。北方的居民爱好另一种天堂；他们喜欢艺术和音乐：德国人来到意大利寻找葡萄园；为了赢得同样鸟语花香的地区，他们的子孙将重新开始他们的侵略。

六月四日星期二到达萨尔布吕肯，车夫着装的更换提醒我进入了普鲁士。在我住的旅馆窗子下，我看见一个连的轻骑兵路过；他们看起来充满活力；我和他们一样；我很高兴来奉承奉承他们，尽管一种强烈的敬仰之情把我和普鲁士的皇室家族联系了起来，尽管巴黎的普鲁士人的狂怒只是针对拿破仑在柏林的暴行的报复；但如果历史有时间走进这些道德准则影响下的冷酷的正义的话，作为活生生现实的见证，人们往往被这些事实卷了进去，而没有回到过去中寻找它们产生的原因和得到谁的谅解。我的祖国，给了我怎样的痛苦啊；但是为了她抛头颅，洒热血，我又是何等的高兴！噢！各位巨头们，老练的政治家们，特别是善良的法国人，一八一五年条约的谈判者都干了些什么？！

再有几个小时，我的祖国就又要在我脚下颤颤发抖了。我想要什么？三个星期以来，我对朋友们所说的和做的一无所知，三个星期了！够漫长的，顷刻之间就可夺去一个人的生命，三天就足够推翻一个帝国！我的布莱女囚，她现在怎么样了？我能不能将她期待已久的回答带给她呢？如果一个大使的什么人是神圣的，那必定是我的；我的外交生涯在教堂主的身边变得圣洁了起来；在一位不幸的君主身边变得圣洁起来；我在贝阿尔纳的孩子中间斡旋，签订了一项新的家庭协议；我将文件从监狱拿到流放地，又从流放地再拿到监狱。

一八三三年六月三日、四日

法兰西——流亡的孩子

在穿过萨尔布吕肯和福巴克的边界线时，法国在我眼里不是那么光明美好：首先是一个双脚残疾的人，接着是一个用手和膝盖在地上爬行的人，两条腿拖在后面像扭在一起的两条尾巴或两条死蛇；后来出现了一个四轮马车，车上有两个老妇，又黑，又满脸皱纹，法国女人的先驱。有点像返回普鲁士军队的士兵。

但后来，我遇见了一位英俊的士兵和一个年轻的姑娘，士兵用推车推着年轻姑娘走，而姑娘拿着士兵的烟斗和军刀。稍远处另一个年轻姑娘抓着犁柄，一个老农民赶着牛；再远处一个老头子带着一个瞎了眼的孩子乞讨；更远处还有一个十字架。在一个村子里，十几个小孩的脑袋挤在一所还未完工的房子的窗口，活像一群光荣的天使。一个五六岁的小女孩，坐在一间茅屋的门槛上；她没有戴帽子，头发是金黄色的，脸弄脏了，由于寒风的缘故，脸显得很小，白色的肩膀从撕破了的连衣裙中露了出来，双臂交叉放在弯着的膝盖上，缩成一团，带着一只小鸟似的好奇看着从她身边经过的人；拉斐尔会给她画一张"速写"，我则想把她送回到她妈妈身边。

在进入福巴克时，出现了一群聪明的狗：两只最大的拉着一车衣服；五六条尾巴、口鼻、大小、毛色各不相同的狗跟着行李，口里都叼着一块面包。两个严厉的训练者，一个拿着一只硕大的鼓，另一个什么也没有拿，只是指挥着狗群。学会认识一下大家。你们也像我一样在人间坚守着自己的岗位；你们真棒。把爪子伸向迪阿娜、米尔扎、帕克斯。帽子戴在耳朵上，剑放在身边；尾巴在它们衣服的燕尾中翘起；跳舞就给你一块骨头，要么就踹你一脚，就像人一样；但不要扑向国王，那就错了！

读者们，请支持这些阿拉伯人；描绘这一切的手绝不会再造成其他痛苦，手已经干枯了。您还记得吗，当您看见它们时，它们只不过是一位画家在他的坟墓的拱顶上画的变幻莫测的线条而已。

在海关，一个老职员似乎想检查我的马车。我准备了一张一百苏的钞票；他看见我手中拿着钱，但他不敢拿，因为他的上司们在监视着他。他借口为了更好地搜查，而摘下了头盔，把它放在我身前的坐垫上，低声对我说："请放在我的头盔里。"噢！伟大的话语！它们浓缩了人类的历史；多少次自由、忠实、誓约、友谊、爱情齐声说道："请放在我的头盔里！"为了让贝朗瑞再唱一首歌，我将把这话转告他。

我走进梅斯时，对一八二一年我没注意到的一件事感到十分震惊；现代的堡垒包围了哥特式的堡垒：吉兹和沃邦是两个联系紧密的名字。

我们的过去和回忆规则而平行地展开在表面上，它们在我们生命中有不同的深度，被流水般的时间放在我们身上。一七九二年，在提翁维尔由我们这一群流亡贵族组成的特遣队正是从梅斯出去的。我从圣地来到我曾为第一次被放逐的亲王效过力的隐居地。我于是献给了他一点鲜血,我刚刚还为他哭泣过;对于我这个年纪的人,人们只有眼泪。

一八二一年,托克维尔先生[①],我哥哥的姨妹夫[②],当上了摩泽尔的省长。托克维尔先生一八二〇年在梅斯城门口种下的树苗已长成了像柱子一样的参天大树,如今可以乘凉了。这是一个测量我们时光的标度;但人不是酒,他不会去数着树叶而长大强壮起来[③]。年长者叫人把玫瑰花泡在法莱纳葡萄酒中;当我们启开百年陈酒的瓶盖时,香气顿时洋溢整个宴席。最纯粹的智慧融入了古老的年代里,没有人想与她共醉。

我在梅斯的旅馆里待了不到十五分钟,巴蒂斯特就十分激动地走了进来:他神神秘秘地从口袋里拿出一张白纸,里面包着一个图章;波尔多公爵和大郡主把图章托付给他,并交代他到"法国的土地上"才将图章交给我。他们在我出发前担心了整整一个晚上,害怕首饰匠不能按时完工。

图章有三面:一面刻着锚;第二面刻着亨利在我们第一次会面时讲的两句话:"是的,永远!"第三面上刻着我们到达布拉格的日期。兄弟和姐妹请求我看在他们的情分上带走图章。这个礼品的神秘和被流放的两个孩子的命令:只有到了"法国的土地上"才把他们怀念祖国的见证交给我,使我热泪盈眶。图章永远不会离开我;我要为了路易丝和亨利的感情而珍藏它。

----

① 托克维尔(Tocqueville),阿列克西·托克维尔的父亲。
② 马尔泽尔布的一个孙女罗桑玻于一七八七年嫁给让·巴蒂斯特·德·夏多布里昂;另一个孙女则于一七九三年嫁给托克维尔伯爵,他是复辟王朝时期的省长。此人是让·巴蒂斯特两个儿子的监护人,并在维纳伊城堡将他们与自己的孩子一起抚养大。托克维尔伯爵的小儿子阿列克西后来写了《美国的民主》一书。
③ 葡萄种植者们常说:"两叶、三叶酒",也就是说两年、三年的酒,因为要经过一年时间,叶子才能全部翻新一次。

274

我有幸在梅斯看到了法贝尔①的房子，他由一个士兵变成了法国元帅，他拒绝束缚的项链，他的高贵只显露在剑上。

我们的祖先，一些鲁莽的人曾在梅斯大肆屠杀罗马人，他们从糜烂的宴会中被惊醒；我们的士兵在阿尔斜巴萨修道院和伊内丝·德·卡斯特罗②的骨架旁跳华尔兹：悲惨和幸福，罪恶和疯狂，十四个世纪将你们分开，你们也完全过了一年又一年。刚刚开始的永恒和开始于第一个死亡——亚伯③的被杀——的永恒一样古老。然而，人类在这个地球上如昙花一现，自以为可以留下某种痕迹：噢！上帝，是的，每只苍蝇都有它的阴影。

从梅斯出发，我经过凡尔登，在那儿我曾经很不走运，如今那里还有卡雷尔的孤独的朋友。我沿着瓦尔米高地走；我只想说热马普：我害怕在此找到一顶王冠④。

夏龙使我想起了波拿巴的虚弱；他把美人⑤流放到这里，夏龙的平静告诉我，我仍有朋友。

在夏托蒂埃里，我重新找回了我的上帝，拉封丹。这是拯救的时刻：让的妻子不见了，让回到了萨布利埃夫人家里⑥。

在摧毁莫的大教堂的墙时，我向波舒哀重复着这些话："人们拖着他希望落空的长链走向坟墓。"

---

① 法贝尔（Fabert）（一五九九——一六六二），只有四分之一的贵族同意他佩戴项链。有人告诉他此事毫无问题，但他不愿意否认他的平民出身。
② 西班牙中部卡斯蒂利亚地区一个贵族的女儿（一三二〇——三五五），美丽动人。后被暗杀。
③ 亚当和夏娃的第二个儿子。因嫉妒他受上帝偏爱，被其兄杀死。
④ 路易-菲利普喜欢说他曾在瓦尔米和热马普为法国战斗。
⑤ 雷卡米耶夫人（Récamier）。
⑥ 夏多布里昂记起了路易·拉辛讲述的一个小故事，并不一定真实可信。在某一个不能肯定的时候，拉封丹去了夏托蒂埃里，为了和妻子重归于好；他没有找到她就回到了巴黎，只是这么解释："我没有找到她，她得救了。"

在巴黎，我路过了年轻时曾和姐妹们一起住过的地方；接着是法院，回想起了我的审判；接着是警察局，它让我进了监狱。最后，我回到了我的收容所，就这样纺着我日复一日的长线。羊圈里一只弱小的虫子从穗丝的一端爬到地上，母羊一脚将把它踩得粉碎。

六月四日、五日

篇章三十九

查理十世在法国的建议——我对亨利五世的看法——我写给太子妃的信——贝里公爵夫人的所作所为

从马车上走下来，临睡前，我写了一封信给贝里公爵夫人，向她汇报出差的情况。我的归来使警方忐忑不安；有人发电报提醒了波尔多行政长官和布莱堡垒的指挥官；上面接到命令加强防守；似乎还将"夫人"提前送上了船。我的信晚了几个小时，公爵夫人殿下没有看到，她被带到了意大利。如果夫人没有声明；即使声明了，她过后也会否认的；况且，到达西西里后，她会反对人们强迫她扮演监狱逃走的角色的，法国和欧洲就会相信她的话，尽管菲利普政府还有些疑心。所有的犹大将会为他们在布莱的硝烟中的所作所为受到惩罚。但是夫人不愿意以悔婚来保留自己的政治性；在精明能干的讹传中所得到的，在犹豫中全部丧失了；您所持有的陈旧的真诚让你自身难保。如果受人尊敬的人堕落了，他将不会再在他的姓名的保护伞之下，只是在他的姓名之后；夫人对从黑暗的监狱逃了出来供认不讳：母鹰，像雄鹰一样，需要自由和阳光。

在布拉格，布拉加公爵先生曾向我宣布已组成了一个顾问委员会，由我领头，还有大法官①先生和拉图尔·莫布尔侯爵先生：我将成为（仍是公爵先生说的）查理十世的唯一顾问，他对有些事情是不参加的。有人给我提出了一个计划：国家机器太复杂了；德·布拉加先生努力保存了一些贝里公爵夫人做出的安排，然而，她这边却声称要组建国家，自己准备疯狂地，但又勇敢地担当她的徒有虚名的王国首脑。这个喜欢冒险的女人的建议也不无道理：她将法国分成四个军事政府，指定司令，任命军官，组成军队，如果她的人全部入了伍，那她将毫不犹豫地亲自上前举起军旗，她毫不怀疑可以在战场上找到圣马丁的长袍或法国方形国旗，可以找到加拉奥尔②或贝亚尔③。武士们的斧头和火枪的子弹，森林里的隐避所，几个忠诚的朋友家里的风险，山洞、城堡、茅屋，战争逐步升级，所有的这一切令"夫人"十分高兴。她的性格之中有某些奇怪原始的东西和动人之处，就是这些支撑着她活下去；未来将是她的希望，尽管有一些正确的人和聪明的懦夫。

如果波旁家族向我发出召唤，我就会将我的作家兼政治家双重身份所拥有的声望带给他们，我不可能怀疑这种众望，因为我受到了来自所有舆论界的信任。人们不能在慷慨面前无动于衷；每个人都根据自己的需要来任命我；一些人向我展露他们的天赋，叫人触摸他们最卓越的手指和眼睛。所有的人（包括朋友和敌人）都把我送到波尔多公爵的身边。由于我的各种意见和不同的命运的组合，由于死亡不断地带走我这一代人的生命，我似乎成了王室家族的唯一选择。

---

① 帕斯托雷（Pastoret）侯爵，一八二九年被任命为大法官，但他拒绝向路易-菲利普宣誓。
② 西班牙骑士小说中的英雄。
③ 贝亚尔（Bayard，一四七〇——一五二四），法国著名统帅，在查理八世、路易十二和弗朗索瓦一世的战斗中功勋卓著。

我也许是被赋予我的角色给诱惑了；在人们的思想中，认为拍拍我的马屁是很有必要的，我，一个陌生的奴才，波旁家族抛弃的人，成了他们的顶梁柱，可以伸出手来向他们的菲利普、奥古斯特、圣路易、查理五世、路易十二、弗朗索瓦一世、亨利四世、路易十四的坟墓致意；以我那小有的名气来捍卫这么多伟人的生命，王冠和阴影，我是孤军作战，在反对不忠的法国和堕落的欧洲。

但要做到这些应该怎么做呢？大家共同的心声是：保护布拉格王朝，消除他们的反感，对他们隐瞒我的想法，直到我能够将它公开的那一天。

另外，当然这些想法太不切实际了：如果我成了年轻的王子的总督，我就必须努力得到他的信任。如果他重新收复了他的王冠，我会建议他只在提交王冠的时刻才戴上它。我希望见到卡佩王朝以一种与其伟大相称的方式消失。重振宗教，完善国家宪法，扩大公民权利，割断与舆论界的最后一丝联系，解放公社，推翻专制，平衡工资和劳动，用抑制滥用的方式巩固私有制，发展工业，减少税收，在群众中重新树立威信，确定后退的国界以保证对外的独立，当完成了这一切之后，该是多么美好而不平凡的一天啊！我的学生将向神圣召唤着的民族说：

"法国人，你们的教育和我一道结束了。我的祖父，罗贝尔·勒·福尔，为你们而死，我的父亲请求开恩给杀人凶手一条生路。我的祖先的通过野蛮建立和形成了法国版图；现在几个世纪过去了，文明的进步不再容许你们拥有一名监护人。我从宝座上走下来；我保证我先辈们的善行能解除你们对君主制的誓言。"难道说这个结局没有超过这个家族中最美好的一切吗？难道说如此华丽的庙宇不能从它的回忆中苏醒过来吗？比较一下这个结局，亨利四世的衰老的儿子们能对此做些什么呢？他们紧紧地抓住沉浸于民主中的王位不放，企图依靠警方的帮助和强权，通过行贿收买，来使自己苟延残喘。"我们该怎么办呢？我的兄弟，国王陛下，"路易十三说道，"孩子，亨利四世死后，我就不愿继承王位。"亨利五世除了人民之外没有兄弟：但愿人民会拥戴他。

为了达到这个似乎无法实现的目标，必须感受到他的家族的伟大，不因为我们是古老王族的后代，而因为我们是使法国强大、光明和文明的先辈们的继承人。

然而，我刚刚说过的，用来着手这个计划的手段是哄住布拉格的意志薄弱者，效仿吕伊纳[①]和宝座上的孩子一起喂养伯劳，像黎塞留那样奉承孔西尼。我在卡尔斯巴德开了一个好头；一条表示顺从和说长道短的通报使我的事向前推进了一步。要将我活生生地埋葬在布拉格，说真的，并不容易，因为我不仅仅消除了王室的反感，还平息了国外的仇恨。我的意见在内阁成员之中遭人厌恶；他们知道我痛恨维也纳条约，知道我会为了法国的必需的国界，为了在欧洲重建各强之间的均衡，将不惜通过战争来解决。

然而带着几分后悔，一边哭，一边补偿我民族荣誉的罪孽，搥胸顿足，崇拜那些统治世界的傻瓜的天赋，也许我应该卑躬屈膝地到达马斯男爵那里去；然后猛地起身，扔掉拐杖[②]。

但是，唉！我的雄心壮志到哪儿去了？我掩饰的才能到哪里去了？我忍受束缚和烦恼的耐力到哪儿去了？我对任何事态都给予重视的办法到哪儿去了？我曾几度拿起笔杆；太子妃命令我给她写信，为了顺从，我拟了两三封充满谎言的信稿，很快我又对自己感到愤慨，我按自己的意愿一口气写了一封信，它搞不好就会要我的命。我很清楚这一点；我对结局也早有准备：一切对我来说都不重要了。到今天，事情已经办完了，我很高兴把一切都丢给了魔鬼，将我的"统治者"从一扇足够大的窗子里扔了出去。有人会对我说："你就不能在陈述事实时不那么露骨

[①] 吕伊纳（Luynes）善于训练隼，为此深得路易十三的信任。
[②] 就像西克斯特·坎（Sixte-Quint）一样，根据传统而来。

吗?"是,是,啰唆地陈述,转弯抹角,甜言蜜语,用颤音说话,浑身发抖:

……他忏悔的眼睛只哭出祝福的泪滴。①

我不会这些。

下面就是将使我们沙龙的外交官们毛发直竖的信(已经删去了一半)。舒瓦泽尔公爵和我的性格有点不谋而合;因此他是在尚特卢度过了他的余生。

一八三三年六月六日,于巴黎地狱街

写给太子妃的信

夫人:

我一生中最宝贵的时刻就是太子妃允许我陪伴在她身边的那一段日子。这是在卡尔斯巴德一位公主的昏暗的房间里,万人敬仰的您屈尊充满信任地跟我讲话。在她的灵魂深处,上天赐予了高尚和信仰的财富,痛苦的挥霍也未能使它枯竭。我面前路易十六的女儿再次被流放了;对这个庙宇的孤儿,殉道的国王去采摘棕榈叶之前曾把她紧抱在胸口!当我们陷入不可违拗的天意中时,上帝成了我们唯一可以呐喊的名字。

当赞美之词是针对繁荣时,就变得可疑了:和太子妃一起,可以自由自在地崇拜。我曾说过,夫人:你的痛苦被提到这样的高度,它变成了革命的光荣。我一生中曾一度遇见过很特别、很不一般的命运,为了对他们说明(不要害怕伤害他们、不被理解)我对未来社会状况的设想。大家可以跟您谈起诸帝国的命运,在您的道德的脚下,您丝毫不惋惜地一笔带过,其中不少王国已经在您的家

---

① 这是马蒂兰·雷尼埃(Marthurin Régnier)讲到他的虚伪的玛赛特的话。

族脚下烟消云散。

您是这些灾难最重要的见证人和最神圣的受害者,尽管这些灾难非常深重,但它们只不过是人类普遍变迁中的一些偶然事故;使世界震动的拿破仑的统治只是革命的链条中的一环。应该从这一事实出发,了解第三次复辟的可能性,这次复辟有什么办法身于社会变化的格局中。如果复辟不能像一种同质元素介入的话,那它就会毫无疑问地作为一种与其本质不符的东西而被抛弃。

因此,夫人,如果我对您说王权有可能通过贵族的高贵,通过教士的特权,通过宫廷的特殊,通过王室的威信而复活的话,那我就是在欺骗您。王权在法国不再是一种感情;它是一条保证私有和利益、权利和自由的原则;但一旦它被证明不再愿意保护或无力保护私有和利益、权利和自由时,它便不再是一条原则。如果有人强制其来临,而大家不知道如何摆脱它,认为只需要等待,屈辱的法国来向它磕头道谢就够了的话,那我们就犯了一个错误。在它不存在的地方如果王权寻找力量的话,复辟就永远也不可能出现,或只能持续一时。

是的,夫人,我很痛苦地说这些,亨利五世可能仍是一个在外国的被流放的亲王,一座古老的坍塌的大厦的年轻崭新的废墟,但终归是废墟。我们这些王权的老仆人,将花光仅剩的年度资金,我们将永远地与陈旧的观念守在一起长眠在坟墓中,就像古老的骑士和他们的年代久远、锈迹斑斑的盔甲一样,这盔甲已经不再合身,不再适用了。

所有那些在一七八九年为了保存旧的制度、宗教、法律、习俗、私有、等级、特权、行会而战斗的人已经不在了。大众的激昂情绪被激发了出来;欧洲不再像我们一样万无一失;没有一个社会完全被摧毁,也没有一个是完全重建的;一切都是陈旧或崭新,衰老或没有根；一切都有虚弱，年迈和童真。由最后几个条约划分区域的诸王国已是昨天的事了；对祖国的热爱之情也失去了热度，因为国家很不稳定，要在吆喝声中把广大人民像卖二手家具一样卖掉，有时又和敌人勾结，有时又出卖给不知名的买主。深耕，开沟，犁田，土地已做好准备迎接民主的种子，七月革命的日子已使种子成熟了。

国王们以为在他们的宝座的周围安上哨兵，就可以阻挡暗中的运动；他们想象只需要放出一点新举措的信号，就能在边境地区收到效应；他们以为增加关卡、宪兵、便衣警察、军事法庭，就能防止运动的暗中蔓延。但这些想法都未能付诸实施，它们在空中飘散，飞舞，我们可以呼吸到。中央集权的政府，建邮政，修铁路，造汽船，而同时企图把思想滞留在十四世纪政治信条的水平，这是不合逻辑的；既前进又后退的做法，使他们陷入了理论和实践矛盾的混乱之中。我们不能把工业理论和自由理论割裂开来；只能使二者都窒息或使它们互相接收对方。只要能听到法语的地方，这些观念就会随世纪的护照而来临。

您看，夫人，选择一个好的开端是多么关键啊。您的照管之下的希望的儿童，无辜地躲在您的美德和痛苦之下的幼儿，就像在一顶尊贵的华盖之下，我没有见过比这更雄伟的场面；只要一有成功的机会，王权就会立马赶来。未来的法国将不必降低身份而卑躬屈膝在过去的辉煌面前，可以激动不已地停留在路易十六的女儿为代表的历史新面貌面前，她将亲手指导亨利王族的最后一个子孙前进。负责保护王子的皇后，您将以与您的庄严融为一体的遥远过去影响国家。当宫廷的孤女关注圣路易的孤儿的教育时，谁又不会感到信心倍增呢？

他是有希望的，夫人，由在法国家喻户晓的人主导的教育在某种程度上已经公开了。为自己格言感到自豪的路易十四，用东方教育隔开法国的孩子们，为他的家族种下了祸端。

年轻的王子才华横溢。在新、旧大陆旅行的同时，为了了解政治和不惧怕任何制度和教条；他就只能接受教育。如果他能在某个遥远的国外战场上像一名战士那样冲锋陷阵，大家也就不必担心让他的亮相了。他似乎坚决果断，有一颗流淌着他父母的鲜血的心；但如果他除了经受灾难中的光荣外，就不堪一击的话，他就只有让位；没有勇气，在法国是不可能戴上王冠的。

看着我，夫人，在遥远的将来把亨利五世的教育思想发扬光大，你可能很自然而然地认为我觉得它对立即登上王位没什么用处。我将带着一颗公正的心去演绎那些反对希望和恐惧的种种理由。

复辟可能在今天或明天发生。我不知道法国人的性格中有如此鲁莽和变化无常的成分，时刻都有可能改变；总有一百个人和一个人打赌，在法国，没有持久的事：这个时候，政府面临崩溃，纹丝不动是最佳选择，我们曾目睹了人民对波拿巴的崇拜，痛恨，抛弃，重整旗鼓，又再次抛弃，在他被流放时将他忘得一干二净，在他死后架起祭台，再次陷入对他的狂热之中。这个朝三暮四的民族，在心血来潮时便热爱自由，但又经常为平等而疯狂；这个多样化的民族，为亨利四世而狂热，在路易十三手下叛乱，在路易十四统治下庄重，在路易十六统治下闹革命，在共和国时期晦涩，在波拿巴统治下好战，在复辟王朝时期主张立宪：她今天把自由出卖给了所谓共和化的君主制，根据统治者的思想不断变化自己的性质。自从她超越了家庭的习俗和宗教的桎梏后，她的活动性增强了。因此，一次偶然即可导致八月九日政府的垮台；但这个偶然也可以等待；一个侏儒诞生了；但法国是一个坚强的母亲，她可以用乳汁改变堕落的父亲的罪过。

尽管如今王权看似不能复活，但我仍害怕它只能维持到我们确定的那一天。四十年来，法国历届政府无不因为自身的错误而下台。路易十六曾可以挽救他的王位和生命二十次；共和国在他的狂怒之下终于支撑不住；波拿巴可以建立他的王朝，却从他辉煌的顶点被抛弃；没有七月的条例，合法的王位就会依然存在。现在的政府首脑没有犯任何类似的错误；他的政权不会自动灭亡；他所有的精力都用在了如何保持政权上面：他非常精明，不会为了一次蠢事而死去。他也不必为蔑视天赋或尊严和道德的微弱而负罪。他感到他可能会在战争中丧命，所以他不会去打仗；法国在外国人的心目中的地位逐渐下降，这对他来说并不重要：政论家们将证实：耻辱是技巧，丑行是信誉。

准王权想干一切王权能干的事，王权趋向个人化：想发号施令；它可以通过比王权更方便的方法——"武断"来办到这一切。用口头上的自由和所谓的保王制度进行专制统治，这就是它的目的；每一件既成事实都会产生一项与旧权利针锋相对的新权利，每时每刻都在开始王权。时间有两种能力，一手推翻，一手建立。最后时间通过它的流逝作用于这些思想；我们与权力断然决裂，攻击它，与它生气；接着，疲劳随之而至；成功又让其重归于好：外面仅剩下一些崇高的灵魂，他们的毅力使那些失败了的人局促不安。

夫人，这个长篇启奏使我不得不在殿下面前解释一下。

如果我没有让人在走运的那天听到一个自由的声音，我就不会有勇气在不幸的时候说出事实真相。我去布拉格根本不是出于自愿；我本不敢出现在您面前纠缠您：高贵的您绝不会有献身的危险；他们在法兰西：在那里我曾寻找他们，自从七月以来，我无时无刻不在为王权而斗争。我第一个敢于宣告了亨利五世的君主政体的成立。一个法国的陪审团为了补偿我，承认了我的宣告的存在。

我只渴望休息,这是我多年以来的需要;当法令被传播,王室家族又被放逐时,我会毫不犹豫地为之牺牲。有人提出要我依附路易-菲利普的政府;我可不值得得到这样的好意;在要求把我带回到老国王的厄运中时,我已表露出它和我的本性不相符。唉!这些厄运,我从来没想到会引起,我也曾试着想预测。我丝毫没料到被委以重任和赋予我并不具备的优点这种情况;我只做了我应该做的;为了证明我语言的独立性,我只是说明一下。夫人将原谅一个为了让王冠归位,快乐地走上断头台的男子的坦诚。

当我在卡尔斯巴德出现在陛下面前时,我可以说我当时并没有被接见的幸福感。只要他一让我讲起我的生活,他就可以从孤独的谈吐中看出我并非人家可能对他描述过的那种人;我思想的独立性丝毫没有减少我性格的温和,尤其没有打破我对著名的国王的女儿的尊敬和崇拜的链条。

我还恳请陛下相信在这封信,或更确切地说在回忆录中所揭示的事实是我力量的源泉,如果我有的话;就是从那里我结识了不同政党的人士并重新引导他们走向保王主义。如果我抛弃了长久以来的信念,那我对时间也就无所求了。我试图把这些现代的观念归附在古老的王位旁边,使这些原本是敌对的观念通过我的忠诚而变成朋友。广为散布的自由的信念不再拐弯抹角地为重建的合法君主制服务,君主制的欧洲迟早要灭亡。如果君主制共和国仍保持不同且对立的话,它们之间就将是一场殊死的战斗:一座大厦采用两座大厦的不同材料重建,请您加以认可,您已被认可是秘密社团的最高和最神秘的权利所有者,不幸不值得属于您,您是没有任务的牺牲者的鲜血祭台上提到过的人,您在神圣严肃的沉思中,将用纯洁祝福的手打开一座新的庙门。

您的光辉,夫人,和您至高无上的道理照亮和修正了我的情感中有关法国现状的疑虑和错误的东西。

在结束这封信时,我的激情贯穿我所讲的内容始终。

波希米亚的圣殿是查理十世和他孝顺儿子的卢浮宫!赫拉德钦是年轻的亨利的波城城堡!而您,夫人,您是住在一个怎样的凡尔赛宫啊!什么可以和您的宗教信仰、伟大、痛苦相比呢?如果不是把您比作在十字架底下痛哭的大卫家族的女士们的话,但愿陛下能看见圣路易的王国从坟墓中光芒四射地走出来!在忆起您显赫的祖父命名的世纪之时,请允许我呐喊;因为,夫人,没有什么比伟大和神圣更适合您的了。

……噢,我幸福的日子!

我多么热切地想认识我的国王啊[①]!

谨致最崇高的敬意,夫人,陛下,

您特别谦卑,恭顺的奴仆。

夏多布里昂

一八三三年六月三十日,于巴黎地狱街

写完这封信后,我又恢复了我的生活习惯。我又找到了我年迈的神父们,比舒特克伯爵花园更美丽的我的花园孤寂的角落,我的地狱大街,我西边的坟墓,记载我过去日子的《回忆录》[②],尤其是奥布瓦修道院的精挑细选的小社会。严肃友谊的善心可以丰富人的思想;一点点灵魂上的沟通足以满足我天性的需要;为了补偿这种脑力消耗,我用二十二个小时来休息和睡眠。

---

① 见《阿达拉》。
② 它重视我过去的岁月。

贝里公爵夫人的来信

当我开始歇口气时，一天清晨我看见一位旅客[1]走进我的家门，他曾把我的东西捎给在巴勒莫的贝里公爵夫人，他给我带来了亲王夫人的回音。

子爵先生，我已经回了信给您，告诉您我已收到了您的信，希望能有机会向您表达我对您在布拉格的所见所为的感谢。似乎人们"让您看的东西很少"，尽管"措施"不当，但却足以让人判断出，关于我们的亲爱的孩子的状况并不是那么令人担心。我坚信可以得到您的信任；但有人从巴黎来信告诉我说，德巴朗德先生已经动身了。这意味着什么？他推迟了多久来当我的邮差！

至于我请求您办的事（并没有出色地完成），由此证明别人知道的情况不见得比我多：因为我并不需要我所要求的，我的权利一点也没有丧失。

我希望您为我回答来自各方的关怀提点建议。您将做些有用的事，以您的才智，可以轻而易举地做出判断。君主制的法国，忠诚于亨利五世的人，等待着他获得最终自由的母亲发表公告。

我在布莱留下了今天应该为人所知的几行字；大家对我期待过高；人们想知道这七个月来在这密不透风的巴士底狱中我悲惨的监禁生活。是应该把详尽的细节都公布于众了；让大家从中看看撕碎我心的泪水和痛苦的根源。从中人们就会知道我所经受的精神折磨。公平应该还给那些拥有它的人，也应该揭露那些对一个手无寸

---

[1] 指舒洛（Choulot）伯爵。

铁的妇女的暴行,他们总是拒绝听取一个以我的亲戚为首脑的政府的建议,以便从我这里获取秘密,这个秘密在任何情况下都不会涉及政治,如果我使法国政府感到害怕的话,哪怕是真相大白也不会改变我目前的处境,法国政府可以囚禁我,但却没有法律依据,因为没有审判,我曾不止一次提出了这个要求。

但我的一个亲戚,我的姑父,一家之主,尽管有这么多流传广泛的针对这个家庭的看法,我仍然曾非常想使我女儿与之联姻,最后路易-菲利普认为我未婚先孕(就凭这点,其他所有的家庭都关上了我所在的监狱的牢门),于是用各种精神折磨对付我,以为这样就可以造成他的外甥女的坏名声。另外,如果需要我用一种主动的方式解释我的宣言和引起的缘由,完全不需要进入我内心深处的一些细枝末节,关于这些我不应该相信任何人,我将实事求是地说,是受到的欺压和精神折磨,以及重新找回我的自由的愿望促使我发表这些声明的。

信使会把所有细节都告诉您,跟您说起加诸于我的旅行时间和方向的不确定,这与我想利用您殷勤的邀请,在您到达布拉格前与您碰面愿望不相符,我是很希望得到您的建议的。今天要想尽快到达我的孩子们身边已为时太晚。但是,因为这个世界没有绝对的事,而且我已习惯于忍受不满,如果"与我的意愿相悖",我没有如期到达布拉格,我在被迫停下来的地方就只有依靠您了,从那里我会写信给您;否则,我会尽快到达我儿子的身边,如果您来的话,您会比我更清楚。请您相信我愿意在任何时间,任何地点见到您。

玛丽·卡罗莉娜

一八三三年八月十日,于那不勒斯

我们的朋友仍未能出发,我接到了报告,得知了在布拉格发生的一切，但这丝毫不能降低我去那里的愿望，而是更使我迫切地想得到您来指点迷津。如果您能够如期抵达威尼斯，您就可以找到我，或收到邮局自取的信件，信上将告诉您在哪儿可以找到我。我还将与值得我感谢的好友做一部分旅行，即博弗勒蒙先生及夫人。我们经常谈到您；他们对我和我们的亨利的忠诚使之热切地希望看到您的归来。梅纳尔也是如此。

一八三三年八月十八日，于那不勒斯

贝里夫人在信中提到了她离开布莱时发表的一项小声明，它没有多大用处，因为它既没有说是，也没有说不是。另外，她的信很奇怪，简直像一份历史文献，提到了公主对于她的监狱看守般的父母的看法，和她所受的罪。玛丽-卡罗莉娜的反应是不偏不颇的；她激动且自豪地将之表露出来。我们仍然想看见这位勇敢、忠诚、受限制或自由、经常为她儿子利益操心的母亲。至少，在她的心里，是年轻和有活力的。我值得再开始一次长长的征途；但我被这位可怜的公主的信任感动至深，以至于不能拒绝她的心愿，也不能让她独自上路，若日先生[①]像第一次那样赶来拯救我的痛苦。

我又开始与围绕在我身边的十二卷书奋战。然而，当我再次坐在贝内旺亲王[②]的马车里作长途旅行时，他在伦敦靠他的第五个主子谋生。幻想着出点什么事，好让他可以到威斯敏斯特长眠在圣人、国王、智者之中；坟地是专门为他的宗教、忠诚和德行准备的。

一八三三年八月二十五日，于巴黎地狱街

[①] 若日（Jauge），给贝里公爵夫人提供金钱的人。
[②] 塔莱朗（Talleyrant），当时是路易-菲利普驻伦敦大使。

从巴黎到威尼斯的日记——汝拉山——阿尔卑斯山——米兰——维罗纳——死者的呼唤——布朗塔

我于一八三三年九月三日从巴黎出发,选择了从辛普朗到蓬塔利埃的路。

被烧毁的萨兰又被重建起来;我倒更喜欢它西班牙式的丑陋和无用。奥利韦神父① 出生在拉菲里厄兹河畔;这个伏尔泰的启蒙老师,在法兰西科学院接收了他的学生,跟他的父亲河没有什么渊源。

英吉利海峡上的大风暴把我困在了汝拉山上,我在夜里到达荒僻的莱维埃驿站。由木板建成的小旅店,这里灯火通明,住满了一些亡命天涯的旅客,有几分像犹太人的安息日。我不愿意停留;大家牵了马来。当必须熄灭马车的灯笼时,困难很大;旅馆女老板,年轻漂亮的女巫师,笑着过来帮忙。她小心地让玻璃灯管里的残烛贴近自己的脸庞,为了更引人注目。

在蓬塔尔利埃,我那生前十分正统的老店主过世了。我在《国民报》社旁的饭店吃夜宵:给报纸取这个名字很有预见。阿尔芒·卡雷尔是这些人的头,没有在七月革命的日子里撒谎。

儒城堡抵御蓬塔尔利埃的指责;它看见了在它的城堡主塔中两个男子先后保留了革命的记忆:米拉波和图森·卢韦尔蒂尔、黑色拿破仑被白色拿破仑模仿并被其所杀。斯塔尔夫人② 说:"图森被带到法国的一所监狱,在那里他十分悲惨地丧了命。也许波拿巴不记得这个滔天大罪

---

① 奥利韦(Olivet)神父出生在流经萨兰的名叫"拉菲里厄兹"河流域。既存的道理的朋友,他本人根本"不暴躁"。(法文"拉菲里厄兹"的意为气愤、暴躁。)在路易·勒·格朗上中学,在他属于耶稣组织时,他收伏尔泰作学生。
② 见《十年流放》。

了,因为他并没有像责备其他人那样去责备自己。"

暴风雨横行:我在蓬塔尔利埃和奥伯之间遭到它的威力袭击。它令群山扩大,小山村的钟声大作,雷雨交加,在我的马车外咆哮,像船帆上的一颗黑谷粒。当低空的闪电拆裂了欧石南时,我们注意到一动不动的羊群,将头深深地藏在前爪里,露出了它们压低了的尾巴和在阵雨和狂风冰雹中的毛茸茸的屁股。从山尖的钟楼高处传来一个人的吼声,提醒大家时间的流逝,好像在最后的生死关头发出的惨叫。

在洛桑,一切都变得欢欣鼓舞;我曾多次来访这座城市;我已不认识任何人。

在贝克斯,当有人将也许曾拉过居斯蒂纳夫人的棺材的马套在我车上时,我靠在房屋的墙上,在那里我的女老板费法克①死去。她以一头长发而在革命法庭上出名。我曾在罗马见到过从一座坟墓里取出的美丽的金黄发丝。

在罗讷河谷,我遇到了一个几近全裸的女孩,她与她的山羊跳舞卖艺;她向一个坐邮车路过的衣冠楚楚的年轻阔少爷乞求施舍,穿着镶边衣服的驿夫在前面,还有两名随从坐在金光灿灿的华丽马车后面。您能想象这种私有财产分配方式的存在吗?您难道不认为人民起义是无罪的吗?

锡翁使我回忆起我生命中的一段时间:在罗马我曾任大使秘书,首席执政曾任命我为瓦莱的全权公使。

在布里格,我任那些教士们费力地挑起本不应存在的东西;徒劳地建造时间,他们在它的重压下粉身碎骨,就像他们的修道院被大山重压一般。

我这是第十次经过阿尔卑斯山了;我又跟他们讲述了一遍,我在不

---

① 居斯蒂纳(Custine)夫人。

292

同的岁月中的各种经历。总是为所失去的惆怅，总是迷失在过去的回忆中，总是流着泪，孤零零地走向坟墓；这就是人类。

自然界大山的做作景象跟我们的厄运有着明显的瓜葛；它就像溪流一样静静地流淌着，它像激流一样把嗓音赋给流水；而前者则像恐怖的瀑布一样消失得无影无踪。

辛普朗已经是一片衰败景象，仿佛拿破仑的生命一样；这条生命只剩下了它原有的光彩：将已经移归的物品去归属一些小国家实在是一件了不起的壮举。天赋没有家；它的继承理所当然地成了平民的意外收获，他们从中获得好处，并在雪松挺立的地方种上卷心菜。

我最近一次经过辛普朗是在去罗马任大使的途中；我被吓坏了；那些被我留在山顶上的牧人还活着：大雪，乌云，峥嵘的岩石，松树林，水的喷薄之声，一直包围着面临雪崩危险的茅屋。这座山区小屋里最有活力的是山羊，怎么死了？我知道；怎么生的？我不知道。然而居住在有岩羚羊和老鹰的地区的居民对最初的痛苦，精神上的痛苦，思想上的折磨的认识是远远不够的。一八二二年，我去参加维罗纳大会时，辛普朗山顶站掌握在一个法国女人的手里；在一个寒冷的夜里大风吹得我看不清她的脸，她跟我说起米兰的圣阶；她期待着巴黎的勋章绶带：我唯一认识的是这个女人的声音，异常温柔地穿过黑暗和大风。

在多莫多索拉的下山途中越来越令人赞叹了；这是一项光怪陆离的运动。我们被古老语言所说的光晕轻抚着；这种光晕来自早晨的和风，沉浸和染上了玫瑰的味道。我又看到了马热尔湖，一八二八年我在那里时心情很不好，一八三二年我曾从伯兰佑纳山谷远处眺望它。在塞斯托卡兰德，意大利近在眼前：一个瞎眼帕格尼尼边唱边拉着小提琴沿湖岸经过提西诺州。

在进入米兰时，我又看见了无人知晓的郁金香之路；一些游客可能把它们当成了法国梧桐。在回忆着自己的不理智的同时，针对这种沉默大喊出声：这至少是美国使意大利惶恐不安。大家也可在热那亚种上混有棕榈树和橘子树的木兰。但谁会考虑这个谎言？谁会想到美化大地？我们把这个问题交给上帝吧。政府正由于垮台而忙得不可开交，而且大伙更喜欢有木兰的木偶剧场的纸板树，那里玫瑰飘香在克里斯托夫·哥伦布的故乡。

在米兰，护照问题仍是愚蠢野蛮的，我不是无情无绪地经过维罗纳的；就是从那里真正开始了我的积极政治生涯。如果这段生涯不是被可耻的嫉妒心破坏，不知道世界将会变成什么样，这是出现在我头脑里的问题。

一八二二年由于欧洲君主的光临而热闹非凡的维罗纳，一八三三年已恢复了往日的平静；像斯卡利热里宫廷和罗马的元老院那样，大会在杳无人烟的街道上进行。我想象着竞技场的阶梯看台上坐着成千上万的观众，其实是空空如也；我所曾惊叹的具有精湛建筑艺术的大厦，却灰暗又光秃秃地静立在雨中。

在这些维罗纳的演员当中有着怎样的雄心壮志啊！多少民众的命运被人研究，讨论和掂量！向这些梦想的追随者求救吧；打开愤怒日子的书本：写满了字的书终究会被人翻阅；君主！亲王！大臣！这里是你们的大使，这里是你们的官复原位的同僚；您在哪里？请回答。

俄国的亚历山大大帝？——死了。

奥地利的弗朗索瓦二世？——死了。

法国的路易八世？——死了。

法兰西的查理十世？——死了。

英国的乔治四世？——死了。

那不勒斯国王斐迪南一世？——死了。

托斯卡纳公爵？——死了。

庇护七世教皇？——死了。

撒丁·查理·费利克斯王？——死了。

蒙莫朗西西公爵，法国外交部长？——死了。

卡宁先生，英国外交大臣？——死了。

德贝尔斯托夫先生，普鲁士外交大臣？——死了。

奥地利首相根茨先生？——死了。

孔萨维红衣主教，教廷的国务秘书？——死了。

我在国会的同僚，德塞尔先生？——死了。

德阿斯普勒蒙先生，我的大使秘书？——死了。

尼埃佩尔伯爵，拿破仑遗孀的丈夫？——死了。

托尔斯特瓦伯爵夫人？——死了。

她的大儿子，小儿子？——死了。

我的洛兰齐宫的主人？——死了。

这么多人，包括我在内，在国会花名册上记录在册，把名字写在了死亡登记录上；如果人民和王朝完蛋了；如果波兰垮了台；如果西班牙再次亡国；如果我去布拉格是为了询问我曾经在维罗纳代表他们的伟大家族的残兵败将，那么地球上的万物究竟是怎么一回事？没有人还记得我们曾围在梅泰尔尼克亲王桌边聆听的教诲；但是，噢，天才的魅力！听了维罗纳的田间云雀的歌唱，没有一个过客不会想起莎士比亚来的。我们中的每一个人，在记忆的不同深处挖掘，又找到了另一个死人阶层，另一种褪色的感情，另一种可望而不可即的空想，就像埃居拉农的空想，在希望的怀抱中。从维罗纳出发，我不得不改变计算过去时间的尺度；我又回到了二十七年前，因为我自从一八〇六年以来就没有走过从维罗纳到威尼斯的路。在布雷西亚，在维桑斯，在帕多瓦，我穿过了帕拉迪奥、斯卡莫齐、弗朗斯希尼、尼古拉德比萨和让兄弟的高墙。

布朗塔沿岸大大出乎我的意料之外；在我想象中，它们是比这更为生气勃勃的：运河沿线的堤坝有太多的沼泽地。很多"别墅"已经毁坏；

但还有几座非常精致漂亮。里面也许还住着波科居朗特[①]先生,那些吟十四行诗的贵妇人讨厌他,两个漂亮的少女开始感到极为厌倦,音乐在一刻钟之后就开始令人感到疲劳了,他觉得荷马无聊透顶,他痛恨虔诚的埃涅阿斯、小阿斯卡涅、低能的拉蒂尼斯王、有钱人阿马特、平庸的拉维尼;为在布兰德的路上吃了贺拉斯的一顿难吃的晚餐而略为感到难堪;宣称绝不看西塞龙,更不看弥尔顿这个野蛮的人,地狱里的老糊涂,塔斯的魔鬼,"唉!"天真汉对马丁低叹,"我真害怕这个人极端地藐视我们的德国诗人。"

尽管我有点失望,尽管小花园里有很多神像,我仍很高兴看到桑树、橘树、无花果树、温馨的空气,我原来没有那么多空闲时间,现在却在日耳曼的冷杉林里和阳光不充足的捷克山峰上漫步。

九月十日天亮时,我到了菲齐纳,也就是菲利普·德科米纳和蒙田所叫的夏富齐纳。十点半钟,我在威尼斯下的船。我的第一件事是去邮局:那里既没有给我的直接地址,也没有给我的保罗[②]的间接地址的信;贝里公爵夫人那里没有一点消息。我写信给格里菲公爵,在佛罗伦萨的那不勒斯大臣,恳求他告诉我殿下的行程。

办好手续以后,我就决心耐心等待公主:撒旦诱惑我。中了他的毒计,我宁愿独自一人待在欧洲酒店十五天,对合法君主制极为不利。我宁愿给令人尊敬的旅客指一条错误的道路,而没有考虑到亨利五世的复辟推迟了半个月:我像丹东那样,请求上帝和人民的原谅。

一八三三年九月七日至十日,于途中

[①] 波科居朗特(Pococurante),伏尔泰的《天真汉》一书中的人物,他厌恶一切。
[②] 舒洛(Choulot)公爵叫保罗。

事件——威尼斯

"你好,意大利的王后……但你不可能永恒。"

不幸的意大利
永远的光芒
威尼斯!

(希阿布勒拉)

在威尼斯,我们可以想象在一艘抛锚的一流战船的甲板上,在比桑托尔①上,我们为您举行一次宴会,在周围您会看见一些精美绝伦的东西。我的旅店,欧洲酒店坐落在大运河的入口,与《海关》《吉德卡》和圣·乔治·马热尔相对。当我们穿梭于夹在两旁宫殿中的大运河时,宫殿年代是如此的久远,建筑风格是如此的丰富多彩,当我们流连于"大地方和小地方"时,我们凝视着古罗马大教堂和它们的穹顶,执政官的宫殿,les procurazie nuove, la zecce,钟塔,圣马可的警钟,石狮柱,所有这一切与船的风帆和桅杆混在一起,与熙熙攘攘的人群和威尼斯的轻舟交错在一起,融入了天空和大海的湛蓝,及梦想的飘浮不定,不再有魔力的东方神奇游戏。有时,西塞里②在背景布上涂涂画画,为的是戏剧的魅力和各种形式,各个时代,各个国度,各种气候的古迹:这仍是威尼斯。

这些镀了二重金的大厦,用吉奥尔、提香、保尔·芙罗内泽、坦托雷、让·贝利尼、帕里斯·博多纳和帕尔马祖孙的许多画加以美化,里

---

① 执政官登上了这艘精美的战船,出征大海。
② 西塞里(Cicéri,一七八二——一八六八),法国画家,歌剧布景的创始人。

面被铜、大理石、花岗石、斑岩、古代遗留下来的珍贵笔迹所填满；他们的内外一样精美绝伦；而且，在美妙的光辉照亮处，我们在拱门上发现了著名人物的大名和与其有关的光辉历史，有人与菲利普·德科米纳一起大喊："这是我所见过的最伟大的城市！"

然而，这不再是路易十一的大臣的威尼斯，威尼斯嫁给了亚得里亚海，成了大海的女王；在威尼斯产生了君士坦丁的国王，塞浦路斯的国王，达尔马提亚岛、伯罗奔尼撒岛和克里特岛的亲王；威尼斯侮辱了日耳曼的恺撒，在其不可侵犯的家园接待了教皇，威尼斯的君主们乐意过平民生活，彼特拉克、普莱通、贝萨里翁将从野蛮行为中拯救出的希腊和拉丁文信件的残余传了下来；威尼斯作为封建制欧洲中的共和国，成了基督教的盾牌；威尼斯，"狮子的种植者"[1]，将普托莱马伊德、阿斯卡隆和蒂尔的壁垒置于脚下，在莱庞特打败了十字军；威尼斯的执政官是骑士的学者和商人；威尼斯击败了东方，从那里买来香料，从希腊运来缠头巾或出土的杰作；威尼斯成功地从康布雷的整体联盟退出；威尼斯凭它的盛会、朝奉者和它的艺术闻名天下，就像它的军队和伟人那样；威尼斯与科林斯、雅典和迦太基一样用海战冠和花冠装饰它的头。

这不再是那座我曾访问过的光芒四射的海岸城市；然而，由于它的和风细浪，她仍保持了几分魅力；对于一个趋于衰落的国家来说，一个好气候是尤为重要的。在威尼斯有足够的文明让生存找到其价值。天空的诱惑让人忘掉更多的人类尊严；引人注目的道德从伟人的威望中喷发而出，从环绕我们的艺术曲线中溢出。一个旧社会的残余造出了这一切，同时也让你厌恶新社会，让你对未来毫无兴趣。你希望感受和周围一切的东西一起消亡；您只准备如何度过走向尽头的生命。自然界迅速地把年轻的一代带向衰老，就像用鲜花铺满一样，它保留了种族最虚弱

---

[1] 拜伦（Byron）的说法。

的盛情和欣喜。

威尼斯不知道怎么崇拜偶像；她在生养她的地方扩张基督教义，远离阿蒂拉的残暴野蛮，西庇阿的后裔、波莱人和厄斯托希人在贝特莱埃姆的山洞里躲避阿拉里克的暴力。除了其他城市之外，威尼斯这个古老文明的大女儿没有受到被征服的侮辱，她既没隐藏罗马的废墟，也没有隐藏异族的遗迹。在这里我们也看不到在欧洲北方和西方才能见到的工业的发展；我想说说这些崭新的建筑物，这些神速建起的街道，街上的房子要么还没完工，要么就还空着。我们在这里可以建些什么呢，可怜的市镇说明，在父辈的非凡天赋面前子孙们的思想显得那么的贫乏；发白的小屋在福斯卡里和珀扎罗的宏伟建筑面前黯然失色，当我们发现，紧急的修复逼迫人们不得不用泥刀和石膏匕首指向大理石柱头时，感到很不舒服。宁愿希腊或摩尔式的窗户被虫蛀的木板挡住，宁愿精致的阳台上晒着褴褛的衣服，也不要我们这个时代的颤颤巍巍的手的印记。

我不能将自己和命运和谐地埋葬在这座城市，诗人的城市！但丁、彼特拉克、拜伦在这儿生活过，我不能在阳光落到的这些书页上完成我的回忆录！这时，太阳在佛罗里达的热带草原上空仍灼灼发光，而在这里大运河的尽头徐徐落山。我再也看不见它了；但是，它的光芒穿过宫殿之间的空隙，照射到"海关"的球形建筑上，船的斜桁横桁上和圣·乔治·马热尔修道院的正门上。修道院的大院种上了一行行玫瑰，它们在黑暗中沉思；教堂的白色外表是如此清晰，我能把剪刀的细枝末节给看清楚。吉德卡商店被微微的光给包围起来；运河和港口的威尼斯轻舟在一光线中荡漾。威尼斯就在那里，安坐在海边，像一个漂亮女人随着岁月而失去光采：晚风徐徐吹拂着她带着清香的发丝；大自然的恩惠和微笑都向她致意。

一八三三年九月十日，于威尼斯，欧洲酒店

威尼斯的建筑——安东尼奥——贝蒂奥神父和冈巴先生——执政官宫殿的大厅——监狱

一八○六在威尼斯有一个年轻的先生，名叫阿尔马尼，他是一位意大利的翻译或《基督教真谛》一书译者的朋友。他的姐姐，照他的话说，是一个"修女"。在拿破仑的古耶路撒冷犹太法庭的喜剧里也有一个吝啬鬼斜着眼睛看着我的钱包；拉格拉德先生，法国间谍组织的头，他请我吃了一顿饭[1]：我的翻译、他的姐姐和古耶路撒冷犹太法庭的吝啬鬼，要么死了，要么不住在威尼斯了，那时，我住在里阿尔托附近的白狮旅店；这家旅店搬迁了。几乎就在老旅店的正对面，是倒塌的福斯卡里宫。我的生命中的这些陈年旧事！我被这些废墟弄得要发疯了：说说现在吧。

我曾试着描述威尼斯建筑的总体印象；为了详细地了解，我在大运河里上上下下了好几遍，把圣马可宫广场看了又看。

为了完成这个内容，必需相当的篇幅。西科尼亚拉伯爵的作品"le fabbrielu piu cospicue di veuzia"[2]给我提供了纪念性建筑物的特征；但是展览[3]不很清晰，我仅仅举出其中重复次数最多的那几幅。

希腊科林斯石柱的柱头上画有一个半圆，其顶端落在另一个石柱的上面：正好在中间竖立着第三根石柱，同样的体积，同样的形式；从中央石柱上往左往右两个本轮尖端也同时落在其他石柱的柱头上。它导

---

[1] 一八○六年七月，在去与东方合作之前，夏多布里昂去过威尼斯，但只是漫不经心地路过。

[2] 《威尼斯大型工厂建筑》。这是法兰西艺术学院的几个学生在院长指导下通力合作集体完成的一个作品，院长就是莱奥波德·德·西科尼亚拉伯爵（一七六七——一八三四）。

[3] 与时间和作者所占的版面有关的展览。

致了这种图饰里的拱门断裂，于是在它们相交点产生了尖形穹窿，这样就形成了两种艺术风格的完美结合，即罗马的半圆拱腹和阿拉伯的或东方哥特式的尖形穹窿的组合。我现在和普遍的想法一致，认为阿拉伯哥特式的尖形穹窿或起源于中世纪；但可以肯定它存在于所谓的蛮石建筑中；我在阿尔戈的坟墓中看得很清楚。

在其他有些宫殿里也可看到在执政官的宫殿里绠带饰的复制品，特别是在福斯卡里宫：石柱支撑着穹窿拱腹之间是空的：在这个空隙间建筑师安装了两个圆花窗。圆花窗是椭圆形的，这些圆花窗的一边在建筑的正面，成了大厦的画龙点睛之笔。

整座建筑的根基特别稳固；越往上建筑越来越薄。公爵的宫殿与自然的建筑恰恰相反；底部被轻巧的柱廊穿过，上面覆盖着一个四处三叶饰的锯齿形阿拉伯走廊，整个底部支撑着一块几乎是光光的方形地面：据说是一座建筑在石柱上的堡垒，或者说是一座翻过来的大厦，尖小的顶饰着地，而沉重的根基朝天。

建筑的外观和顶部在威尼斯的建筑物中是尤为突出的。在珀扎罗宫，第二层的柱顶盘是多利安式的，装饰着巨大的头像。第三层是爱奥尼亚式的，装饰着从墙面伸出的骑士的头，面向着水面：其中一部分有护颏，其他的则头盔的脸甲半垂着；所有的人都有头盔，上楣下有弯曲的羽毛饰。最后第四层是科林斯式的，有各种发型的女人的头像。

在圣马可，有作浮雕的圆盖，上有从东方掠来的不连贯的镶嵌图案，我仿佛同时身处拉文纳的圣·维塔尔、君士坦丁的圣·索菲、耶路撒冷的圣·索弗尔和莫雷、希奥、马尔他的小教堂中，圣马可是比赞坦式的建筑物，有在十字架号召下的胜利和征服的混合式柱型，像威尼斯那样完全是一件战利品. 它的建筑最出色的是在明亮的天空下的灰暗：但今天，九月十日，窗外面的阳光暗淡了，与灰暗的古罗马会堂相得益彰。我们用了四十个钟头，为了赶上好天气。面对风雨祈祷，虔诚的热情力量是无穷的，灰蒙蒙的天空对威尼斯人来说好比一场瘟疫。

我们的愿望满足了：夜晚已变得十分迷人；夜里，我在码头上漫步。海天一线；星星与停泊在这里或那里的船只上的灯火交相辉映。咖啡吧里坐满了人，但我们既看不到驼背丑角，也看不到希腊人和柏柏尔人：一切都结束了。桥上有一个圣母像闪闪发光，吸引着过往的人群：年轻的姑娘们跪着虔诚地祷告；右手在胸前画着十字，左手去拦过路的人。回到旅馆后，我躺下，在窗下的威尼斯轻舟里传来的阵阵歌声中睡着了。

我有安东尼奥当我的导游，他是全城最老最有学问的导游：他已把所有的宫殿，雕像和图画牢记在心。

九月十一日，拜访了图书馆①的馆长贝蒂奥神父和冈巴先生：他们十分礼貌地接待了我，尽管我没有任何介绍信。

在跑遍公爵宫殿的房间时，我们越走越有劲。在那里有由最著名的大师们描绘的威尼斯的全部历史：他们的图画已被多次描写过了。

在这些古董中，我像所有人一样，注意到了天鹅、莱达和被称作普拉克斯泰尔的加尼米德②。天鹅雕刻得栩栩如生；莱达则太善意了。（加尼米德的鹰根本就不是真正的鹰；它看起来像世界上最好的动物。加尼米德，被优雅地举起来，很是迷人；他和老鹰交谈着。）

这些古董被安放在十分精致的图书馆大厅两端。我带着崇高的敬意注视着但丁的诗稿，目不转睛地盯着弗拉·莫罗（一四六〇年）的世界地图。可我觉得非洲不像平时大家所描述的那样。应该好好地挖掘一下威尼斯的"档案"：可以在里面找到一些珍贵的文献。

在油漆和装饰的客厅，我来到了"监狱"和"黑牢"；同一个宫殿也是社会的缩影，有悲有喜。监狱的门上打了铅封，黑牢在运河的水平面

---

① 隶属于圣马可的马蒂阿纳图书馆。
② 希腊神美少年，宙斯的司酒童。

上，有两层。在这里有多少人被秘地扼杀和砍头；作为补偿，大家说这里曾有一个犯人在关了十八年后又肥又胖，红光满面地走了出来：他像只癞蛤蟆一样生活在石缝中。人类是多么体面啊！多美妙的事情啊！

有力的博爱警句弄脏了地道的拱门和墙壁，自从我们的革命有这么令人反感的血，"在这可怕的日子里，一斧头就重开天日"[①]。在法国，我们在监狱里装满牺牲者，用砍头的方法处理得一干二净；但人们将威尼斯监狱里可能从未有过的阴影给放了出来；温柔的刽子手们砍下了儿童和老人的头颅，和善的观众观看着妇女在断头台上被处决，为人类的进步感动不已，威尼斯的黑牢的开放充分证实了这一点。而我却内心冷漠，根本就不靠近这些敏感的英雄半步。在执政官的宫殿里，我的眼里从没有浮现过老头的亡灵；似乎在贵族的地牢里只看见人们亲吻偶像时基督徒所看到的景象：从上帝的头上跑出来成群的小家鼠。在光亮下一切都曝了光；出现了大家崇拜的害虫。

叹息桥连接着公爵宫殿和城市的监狱；桥分为两部分：一端是关"普通的犯人"；另一端则是要走上宗教裁判所或十字法庭的"政治犯"。桥的外观很优美。监狱的正面也十分令人赞叹：在威尼斯人们离不开美，甚至连暴政和不幸也不例外。鸽子在监狱的窗子上筑了它们的巢；满身茸毛的小鸽子拍打着它们的翅膀，在窗栅栏上咕咕地叫着，等着它们的母亲归来。有人曾抓住了几乎刚刚从摇篮里走出来的无辜生命；它们的父母只能在客厅的小棒上或门洞里远远看见它们。

一八三三年九月，于威尼斯

[①] 在《伊里亚特》中，有一段布瓦洛是这么翻译的："在这可怕的日子里，他害怕这位上帝，一三叉戟就重开天日……" 夏多布里昂把第二句法语十二音节诗换成了十音节诗。

西维奥·佩里科的监狱

你肯定认为在威尼斯我很关心西维奥·佩里科，冈巴先生告诉我贝蒂奥神父是宫殿的主人，还说我找他就可以搞我的研究。一天早上，我求助于一个很棒的图书管理员，他拿着一大串钥匙，带着我走过很多走廊，上过好几层楼梯，来到了《我的监狱》的作者住的顶楼。

西维奥·佩里科先生只有一点没弄错：他对我说他的监狱在外表上和著名的黑牢齐名，特别是铝封的屋顶。宫殿中这样的监狱有，或更确切地说曾经有五个，它们靠近帕利阿桥和"叹息桥"的运河。佩里科不住在这里；他被关押在宫殿的另一头，在紧挨着宫殿的一座建筑里，面对着夏努安桥；在一八二〇年为了关押政治犯被改建成监狱。另外，它也是被"铝封"的，因为一块这种金属的薄片形成了这个僻静之所的屋顶。

囚徒对他的第一间和第二间房子的描述是再准确不过的了。从第一间房子的窗户，我们可以俯视圣马可的屋顶；还可看到宫殿的庭院里的井，一大块空地的一端，城市的各个钟楼，以及潟湖以远，在天边的帕多瓦方向的山峦；我们认出了有一扇大窗和一扇上面的小窗的第二间房子；通过大窗子佩里科能看见他的不幸的同伴住在对面的房子里，左边，在上面，可爱的孩子们对他讲他的母亲的窗口。

如今，所有这些房子都被荒弃了，因为到处都没有人，甚至监狱里也没有人；窗户的铁栏杆被撬开，墙和天花板也发白了。温和、博学的贝蒂奥神父住在这荒凉的宫殿里，充当它平和、寂寞的园丁。

这些因囚禁佩里科而不朽的房子也不乏高雅之处，它们远看很漂亮；它们是诗人的囚牢：这里没有什么可说的，暴政和荒谬已被接受；但死的格言是为思辨的理念而准备的！但摩拉维亚的地牢！十年岁月，充满智慧的青春年华①！但在欧洲酒店和我一起吃饭的狠毒愚蠢的堂兄弟们，对我经受了佛罗里达蚊子叮咬无动于衷。另外，我住得常比佩里科的公爵宫的亭子还糟，特别是在法国警察局的官员那里；我也曾被迫站在桌子上享受阳光。

《里米尼的弗朗索瓦兹》②的作者在监狱里想念藏兹；我则在我的牢房里为一个我刚刚看着她死去的年轻姑娘歌唱。我很想知道佩里科的小女看守现在怎么样了。我叫人寻觅她；如果有什么消息，我会告诉您的。

一八三三年九月，于威尼斯

弗拉里——美术学院——提香的《圣母升天》——帕尔泰浓的排挡间饰——莱奥纳尔·达·芬奇、米开朗琪罗及拉斐尔的奇异画面——圣·让和圣·保罗教堂

一叶威尼斯轻舟把我带到弗拉里③，我们法国人习惯了希腊或哥特式的教堂，因而对其砖砌的会堂外表没什么特别感觉，看上去普普通通；但内部和谐的线条和主体设计所营造的朴实而宁静的气氛则令人赏心

---

① 西维奥·佩里科曾被关在摩拉维亚的布尔诺附近的一座城堡十年。
② 佩里科（Pellico）所作，一个平庸的悲剧——在《我的监狱》中佩里科肯定当他一八二一年在"被铅封的屋顶下"时，监狱看守的女儿藏兹·布罗洛给予了他很温柔的友情。她当时大概有十四五岁。
③ 十三世纪的教堂。

悦目。

弗拉里陵墓坐落在侧墙边,点缀了大教堂。大理石的华美光芒四射,迷人的叶饰表明了威尼斯古老雕塑的精湛工艺。在大殿里方砖铺的地面上有一块上面写着这样的字句:"这里长眠着提香、泽齐斯和阿佩勒的竞争对手。"这块石头在一位画家的杰作对面。

卡诺瓦的豪华坟墓离提香的石板不远;这座坟墓是雕刻家为提香本人设计的坟墓复制品,是他为玛丽·克里斯蒂娜公主所建造的。《赫柏》和《玛德莱娜》的作者的作品没有全部集结在这里:因此,卡诺瓦就住在了最具代表性的不是为他准备,但由他自己建造的坟墓里,这只是他的半衣冠冢。

从弗拉里出来,我来到了芒弗里尼画廊,阿里奥斯特画像栩栩如生。提香画了他的母亲,这个出身于平民的老妇人,满身污垢,很是难看:从对这个妇人的岁月和苦难的夸张描绘中,不难感到艺术家的强烈自豪感。

在艺术学院,我向《圣母升天》油画飞快地走过去,这是西科尼亚拉伯爵发现的:十位大人物的画像在油画的下半部分,左边那个人盯着玛丽入了迷。圣母像在这群人的上面,站在一群小天使围成的半圆中央;脸上却带着令人惊叹的光辉:右边有一个女人的头像,位于新月的尖端,有一种说不出的美;两三个圣灵水平地伸向天空,是坦托雷秀丽而豪放的手法。我不知道一个站着的天使是否也会受到尘世间爱情的煎熬。圣母像很高大,她披着一块红呢;蓝色腰带在空中飘扬;她的双眼仰望着高处永恒的天父。四种截然不同的颜色,棕、绿、红、蓝,布满整个画面:总体上看显得阴暗了一点,不是太理想,但有一种不能比拟的自然的真实和活力;然而我更喜欢出自同一个画家的《神庙上出现的圣母》,这幅画也在这个大厅里展出。

与才华横溢的《圣母升天》相比,坦托雷画的《圣马可的奇迹》则是一幕悲剧，画家似乎不是用画笔，而是用凿子和木槌在画布上挖掘出来的。

我现在来到了帕尔泰浓的石膏间饰前；它们引起了我的三重兴趣：我曾看见雅典被英国埃尔京勋爵掠夺一空，而在伦敦，劫来的大理石上有我在威尼斯看见过的线脚。这些杰作的飘零命运和我的命运同病相怜，然而菲迪阿没有把我的黏土加工成形。

我在列奥纳尔·达·芬奇、米开朗琪罗、拉斐尔的原作前久久不舍离去。没有什么能比天才的学识和灵感画出的图稿更吸引人的了；他让您走进他的内心深处；他向您吐露他的秘密；他告诉您他是怎样努力达到完美境界的：大家很高兴看到他是怎样出错，又是怎样发现错误并重新站起来。在一张非常普通的纸上，铅笔从桌子角开始描绘，它留下了美好的大自然的富足充裕和朴实天真。考虑到拉斐尔的手曾在这些不朽的旧纸上移动，人们在上面安了一块玻璃隔板，防止你去亲吻这些神圣的纪念品。

对圣让和圣保罗的另一种赞赏使我从对艺术学院的赞赏中走出来，这样人们在变换作品欣赏时就会感到神清气爽。不知名的建筑师沿用尼科洛·皮扎诺的风格设计的教堂富丽豪华、空广宽阔。主祭坛的圆室呈竖立的大贝壳状。另外两座圣殿在旁陪衬着它：它们又高又窄，为多中心拱门，一些直向剖开的槽把它们和圆室分开。

莫瑟尼戈、莫罗齐尼、旺德拉曼几位总督和共和国其他几个首脑人物的骨灰安葬在这里。这里还有法马古斯特的保护人安托乃·布拉加迪诺的皮，人们可以引用泰尔蒂利昂的话："一张活生生的皮。"① 这些珍贵的遗物能激发一种既伟大又痛苦的感情：威尼斯本身就是这些尚武的官

---

① 泰尔蒂利昂（Tertullien），一五七一年，在塞浦路斯岛上抗击土耳其人的斗争中，他保护了法马古斯特。土耳其人后来把他的皮活剥下来；他的家人又把他的皮赎了回去。

员们活生生的灵柩台,仿佛在他们的骨灰上面盖了两层棺材,这座城市不过是一张活生生的皮而已。

上了色的彩绘玻璃和红色的窗帘遮住了照在圣让和圣保罗教堂上的光线,这更增添了一层宗教色彩。从东方和希腊运过来的不计其数的圆柱被安置在大教堂里,像外国树林中的小路。

当我在教堂里徘徊时,一场风暴突然来临:能唤醒所有死者的小号什么时候会吹响呢?我在若扎法山谷里的耶路撒冷也说了这些话。

这些行程完毕后,我又回到了欧洲旅馆,感谢上帝给我把瓦尔德门尚的公猪带到了威尼斯的画中。

一八三三年九月,于威尼斯

海军兵工厂——亨利四世——起程去美洲的三桅战舰

在我发现监狱里粗俗的奥地利人企图压制意大利人的聪明才智以后,我又去了"海军兵工厂"[①]。任何一个君主国,不管它现在或曾经有多么强大,都没能制订出一个如此完美的航海策略方案。

由筑有雉堞的墙围成的一大块空地包含了四个容纳远洋舰的船坞,这里有建造这些战舰的造船厂、海军和商船的有关机构,从绳缆业到大炮铸造厂,从切削轻舟船桨的车间直到七十四根龙骨劈方正的车间,从展示自君士坦丁、塞浦路斯、莫雷、莱庞特掠夺来的老式武器的大厅到

---

① 威尼斯海军兵工厂,或称"军械库",十二世纪初建成,十四世纪扩大了许多。

展示现代武器的大厅：一切都掺和在圆柱的长廊上，与一流大师们设计和建造的建筑融为一体。

在西班牙、英国、法国、荷兰的海军兵工厂，我们只能看到与这些武器有关的东西；而在威尼斯，艺术和工业紧密相连。由卡诺瓦建造的埃莫海军上将[①]的纪念碑就竖立在一艘船的骨架旁边；排列成行的炮筒穿过长长的柱廊出现在您眼前；来自希腊比雷埃夫斯的两只巨大的石狮子守护着船坞的大门，一艘战舰即将从这里开出，去开辟一个雅典人不认识，而被现代意大利的天才发现的新世界。除了海神留下的这些优美的零星碎片以外，兵工厂再也不会让人想起但丁的诗句：

"像威尼斯人的海军兵工厂一样，冬天将黏性极强的树脂煮沸，用来修补损坏的大船；因为不能出海，他们就利用这个空闲来建造新的大帆船，或者给多次远航的大帆船侧捻缝；有的用锤子敲船头，有的敲船尾，有的切削船桨，有的编织缆绳，有的则修补他们的前桅帆或后桅帆……"（《地狱》，第二十一卷）

所有这些活动都已结束：兵工厂几乎全部变成了空地，高炉熄了火，锅炉锈迹斑斑，制绳的纺车不见了，工地上看不见建筑者的踪影，这一切证明了它同宫殿一样死气沉沉。再也见不到木匠、帆篷工、海员、捻缝工和水手的人群，我们只看到几个苦役犯拖着枷锁；其中有两个在炮闩上吃东西；在这种铁桌子上，至少他们能够梦想自由。

以前这些苦役犯经常在比桑托尔上划船，人们在他们干瘦的肩膀上披了一件鲜红的祭服，使他们更像拿着镀金短桨劈波斩浪的能手。他们乐意让铁链拖出声音来点缀他们艰辛的劳动，就像在孟加拉过杜尔加节时穿着金黄色薄纱的舞女，在脖子、手臂和腿上装饰的圆环的响声中翩翩起舞。威尼斯的苦役犯使总督和海融合在一起，他们用奴役身份延续

[①] 埃莫（Emo，一七三一——一七九二），威尼斯海军上将。

了这种永远不可分解的联合。

当年曾经把十字军战士带到了巴勒斯坦海岸并禁止任何一艘外国船只在亚得里亚海风下扬帆的众多舰队，现在只剩下了一艘比桑托尔的模型。拿破仑的一艘汽艇，一只孤单的独木舟，几艘战舰的构思，这些在海洋见习军官学校的黑板上用粉笔画出的模型。

一位从布拉格来的法国人在威尼斯等待亨利五世的母亲，他看到威尼斯兵工厂里亨利四世的盔甲时，想必会很激动。贝阿尔纳在伊夫里战场佩的剑也曾和这副盔甲放在一起；但是今天这把剑不在了。

一六○○年四月三日根据威尼斯大会的一条法令：Enrice di Borbone Ⅳ, Rè di Francia e di Navarra; Con li tigliuoli e discendenti suoi, sia annumerato tra i nobili di questo nostro maggior consiglio①。

亨利·德·波旁的后代查理十世、路易十九和亨利五世于是成了不复存在的威尼斯共和国的贵族，就像他们在波希米亚是国王，在罗马是圣让——德拉特朗的议事司铎一样，这都是按照亨利四世的愿望；我是按照最后一点来介绍他们的：他们丢失了披风和短毛皮披肩②，而我失去了大使的位置。然而我在圣让·德拉特朗的神职祷告席中过得很好！多么神圣的教堂！多么美丽的天空！多么迷人的音乐！这些歌曲比我的威严及议事司铎的荣誉还要经久不衰。

在兵工厂里我的荣誉让我十分难堪；它在我的脸上大放光彩而我却全然不知：陆军元帅、海军元帅和总司令帕吕克西从我的火角③认出了我。他向我跑来，表明了他的好奇；然后道歉说，因为他即将主持一个会议，不能久陪，于是把我托付给一位高级军官。

---

① "亨利·德·波旁（Henri de Bourbon）四世，法国和纳瓦尔的国王，和他的儿子及后代被列入我们威尼斯大会的贵族当中。"
② 戴在手臂或肩膀上的毛皮标志。
③ 嘲弄地影射穆瓦兹的火角。

我们遇到了即将起航的三桅战舰舰长。他无拘无束地和我交谈，以一种我十分喜欢的水手的坦率对我说："子爵先生（好像他一直就认识我似的），您有什么事要委托我在美洲代办吗？""没有，船长，请代我向美洲致意，有很长时间我没去那里了！"

每次看到战船时，我就止不住滋生一种想离开的强烈愿望：如果我是自由的话，第一艘驶向印度的船就有可能把我带走。我是多么遗憾没有随同帕里船长去两极地区啊！我的生命只有在云端和海里才会有自由：我经常希望它将消失在某一张风帆下。在时光的风浪中度过的那些沉重的岁月不是抛锚，它不能阻止我向前远航。

一八三三年九月，于威尼斯

圣克里斯托弗的墓地

在兵工厂，我离如今已当作墓地的圣克里斯托弗岛不远。这个岛上有一个嘉布遣会修道院；修道院已倒塌，它的遗址只剩下一块方形的围墙。坟墓没有增加多少，至少是它们没有高出地面盖满青草。紧贴西围墙有五六块石碑；用白字写明日期的几个黑色的小木十字架散落在围墙四周；好像现在我们在这里安葬威尼斯人，而他们的祖先安息在弗拉里和圣让和圣保罗的陵墓里。不断扩大的社会群体同时也在缩小；民主终于战胜了死亡。

在坟墓边缘，靠近东边，我们看到了希腊教会分立派和新教徒的墓地；它们之间用一堵墙隔开，然后用另一堵墙把埋葬天主教徒的坟墓隔开：不愉快的冲突的回忆，会在没有硝烟的庇护所里延续下去。紧靠着希腊公墓的是另一个防御工事，它保护着一个洞口，人们经常把早死产儿丢进洞里。多么幸运的人！你从母腹的黑暗里走向永远的黑暗中，却看不见一点光明！

随着人们建造新的坟墓，洞口近旁那些从地里挖出来的像树根一样的骸骨在哀号：那些最古老的已经变白，干瘪瘪的；新近挖出来的则呈黄色，有点潮湿。壁虎在这些碎骨中爬行，在牙齿之间滑来滑去，穿过眼睛和鼻孔，又从头骨的口里、耳朵或它们的窝里爬出来。三四只蝴蝶在交织在骸骨当中的红紫色花中飞来飞去，这与普赛克[①]编造的情景相近，是天空下灵魂的写照。其中一具头颅有几根头发与我的头发颜色一样。可怜的老船夫！至少你应该比我会开船。

围墙里一个公共的坑敞开着；人们刚刚把一位医生放下去，埋葬在他的老病人旁边。黑色的棺材上面只盖了一点点土，裸露的边缘等待着和另一个灵柩的边缘挨在一块，大概是为了暖和吧。安东尼奥十五天前把他的妻子埋葬在这里，而正是这位已故的医生给她草草了事送的终；安东尼奥感谢酬劳者和报复者的上帝，他在忍耐当中受着痛苦的煎熬。一些特别的棺材用特殊的轻舟运到凄凉的屋子里，后面跟着的神父则坐在另一叶轻舟里。因为这些小船也像棺材，它们与这种仪式很相配。一只更大一点的划艇，是科西特"公共马车"，它为医院服务。这样，埃及的葬礼又翻新了，卡龙和他的船的神话也面目一新。

在威尼斯旁边的一座公墓里，耸立着一座为圣克里斯托弗建立的八边形教堂。这个圣人肩上扛着孩子涉水过河，他感觉沉重，这孩子是手持金球的玛丽的儿子；祭台前的表格，记载着这次美好的奇遇。

我也想抢一个国王的孩子，然而我没有意识到他睡在摇篮里已有六

[①] 希腊神话中以少女形象出现的人类灵魂的化身，与爱神厄洛斯相恋。

个世纪了,我的手臂无法承担这种重负。

我看见教堂里有一个木的蜡烛台(蜡烛已经熄灭了),一个为坟地祝福的圣水缸和一个小记事本:Pars Ritualis romani pro usu ad exsequianda corpora defunctorum[①];当我们已经被遗忘时,宗教这种永远的亲人绝不会消失,会为我们哭泣,追随我们,excequor fugam[②]。打火机用盒子装起来;只有上帝能激起生命的火花。写在一张普通纸上的两首四行诗,被贴在建筑物的两三张门板的内侧:

Quivi dell'uom le frali spoglie ascose
Pallida morte,o passeggler,t'addita,etc[③]。

公墓里唯一一座比较引人注目的陵墓是为一位十八年后才死去的女人而建的:碑文告诉了我们这些情况;因而这个女人在十八年内想住进墓去只是一场徒劳。这种漫长的希望在她身上滋生了多少悲伤啊?

在一块小小的黑色木十字架上,人们读到了另外一个墓志铭:Virginla Acerbi,d'anni 72,1824。Morta nel bacio del Signore[④]。对于一个美丽的威尼斯女人来说,这些岁月很沉重。[⑤]

安东尼奥[⑥]对我说:"当这块墓地葬满了人时,人们就会让它休息,死者将安葬于米拉诺的圣·米歇尔岛。"言之有理:当粮食收割好后,人们就让一块农田休闲,再到别处去开一块。

一八三三年九月,于威尼斯

---

① "它是为死者举行葬礼的罗马宗教仪式的一部分。"
② "我永远跟随你"。
③ "这里隐藏着一个男人脆弱的遗体:苍白的死者,过路人啊,你把他指出来……"
④ "维吉妮·阿塞比,七十二岁。一八二四年在耶稣基督的亲吻中死去。"
⑤ 夏多布里昂似乎在"阿塞比"(acerbi)这个字上玩游戏,他译成:"维吉妮,七十二个艰辛的岁月……"
⑥ 安东尼奥(Antonio),译员。

米拉诺的圣·米歇尔——米拉诺——女人和孩子——威尼斯轻舟的船夫

我们去看另外一块地，它正在期待一位伟大的垦荒者。米拉诺的圣·米歇尔是一个颇为别致的教堂，有一些柱廊和一个白色回廊的修道院。从修道院的窗口，通过柱廊上面远眺，我们可以看到潟湖和威尼斯；花团锦簇的花园与葱郁的草场相连，肥美的草场亮丽得如同少女凝脂般的肌肤。这旖旎的世外桃源已被方济各会修士遗弃；它更适合于唱歌的修女，就像卢梭在"斯居奥尔"[1]中写的小学生一样：曼佐尼说："幸好她们在看到男人之前都已戴上了神圣的面纱！"

请求您在这里给我一个小房子来完成我的回忆录。

弗拉·保洛[2]被安葬在教堂的入口；这个寻找声音的人在这被寂寞包围的地方一定会感到狂怒不已。

判处死刑的佩里科在被带到斯匹埃尔贝尔的堡垒之前被安置在圣·米歇尔。在圣·米歇尔，佩里科到庭的法院院长已取代了那位诗人；他被埋葬在修道院里；永远都没走出这座监狱。

在离法官的墓不远的地方是一位二十三岁在一月份结婚的外国女子；在二月份她就死去了。她不想走出蜜月；碑文上面写着：Ci revedromo[3]，这是真的！

在怀疑和思考背后，没有一种不安能打破这种子虚乌有！无神论者，当死神用指甲插入你的心脏时，谁知道在失去知觉的最后一刻，在

---

[1] 一七四四年，卢梭在威尼斯任法国大使蒙泰居伯爵的秘书："有一种音乐……在意大利和世界各国是独一无二的，那就是'斯居奥尔'（Scuoule）的音乐。""斯居奥尔"是慈善机构，专门扶助贫困女孩上学。

[2] 弗拉·保洛（Fra Paolo，一五五二——六二三）威尼斯的修道士，神学大辩证家。

[3] "我们将再相会"。

"我"死亡之前,是否您就不会感受到这种痛苦的暴行,而这种暴行会让你的来生极度痛苦,人类在有限的时间里对这种痛苦将无所适从。啊!是的,Ci revedremo!

我离小岛和米拉诺城太近,而不能不去参观那些玻璃制造厂,在贡堡我母亲房子里的玻璃就是它们出产的。我并没有看见这些现在已关闭了的工厂;但人们在我面前拉开了一根玻璃的细丝,就像时间在我脆弱的生命里拉开的长线一样:吊在尼亚加拉大瀑布一个易洛魁小女孩鼻子上的珠子就是用这种玻璃做出来的①;一个威尼斯女人的手把这个原始的装饰物变成了圆形。

我遇见了一个比米拉②更漂亮的女人。一个女人抱着一个襁褓中的小孩;这个米拉洛女子姣美的面容迷人的眼神,在我的回忆中无可挑剔。她显得焦躁不安。如果我是拜伦勋爵,就更有机会去尝试一下,这种处于贫困当中的诱惑力;在这里人们有一点钱可以办很多事,然后我在河岸旁边去安慰这种绝望与孤独,沉醉在自己的成功和天才当中。在我看来,爱情似乎是另外一回事:我已经很多年没看见勒内了,但我不知道他是否会在幸福之中去寻找他烦恼的秘密。

每天在行程完毕后,我就去邮局,在那里什么都没找到;格里菲奥伯爵没有在佛罗伦萨给我回信;在这个独立地区获准公开发行的报纸都不敢报道一个旅行者来到了"白狮"。威尼斯这个报纸的诞生地只限于刊登广告、通知、当天的歌剧节目和宗教圣事。阿尔德③一家不能从坟墓里出来拥抱我这个保护了新闻自由的人。因此我必须等待,如前面所说,回到小客栈后,我坐在大运河入口处窗子底下边吃晚饭边和停靠岸边的船夫们调侃。这些"海上仙女"的儿子们,快乐永远都不会离开

---

① 《墓畔回忆录》其中一段的隐喻,在原版中没有登出。
② 《纳特谢》(*Natchez*)中的女英雄,她钟情于勒内。
③ 阿尔德(Aldes)一家,威尼斯有名的出版商家庭。

他们：受到阳光沐浴的大海养活了他们，他们不像那不勒斯的乞丐们那样，整天睡觉，游手好闲；他们总是在活动，这是一些缺少船只，没有工作的水手，如果威尼斯自由和光辉的时代还未过去，他们仍可在全球范围内做生意，并还会赢得莱庞特战役的胜利。

早上六点，他们驾着轻舟来了，船首靠岸系在船桩上。然后，他们开始洗擦拴在柱上的船，就像龙骑兵在洗刷他们拴在小木桩上的马一样。"骑兵"用木盆舀水，泼洒在小船的外侧和里边，他的动作引起了敏感的海上良种"牝马"的焦躁不安和晃动不已。他又更换了几次水，把海水表层小心拨开，去取下面更纯净的水。然后他又抹干净船桨，把黑色小城堡里的玻璃和铜器擦亮；把坐垫、地毡上的灰尘掸去，擦亮船头的铁尖。做这一切时他不时用优美的威尼斯方言对这艘易怒或驯服的轻舟说一番幽默、温柔和动听的话。

轻舟洗刷完毕，船夫开始自己的梳洗：梳头，掸掉衣服和蓝色、红色或灰色帽子上的灰尘；然后洗脸、洗脚和洗手。他的妻子、女儿或情人给他端来一盒掺和在一块的蔬菜、面包和肉。干饭吃完了，个个船夫哼唱着等待运气的到来；他往前伸出一只脚在空中，迎风挑起他用作风标的披巾，朝向"海关"纪念碑的最高点。"海关"给了信号吗？幸运的船夫举起船桨，站在小船的尾部，如同阿喀琉斯从前表演杂技一样，或者像一个今天的弗朗哥尼[①]的骑术教练，骑着战马飞奔。呈冰鞋式样的小舟在水面上有如在镜面上滑行。sia stati！sta longo[②]，整天都这样。夜晚降临了，拉科尔港口将看到船夫在唱歌、喝酒，手中拿着我给他留下的半块金币，我信心十足地，要让亨利五世重返王位。

一八三三年九月，于威尼斯

[①] 弗朗哥尼（Franconi），威尼斯籍的骑术教练家庭。
[②] "立定！走开！"

布列塔尼人和威尼斯人——在埃斯克拉冯码头上午餐——的里雅斯特的夫人们

醒来时，我在努力寻思为什么我如此喜欢威尼斯，突然我记起这是在布列塔尼：我周身的血在沸腾。在恺撒时代，阿尔摩里克没有韦内特这个地区吗？斯特拉邦不是说过，韦内特人有可能是高卢韦内特人的后裔！

相反人们认为，莫尔比汉的渔夫是巴勒斯坦的渔夫的移民：威尼斯是瓦讷的母亲而不是女儿。我们可以修改一下，假设（这种假设很有可能）瓦讷和威尼斯是相互生了对方。因此我把威尼斯人看成布列塔尼人；船夫们和我是表兄弟，同出于高卢角。

这个想法使我无比高兴，我去了埃斯克拉冯岸边一家咖啡馆吃午餐。面包很细软，茶也很香，奶油就像布列塔尼的一样，黄油像普雷瓦莱①的；黄油因为光照的充足到处都改进了：我在格林纳达就吃到了很出色的黄油。港口的繁忙常常令我兴奋不已；船主经常搞野餐；水果商和花商送我一些枸橼、葡萄和花束；渔夫在准备他们的渔网；海军学员坐着小艇到旗舰上学习操作；小舟载着乘客驶向的里雅斯特的蒸汽船。然而就是的里雅斯特想让我刷掉波拿巴在杜伊勒利宫踏出的足迹，尽管受到威胁，一八〇七年，我仍无所顾忌在《墨丘利》上写道：

"我们肩负着使命到亚得里亚海底去寻找国王的两个女儿的墓②。我

---

① 属于雷恩市镇的一个小村庄；那里出产的黄油极好。德塞维涅夫人在一六九〇年二月十九日给她女儿的信中写道："我喜欢普雷瓦莱诱人的黄油。"
② 玛丽-阿代拉伊德（Marie-Adélaïde）和维克图瓦-路易丝（Victoire-Louise），路易十五的女儿；她们于一七九一年流亡国外，死于的里雅斯特。夏多布里昂于一八〇六年参观了她们的坟墓。

们曾在伦敦的一间小房子里听到了为这两个女儿所作的悼词。啊！接纳了这些贵夫人的坟墓至少将有一次机会中断它的宁静；一个法国人的脚步声会使躺在棺材里的两位法国女子战栗不已。在凡尔赛，一个可怜的贵族对公主的敬意不值一文；而在外国，一个基督徒的祈祷也许会此这些圣女感到欣慰不已。"

我为波旁王朝效忠似乎已有几年了：他们照亮了我的虔诚，但他们对此并不感到厌烦。我在埃斯克拉冯的码头吃饭，等待着被流放。

一八三三年九月，于威尼斯

卢梭和拜伦

我坐在小桌旁，眼睛四处浏览每一个停泊场；外海的一阵微风吹过，空气清爽；涨潮了；一艘三桅船进了港口。一边是防护沙滩，另一边是总督的华丽建筑，环礁湖处在中间，这就是整个画面。就是从这个港口曾驶出许多辉煌的战舰："当多洛"号在装满海上骑兵的盛况中从这里出发，对此，我们语言和回忆录的开创者维尔阿尔杜安给我们留下了如下的描写：

"当大帆船装满了武器、猪肉、骑士和士兵的时候，便起航了。帆船上飘扬着各色彩带和要多漂亮有多漂亮的彩旗。它们开走了，但又好像从来不曾离开过任何港口一样。但它们确实开走了。"

上午在威尼斯看到的这一幕还让我想起奥利韦船长和聚莉埃塔的故事，故事是这样的："小舟上了岸，"卢梭说，"我看见一个光彩照人的女子走出来，她穿戴雅致，机灵敏捷。蹦跳着几下就走进了房子里；在人们摆下一套餐具之前，我看见她已经在我旁边坐了下来。她活泼迷人，一头黑褐色头发，最多不过二十岁。她只讲意大利语；她的乡音让我晕头转向。在吃饭和谈话过程中，她盯着我看了一段时间，然后大叫一声：'天啊！我亲爱的布雷蒙，好长时间没看见你了！'同时投入了我的怀抱，用她的嘴唇贴着我的嘴唇，紧抱着我，简直要使我窒息了。那双东方人大大的黑眼睛点燃了我心中的火；尽管当初的惊奇只是一种交际礼节，然而我很快就获得了肉体上的满足……她对我们说，我和托斯卡纳的海关关长布雷蒙先生长得很像，以至于她弄错了人；她曾经深爱着布雷蒙先生；现在也一样；因为她是个傻瓜才会离开布雷蒙；她把我当作他了；她希望能爱我，因为这对她很合适；因为同一个理由，我也得爱她，只要这对她合适就行；当她丢下我时，我得像她亲爱的布雷蒙一样有耐心。怎么说就怎么做……晚上，我们把她送回她家里。在谈话时我瞥见她的梳妆台上放着两支手枪。'哈哈！'说着我顺手拿了一支，'这是一个新式的小盒子；可以告诉我它是干什么用的吗？'……她用一种更迷人的天真说：'当我对不喜欢的人发慈悲时，我就让他们承担他们给我造成的烦恼；没有比这更公平的了：但是在忍受他们的抚摸时，我不想忍受他们的侮辱，我不会放过第一个放过我的人。

"在离开时，我跟她约了明天见面的时间。我没让她等待。她穿着一件只有在法国南方才能见到的非常暴露的衣服，尽管我记得非常清楚，但还是不想浪费时间把她描述出来……我根本没想到有一种快乐在等待我。我谈到了勒……夫人①，对她的回忆有时让我兴奋不已；但是在我的聚莉埃塔面前，她显得苍老丑陋，冷酷！不要去想象这位动人女孩的优雅和魅力，你会离现实太远；修道院里的年轻修女没那么清纯，宫

---

① 拉尔娜泽（larnage）夫人。

廷里的美女没那么活泼，天堂的仙女①也没那么惹人怜爱。"

这桩奇遇以卢梭的怪脾气和聚莉埃塔的一句话结束：Lascia le dorne e studia la matematica②。

拜伦勋爵把生命都献给了用钱买回来的美女：莫瑟尼戈宫殿里装满了前来"逃难"的威尼斯美女，据他说，她们都戴着"fazzioli"③。有时候出于羞耻心而心绪不宁时，他便逃出来，在河上他的轻舟里过夜。他宠爱的后妃玛格丽特·科妮，根据丈夫的身份，他给她起外号叫Fornarina④："棕色皮肤，身材高挑（这是拜伦勋爵说的），有着威尼斯女人的头，一双很美丽的黑眼睛，二十二岁。在秋季的某一天，去了防护沙滩……我们突然遇到一阵狂风……经过一场可怕的搏斗，我踏上归途，我发现玛格丽特站在大运河边的莫瑟尼戈宫殿的台阶上；黑色的眼睛闪烁着泪珠；乌黑发亮的长发散开了，被雨淋湿，盖住了她的眉毛和胸部。她完全暴露在暴风雨中，风猛烈地刮进她的衣服和头发里，使它们在她瘦长的身体上翻过来卷过去；闪电从她头上迅速划过，波涛在她脚下怒吼；她酷似一位从彩车上下来的女巫师，或者是祛除周围风暴的预言家；除了我自己，唯一能证明她仍旧活着的是她发出的声音。看到我安然无恙，还没向我问好致意，就听远处一阵大喊大叫：'啊！圣母玛利亚，难道这是去防护沙滩的时候吗？'"

在卢梭和拜伦的这两段叙述中，我们感觉到了两个人的社会地位，受教育程度和性格方面的差异。透过《忏悔录》作者风格的魅力，我们看出有某些庸俗、无耻、卑鄙、下流的东西流露出来。在那个时代，非常猥亵的语言弄脏了整个作品。聚莉埃塔在情感的高尚及习俗的优雅方

---

① 根据《可兰经》所说，有着大眼睛的美女。
② "放下女人吧，去研究数学。"
③ 听说人们在威尼斯只能见到戴着"fazzioli"（平民和妇女戴的一种面纱）的美女。
④ Fornarina 意为"女面包师"。

面已超越了她的情人：这几乎是一个伟大的人醉心于一个气量狭小的大使官员的秘书。当卢梭和他的朋友卡里奥准备共同分担对一个十一岁小女孩的责任，也是他们应该分享她的宠爱或更确切地说分享她的痛苦时，同一种下贱已表现出来。

拜伦勋爵是另一种风度的人：他自然流露出自己的品行和贵族阶级的自命不凡；大不列颠的议员，玩弄他喜爱的民间女子，他用抚摸和天才的魔力让她来到他身旁。在威尼斯，拜伦富有、知名；而卢梭来到那里时则一无钱财，二无名声。人人皆知宫殿所在地，是它透露了英国海军准将继承人[1]的不端行为；没有一个导游会告诉你日内瓦一个普通的钟匠的儿子在哪儿寻欢作乐。卢梭甚至没谈到威尼斯；仿佛他住过这里而视而不见；拜伦则对威尼斯倍加赞颂，在历史学家勒内和诗人恰尔德·哈罗尔德之间似乎曾经存在过的幻想和命运的联系，这里我再记下令人愉快的一次相遇来满足自己的骄傲。拜伦勋爵的棕色头发的福尔娜丽娜和《殉道者》中他的金黄色头发的姐姐韦莱达的外貌不是很像一个人吗？

我藏在岩石中等了一段时间，什么都没见。突然我的耳朵被风从湖中传送过来的声音打动了。我听着，分辨出那是人的声音；就在这时候，我发现一叶轻舟悬在波涛的最高点；它又跌下来，消失在波涛之间，然后又出现在一个浪潮的顶峰；它接近岸边了。驾船的是一个妇女：她边唱边和风暴战斗，好像在风中玩耍一样。可以说狂风完全听从她的摆布，这个女人根本不把它放在眼里。我看见她把一块块布及羊毛皮、上了蜡的面色和一把把金银屑作为祭品不断撒向湖中[2]。

很快，船靠近了，冲向岸边，她把小船拴到一棵柳树上，撑

---

[1] 指诗人拜伦，其祖父是约恩·拜伦（John Byron），海军准将，一个探险家。
[2] 这一段与一下段均引自《殉道者》第九卷。

着她手中的杨木船桨，消失在树林里。她从我身边走过，却没发现我。她身材很高；短短的没有袖子的黑衣服，刚刚可以在她胴体上盖层薄纱，一把金黄色镰刀挂在青铜色腰带上，她头顶一根橡树枝，手臂和脸色白皙，眼睛湛蓝，嘴唇是玫瑰色，长长的金黄色的头发随风飘逸，表明她是高卢人的女儿，她的温和与自豪、粗犷的步伐形成强烈的对比。她用悦耳的嗓音唱着一些令人恐惧的歌词，裸露的胸脯一起一伏，就像波涛的泡沫一样。

如果这部《回忆录》能在我生前出版，当我出现在拜伦和让-雅克之中而又不知自己将在后世留下怎样的评价时，我会羞愧难当；但是等它大放异彩时，我和我杰出的祖先应已在异国他乡，永远不再回来；我的影子将会停留在公众舆论的浪涛中，虚浮而轻佻，就像一个地位低下、毫无可取的人，直到我死去。

在威尼斯，卢梭和拜伦都有相似之处：他们当中没有一个懂艺术。卢梭酷爱音乐，他似乎不知道聚莉埃塔身旁有一些绘画、雕像、纪念碑，然而这些杰作又具有怎样一种魅力，与那种使物件神圣化和点燃激情的爱融合在一起！拜伦勋爵，他痛恨鲁本斯色彩的那种"可怕的荣誉感"，他对教堂里摆满的圣物"不屑一顾"，在他的想象中，当他想去一个地方时，他从来不会看到画展和雕像。比起这些冒充的艺术，他更喜爱大山、海洋、马匹、莫雷的一些狮子，以及在埃格泽泰-尚热看见的一只进食的老虎的美。在这一切当中，他就没有夹杂一点点偏见吗？

做作和吹牛[①]何其多也！

一八三三年九月，于威尼斯

[①] 见莫里哀《伪君子》第三篇。

威尼斯给予的灵感——新老妓女——生来不幸的卢梭和拜伦

最有聪明才智的人曾在这里相约的城市到底怎么样？有些人已经参观过她，另外一些人为她写下了优美的诗篇。如果他们作了一些画挂在这快乐和荣耀的殿堂里，他们才干中不道德的东西就会消失。不光是意大利伟大的诗人，整个欧洲的天才都把他们的作品聚集在这里：

这儿有莎士比亚的苔丝狄蒙娜，与卢梭的聚莉埃塔和拜伦的玛格丽特大不相同，这个腼腆的威尼斯姑娘向奥赛罗表明了他的爱慕之情："如果您有一个朋友喜欢我，请教他讲述您的故事，我会被他的爱感化。"这儿诞生了奥特韦[①]的"贝尔维德拉"，他对雅菲埃说：

啊，对我微笑吧，如同我们的爱情还在春天一样……啊！因为我们的不幸，请带我们到空旷、原始、贫瘠的荒野去，在那里，我的灵魂能得到歇息；在那里，我可以大声对高高的天空和聆听我的星星说，我的胸口已经满载了无穷的财富，在那里，我可以把焦急的双臂围绕着你，用吻来表达我的爱，它们重新点燃你的快乐，任凭我心中所有的火焰迸发。

在我们这个时代，歌德赞美了威尼斯，而第一个唤醒诗坛的勇敢的马罗也隐居在提香的故乡。孟德斯鸠写道："我们可能看到了世界上所有的城市，但到达威尼斯时，仍不得不为之惊叹！"[②]

---

① 奥特韦（Otwai，一六五一——一六八五），英国剧作家。下面这首诗引自《得救的威尼斯》（一六八二），贝尔维德拉为该剧女主人公。
② 见《波斯人信札》引卷。

在一幅很暴露的作品中,《波斯人信札》的作者讲述了一个伊斯兰女教徒在天堂里委身于两个"圣人"的故事,这时他难道不是想要描绘出卢梭的《忏悔录》和拜伦的《回忆录》中的妓女形象吗?不就是我处在我的两个佛罗里达女人中如同阿娜伊斯[①]在她的两个天使当中一样吗?但是"画中的女孩"和我都不会是永存的。

斯塔尔夫人把威尼斯注入科琳娜的灵感当中:后者听到了教规在宣布一个年轻女孩卑微的祭献……"一位顺从的妇女郑重地劝告那些仍与命运抗争的女人。"……科琳娜登上圣马可的钟楼的最高点,注视着整个城市和波涛,然后她把目光转向"希腊那方的云层","晚上她只能看到照亮小船的灯笼的影子;据说这些影子在一颗小星星的引导下在水面上滑动。"奥斯瓦尔德离开了;科琳娜冲过去叫住他。"那时正下着大雨;强劲的风吹得嗖嗖直响。"科琳娜下到了运河边。"夜色是如此的阴沉,以至于没找到一只船,科琳娜胡乱地叫一些船夫的名字,他们把她的呼喊声当成那些在风暴中淹死的不幸者发出的求救的呼喊,然而还是没有太敢靠近,大河中的怒涛实在是太可怕了。"

现在又回到了拜伦勋爵的玛格丽特。

能在大作家写出作品的地方重新看到他们的代表作,真有一种说不出的高兴。我在这群不朽的作家当中感到轻松、自在,就像一个卑微的游子,被好客的富有而善良的家庭所接纳一样。

一八三三年九月,于威尼斯

[①] 这是在《波斯人信札》中讲述的伊斯兰女教徒的故事。"两个天使"见孟德斯鸠(阿娜伊斯在天堂里)"人们把她放在一张绝妙的床上,床上有两个英俊迷人的男人把她揽在怀里。"

篇章四十

博夫勒蒙夫人到达威尼斯——卡塔若——莫代纳公爵——彼特拉克在阿尔卡的坟墓——诗人的世界

理想和现实之间总有一段很大的距离。我已回到了博夫勒蒙夫人[1]所在的旅馆;这得跳回到一八〇六年,那时我活在回忆当中,直到一八三三年才回到现实;马可·波罗[2],离开二十七年以后从中国回到了威尼斯。

博夫勒蒙夫人取了蒙莫朗西的姓氏,她的面目和举止都像那家族。她本该像夏洛特(大孔代和隆格维尔公爵夫人的母亲)一样得到亨利四世的爱。[3]夫人告诉我,贝里公爵夫人从比萨写了一封信给我,但我没收到;夫人殿下会到费拉勒来,她在那儿等我。

我费了很大力气才得以离开,一星期时间的相聚是很有必要的;

---

[1] 与博夫勒蒙夫人一道,夏多布里昂回到了贝里公爵夫人身边。
[2] 马可·波罗(Marco Polo,一二五二——一三二三),他正好是威尼斯人。
[3] 她最后的执念。

我很遗憾不能圆满结束藏兹之行；但是我的时间是属于亨利五世的母亲，总是这样；当我走一条路线时，往往来了一个变化，又让我走另一条路。

我出来时，把行李留在欧洲旅馆，打算和夫人一块再回来。

我在菲齐纳找到了我的马车，人们把它翻新了，像国王贮藏室里的金银珠宝。我离开了这个也许是沿用海上之王的三齿叉名字的海岸：菲齐纳。

到了帕多瓦后，我对马夫说："去费拉勒。"这条路一直延伸到蒙瑟利斯，沿途景色迷人，这里有极为精致的小山，无花果果园，桑树，用葡萄点缀的柳树，欢乐的草坪，废弃的城堡。我走在站满士兵的卡塔若前，学识渊博的修道院院长朗格莱曾把这座小城堡念成"中国"①，卡塔若属于莫代纳公爵而不属于昂热利克。我和公爵殿下迎面相遇，他正在小路上散步。这位公爵是马希阿韦尔臆造出来的王子的后代，他以自己不认识路易-菲利普而感到自豪。

在阿尔卡村庄见到了彼特拉克的坟墓，拜伦勋爵曾歌颂过它的优美风景。②

你在干什么③？你在想什么？为什么总要回顾过去灵魂得不到安慰的那段永远不再回来的时光。

整个地区直径四十古里，是这些作家和诗人土生土长的地方：蒂特-利弗、维吉尔、卡蒂尔、阿里奥斯特、加里尼、斯特罗齐一家、邦蒂沃格利奥家三人、邦博、巴尔托利、博雅尔托、潘德蒙特、沃拉诺、

---

① 他把莫代纳公爵的城堡（卡塔若）和"卡塔伊"（即中国）混淆起来了。
② 见《恰尔德·哈罗尔德游记》。
③ 引自彼特拉克关于劳拉之死的诗。

蒙蒂。有一些颇负盛名的人也是在这块富有灵气的土地上诞生的。连塔索也是地道的贝加摩人。在意大利的最后几位诗人中,我只看过两位潘德蒙特中的一人的作品。我既不认识瑟扎罗蒂,也不知道蒙蒂。我很荣幸地遇见过意大利最后辉煌时期的佩里科和曼佑尼。夕阳用宜人的多种形式和纯正的直线把我穿过的厄加内山脉①染成金黄色:当萨卡拉的主金字塔②沐浴在利比亚地平线的夕阳当中时,这里的一座山与它极为相似。

晚上,我从罗维戈继续我的旅程:一片浓雾笼罩着大地,我只看见波河在拉戈斯居罗那条路上的那一段。车辆停下来了:船夫用喇叭呼唤轮渡。到处一片寂静;只有河的那边传来狗的叫声和远处瀑布的三重回音,回应着他的号角声;我们将进入塔索的福地帝国的前台。

穿过迷雾和阴影,水面上传来了渡船的窸窣声;它沿着系在抛锚的船上的细绳滑动。十六日早上四五点钟时,我到达斐拉勒,住进了"三顶王冠"旅馆;贝里夫人该在那里等我。

星期三,十七日。

公爵夫人殿下还没到达,于是我去参观了圣保罗教堂:在那里我只看到一些坟墓;剩下的除了几个死者和我以外,什么都没看见。祭坛深处挂着盖尔香的一幅画。

大教堂很迷惑人:你能看到前面和侧边墙上嵌入了一些浅浮雕,主题有宗教的或世俗的。外面有一些通常放在哥特式建筑内部的其他装饰物,比如卷缆饰、阿拉伯托饰、光环衬托的拱腹、小柱长廊、尖形穹窿、三叶饰廊台,精心设置在厚厚的墙壁里。一看到有着球形拱顶和实心支柱的新教堂,你就会进去,惊得目瞪口呆。在法国,无论在物质或

---

① 位于帕多瓦西南的威尼斯山丘。
② 耸立在开罗附近的古孟菲斯旧址上的"台阶形"金字塔。

是精神上都存在着一些不相称的东西：在老城堡里修建了现代化的陈列室，狭小的陋屋，凹室和衣橱，深入到这么多历史名人的灵魂当中，在这里你发现了什么？对候见厅的爱恋。

一看到这个大教堂，我就羞愧窘迫；它似乎已经翻转过来，就像裙子里子朝外一样，路易十五时代的资产者装扮成十二世纪的领主夫人。

曾经因为它的女人、享乐和富有诗意的艺术家而骚乱不安的斐拉拉，现在几乎无人居住：那里的街道很宽敞，却荒无人烟，大可以在那儿放牧羊群。破破烂烂的屋子也再不会因为当地的建筑、战舰、大海和天生的欢乐而重现当年的兴旺景象了。在不幸的罗马涅门，处在奥地利卫戍部队管束下的斐拉拉呈现出一副受虐待的姿态，她似乎永远在为塔索戴孝，她仿佛就要倒下，像老人一样蜷曲着。一个刑事法庭以及未建成的监狱半露出地面，这是唯一的现代纪念物。人们会把谁关进这所新建的监狱里呢？年轻的意大利。新监狱顶上有吊车，旁边有脚手架，像迪东城的宫殿一样，它们涉及《耶路撒冷》唱经班的成员的旧监狱。

一八三三年九月十六日至十七日，从威尼斯到费拉尔

塔索

如果有一种生活能让有才能的人对幸福感到绝望的话，那就是塔索的生活。在白天看到的那一方美丽的天空①实际上是美丽的陷阱。

---

① 他出生在索兰特。

他说:"我的不幸从一诞生就开始了。悲惨的境遇把我从母亲身边夺走。我还记得她充满泪水的吻和随风而去的祈祷。我不能再把自己的脸贴在她的脸上。我像阿斯卡涅或年轻的卡米耶,以不坚定的步伐,跟随着父亲到处流浪和逃亡,也就是在贫穷和流浪中,我长大了。"

托尔夸多·塔索在奥斯蒂尔失去了贝尔纳多·塔索[①]。托尔夸多扼杀了作为诗人的贝尔纳多,让他作为父亲活着。

得益于《利纳尔多》的发表而从阴暗中走出来的塔索被召唤来到斐拉勒。他首先参加了阿尔方斯二世和巴尔伯公主的婚礼宴会。在那里,他遇到了阿尔方斯的妹妹莱奥诺拉:爱情和不幸终使他的天才焕发了青春。诗人在《阿明达》中描绘斐拉勒时说:"我看见了没戴面纱没有云雾而美丽迷人的女神和仙女;我感到自己被唤起了一种新的美德和圣洁,我歌颂战争和英雄……!"

塔索在写《耶路撒冷》长诗的过程中,适时地把一些章节念给阿尔方斯的妹妹吕克蕾斯和莱奥诺拉听。人们将他派到红衣主教伊波利特·代斯特的身边,把他安置在法国宫廷里,他将衣服和家具抵押出去才完成这次旅行。红衣主教对他的到来极为敬重,把一百匹柏柏尔马和装备精良的阿拉伯骑兵送给查理九世作为礼品。开始在马厩等了一会,随后,塔索受到隆萨尔的朋友桂冠诗人般的接见。在我们保留的一封信中,他毫不留情地批判法国人。他在红衣主教伊波利特任职的法国一所男修道院里,写下了《耶路撒冷》的几段诗节。这是在夏利,靠近埃尔默农维尔,卢梭梦想和死亡的地方;但丁在巴黎也是默默无闻。

塔索在一五七一年回到了意大利,但不是圣·巴尔特莱米的目击者。他直接去了罗马,从那儿又回到了斐拉勒。《阿明达》的上演获得了极大的成功。在成为阿里奥斯托的对手的同时,《雷诺》[②]的作者极端佩服

[①] 他的父亲,也是位诗人。
[②] 《雷诺》,受阿里奥斯托影响写的诗。

《罗兰》的作者①，以至于他拒绝接受诗人侄子表示的敬意。他写道："根据智者、常人甚至是我的看法，您给我的荣誉已经摆到了与您有血缘关系的人的头上。我拜倒在他的像前，我以崇高的感情和敬意给他最荣誉的头衔，我要大声宣布他是我的父亲、我的领主、我的主人。"

我们这个时代少见的这种谦虚也消除不了嫉妒心。托尔夸多看到了威尼斯为从波兰归来的亨利三世举行的庆祝会，而那时人们正在暗中出版他的《耶路撒冷》的手稿。塔索征询朋友们意见的这些细微的批评让他感到不安。也许在这一点上他太过敏感；但也许他曾情场得意并以之为荣。他自认为被陷阱和背叛所包围；他被迫为自己的生命辩护。在贝里加尔多的日子里，歌德呼告亡灵，使他不能平静："如同夜莺一样（这个德国大诗人像意大利大诗人在说话），从他被爱情伤害的胸膛发出一种和谐的呻吟：他的美妙的诗句，他的神圣的忧伤，征服了耳朵和心灵……谁有更多的权利来神秘地穿越这些世纪，将高尚爱情的秘密吐露给崇高诗句的秘密？……这是多么的可爱（歌德在表达莱奥诺拉的情感时总这么说），在这个人美好的天赋中相互欣赏，在这个生命的光芒中有他伴随身旁，和他一起迈着轻松的步伐走向未来，这是多么的美好啊！从那时起，时光对你便无关紧要，莱奥诺拉；你活在诗人的诗句中，流逝的岁月，将你带走，你将仍然年轻，依然幸福。"

埃尔米尼的抒情诗人恳求莱奥诺拉（仍是在日耳曼诗人的诗句中）将他打发到她的最偏僻的一幢"别墅"中去："请允许我，"他对她说，"成为您的奴隶。我多么希望能照看您的树木！秋天，我将小心翼翼地用轻盈的植物覆盖您的柠檬树！在苗床的玻璃下，我将培育美丽的花朵。"

塔索的爱情故事逝去了，歌德将它找了回来。

诗歌的悲痛和宗教的顾忌开始损害塔索的理智。人们让他被暂时拘

---

① 阿里奥斯托，是传奇叙事诗《疯狂的罗兰》的作者。

禁。他几乎是赤裸着逃了出来:在山中迷了路,他借了一个牧羊人的破衣服,打扮成一个牧人,来到了他姐姐科尔内妮家中。这个姐姐的抚爱和故乡的魅力曾一时减轻了他的痛苦:"我想,"他说,"隐居到索兰特,如同在一个平静的港口一样,差不多就是一个港口。"但是他不能待在他出生的地方!在费拉尔有一个吸引他的魅力:爱情就是祖国。

受到阿尔方斯公爵的冷遇之后,他又走了;他在曼图亚,乌尔比诺,都灵的小舞台上游荡,用歌唱来支付接待费用。他对马托罗-拉斐尔出生的小溪说:"虚弱的,但却是光荣的亚平宁山脉的孩子,流浪的旅行者,我来你的身边寻找安全和休息。"阿尔米德曾经过拉斐尔的摇篮;她应该支配法尔内齐的奇观。

在维切利附近突然遭遇一场暴风雨,使得塔索庆幸在一个好人家中度过了这个夜晚并与"家长"进行了愉快的交谈。在都灵,人们将他拒之门外,他的境况太悲惨了。得知阿尔方斯将缔结另一桩婚姻,他重新上了去费拉尔的路。一种神圣的精神附着在这个藏身于阿德梅特牧师衣服之下的神圣人物的脚步上;他相信看到了这种精神并听到了它:一天,坐在火旁,在一扇窗上发现了太阳光:"这阳光多美好,它像朋友一样来到了我的身旁。"这便是谦恭地来和我说话的精神朋友。托尔夸多和一束阳光在聊天。他回到那致命的城市就像被慑住的鸟投入蛇的口中;为奉承者所不理解和排斥,被仆人侮辱,他满口怨言,阿尔方斯让人将其关在圣-安娜医院的一个疯人院中。

于是诗人给他一个朋友写信:"在我的不幸的重压之下,我已经放弃了我一切荣耀的想法;如果我仅能消除折磨我的口渴,我便会心满意足了……无限期被囚的想法和我遭受虐待的愤怒让我越来越失望。我肮脏的胡须、头发和衣服使我越来越讨厌自己。"

被囚禁者,恳求全世界甚至是残忍的虐待者;他诗中吟出的语调应该会让围绕着他的痛苦的墙垣坍塌。

> 我为死亡哭泣；我不仅仅为死亡哭泣，而且也为我死亡的方式……对于一个相信能用他的诗句来加高其他的纪念碑的人，有他的坟墓这就是一个神祐。

拜伦勋爵作了一首题为《哀悼塔索》的诗；但他不能离去，他处处替代他搬上舞台的角色：因为他的才华缺乏柔情，他的《哀悼》只是一些"诅咒"。

塔索向贝加摩的老人理事会提出了这个请求：

"托尔夸多·塔索，无论从出生还是从情感上说都是地道的贝加摩人，他首先丧失了他父亲的遗产，他母亲的嫁妆……（在多年的奴役和漫长的辛劳之后），而在如此深重的苦难当中，还从未丧失他对这座城市（贝加摩）的信念，他敢于向它申请援助。请它恳求费拉尔公爵，从前我的保护人和恩人，将我送还祖国，送还给我父母及我自己。不幸的塔索因此请求各位老爷大人（贝加摩的法官们）派利西诺大人或别的人，来处理释放我的事情。我一生一世都会铭记他们的恩情。Di VV.SS. affezionatissimo servidore，Torquato Tasso，prigione et infermo nel ospedal di Sant'Anna in Ferrara[①]。"

人们拒绝给塔索墨水、羽毛笔和纸。他曾歌唱过"高尚的阿尔方斯"，而高尚的阿尔方斯却将他投进了不见天日的疯人院，尽管这个"疯子"的不讨人喜欢的头上散发出不朽的光芒。在他的优美的十四行诗中，囚犯祈求一只猫将它的眼光借给他，以代替人们剥夺他的光亮：不伤人的玩笑证明诗人的宽容和极度的绝望。"如同在被风暴肆虐和昏暗的海洋上……在黑夜中，疲劳的驾驶员抬起头，朝向那端极在闪耀的星座，啊！这样在我的厄运中我有了美丽的猫。你的眼睛像两颗星星在我的面

---

① 受宠若惊的鄙人托尔夸多·塔索，菲拉拉的圣-安娜医院的囚犯和病人致老爷大人们。

前闪烁……噢！猫，我熬夜的灯，噢！猫，我亲爱的！如果上帝给您保留了一阵棒打，如果上天赐给您肉和奶，那么给我光明让我写诗。"

晚上，塔索想象听到了一种奇怪的声音，丧葬的钟声，幽灵纠缠着他。"我再也不能，"他叫道，"我支持不住了！"得了一场病，他相信看到圣母预想不到地来拯救他。

"我病了，昏昏沉沉日渐憔悴；……我躺着脸上毫无血色，什么时候，光环……玛利亚，你快降临来解救我的痛苦。"

蒙田来看望处于极度不幸的塔索，并没有向他表示出任何的同情[①]。在同一时期，卡蒙斯[②]在里斯本的一个收容所中结束了他的生命；谁来安慰破床上的垂死者？费拉尔囚犯的诗句。《耶路撒冷》被囚禁的作者仰慕《卢济塔尼亚人之歌》的行乞的作者，前者对瓦斯科·德加马说："为被如此辉煌地展翅飞翔的诗人歌唱感到高兴吧，希望你的快船不要驶得那么远。"

这样，埃里当河的声音在特茹河畔产生了回响，这样，穿越海洋，两个有着同样天才及命运的卓越的病人，从一个医院到另一个，以人类羞惭的方式在互相祝贺。

多少今天已被遗忘的国王，大人物和蠢人，自以为是十六世纪末值得纪念的人物，他们甚至不知道塔索和卡蒙斯的名字！一七五四年，"在一个叙述法国、英国部队在森林中和野人队伍之间的默默无闻战斗的故事中"，人们第一次"读到了华盛顿这个名字：凡尔赛的办事员或鹿公园的供应者是怎样的？特别是这个年代那些也许想改换他们的名字以反对这个美国种植园主名字的宫廷或学院的人们又是怎样的呢？"

[①] 夏多布里昂此处误解了蒙田讲话的意思。目睹像塔索这样一位伟大的天才失去理智甚至意识，他的愤怒胜于怜悯。
[②] 卡蒙斯（Camoëns），十六世纪葡萄牙大诗人，文艺复兴时期葡萄牙文学最突出的代表者，主要作品是《卢济塔尼亚人之歌》。

急于想要在裸露的伤口上撒把盐，克罗斯卡学院声称："《被解放的耶路撒冷》是一种笨拙的、无情的拼凑，其文笔晦涩，瑕瑜互见，充满了可笑的句子及粗野的字词，再美的东西都掩盖不了它的众多的过错。"对阿里奥斯托的盲信促成了这项判决。但是民众敬仰的呼声压住了学院的辱骂：对于阿尔方斯公爵来讲，他再也不可能延长关押一个仅仅只是因为歌颂过他而犯罪的人。教皇要求拯救意大利的荣誉。

从监狱出来，塔索对此并未感到更加幸福。莱奥诺拉已经逝世。他怀着悲痛从一个城市游荡到另一个城市。在洛莱特，他几乎快饿死了，有一次，他的一位传记作者说，他"伸出了曾经建造过阿尔米德宫之手"。在那不勒斯，他感受到祖国的某种温情。"这便是我少小离家的地方……"他说，"这么多年以后，我头发斑白，拖着病体回到了生我的岸边。"

他喜爱蒙多利维多修道院的单人小室胜于豪华住所。在去罗马的一次旅行时，他因发烧又重新住进了医院。

从罗马和佛罗伦萨回到了那不勒斯，他把他的病归咎于他的不朽的诗，他将它重写并倍加宠爱。他开始写他的诗，与迪巴尔塔斯[①]写的是同一个主题。当上帝"将安详的睡眠输入我们放松的人类始祖的四肢时"塔索让夏娃从亚当的怀抱中出来了。

诗人使《圣经》的画变得软弱，他诗兴正酣时，女人便成了男人的首想。中途放弃一项他看作如同一首赎罪的圣歌般的虔诚工作的悲痛让憔悴的塔索做出决定，毁掉了他的世俗的诗歌。

诗人在盗贼那里赢得了比社会上更多的尊敬，他接受了著名的雇佣兵队长马克·西阿拉派的护卫队，将诗人送到罗马。到了梵蒂冈，教皇对他说："托尔夸多，您给这项曾经使那些在您之前佩戴过它的人感到荣

[①]《创世的七天》。法国加斯科尼诗人迪巴尔塔斯（Du Bartas，一五四四——一五九〇）在他的《第一个星期》（一五七九）中也是同样的主题。

幸的花冠带来了荣耀。"后代子孙证实了这句赞美之词。塔索重复着塞内加[①]的一句诗[②]来回答对他的赞美:

死亡马上会打断这些赞扬的话语。

被病痛所折磨,他预感到应该将所有病加以治疗,一五九五年四月一日,他住进了圣奥诺弗里奥修道院。在一场暴风雨中他登上了他的最后一个避难所。修道士们在门口迎接他,门上的多梅尼基诺绘的壁画今天已变得模糊。他对神父说:"我来死在你们中间。"修道院的游廊,宗教和诗的荒漠,你们已将你们的寂寞转借给了被放逐的但丁和奄奄一息的塔索!

所有的援救均无济于事。发烧到第七天的早上,教皇的医生对病人宣布,他已没有多少希望了。塔索拥抱了他并且感谢他告诉了他一个如此好的消息。然后,他望着天空,一片真情流露。他在感谢仁慈的上帝。

他虚弱进一步地加剧,他想接受修道院教堂的圣餐:他由教士扶着步履艰难地走到那里;回来时被抱在他们怀中。当他再次躺倒在床上时,祷告者询问他最后的心愿。

"我一生中很少为财产和财富操心;我也更不在乎死亡。我没有什么遗嘱要立。"

"——您把墓地标在哪里?"

"在你们教堂里,如果你们愿意赐给我的遗骸这个荣幸的话。"

"您愿意亲自口述您的墓志吗?"

---

① 塞内加(Sénèque,公元前四?—公元六五),罗马帝国初期的重要悲剧作家,斯多葛派哲学家和政治活动家。
② 引自塞内加的悲剧《特洛伊妇女》。

噢，他转身面向听忏悔的教士："我的神父，您写：我将我的灵魂还给曾将它赐予我的上帝，将我的身体还给孕育它的大地。我将我的赎罪者的神圣的画像赠给这个修道院。"

他将从教皇那里接受的十字架拿在手中，并把它放在唇上。

又过了七天。久经考验的基督徒得到了圣油的恩典，红衣主教森蒂奥突然来了，他带来教皇的祝福。临终的人对此显得很高兴。他说："这便是我来罗马寻找的桂冠：我希望明天和它一道来庆祝胜利。"

维吉尔让人请求奥古斯特将其史诗《埃涅阿斯纪》扔进火中；塔索请求森蒂奥烧掉《耶路撒冷》。然后，他希望独自和他的十字架待在一起。

红衣主教还没有走到门口，强噙着的泪水便夺眶而出：临终的钟声敲响，教士们，唱着为死者祈祷的赞美诗，在游廊中悲叹哭泣着。听到哭音，托尔夸多对慈善的隐士们（他好像看到他们像影子一样围着他走动）说："我的朋友们，你们觉得我离开了人世；我只是走在你们前面而已。"

从那以后，他便仅仅和听忏悔者说话及几个大教派的神父们说话。将咽下最后一口气时，人们从他嘴里摘采到这样一节诗，这是他一生经历的果实："如果不是死亡，那就没有什么比人类更悲惨的了。"一五九五年四月二十五日，接近中午时分，诗人喊道："In manus tuas, Domine..."[①] 诗的剩余部分几乎听不到了，宛如一个远去的游子在念叨着什么。

《昂里亚德》的作者在塞纳河畔的维莱特旅馆死去，他拒绝教会的救助；《耶路撒冷》长诗的作者，作为基督徒，在圣奥诺弗里奥停止了呼吸：做一下比较，便可以看出，信仰给死亡增加了美。

所有的关于塔索死后颂扬的报道在我看来都是可疑的。他的不幸更

---

① "上帝我将我的灵魂放在你手中。"

多于人们设想的固执。他没有死在胜利确定的时刻,他为预计的胜利中继续治了二十五天。他未对他的命运撒谎;他从未被加冕,甚至是在死后;人们未曾在人民的赞助下和眼泪中将他的身着上议员服装的遗体在卡皮托利利山丘展出;他被安葬了,如同他要求的一样,葬在圣奥诺弗里奥教堂。覆盖着他的石块(仍是按照他的意愿)没有标明时间和名字;十年之后,曼索,德拉威那侯爵,塔索的最后一个朋友及弥尔顿的客人,写了令人赞叹的墓志铭。曼索很难将它刻上去:因为僧侣们,遵守遗愿的教士,反对一切题字;但是,如果没有这个题词塔索的骨灰将会在雅尼居尔的隐修院丢失,如同普森的骨灰在吕西纳的圣洛朗佐一样。

森蒂奥红衣主教制订了一个计划,为圣墓的歌唱者建造一个陵墓;计划流产了。贝维拉卡大主教起草了一个庄严的墓志铭,以用于将来另一座陵墓的平台,事情到此为止,再也没有进展。两个世纪以后,拿破仑的兄弟负责在索兰特建一个纪念碑;约瑟夫马上将塔索的摇篮和《熙德》的墓做了交换。

最后,今天为了纪念曾经贫困且像希腊的荷马一样流浪的意大利的荷马,开始了一场大的殡葬装饰:工程完结了吗?对于我来说,我更喜欢我在《游记》中同样谈到过的小教堂的小石块,它胜过大理石的坟头:"在一个冷清的教堂里,我寻找(一八〇六年在威尼斯),最后一位画家提香的坟墓,我费了一番周折才找到它:在罗马(一八〇三年)对于塔索的坟墓也是同样的情况。毕竟,不幸的宗教诗人的骨灰在这处隐修所安放得并不算很糟。《耶路撒冷》的歌唱者似乎是在这个不知名的墓穴避难,似乎是为了逃避人们的迫害;他的名声响彻世界,而他自己默默无闻地憩息在圣奥诺弗里奥的一棵橙树[①]下。

负责悼念工程的意大利委员会请我在法国寻找诗人纪念碑的每个忠

[①] 我有理由说是橙树:这是圣奥诺弗里奥中庭的一株橙树(一八四〇年,在巴黎注)。

实的捐赠者，并将诗人的宽容分发给他们。到了一八三〇年七月，我的财产和声望开始对塔索的骨灰起作用。这些骨灰好像具备一种美德，它抛弃一切富裕，拒绝所有的光辉，回避任何荣誉；对于小人物必须要有大的坟墓，而对于伟大的人，只需小的坟墓。

上帝嘲笑我所有的想法，他催促我和一些元老院的元老来到雅尼居尔，用另一种方式将我带回到塔索的身边。在这里我能更好地评价诗人，他的三个女儿生在费拉尔：阿尔米德，埃尔米妮和科洛兰德。

勒埃斯特的房子今天怎么了？谁在思念奥比佐、尼古拉、埃居尔一家人？在这些宫殿里还剩下谁的名字？莱奥诺拉的名字。人们在费拉尔寻找什么？阿尔方斯的住所？不，塔索的监狱。人们列队一个世纪一个世纪地去哪里？去迫害者的坟墓？不，去被迫害者的牢房。

塔索在这些地方获得了一个更值得纪念的胜利：他让人忘记阿里奥斯托；让外国人离开缪斯庙中《罗兰》作者的骸骨，跑来寻找在圣-安娜的《雷诺》的诗人的住所。这个严肃的人适合坟墓：人们为了哭泣的人而抛了了欢笑的人。一生中幸福能有所值；死后便失去了它的价值：在未来的眼中，只有痛苦的生存才是美好的。对于这些明智的殉道者，世上的无情的牺牲品，不幸被算成是光荣的增长；他们和他们的不朽的痛苦一起长眠墓穴，如同国王和他们的王冠一样，我们其他不幸的庸人，我们没有什么可以使我们的苦难在未来成为我们生活的装饰。在结束生命旅程抛去所有东西之后，我的坟墓将不是一个庙堂，而是一个清新的地方，我没有塔索的命运；我将辜负温柔与和谐的友好预言：

> 塔索从一个城市流浪到另一个城市，
> 一天，病痛让他难以忍受，
> 他坐在茂盛的月桂树下，
> 谁在维吉尔的坟墓上

永远伸展它绿色的枝丫……①

我曾迫切地向这位缪斯的儿子表示我的敬意,得到他的兄弟们很好的安慰:富有的大使我已同意在罗马建立他的陵墓;流放后贫困的朝拜者,我跪倒在费拉尔他的监狱前。我知道人们对于地点的确切性提出了相当有根据的怀疑;但是,如同所有真正的信仰者,我蔑视历史;这个地下室,不管人们说什么,是因爱而疯的人住过整整七年的地方;人们必须经过这些游廊;人们到达这座监狱,在那里,日子通过气窗的铁条在溜走,在那里,使您的头感到冰凉的倾斜的拱顶,在使您的脚瘫痪的潮湿的地面上滴着掺硝的水。

监狱外的墙上,紧绕着窗户周围,我们读着上帝崇拜者的名字:芒农的雕像,在晨曦的沐浴下有一种令人颤动的协调,其上盖着一些非凡的见证人的声明。我没有将我的还愿物用炭涂黑;我躲在人群中,我的内心在暗中祈祷,因其本身的谦逊,应该更让上帝欢心。

今天围绕着塔索的监狱的那些房子属于一个对所有残疾人开放的医院;人们将其置于圣人的保护之下:Sainto Torquato sacrum②。离被称颂的住所不远,是一个破败的院子;在院子中间,看门人种植了一个围绕着锦葵篱笆的花坛;浅绿色的栅栏挂满了硕大和美丽的花朵。我采摘了一朵国王门槛一样颜色的玫瑰,在我看来它似乎是在髑髅地的脚下成长。这个天才是一个基督,默默无闻,被虐待,被笞杖,戴着荆棘的皇冠,为人类并且被人类钉在十字架上,他死了,将光明留给人们,并重新复活而受到大家崇敬。

一八三三年九月十八日,于斐拉勒

---

① 这是夏多布里昂引用的拉封丹的诗的第一段。
② 献给圣·托尔夸多(saint Torquato)。

贝里公爵夫人的到来

十八号早晨出门,回到"三王冠",我发现街上到处是人;邻居们在窗口张着大嘴观看。一队百人的奥地利士兵及教皇侍卫占据着旅馆。守卫军官团、市里的行政官员、将军们、代理行省总督在等着夫人。一封法国的军函已通知了她的到来。楼梯和大厅装饰着花。绝不像隆重迎接一个被流放者。

马车出现了,这时敲起鼓,奏响了军乐,士兵们举枪致敬。夫人,在拥挤的人群中,好不容易才从停在旅馆门前的马车上下来:我跑过去;她在人群中认出了我。穿过官方人士和扑向她的乞丐,她向我伸出手说:"'我儿子是您的国王':那么帮我过去。"我没发现她有太多的改变,尽管瘦了些;她有某些被唤醒的小女孩的神情。

我走在她前面;她将手臂伸给吕切西先生;波得那斯夫人跟着她。在武器的撞击声中,在铜管乐声中,在观众的欢呼声中,我们登上楼梯走进旁边站着两排士兵的房间。人们把我当作王室总管,人们和我搭话以便被引见给亨利五世的母亲。在人们的思想中,我的名字是和这些名字联系在一起的。

必须知道,从巴勒莫至费拉尔,夫人受到了同等的崇敬,尽管有路易-菲利普特使的通知。德·布罗格利先生有勇气向教皇要求送回被放逐者,贝尔内蒂红衣主教回答:"罗马总是逝去的荣誉的避难所,如果最近波拿巴家族在信徒的教皇附近找到一个避难所,那么更有理由给于虔诚基督的国王家族的款待。"

我不大相信这份公函,但我深深被一种反差所打动:在法国,政府对它害怕的女人滥施凌辱;在意大利,人们只记得贝里公爵夫人的名字、勇气和不幸。

我被迫接受临时充当房间内第一宫内侍从的角色。王妃特别的滑稽：她穿着一条浅灰裙子，紧身的；在她头上，一顶小的无边软帽，是一种寡妇或不发愿的小修女或是忏悔的喜剧演员戴的那一种。她到处走动，像个冒失鬼；她不经心地跑着，好奇中透出一种自信的神态，如同她在旺代森林中匆忙地奔走。她不看也不认任何人；我被迫不礼貌地拉住她的裙子，或挡住她的去路对她说："夫人，那穿白制服的军官是奥地利少校；夫人，穿蓝衣的军官是教皇卫队的少校；夫人，穿黑袍的高大年轻的神父是代理总督。"她停下来，用意大利语或法语说几句话，不太准确，但敏捷、直率、优雅，对他们的不满，她并不见怪：这是一种不同于任何熟悉的风度。我几乎觉得我妨碍了她，但是我对于火焰和监狱的短暂的瞬间所产生的影响没有感到任何担忧。

突然有了一种喜剧性的混淆。我必须保留着所有的谦逊说一件事：我生命的空虚的声音随着这种生命现实的寂静的增加而增长。今天，无论是在法国或在外国，我到一个旅馆下榻而不被立刻包围是根本不可能的。对于古老的意大利，我是宗教的捍卫者；对于年轻的意大利我是自由的捍卫者；对于当局，我很荣幸地在维罗纳和罗马成为前法国大使阁下。一些夫人，大概都是罕见的美丽，已将天使和阿基朗·雷·卢瓦尔的语言借给了佛罗里达女人阿达拉和莫尔·阿邦-阿梅。我这时看到一些学生、一些带着教士宽圆帽的神父和一些女人来了，我感谢他们的这些表示和思想；然后是一些乞丐，他们被喂养得太好，以至于不相信一个以前的大使也和他们的老爷们一样是行乞者。

可是我的崇拜者与被贝里公爵夫人吸引的人群一道跑来"三王冠"旅馆；他们将我挤到窗户一角并开始对我大讲他们将献给玛丽-卡罗莉娜的献辞。在理智混乱的情况下，这两拨人有时弄错了他们各自的保护主：我被称作殿下，而夫人对我说竟然有人就《基督教真谛》对她大加赞扬：我们交换着我们的声誉。王妃为写了一部四卷的著作而格外高兴，我则为被当作国王的女儿而神采飞扬。

突然，王妃消失了：她和吕切西伯爵一起步行去看塔索的住宅；她对监狱很熟悉。被放逐的孤儿、圣·路易的继承者的母亲玛丽-卡罗莉娜从布莱的城堡出来，在法国勒内城只是为了寻找一个诗人的牢房，这在人类命运和荣誉的历史上是独一无二的。布拉格的大师们应该是一百次经过费拉尔，他们的头脑中却从未闪过这样的念头；但是贝里夫人是那不勒斯女人，她是塔索的同胞，塔索说过："我向往那不勒斯，就如同安息的灵魂向往天堂一样。"

我遭到反对并且失宠；在城堡秘密地做出精心的安排，这是存在于心灵深处的快乐和秘密：一天贝里公爵夫人在她的住所的窗栏杆上看到一块描绘耶路撒冷诗人的木刻。"我希望，"她说，"我们很快将看到夏多布里昂也像这样。"幸运的话语，不必再计较一时的酒后失言。在为她受过牢狱之苦之后，我却要在塔索的牢房里和夫人再会合。在许下心愿之后的不幸时刻，她请教于我，这是尊贵的王妃多么崇高的感情，这是她赋予我多么大的尊重啊！她的信任却没有那样错估我的品格。

一八三三年九月十八日，于斐拉勒

勒贝丝许小姐——吕切西·巴里伯爵——讨论——晚餐——狱卒比若——德圣·布里埃斯特夫人，德圣·布里埃斯特先生——波得那斯夫人——我们的群体——我拒绝去布拉格——一句话使我让步

德·圣·布里埃斯特先生、德·圣·布里埃斯特夫人和阿·沙拉先生来了。后者曾是皇家卫队的军官，在我的出版生意中，他取代了同一卫队中的德雷上士。夫人到达两小时后，我曾看见勒贝丝许小姐，我的同胞；她急着对我说人们对我所寄予的厚望。勒贝丝许小姐出现在"卡尔洛·阿尔贝托"案件①中。

从她富有诗意的参观回来，贝里公爵夫人召见我：她和吕切西·巴里伯爵和波得那斯夫人一起等我。

吕切西·巴里伯爵身材高大，棕色头发：夫人说女人们称他为唐克雷德。他对王妃，他的妻子的态度恰到好处；不卑不亢，将丈夫的权威和臣民的顺从令人尊敬地结合起来。

夫人马上和我谈起正事；她感谢我应邀前来；她对我说她将去布拉格，不仅仅是为了和家人团聚，而且也是为了得到她儿子的成年证书；然后她告诉我她要带我和她一同前往。

我未曾料到她会这么说，这使我感到难堪；重返布拉格！我提出了出现在脑海中的异议。

如果我和夫人一起去布拉格，如果她得到她想要的，胜利的荣幸将不会完全属于亨利五世的母亲，而且将是一件坏事；如果查理十世坚持

---

① 对贝里公爵夫人的支持者提起的诉讼，一八三二年四月，这些支持者乘汽轮卡尔多·阿尔贝托号列达拉西奥塔。

拒绝给予成年证书,我如在场(似乎我坚信他将如此行事),我将失去我的信誉。因此在我看,还是在夫人谈判不成的情况下,把我作为备用更好一些。

殿下列举了以下理由:她坚持认为如果我不陪同她,她在布拉格将无任何力量;我会让她的祖父母感到害怕,她答应把胜利的光荣让给我,并把她的儿子登基与我的名字联系起来。

圣-布里埃斯特夫妇加入这个讨论中,并且坚持王妃的意见。我固执己见予以拒绝。吃晚饭时间到了。

夫人非常愉快。她和我讲述在布莱她和比若将军极为有趣的争吵。比若在政治上攻击她并且生气了;夫人比他火气更大:他们像两只鹰在喊叫,她把他从房里赶了出来。夫人殿下没有说某些细节,如果我和她待在一起,她也许会让我知道。她并没有放过比若,她处处嘲弄他:"您知道,"她对我说,"我已问过您四次了吗?比若叫人把我的要求转达给达尔古。达尔古回答比若说他是一个蠢货,他应该首先根据外表拒绝接受您:他很有'鉴赏力',这个达尔古先生。"夫人用她的意大利口音在这几个字上故意做了强调。

当我拒绝的消息传开后,它使得我们忠实的朋友担心起来。勒贝丝许小姐晚饭后来到我房间斥责我;德·圣-布里埃特先生,一个风趣而非常理智的人,他先派萨拉先生,然后,换上他自己出马也来催促我:"我们已让拉费罗纳先生去赫拉德钦,他去打前站,德蒙贝尔先生已经到了;他负责去罗马解除放在聚尔拉红衣主教手中的按规定格式订立的婚约。"

德·圣·布里埃斯特先生继续说:"设想查理十世拒绝给予成年证书,夫人如能得到他儿子的声明不也很好吗?这会是一份什么样的声明呢?""很简短的声明,"我回答说,"在其中亨利会抗议菲利普的篡权。"

德·圣·布里埃斯特先生将我的话带给夫人。我的拒绝依然让王妃身边的人操心。德·圣·布里埃斯特夫人，以她那崇高的感情，表示遗憾时显得最为激动。波得那斯夫人，一点也未曾失去她恬静的微笑时露出她美丽的牙齿的习惯：她的平静在我们的激动中显得更突出。

我们很像是一群流浪的法国喜剧演员，经本市行政官员先生们的准许，在费拉尔上演一场《逃亡的王妃》或者《被迫害的母亲》。剧院右边是塔索的监狱，左边是阿里奥斯托的房子；底部是莱奥诺拉和阿尔方斯曾举行晚会的城堡。这是没有王国的王室，这是隐藏在两辆流浪马车中的一个宫廷的激动不安，晚上王室便将"三王冠"旅馆当作皇宫；这些国务委员会设置在旅馆一间房子里，所有这一切让我的命运的舞台呈现形形色色的变化。我在后台取下我的尖顶骑士头盔并且重新戴上我的草帽；我和在我的衣帽架中滚动的法律上的君主体制一起旅行，而事实上的君主体制在杜伊勒利宫展览着它的廉价饰物。伏尔泰叫所有的王室来威尼斯和阿施梅三世一道共度狂欢节：俄罗斯皇帝伊万，英国国王查理·爱德华，波兰的两个国王，科西嘉国王泰奥多尔及四位尊贵的殿下。"陛下，您的椅子在帕多瓦，小船已准备好——陛下，您随时都可以启程。——毫无疑问，陛下，人们再也不愿信任您，也不信任我，今晚我们可以说是被关进监牢里了。"

对于我，我会像《天真汉》那样说："先生们，为什么你们都是国王？我向你们保证，我和马丁都不是。"[①]

已是晚上十一点；我希望已获得胜利并得到夫人的"通行证"。我远没曾料到！夫人不会这么快就放弃她的想法；她从未问过我关于法国的事情，因为她担心我会反对她的计划，这是她迫在眉睫的事情。德·圣-布里埃斯特先生走进我的房间，他带来了殿下建议写给查理十世的信的底稿。"怎么，"我喊道，"夫人仍坚持她的决定吗？她想要我带

[①] 引自《天真汉》第二十五章。

这封信？但事实上我甚至不可能穿越德国；我的护照只能用于瑞士和意大利。"

"——您陪我们一直到奥地利边境，"德·圣·布里埃斯特先生又说，"夫人让您坐在她的马车里；穿过边境，您回到您的马车并且您在我们之前三十六小时到达布拉格。"

我跑到王妃那里；我重提我的恳求；亨利五世的母亲对我说："别抛下我。"这句话结束了这场争执；我让步了；夫人显得非常高兴。可怜的女人！她有过如此多的泪水！我怎么能够抵抗勇气、厄运、丧失的威严，将它们藏起来置于我的"保护"之下呢？另一个王妃，太子妃，她也曾感谢过我无用的效劳：卡尔斯巴德和费拉尔是两个不同太阳的流放地，在这些地方我采集到了我生命中最崇高的荣誉。

夫人十九日一大早便动身前往帕多瓦，她约我在那里见面；她还得在卡塔佐德莫德勒公爵家停留。在费拉尔我有很多东西要看，一些宫殿、图画和手迹，对塔索的监狱，我应该感到满足。我在殿下之后几小时上了路，于晚上到达帕多瓦。我派亚森特去威尼斯寻找我的德国学生式的小行李，我则忧伤地睡在"金星"旅馆，而"金星"从未属于过我。

一八三三年九月十八日，于费拉尔

帕多瓦——坟墓——藏兹的手迹

九月二十日星期五，我抽出上午的一部分时间给我的朋友们写信，告诉他们我行程的改变。夫人的随行人员陆续到达。

无所事事，我便和一名导游一起外出，我们参观了帕多瓦的圣-朱斯蒂娜和圣-安托尼两座教堂。第一座教堂，是热罗姆·德·布雷西亚的作品，非常庄严：从正厅的底部，人们看不到一个开得很高的窗户，以至于教堂的明亮是通过哪里采光都不知道。这座教堂有几幅保罗·委罗内塞、利伯里、帕尔马等的好画。

帕多瓦的圣-安托尼教堂是一座希腊的哥特式建筑，是威尼斯地区的老教堂的那一种独特的风格。圣-安托尼小教堂源自雅克·桑索维纳和他的儿子弗朗索瓦：人们首先发现了它；装饰和形式是圣-马克钟楼的"洛热塔"风格。

一个身着绿裙，戴着盖有头巾的草帽的女签名者在圣人教堂前祈祷，一个身着号衣的仆人在她后面同样祈祷着：我猜想她在为减轻某种精神和身体上的痛苦而许愿；我没有弄错；在街上我又看到了她：四十来岁的女人，苍白、瘦削，步履艰难并且神情痛苦，我猜测她是为了爱情或因为瘫痪的缘故。她带着希望走出教堂：在她向上天作虔诚祷告的这段时间里，她没有忘记她的痛苦，她没有真正地治愈吗？

帕多瓦陵墓甚多；邦博的墓很著名。在隐修院我们看到了年轻的奥尔伯桑的墓，他死于一五九五年。

我是高卢人，我死在帕多瓦，这是我父母唯一的希望。

奥尔伯桑的法文碑文以一位大诗人所作的诗句结尾：

因为他不是不带来黑夜的美好的白昼。

查理-金帕坦①埋葬在大教堂：他奇特的爸爸未能拯救他，他爸爸曾"治疗过一个七岁的年幼绅士，他被放血十三次并在两个星期后治愈了，真是一个奇迹"。

古代人擅长撰写丧葬铭文：碑文写道："这里长眠着埃皮克泰尔，像伊吕斯②一样被奴役，被仿效和贫穷，但却是神的宠儿。"

卡蒙恩，在现代人中间，谱写了最优秀的碑文，这便是葡萄牙让三世的碑文："谁住在这个大墓中？这个实心徽章的卓越的纹章所指的人是怎样的？什么也没有：因为所有的事情发生在这里……但愿在这个时刻大地对于他来说，也如同从前在莫尔时一样的轻松。"

我的帕多瓦导游很健谈，与在威尼斯时的安托尼大不相同，他给我讲了所有关于这个大暴君安琪罗的事情：沿着街道，他给我讲每一个商店和每一个咖啡馆；在桑多，他固执地想给我看阿德里亚娜的说教者的保存完好的语录。这些讲道的传统不会是来自一些中世纪的渔民（比如古代希腊人）为了引诱鱼而对它们所唱的歌吗？我们还剩下几首这些古英语的远洋叙事诗。

德迪特·里弗③，没有一点消息；他如果活着，我会很情愿，像加德居民一样，特意到罗马旅行去看他，我会像帕诺尼达，情愿卖掉我的田产以买回《罗马历史》的几个片段，或是像亨利四世，答应用一个省换取一回章节。

苏术尔的服饰用品杂货商不在那儿，他把枫特伍偌修道院的药剂师作废纸卖给他的德迪特·里弗的手迹，简单地用来覆盖球拍。④

---

① 金帕坦的儿子，十七世纪法国医学家。他被迫在帕多瓦流亡，一六九三年他死于此。
②《奥德赛》十八章中的乞丐。
③ 出生且死于帕多瓦。
④ 这个小故事见于查伯莱一六六八年的一封信中。

当我回到"金星"旅馆，亚森特已从威尼斯回来，我曾要他打藏兹家过并为不辞而别①向她致歉。他发觉母亲和女儿很生气；她刚读过《我的监狱》。母亲说西尔维约是一个坏蛋，他胆敢写道：当佩里科登上一张桌子时，布罗诺②拖住了他的一条腿。女儿叫道："佩里科是一个诽谤者；更是一个忘恩负义的人。我给他提供这些帮助之后，他却来毁坏我的名誉。"她威胁将扣押书并向法庭起诉作者，她开始反驳这本书：藏兹不仅是艺术家，而且也是一个文学家。

亚森特请她给我未完成的辩驳文章，她犹豫了，而后将手稿给了他：她因工作变得苍白和疲倦。年迈的女监狱看守总是想要卖掉她女儿的绣品和镶嵌图案的作品。如果有一天我回到威尼斯，我将对布罗诺夫人履行我对于耶路撒冷山脉阿拉伯头领阿布哥期未实现的诺言，我曾答应他一筐达米特米，但我从未给他寄过。

这便是藏兹的评述：

威尼斯女人惊讶于有人有勇气在一部成形且充满亵渎宗教的谬误的小说中描写了两个场景来攻击她。她非常怨恨作者，他可能是为了任意显示其才华而充当了另一个人，而不是把一个深为大众尊重、爱戴和熟识的有良好教育和宗教精神的诚实的年轻姑娘当作玩偶。

西尔维约怎么能说在我十二岁时（这是他说的认识我时的年龄）；他怎么能说我每天都去他的住所拜访他？我发誓我只去过那里很少的次数，而且总是由我父亲、母亲或是兄弟陪同；他怎么

---

① 夏多布里昂在威尼斯藏兹母亲家见过藏兹，但迫于去弗拉尔，使得他未能重见她并履约给她一册《我的监狱》；她未曾看过这部作品，不知道佩里科在其中谈及她。夏多布里昂让亚森特从帕多瓦给她带书去。
② 监狱看守，藏兹的父亲。

能说我向他吐露了爱情？我一直在学校，才刚刚懂事，既不懂得爱情，也不懂得世事；我仅仅履行宗教职责，尽一个顺从女孩的责任，一直忙于我的学习和我仅有的乐趣。

我发誓我从未给他（佩里科）讲过爱情或任何别的东西；但是如果有时我看到他，我用一种同情的眼神望着他，因为对于每一个与我相似的人，我的心都充满了同情。因此我恨我父亲意外待的这个地方：他好歹曾在另一个地方干过；但成为一个勇敢的士兵之后，他为共和国，后来是为他的君主很好地效力，在这个岗位上，他违背了他的意愿及他家庭的意愿。

说我曾牵过上述的西尔维约的手，这是非常错误的，我甚至也没有牵过我父亲和兄弟的手；尽管我年轻并没有经验，但首先是因为了明了我的职责，我受过足够的教育。

他怎么能说我拥抱过他，我甚至没有和我的一个兄弟这么做过：这便是印在我心中的顾虑以及在我父亲一直坚持待在的修道院中受到的教育。

的确，我曾比他（佩里科）更出名而他却不能，我每天在我兄弟的陪伴下待在和他相邻的一间房中（这间房是我上述兄弟睡觉和学习的地方）；然而，既然容许我与他们待在一起，怎么可以说我和他高谈阔论我家里的事，说为了减轻心里的压力谈我母亲的严厉及我父亲的善良？远没有抱怨我母亲的任何理由，她一直为我所爱。

怎么可以说因为我给他端了杯咖啡，他因而冲我喊叫？我不知道谁能说他有胆量冲着一个已被他们仅有的善良所尊重的人叫喊。

我感到万分惊讶，对于一个风趣而有才华的人敢于不公正地吹嘘这样的事情来攻击一个年轻诚实的姑娘，这可能会让她失去所有老师对她的重视还有一个可敬的丈夫对她的爱以及在家庭中与女儿相处的和平和宁静。

我觉得没有必要因为在一本发行的书中以这种方式揭露我并肆意时时刻刻点我的名而对作者过分地攻击。

然而他注意到写了特雷门雷罗的名字而没有写芒得里卡多的名字，后者给他很好地传递过消息，前者我肯定能让他了解他，因为我知道他是多么的不忠实和自私。为了吃喝，他可以牺牲所有的人，对于所有因不幸到他这儿来的穷人及不能如他愿养肥他的人都不讲信义。他对待这些不幸的人如同畜生；但当我看到他，我对他加以指责并讲给我父亲听，我的心不能容忍如此对待与我相似的人。他（芒得里卡多）只是对那些给他吃喝和喂食他的人才好；上天原谅他，但他会给予他相似的人讲他的不适当的行为以及因为我劝诫他而引起的他对我的仇恨。对于这样一个坏人，西尔维约非常棘手，而对于不值得曝光的我，他没有最基本的尊重。

但是我清楚地知道应寻求真正的法律解决；我不听，不论好坏，我都不想在公众中出名。

在非常爱我的丈夫的怀中我感到幸福，他得到了真正和勇敢的回报。他不仅知道我的行为，也理解我的感情。因为一个人为了其充满谬误、糟糕透顶的作品的利益而对我加以利用，我应该……

西尔维约将原谅我的狂怒，但他应想得到，我会清楚地了解他的针对我的所作所为。

这便是我家所作的全部的回报，用这种陷入同样不幸的每一个女人都值得的人道主义对待他（佩里科），而没有根据性质来对待他。

而我还是发誓所有关于我的说法都是错的，也许西尔维约不熟悉情况，但他也不能出于创作小说的动机而睁着眼睛说瞎话。

我还想多说一点，但我家庭事务繁忙不允许我浪费更多的时间。我仅仅只想感谢署名西尔维约的作品，感谢他使我无辜的心灵感到持续的不安，也许是永恒的不幸。

这段文字的翻译远不能还原原文中的女性激情、异国的优雅及文中充满活力的朴实；藏兹使用的语言散发出一种不能转移致另一种语言中的大地的芳香。带有不得当、模糊、未完的语句的答辩词，如同一群阿尔巴尼亚人隐约的手脚，带有不完善的或是威尼斯式拼写的手稿，是希腊妇女的一座丰碑，但却是色萨利的主教们[①]歌唱着得阿让娜和查理克勒的爱情的那些妇女。我喜欢这个小女监狱看守的两页文字胜于伟大的依索特[②]的所有的对话，她为夏娃辩护反对亚当，就如同藏兹为自己辩护反对佩里科。我以前的普罗旺斯的美丽的女同胞更在用这些过渡世代的民族语召唤着威尼斯女孩，在她们身上被征服者的语言还未完全消亡，而征服者的语言还未完全形成。

佩里科和藏兹谁有理？[③]他们争论什么？一个简单的秘密，一个值得怀疑的拥抱，实际上，这个拥抱可能不是针对接受的人。活泼的新娘不愿承认这个被囚犯代表的优雅的男子，她对此否认并予以证明。上诉人[④]讼状中藏兹与人们在被告的反驳中看到的如此相似：同样的宗教和人道感情，同样的保留，同样神秘的声调，同样的从容、柔软而脆弱。

当藏兹带着充满激情的天真承认她未敢拥抱过她的亲兄弟时，她充满了力量，比佩里科更有理。当她将偶然成为一个监狱看守的布罗诺改变成一个共和国的老战士时，她的忠诚的同情特别令人感动。

在这个说明中藏兹令人赞赏：佩里科隐藏了一个邪恶的人的名字，但他却不怕泄露一个同情囚犯痛苦的无辜的女人的名字。

藏兹一点也未被在一部不道德的作品中成为一个不道德的人的想法

[①] 影射埃里欧多尔。

[②] 维罗纳（十五世纪）女学者。

[③] 一八二一年，藏兹去拜访监狱中的佩里科。十二年过去了，今天她已二十六或二十七岁，她有三个孩子，其中两个已死亡，她怀了第四个孩子，她死于一八三六年，时年三十左右。

[④] 指佩里科。

迷惑；这种想法甚至没有进入她的思想；她只是为一个男人的不得体感到震惊；这个人，相信触犯了她，为了展示自己的才华而牺牲一个女人的名誉，而不担心她的痛苦，原因是他只想着写小说以利于自己出名。一种明显的恐惧支配着藏兹：一个囚犯的揭发不会引起一个丈夫的嫉妒吗？

结束答辩词的章节是感人及雄辩的：

"我感谢署名西尔维约的作品，感谢他使我无辜的心感到持续的担忧或是永恒的不幸。"

在这一只疲倦的手写出的最后几行字上，我们看到了几滴泪痕。

我，对此事一无所知，我什么都不想失去。我因此坚持《我的监狱》中的藏兹是诗歌的藏兹，答辩词中的藏兹是历史的藏兹。我擦去我相信在共和国老战士的女儿身上看到的严重的小错误[1]；我错了：西尔维约监狱的小天使如同灯芯草的茎秆，如同棕榈树的直立茎干[2]。我向他声明，在我的回忆录中，没有一个人物像她那样让我喜欢，包括我的女精灵。在佩里科和藏兹本人之间，借助于我保管的手稿，如果威尼斯女人不能流传后世，那将是一个伟大的奇迹！是的，藏兹，当诗人梦见他的诗的声音时，您位于围绕着他诞生的女人们的影子中。这些柔和的影子，失去和谐和幻想消逝的孤女们，仍存活在天地之间，同住在她们的双重家园。"如果您身处天堂，美丽的天堂可能就不会那么完美。"一位行吟诗人对他的死去的情人如是说。

一八三三年九月二十日，于帕多瓦

---

[1] 在和藏兹谈话之后，夏多布里昂对她做了一番描述，没有出版："比她母亲更矮的一个女人，……有一点畸形……裸露着肩膀，非常美丽。"
[2] 终端为一簇树叶的木质茎。

意外的消息——王国总督伦巴尔·威尼蒂昂

历史又来扼杀小说。当我在"金星"刚读完藏兹的辩词时,德·圣·布里斯特先生走进我的房间说:"这儿有一条消息。"王室殿下的一封信告知我们王国总督伦巴尔·威尼蒂昂已来到卡塔若,他已通知王妃不能再让她继续旅行。夫人希望我立即动身。

就在此时,总督的一名副官敲响了我的房门并问我是否可以接待他的将军。作为答复,我去了他的房间,他和我一样下榻在"金星"。

这是一位极好的总督。

"您设想,子爵先生,"他对我说,"我们阻止贝里公爵夫人的命令是八月二十八日发出的:殿下让人对我说她有一些后期护照和我的皇帝的一封信。就是在这个九月的十七号,我半夜接见了一位信使,是十五日从维也纳来的一份急件,吩咐我执行八月二十八日的第一种命令,不让贝里公爵夫人经过乌迪纳或的里雅斯特。瞧,尊贵而杰出的子爵,这对于我是多么巨大的痛苦!如果她不遵从国王的意愿,我就得逮捕一个我尊敬仰慕的一位王妃。因为夫人没有好好地接待我,她对我说她要做那些让她高兴的事情。亲爱的子爵,您是否能让殿下在等待朝廷命令期间待在威尼斯或的里雅斯特?我将签署您去布拉格的护照,您可免去一切阻碍马上到达那里,您可以解决这件事情;因为皇帝肯定只能对这些要求让步。我请您帮我这个忙。"

我被这位高尚的军人的纯朴深深打动。在临近九月十五日我从巴黎出发的日子的时候,本月三日,我有过一个想法:我和夫人的会见以及亨利四世成年的巧合准能让菲利普感到害怕。由圣奥莱尔伯爵先生的公函传递的布罗格利公爵先生的一份急件或许已经决定让维也纳的司法部更改八月二十八日的禁令。可能是我推测不准,也可能事实是我推测的还未发生；但是两位绅士，两位法国路易十八的廷臣，两位背誓者毕竟很好地充当了反对一个女人，他们的合法国王的母亲的仁慈政治的工具。如果今天的法国越来越证实她有一些以前宫廷的人的高论，一定感到惊奇吧？

我避免表明自己更深层的想法。这种为难改变了我关于布拉格之旅的安排；我现在也希望为了我的主人的利益独自去旅行，希望当路途顺利时人们反对我和她一同前往。我掩饰我真实的感情，想和总督谈谈给我护照的诚意，我增加了他实在的担忧；我答道：

"总督先生，您给我出了道难题。您了解贝里公爵夫人；这不是一个人们可以任意支配的女人；如果她做出了决定，什么都不能让她改变。谁知道呢？也许她适合被奥地利皇帝，她的舅舅逮捕，如同被路易-菲利普，她的叔叔投入监牢！合法国王和非法国王行为彼此相似；路易-菲利普将废黜亨利四世的儿子，弗朗索瓦二世将阻止母亲和儿子的重聚；梅泰里奇王子先生将把比若将军先生提升到他的位子，这实在太妙了。"

总督不能自制："啊！子爵，您说得有理，这种宣传到处都是！这个年轻人不再听我们的：不只是在威尼斯国，在伦巴第和皮埃蒙特也是一样。""还有罗马！"我喊道，"还有那不勒斯！还有西西里！还有莱茵河畔！还有全世界！""啊！啊！啊！"总督叫道，"我们不能这样待着：一支全副武装的军队，总是手持利剑，却没有战斗。法国和英国给我们人民做出了榜样！继烧炭党人之后，现在是一个年轻的意大利，年轻的意大利！谁曾听说过这些？"

"先生，"我说，"我尽自己最大的努力以使夫人确定给您几天时间；劳驾给我一本护照：这种俯就才能阻止殿下继续她的第一场革命。"

"您放心，"总督对我说，"我负责让夫人在到达的里雅斯特时经过威尼斯；如果她在路上稍作拖延，她将正好在到达最后这座城市里得到你们想要的命令，这样我们便得救了。帕多瓦的使节将给你们去布拉格的签证，作为交换你们留下一封信，声明殿下的决定并且不会超出的里雅斯特。什么世道！什么世道！尊贵的子爵，我庆幸自己老了，可以看不到那些将发生的事情。"

我一面强调护照，一面暗暗自责或许有点欺骗了这位非常正直的总督，因为他让我去波希米亚，比对贝里公爵夫人让步更感负罪。我所害怕的是意大利警局里精明的密探会妨碍签证。当帕多瓦的使节来我这儿时，我发现他一副秘书的外表，举止彬彬有礼，一种省长的表情如同一个为法国政府豢养的人。这种官僚能力使我发抖。当他向我保证他曾是罗讷河口省联盟军的专员时，我马上又恢复了希望：我用引出其自身热心的办法来攻击我的敌人，我声称我们注意到驻扎在普罗旺斯的军队纪律严明。我对此一无所知，但是代表大加赞赏地回答我并草率打发完我的事情：我宁愿没有得到我的签证，也不愿再为此操心。

一八三三年九月二十日，于帕多瓦

夫人给查理十世和亨利五世的信——德·蒙贝尔先生——我给总督的便条——我动身前往布拉格

贝里公爵夫人晚九点从卡塔若回来：她显得很活跃；至于我，我越是平和，越是希望人们接受这场战斗，人们攻击我们，我们不得不自卫。我半笑着向殿下建议假装将亨利五世带往布拉格，由我们两人将他"拐走"。问题是要知道把我们的"贼赃"放在哪里。意大利不适合，因为君主们很懦弱；伟大的专制君主制有一千个理由应该被摒弃。剩下荷兰和英国：我更希望前者，因为在那里人们通过立宪政府找到了一个精明的国王。

我们推迟了这些极端的决定；我们更应停下来，这事的重担落在我身上。我将带着夫人的信孤身出发，我会要回成年的声明书，根据祖父母的答复，我将给在的里雅斯特等着我的急件的殿下寄去一封信。夫人在给老国王的信中附上了一张给亨利的便条，我只能视其情况将其交给年轻的王子。便条上的地址仅是对布拉格隐蔽意图的抗议。以下便是那封信和那张便条：

我亲爱的父亲，在对于亨利的未来具有同样决定性的时刻，请允许我以所有对您的信赖向您求助。我不相信对于一个如此重要人物我自己的启示，相反，我愿意在这严峻的形势下听从那些曾给予我最多关爱和忠诚的人们。德·夏多布里昂先生很自然地位于前列。

他让我坚信我已经知道的，那就是法国所有的保王党人都把九月二十九日确认亨利的权利和成年证书看作必不可少的。假使某位忠诚的先生此时在您身边，我将援引他的证词，我知道它会与我所说的相符。

德·夏多布里昂先生将向国王陈述他关于这份证书的想法；他讲得有道理，依我看来，必须简单地证实亨利已成年而不是做一个声明：我想您赞成这种看法。最后，我亲爱的父亲，我相信他能引起您的注意并带回关于这个必须问题的决定。我越发操心这件事，我向您保证，在关系到我和我的亨利的利益的事情中，亨利的利益就是法国的利益，超出我的利益。我相信我已向他证明，我知道为了他我冒着种种危险，但我未曾在任何牺牲前退却过，他会发觉我永远一如既往。

德·蒙贝尔先生来时将您的信交给了我；我带着深深的感激读完了它，再见到您，再见到我的孩子，一直是我最大的奢望。德·蒙贝尔先生会写信给您，我已做了您要求的一切；我希望您对我的关切会感到满意，它让您感到愉快并向您证明了我的敬意和慈爱。现在我只有一个愿望，这便是九月二十九日能在布拉格，尽管我的健康状况很不好，但我希望我能到达。无论如何，德·夏多布里昂先生将走在我前面。我请求国王能善意接待他并听取他代替我向您讲的一切。亲爱的父亲，谨致问候。

一八三三年九月十九日，于费拉尔

又及：帕多瓦，九月二十日。——当有人向我传达不能继续我的旅行的命令时，我的信已写完：我的惊讶等同于我的痛苦。我不能相信类似的命令居然出自国王的内心；这些仅仅是我的敌人能口授的。法国会说什么呢？菲利普将多么的得意扬扬！我只能催促夏多布里昂子爵赶快启程并委托他告诉国王，在这个时候给他写信，对我来说是太沉重了。

信封上的地址："致亨利五世陛下，我最亲爱的儿子，布拉格。"

我正前往布拉格并来拥抱你，我亲爱的亨利，一个意外的障碍阻止了我的行程。

我派德·夏多布里昂先生代替我处理你和我的事情，请相信，我亲爱的朋友，他代我和你讲的事情，并致以我的慈爱。拥抱你和你姐姐，我是

你亲爱的母亲和朋友 卡罗莉娜
一八三三年九月二十日，于帕多瓦

德·蒙贝尔先生突然从罗马来到帕多瓦，出现在我们当中。帕多瓦的小朝廷对他不满，小朝廷将维也纳的命令归咎于德·布拉加先生。德·蒙贝尔先生，一个非常温和的人，尽管他怕我，但除了跟着我到处逃亡之外别无他法；见到德·波利尼亚克先生的这位同僚，我明白了他是怎样写了雷兹塔德公爵的历史而没有觉察到，他赞扬过的公爵们，全部在布拉格六十古里外，波尔多公爵的流放地；如果他，德·蒙贝尔先生适合将圣路易的君主制和这个卑劣世界的君主制扔出窗外，这便是他未曾想到过的一个小小的意外。我对德·蒙贝尔伯爵很亲切；我与他谈到了罗马的竞技场。他回到维也纳为梅特涅开始做出安排并充当德·布拉加先生的中间联系人。十一点，我给总督写那份约定好的信：我考虑到夫人的尊严，没有将殿下扯进去，给她保留了所有自由行动的权力。

总督先生：

贝里公爵夫人殿下目前很愿意遵从您所传达的命令。到达的里雅斯特后，她计划去威尼斯；那里，根据我有幸给她提供的情况，她将做出最后的决定。

请接受我最诚挚的谢意和崇高的敬意。

总督先生，

您的谦逊的仆人，

夏多布里昂

一八三三年九月二十日，于帕多瓦

那位代表很高兴地读着信。夫人走出威尼斯的伦巴第，他和总督便都不再承担责任；在的里雅斯特，贝里公爵夫人的一举一动仅只关系到伊斯特里或佛里欧也当局，这便是看谁将摆脱厄运，在某种游戏中，人们争着将正在燃烧的小纸片传递给旁边的人。

十点钟，我向王妃告辞，她将她和她儿子的命运置于我的手中。她以她的方式让我成了一个法国的国王。在比利时的一个村庄，很多人曾票选我登上被菲利普女婿占据的王位。① 我对夫人说："我服从殿下的意愿，但我害怕辜负您的期望。在布拉格我会一无所获。"她将我推到门口："去吧，您能胜任一切。"

十一点我登上马车：晚上下着雨。我好像回到了威尼斯，因为我正走在梅斯特尔大道；我更想再见到藏兹超过了查理十世。

一八三三年九月二十日，于帕多瓦

---

① 一八三一年比利时寻找一个国王。很多人选已事先确定。

篇章四十一

一八三三年九月二十日至二十六日，从帕多瓦到布拉格的日记——科内格里亚诺——《最后的阿邦斯拉吉》的翻译——乌迪纳——萨马洛夫伯爵夫人——德·拉费罗纳先生——一位神父——加林蒂——德拉瓦河——一个小农——打铁铺——在圣·米歇尔一个小山村午餐

天快亮时经过梅斯特尔，我因未能去河岸而难过：也许最高潟湖的一个远远的灯塔给我指出了古代世界一个最美丽的岛屿，就像克里斯托夫·哥伦布发现新大陆第一个岛上的一束微光。就是在梅斯特尔，我一八〇六年第一次旅行从威尼斯下船：时光在流逝。

我在科内格里亚诺吃中饭，在那里我受到一位夫人，《最后的阿邦斯拉吉》的译者的朋友们的赞扬，她大概像布兰卡："他看到一个年轻女人出来，穿着差不多与那些雕刻在我们古教堂纪念碑上的哥特王后一样：一条黑色的头巾搭在头上，她用左手托起像一条修女头巾一样在她的下巴下面交叉围绕的头巾，以至人们无法看到她的整张脸，只看到她的大

眼睛和玫瑰色的嘴唇。"我给我的西班牙幻想的译者还了债,我在此重新描绘了她的肖像。

我重上马车,一位神父跟我高谈阔论起《基督教真谛》。我穿过了胜利剧院,这些胜利导致波拿巴侵犯我们的自由。

乌迪纳是一座美丽的城市:在那里我发现了总督宫殿里一个仿造的柱廊。我在旅馆吃晚饭,刚被萨马洛夫伯爵夫人占用过的房间零乱不堪。这位巴格拉雄王妃的侄女,另一个由于岁月而造成的损害[①]她还是像一八二九年在罗马我的音乐会上唱歌唱得特别好时那样美丽吗?是什么风又将这朵花吹到了我的脚下?什么风吹动这朵云?北方的女儿,你享受着生活,你要抓紧,使你陶醉的悦耳的声音已经停止,你的日子没有极地白天那样久远。

旅馆的本子上写着我高贵的朋友的名字,德·拉费罗纳伯爵,他从布拉格回到那不勒斯去,就如同于我从帕多瓦去布拉格。拉费罗纳伯爵,是我双重名义的同乡,因为他是布列塔尼人又是马洛人,他的政治生涯与我的交织在一起:当我在巴黎做外长的时候,他在彼得堡任大使;他接替了我的位置而我成了他领导下的大使。被派到罗马后,我向波利尼亚克内阁递交了我的辞呈,而拉费罗纳接替了我的大使职务。德·布拉加先生的姐夫跟那些富人一样的可怜:七月革命时,他放弃了贵族爵位和外交生涯:每个人都敬重他,没有人恨他,因为他性格纯朴性情淡泊。在布拉格的最后一次谈判中,他被走向晚年余晖的查理十世愚弄了。老人们喜欢故弄玄虚,却什么也表现不出。除了我的老国王,我希望人们埋葬所有那些不再年轻的人,第一个就是我以及我的十二位朋友。

在乌迪纳,我取道去维拉奇:我经由萨尔茨堡和林茨去波希米亚。

[①] 拉封丹的寓言。

在翻越阿尔卑斯山前,我听到钟摆动的声音,看到平原中点燃的营火。在斯特拉斯堡的一个德国人,即亚森特,带我去布拉格做斯拉夫语翻译,在威尼斯时的意大利语导游的帮助下去询问马车夫。我打听到的庆祝活动是举行一位教士新的圣级晋升仪式;第二天他将讲他的第一次弥撒。宣告今天一个人与上帝不可分离的结合的钟声响了多少次?它们会将这个人召到圣殿来吗?什么时候这些同样的钟声会在他的棺材上响起?

九月二十二日。

几乎整个晚上我都是在雷声中沉睡着。二十二日白天我在群山中醒来。加林蒂山谷很宜人,但没有任何特点:农民几乎没穿什么衣服,几个女人穿着皮衣像匈牙利人;还有一些人头上戴着向后的白色头巾或是戴着边缘软垫凸起的蓝色羊毛便帽,介于奥斯曼利头帕和塔那普安无边缘帽之间。

我在维拉奇换了马。从这个驿站出来,我沿着德拉瓦河一个宽广的河谷前行,这对于我是一个全新的地方:因为穿过这些河流,我将最终找到我的彼岸。朗德① 刚刚发现了尼日尔河的入海口;这个勇敢的旅行者在告知我们那条神秘的非洲河流流入大西洋时,他的生命也走向了永恒。

夜幕降临了,我们不得不在圣·帕得尼翁村庄停下来:要给马车上点油;一个农民反向拧旋一个车轮的螺母,他用尽了力还是未能将它取下来。村里所有的能人,在一个马蹄铁匠带领下,做了种种尝试最终还是失败了。一个十四五岁的男孩离开人群,拿了一把钳子回来,他分开人群,将一根黄铜丝缠住螺母用钳子绞紧,用手压住螺钉的方向,毫不

---

① 英国探险家。

费力就取下了螺母：这引发了一片欢呼声。这个孩子不就是某个阿基米德吗？一个因纽特部落的王后曾给帕里船长描画过一张极地海的地图，她认真地看着水手们在打铁铺焊接铁端并用她的天才将种族推向前进。

二十二日至二十三日晚，我翻越群山；在我面前，山脉在迷雾中一直绵延至萨尔茨堡；但是这些屏障没有能保卫罗马帝国。《随笔》的作者，在谈到迪罗尔时，用他那一贯充满想象的活泼口吻说："这如同一条我们只是看到已打褶的裙子，但如果它伸展开来，就会是一个非常大的地方。"① 我盘旋的这些山峰，像是上面山脉的崩塌，这个崩塌覆盖了广阔的地方，在给大阿尔卑斯山带来各种各样的事故的同时，也形成了小阿尔卑斯山。

瀑布从四面八方直泻下来，飞溅到石床上，如同比利牛斯山的激流一般。道路在一些刚能容一辆马车的关隘经过。在热门德周围，水力将锻锤的回响声与船闸的回响声混杂在一起，在黑夜和黑暗的枞树林之间，烟囱中发出一束束火光。每拉一下炉膛的风箱，作坊的镂空屋顶便突然闪亮，如同节日时罗马圣彼得教堂的圆屋顶。在卡尔奇山脉，我们又在我们的马群中增加了六头牛。我们长长的套车，在激流和险滩中，就像一座活桥；对面的托尔恩山脉覆盖着积雪。

二十三日早九点，我在山谷深处美丽的圣·米歇尔村庄停下来。在一个小房间里，透过两扇窗可看到牧场和村庄的教堂，一些美丽高大的奥地利姑娘给我端上了一顿很好的午餐。围绕着教堂的公墓，仅仅与我相隔一个乡村院子。一些内接在一个半圆里且上面悬挂着圣水桶的木质十字架，竖立在旧坟的草地上；五个还没有草皮的坟地表明是五个新的永眠。几个墓穴，很像菜园的花坛，点缀着盛开着金黄色花朵的金盏花；一些鹡鸰跟在一些蝈蝈儿后面在这个死人的花园中跑着。一个很老

---

① 《旅行日记》，阿曼哥所著。

的瘸腿的妇人，拄着拐杖，穿越墓地，捡回一个倒下的十字架；也许法律允许她为自己的坟墓收集这个十字架；森林中的枯枝属于那个捡起它的人。

>那里躺着一些没有荣誉的无名的诗人，
>不出声的演说家，没有胜利的英雄。①

布拉格的孩子，没有王冠，他在这里不比在陈列着他父亲尸体的卢浮宫的房间里睡得更好吗？

如果不是刚发生的死亡让我痛苦，那么我的在那些吃饱的、躺在我窗台下的旅行者之中的孤独的午餐应是合我口味的：我听到了做我盛餐的一只小母鸡的叫声。可怜的小鸡！在我到来前的五分钟它是多么幸福啊！它在草地、蔬菜和鲜花间散步，它在从山上下来的羊群中奔跑；今晚它应该和太阳一起睡去，况且它还这么小，可以在它妈妈的翅膀下入眠。

马车套好了，我在一群妇女的簇拥下上了车，旅馆的伙计们陪着我；他们看样子很高兴见到我，尽管他们不认识我而且可能永远也不会再见到我：他们给我如此多的祝福！我不反感这种德国式的诚意。您碰不到一个农民不对您脱帽并给您千万祝福：在法国，人们只对死人致敬；傲慢无礼被看作是自由和平等；人与人之间没有温情，嫉妒舒适旅行的任何人；按着髋部，准备出剑攻击那些穿着新礼服和白衬衣的人；这便是民族独立的特征，当然我们也有几天在候见室里一个无礼的暴发户让我们碰了钉子。这并没有除去我们崇高的智慧，也不能阻止我们拿起手中的武器庆祝胜利，但是人们一开始并没有形成习俗，我们已是八

---

① 这些诗句是夏多布里昂自己所写。

个世纪的军事大国；五十年没能改变我们；我们未能真正崇尚自由。一旦我们在过渡政府统治下有喘息机会，那陈旧的专制君主制又会死灰复燃，一个年迈的法国守护神重现了：我们只是朝臣与战士，别的什么也不是。

托尔恩山口——公墓——阿达拉：多么大的变化——太阳升起——萨尔茨堡——军事检阅——农民的幸福——伍克那布鲁克——普拉库尔特和我的祖母——夜晚——德国和意大利城市——林茨

围绕着萨尔茨堡省的最后一圈山脉俯视着可耕种地区。托尔恩山脉有冰川，它的高原类似于阿尔卑斯山所有的高原，但更像圣·哥达的高原。在这个布满了结冰的红棕色苔藓的高原上，竖立着一个耶稣受难像，随时给不幸者安慰和永恒的庇护。在受难像的周围，掩埋着在雪中死亡的受难者。

当暴风雨突然袭来时，那些如我一般在这个地方经过的旅行者有些什么希望呢？他们是谁？谁为他们流过泪？他们怎么在那里安息？他们如此远离他们的父母，他们的祖国，每个冬季听着暴风雨咆哮，这阵风将他们从地上刮起来过吗？但是他们睡在十字架下，基督，他们孤独的伴侣，他们唯一的朋友，绑在神圣的木头上，对着他们低下了头，他身罩着使他们的坟墓变白的同一种白粉：在天堂的日子，他将把他们介绍给他的父亲并让他们在他的怀中获得温暖。

托尔恩下山的路又长又烂又险；我对它很入迷：有时因其瀑布和木

桥,有时是因为其深渊的狭窄让我想起了位于科特雷的"西班牙桥"或者是多莫多索那山上的散布伦斜坡;但它一点也不能将我带回格林纳达和那不勒斯。我们根本找不到闪闪发光的湖泊和橙树;为了到达土豆田,历尽这么多的艰辛,实是枉然。

半坡上有一个驿站,在旅馆的房间里,我觉得像在家中:阿达拉的奇遇,表现在六幅版画装饰着墙壁。我的女儿没有料到我会打这儿过,而我也未曾希望在一条我相信名为"龙"的激流边遇到一个如此珍贵的东西。她很丑,很老,变化很大,可怜的阿达拉啊!头上插着大羽毛,腰间系着一条紧身短裙,如同戏剧《快乐》中的女奴隶模样。虚荣心尽其所能赚钱,在加兰蒂山脉深处我在我的作品面前昂首挺胸就像是马扎兰的红衣主教在他的画廊里的那些作品面前的姿态一样。我曾想对我的主人说:"这个是我画的!"必须将我和我的大女儿分开,不过比在俄亥俄河中的岛上要容易。

直到威芬,除了人们弄干再生草的方法,没有什么引起我的注意:人们在地上放置一些十五到二十尺长的杆子,转动它们,不要太压紧杆子周围没加工的干草,草变黑便也就干了。在一定距离,这些柱子完全像在这些小山谷中为了纪念割下的花种植的柏树或战利品饰。

九月二十四,星期二。

德国想过要报复我对它的坏情绪。在萨尔茨堡平原,二十四早晨,太阳在我已抛在身后的山脉的东边出现,西边一些岩石的顶端闪着极其柔的晨光。阴影仍在半绿、半耕种过的平原上漂动,从平原上升起一缕炊烟,如同人的汗气。萨尔茨堡的城堡,增高了俯视这个城市的小山的山顶,将它的白色轮廓镶嵌在蓝天里。随着太阳升起,在清新的露水气味中,出现了街道、丛林、红砖、粗涂了发亮石灰的茅屋,中世纪千疮百孔的塔;年迈的时间的捍卫者们,头上和胸前满是伤痕,他们孤独地待在世纪的战场上。这个地方秋天的阳光有着秋水仙的紫色，这个季节秋水仙开放并且沿着萨尔茨的草地已经播种。成群的乌鸦，离开常春藤和废墟的洞穴下到闲田上，它们具有波纹闪光的翅膀反射着晨光，抹上了一层玫瑰色。

节日是属于萨尔茨堡的神明圣·吕贝尔的。农妇们以她们村里的方式打扮着去赶集：她们金黄色的头发和雪白的前额包在各种各样的金黄色的盔形帽里，这对日耳曼人很合适。当我穿过那个洁净而漂亮的城市时，我在一个草坪里看到两三千步兵；一个将军在他的参谋的陪同下检阅部队。这些白色的线条在绿色的草坪上纵横交错，武器在阳光下闪闪发光，是与其说是塔西佗描绘的，不如说是他歌颂的人民的壮丽景象相符：条顿人的战神玛尔斯将祭品献给黎明。这个时候我的威尼斯轻舟的船夫在干什么呢？他们像燕子一样为黑夜之后黎明的重生而欣喜并准备掠过水面；然后迎来夜晚的欢乐、船歌和爱情。每个民族都有其命运：一些民族有力量；另外一些有快乐：阿尔卑斯山人兼而有之。

从萨尔茨堡直到林茨，是富裕的乡村，右边山脉的地平线呈锯齿状。松林和山毛榉林，田野绿洲及其同样的东西，被一种精巧多变的文化围绕着。不同种类的畜群、村庄、教堂、小礼拜堂，十字架装点着这片景色，使它充满活力。

过了圣·吕贝尔的节期后（这里人们的节期很少延续且不会太长），我们发现所有人都在田里，忙着秋天的播种和收获土豆。这些村民穿得较好，较有礼貌，显得比我们的农民更加幸福。不要借口每个人用同样方式不能设想也不能感受的政治利益来取代他们享有的秩序、和平和纯真的美德。完整的人性包括家庭的快乐，家庭的友爱，生活的丰富多彩和纯朴的心灵及宗教信仰。

法国男人虽钟情女人，但在许多事情和劳作中不用女人；德国男人没有他的伴侣就不能活；他需要她并随时随地带在身边，无论是去打仗还是去耕作,去赴宴抑或去奔丧。

在德国,甚至动物都有他们理智的主人的温和性格。当我们旅行时,观察动物的面部表情很有趣,我们可以根据上帝赐予我们帝国,赋予一个地区生命的万物的温柔或恶毒、驯服或凶恶的样子,快乐或忧伤的神情来预见一个地区居民的习俗和情感。

马车出了故障,迫使我不得不在伍克那布鲁克停下来。我在旅馆里闲逛,经一扇后门,我到了一条运河的入口。在那边我看到了铺展着几块本色画布画出来的草地。在树木繁茂的小山脚下蜿蜒着一条河流,似是这些草地的一根腰带。我不知道是什么让我想起了普朗古埃乡村,我在那里享受着童年的幸福。我年迈双亲的影子啊,我没有在这岸边等着你们!你们走近我,因为我在走近坟墓,你们的庇护所;我们将很快在那里重逢。我的好姑母,您是否还在雷德河岸唱着您的《鹰》和《莺》之歌呢?在亡人中,您是否遇见了朝三暮四的特雷米贡如同迪东在亡灵中遇见了埃涅阿斯一样?

我从伍克那布鲁克出发时,天正变黑,太阳将我重放回她妹妹的手中:难以形容的一种色彩和流畅的两重光。很快月亮独统天空;她渴望重温我们在哈塞尔巴赫丛林中的对话;但我却没有心思。较之月亮,我更喜欢维纳斯(金星),她在二十五日凌晨两点升起,在晨曦中我凝视着她,她如同我在希腊海上祈求她时一样美丽。

将树丛、溪流、山谷的神秘力量抛在两旁,我穿过兰巴奇、威尔斯和勒阪,这些崭新的小城有一些意大利风格的没有屋顶的房子。在一幢房子里,人们在演奏音乐,年轻的女人站在窗户旁:马拉勃得斯①时代的光阴,它可不是这样流逝的。

德国城市里道路宽广且整齐,就像是营地的帐篷或者是军队的队

---

① 塔西佗所说的野心勃勃的日耳曼国王。

列；这里集市宽敞，军队广场也很宽阔：人们需要阳光并且一切都是公开进行的。

意大利城市的街道狭窄而且迂回曲折，市场狭小，军队的广场拥挤，人们需要阴影并且一切都是秘密进行的。

在林茨，我的护照毫不费力就过了关。

一八三三年九月二十三、二十四日

多瑙河——沃尔德门澄——丛林——贡堡——吕西儿——旅行者——布拉格

我早上三点经过多瑙河：我在夏天[①]曾对它说过在秋天我再也不知道要对它说什么；它的波浪不再依旧，而我也不在同一时刻。我离开了左边远远的沃尔德门澄村庄和它的猪群、牧人欧迈俄斯和从父亲肩后望着我的农家女。公墓里死人的墓穴很快就会填满，死者正被成千上万的虫子吞噬，因为他曾有幸是人。

博夫勒蒙先生和夫人，比我早几个小时到达林茨；几个保王党人走在他们前面：他们是和平信息的使者，他们相信夫人在他们后面平静地走着，而我如同不睦之神，带着战争的消息跟着他们。

出生于蒙莫朗西的博夫勒蒙亲王夫人去比奇拉[②]向出生于波旁的法

[①] 去年五月。
[②] 布拉格附近的一所别墅，查理十世住在此。

国国王们祝贺，这再也自然不过了。

二十五日，夜幕降临时，我走进丛林中。小嘴乌鸦在空中鸣叫；密密的鸟群在树林上空盘旋，它们准备给树顶戴冠。于是我又回到了我的年轻时代，我又见到了在贡堡林荫道上的小嘴乌鸦；我相信在古老城堡中我重新开始了我的家庭生活：噢！记忆，你像一柄利剑刺穿了我的胸膛！噢！我的吕西儿，我们已经分开了多少年！现在我大部分的岁月已经过去，随着岁月的消散，让我更好地看清你的面容。

我到塔波尔时已经是晚上了，它的广场围绕着拱孔，显得很巨大；但月光是会骗人的。

二十六日早上，雾气将我们罩在无边的孤独之中。十点的时候似乎我在两个湖间经过，我离布拉格只有几里路了。

雾升腾起来。林茨路上四周比雷根斯堡更有活力，景色也更特别一些。我们看到村庄，有乔木和池塘的城堡。我碰到了一个虔诚、顺从样子的女人，她背着一个大背篓，腰都压弯了；两个年老商贩在一条沟边摆了一些苹果；一个年轻女人和一个年轻男人坐在草地上，小伙子抽着烟，快乐的年轻姑娘，白天待在丈夫身旁，晚上偎在他怀里，在一栋茅房门旁孩子们和猫一起玩耍或赶着鹅去牧场，一些笼中的火鸡像我一样赶着去布拉格祝贺亨利五世成年；接着一个牧人吹响了他的喇叭，而这时亚森特、巴蒂斯特、威尼斯的导游和我待在我们修补过的马车上颠簸着：这就是生活的命运。我不会错过最美好生活的一丁点儿。

波希米亚没给我任何新的东西，我心里想着的是布拉格。

一八三三年九月二十四日、二十五日

到达布拉格的第三天我派亚森特带一封信去贝里公爵夫人那里，据我推算他应该在的里雅斯特遇到夫人。信中我对王妃说："我发现王室动身去了莱奥本，一些年轻的法国人已经到达来参加亨利五世的成人仪式，国王躲着他们，我曾看见王太子夫人，她请我马上去布奇拉，查理十世还在那里，我没见到公主，因为她身体不适，有人引我进到她的窗帘紧闭的房间里，在暗处，她向我伸出她滚烫的手，请求我救救所有的人；我到了布奇拉，我看到了德·布拉加先生并和他谈了关于亨利五世成年声明的事情；我被引进国王的房间里，我发现他睡了，在向他出示了贝里公爵夫人的信后，他似乎对我崇高的委托人感到很愤怒；另外，由我起草的成年证书似乎使他感到满意。"

信的结尾是这样的：

现在，夫人，我不能向您隐瞒这儿有许多麻烦。如果我们的敌人看到我们争夺一个没有王国的王位，争夺一根权杖，而它仅只是一根我们在或许如我们的流放一样漫长的朝圣路上用来支撑我们脚步的棍子，他们会笑话的。所有的麻烦都在您儿子的教育中，我没看到这种教育有任何改变的机会。我回到了德·夏多布里昂夫人所收养的穷人之间；在那里，我会随时听从您的命令。如果您曾经是亨利的绝对的支配人，如果您固执相信可以将这个贵重的委托交付我手中，那么我将为有幸地为他贡献我的余生而感到幸福，但是我只有在根据您的建议，完全自由地做出选择和拿定主意并置身于专制君主制圈子之外的独立土地上的条件上，才能承担一个如此可怕的责任。

信中还包括了我的成年声明计划的副本：

亨利五世到了王国法律所规定的继承王位[①]成年的年龄。我

[①] 法国君主的成年日定于从十四岁开始。亨利五世出生于一八二〇年九月二十九日，因此他的成年日始于一八三三年九月三十日。

们希望这个成年的第一个文书是反对路易-菲利普、奥尔良公爵篡权的一个庄严声明。因此，根据我们会议的意见，我们拟定本文书以维护我们的权利及法国人的权利。立于公元一八三三年九月三十日。

一八三三年九月二十九日，于布拉格

德·贡多夫人——年轻的法国人——太子妃——在布奇拉的行程

在写给贝里公爵夫人的信中，只指出了大概的事实，但没有涉及细节问题。

我看到德·贡多夫人周围全是一些凌乱不堪的旅行箱篮，她扑上来，抱住我的脖子，抽噎着说："救救我！救救我们！""救您什么呢，夫人？我来了，但什么也不知道。"赫拉德钦宫很荒凉；我们说起过七月革命和放弃杜伊勒利宫的日子，革命就好像拴着被流放家族的脚步一样。

一些年轻人前来庆祝亨利成年日，一些人冒着死亡的威胁，一些在旺代受伤的人，几乎全是穷人，不得不凑钱才能将他们忠诚的表示带到布拉格。立刻一个命令关闭了波希米亚边境，那些来布奇拉的人费了好大的劲才被接见；礼仪阻塞着他们的通道，就像革命从窗户进入时，议会的贵族们在圣·克卢堵住查理十世的房门一样。人们向这些年轻人宣布,国王离开了,二十九号他不会在布拉格。策马扬鞭,王室家族卷铺盖逃走了。即使旅行者最终获准匆忙地发表他们的祝词,人们也是怀着恐惧听着。没有请他们到他们如此远道而来找寻的孤儿的桌上吃饭,他们只得在小酒馆里喝酒,为亨利的健康干杯。在一小群旺代人面前,我们逃走了,就像我们在一百来个七月革命英雄面前一样四处逃散。

这次逃走的借口是什么?人们迎着贝里公爵夫人,在一条大路上与公爵夫人约见,偷偷地让她见她的女儿和儿子。她还不够有罪吗?她固执地为亨利要求一个无用的头衔。为了摆脱这种最简单的处境,人们在奥地利和法国眼前(尽管法国看到了这些子虚乌有)上演了一场归还被过度贬低的合法性,朋友的悲伤和敌人诬蔑对象的表演。

王太子妃夫人认识到亨利五世教育的弊端,她的善良化作了眼泪,就像天空陷落在露水的晚上。她短暂地召见我,未能让她和我说起我六月三十日巴黎的来信:望着我,她好像感动了。

由于严峻性,甚至是由于天意,一种拯救方式似乎隐藏起来了:放逐国外把孤儿与那些在杜伊勒利宫威胁遗忘他的人分开;在逆境中他本应该在一些善于灌输新王权的社会新秩序人士的指导下受到教育,不更换现在这些老师,就远不能改进亨利五世的教育。被家庭紧夹着产生的亲密会使他的教育变得更加致命:在冬季的晚上,老人们在炉边,一边拨火,一边向孩子讲述那些什么也不能带回阳光的日子;他们把一些圣·德尼的传闻,给他改编成童话;现世纪前面这两位男爵,自由和平等,可能迫使没有国土的亨利制定一个伟大的宪章。

王太子妃夫人向我许诺去布奇拉宫:我到达布拉格的当天晚上,杜富热莱①和奴昂②作为代表领我到查理十世的住处。作为年轻人代表的头头,他们将结束以引见作为开始而展开的谈判。在刑事法庭上,前者被

---

① 杜富热莱(Dufougerais),上流社会《时尚》杂志的老板。
② 奴昂(Nugent),《幽灵》报纸的主编。

牵扯进我的案件中，他机智地为他的诉讼做了辩护；后者刚刚因为王室出版物的轻罪而坐了八个月牢。《基督教真谛》的作者因此很荣幸地来到很虔诚的国王身边，他坐在一辆敞篷四轮马车里，两边坐的是《时尚》作者和《幽灵》作者。

一八三三年九月三十日，于布拉格

布奇拉——查理十世的睡眠——亨利五世——接待年轻人

  布奇拉是图卡尼大公的一幢别墅，位于卡尔巴路上距布拉格六里。奥地利王子在他们国家有遗产，在阿尔卑斯山以外，他们仅是终身所有者：他们将其租佃给意大利。我们经由一条苹果树的三岔小道来到布奇拉。这个别墅没有什么表面特征；普通得像一幢分成制租田上的房舍，在光秃秃的平原中央，它俯视着一个掩映着绿树和一个塔的小村庄。在纬度50° 以下，房舍之内是违反意大利常理的：没有壁炉和炉子的大客厅。房间里不幸地堆满了奥里·罗德的遗物。查理十世装点的雅克二世的城堡，将扶手椅和地毯搬到了布奇拉。

  我二十七日晚八点到达布奇拉，国王发烧并躺下了。德·布拉加先生进入查理十世的房间，正如我同贝里公爵夫人说的那样。壁炉上点着一盏小灯；在黑暗的沉寂中，我只听到于格·卡佩第三十五代继承人大的呼吸声。哦，我年迈的国王！您的睡眠是沉重的；时光、不幸和沉重的梦魇都压在您的心头。一位年轻人走近他年轻妻子的床，他的爱意也比不上我蹑手蹑脚走向您孤独的卧床所感受到的敬意。至少我不像那些吵醒您，要您去看您儿子断气的噩梦一般！我内心和您说这些我没有融成泪水高声说出来的话："上天会为您阻止一切痛苦的到来！这几个晚上安静地睡吧，如同长眠一样！长期以来，您的守夜卫士一直是痛苦。但愿这张流亡的床在等待上帝降临时失却它的坚硬！只有上帝才能让您的骨头感到异国土地的轻柔。"

是的，我应该高兴地为法国归还法国可能的合法性而贡献我的满腔热血。我没想它就是一个古老的王权，像阿隆干枯的竿杖：从耶路撒冷的圣殿取下，重新变绿并开满杏花，象征着联姻的更新。我并不想刻意去克制我的遗憾，去强忍我愿洗刷掉痛苦王室最后泪痕的泪水。我经历的各种动荡，对于同样的人，证明了我的这本《回忆录》的忠诚。在查理十世使我心软的同时，君主伤害了我：我让这两种接踵而来的感受听之任之，而不想去加以调和。

九月二十八日，查理十世在他床边接见了我之后，亨利五世派人来叫我：我还没有请求见他。我就他的成年日和这些热情给了亨利很大鼓舞的忠诚的法国人说了一些严肃的话。

此外，更好地接待我是不可能的。我的到来引起了恐慌；人们害怕向巴黎汇报我的行程。因此对我是特别小心，其他的则被忽视了。我的同伴们分散了，又渴又累。他们在走廊上，楼梯间，城堡的院子中以及城堡的主人们准备逃跑的惊慌失措中游荡。我们听到咒骂声和大笑声。

奥地利卫兵对这些留着胡子和身着市民服装的人感到很惊奇；他们怀疑这是一些乔装打扮的法国士兵，企图突然占领波希米亚。

外面是暴风雨，屋里查理十世对我说："我忙于修改我的巴黎统治政令。正如您要求的那样，维莱尔先生、拉图尔·莫尔布侯爵以及司法大臣将作为您的同事。"

我感谢国王的好意，赞美这个世界的幻想。当社会崩溃，当君主制结束，当大地面目换新时，查理在布拉格根据他既定的建议建立了一个法国政府。我们不要过于嘲笑；我们中的谁没有他的幻想？我们中的谁没有给新生的希望喂食？我们中的谁没有被他自己既定的感情所支配？嘲笑使我这个富于幻想的人感到痛苦。我正写的这些条理不清的回忆录不就是我受我的虚荣心的支配吗？我不太相信和未来谈话，也不大相信我会拥有一个听从于查理十世的法国吗？

拉蒂尔红衣主教并不想处于争吵之中，他去罗昂公爵家过了几天。德·福雷斯达先生胳膊下夹着一个钱包神秘地经过；德·布耶夫人给我深深地鞠躬，如同一个有成见的人低垂着眼睛想要穿过眼睑来看什么似的；拉维拉特先生希望接受他的辞行；还有德·巴朗德先生徒然自吹他回来受宠并在布拉格的一个地方住了一阵子。

我去向王太子请安。我们的谈话很简短：

"殿下在布奇拉觉得怎么样？"

"老了。"

"所有人都这样，殿下。"

"您的妻子呢？"

"殿下，她牙痛。"

"肿痛吗？"

"不，殿下，间或性的。"

"您在国王那儿吃晚饭吗？我们还会见面的。"

然后我们就分开了。

一八三三年九月三十日，于布拉格

梯子和农妇——在布奇拉晚餐——德·纳博纳夫人[①]——亨利五世——惠斯特聚会——查理十世——我对成年宣言的怀疑——读报——布拉格年轻人的场面——我动身去法国——夜晚经过布奇拉

六点吃晚饭,我有三个小时的空闲。不知道会怎样,我在配得上诺曼底苹果树的小道上散步。这些假柑橘水果的收成在最好的年头里达到了一万八千法郎。这些加尔维尔产的苹果出口到英国,人们不用它做苹果酒;相反,在波希米亚,啤酒的垄断压制了它。根据塔西佗所说,日耳曼人有一些词汇象征春、夏、冬,但却没有词语表示秋天,他们不知道它的名字和礼物:秋天的名字和好处是不为人知的。自塔西佗后,便有了"秋"这个词。

疲惫不堪,我坐在靠在苹果树干的梯子的梯级上。我在那布奇拉城堡的小圆窗里或在议会大厅的栏杆柱子旁。看着这个住过三代国王的屋顶,我想起了阿拉伯马屋阿那的怨言:"这里我们看到了星辰消失在地平线下,我们爱看到它们升起在我们祖国的天空中。"

满怀着这些忧伤的想法,我入睡了。一个轻柔的声音叫醒了我。一个波希米亚农妇来摘苹果;昂首挺胸,带着王后般的微笑,她以斯拉夫的方式给我打招呼;我以为我从栖息处掉了下来,我用法语说:"您真美,我谢谢您!"以她的表情我看出她听懂了:我遇到波希米亚女人时,总是和苹果有缘。我从梯级上下来,如同一个封建时代的犯人,由一个女人的出现而被释放了。想着诺曼底、迪耶普、费法克、大海,我重上了查理十世晚年的特里亚诺之路。

[①] 这是被删除的部分,文中没有与此题目相关的内容。

我们入席，席上有：博夫勒蒙王子和王妃、纳博讷公爵和公爵夫人、德·布拉加先生、达马斯先生、奥埃热蒂先生、我、王太子先生和亨利五世。我更喜欢在此看到比我年轻的人。查理十世几乎没吃什么东西，他养好身体以便第二天能够出发。由于年轻王子的废话，宴会很嘈杂：他不停地谈论他骑马散步，谈论他的马，马在草地上的恶作剧，以及在耕地里喷鼻息。交谈很自然，然而我却觉得很饶舌；我更喜欢我们关于旅行和历史的谈话。

国王过来和我说话。他再次赞扬了我关于成年宣言的按语。他很满意，因为这将"让位"如同用过的东西一样放在一旁，只需亨利的签名，而不会引起任何伤痛。据查理十世说，宣言应在我回法国之前从维也纳寄给帕斯多雷先生；带着一丝怀疑的微笑，我顺从了。陛下习惯性地拍着我的肩膀说："夏多布里昂，您现在要去哪里？""很简单，去巴黎，陛下。""不，不，不是那么简单。"国王又说，他带着一种担心来找寻我内心的想法。

有人拿过来一些报纸，王太子抢到了一些英文报纸；突然，在沉寂中，他高声翻译了《泰晤士报》这一段："这儿有一位×××男爵，四英尺高，七十五岁，脸色发青已五十年了。"接着，殿下不作声。

国王退席，德·布拉加先生对我说："您应该和我们一块儿来莱奥本。"这个提议不很严肃。另外，我还没有任何参加家庭活动的想法；我既不想分开亲戚，也不想介入危险的和解中。当我隐约看到有可能成为两种重要力量之一的宠儿时，我发抖了；为了远离可能的荣誉，我马上走都显得太慢了。命运的阴影让我颤抖，就像理查①的马的影子使腓力斯人颤抖一样。

第二天，二十八日，我将自己关在"浴场"旅馆，给夫人写急件，

---

① 指"狮心王"理查一世。

当天夜晚，亚森特带着这封信出发了。

二十九日，我去看望肖特克伯爵和夫人；我发现他们被查理十世宫廷的喧嚣弄得很窘困。大公努力派了一些信使去解除让那些年轻人滞留在边境线的命令。另外，那些我们在布拉格街上所看到的人一点也未失却他们的法国特征；一个正统主义者和一个共和党人，除开政治，他们是同样的人：这是一个流言，一个嘲讽，一种快乐！旅行者来我家向我叙说他们的奇遇。×××先生在一位德国导游陪同下参观了法兰克福，一个使法国人迷恋的地方；×××先生询问导游原因，导游回答说："法国人来到法兰克福，他们喝着酒，与那些漂亮的城市女人做爱，奥希罗将军在法兰克福市得到四千一百万的税收。"这就是在法兰克福，人们为什么如此喜欢法国人的原因。

在旅馆，我吃了一顿丰盛的午餐；富人替穷人付了钱。在莫尔多河畔，我们喝着香槟，祝亨利五世身体健康，而此时他正和他祖父一起赶路，害怕听到为他的王冠干杯的祝词。八点钟，我的东西整理好之后，我登上了车，渴望回到我生命中的波希米亚。

人们说过查理十世曾有过隐退到教会的打算：在他的家族中有过一些这种意图的先例。瑟诺讷的修士、里歇和圣·路易听忏悔的神父热奥弗罗瓦·德·博利厄，讲过这位伟大的人，曾想过当他的儿子到了能接替他王位的年龄便将自己关闭在隐修院中。克里斯蒂娜·德·皮桑说查理五世："这位明君是经过自己慎重考虑的，当他的儿子，王太子到了继承王位的年龄，他就会把王国交给他……自己去做神父。"同样的王子们，如果他们放弃了王位，便会作为监护人干涉他们的儿子，但是，作为国王，他们的继承者是否无愧于自己呢？圣·路易身旁的厚脸皮的菲利普是什么？查理五世所有的智慧在他的继承人身上竟成了蠢事。

晚十点我从布奇拉宫前经过，乡村宁静，月光明亮。我看到混杂着别墅、小村庄和王太子居住的破房的一大片建筑；王室其余的人在旅行。一种深深的孤独感向我袭来：这个人（我已向您说过的）有美德：政治上温和，少有偏见；他的血脉中尽管只有一滴圣·路易家族的血，但是他有的正直无与伦比，言语不容侵犯如同上帝的声音；他的孝心让他在朗布伊埃失却了他与生俱来的勇敢。在西班牙，他勇敢并且人道，他有过将一个王国交还给他的亲戚而不是留给自己的光荣。路易·安托尼[1]，自七月革命的日子以来，想过在安达卢西亚地区要一个避难所：斐迪南大概拒绝了他的要求。路易十六女儿的丈夫在波希米亚的一个村庄里饱受煎熬；我能听到一条狗的吠声，它是这位亲王唯一的卫兵：守门犬就这样在死亡、沉寂和黑夜的地方对着影子吼叫着。

我漫长的一生中从未能重见我父亲的家乡，我不能在罗马希望的归宿处定居；我走过的八百里，包括我到波希米亚的第一次旅行，应将我带到了希腊、意大利、西班牙最美的景点。我毁灭了这条路，为了回到这块寒冷灰暗的土地，我已花去了我最后的岁月：我到底对上天做了些什么？

二十六号下午四时，我进入布拉格。我下榻在"浴场"旅馆，我没有看到年轻的萨克森女仆，她已回到了德累斯顿用意大利歌曲去安慰拉斐尔流放的油画。

一八三三年九月二十八、二十九日，于布拉格

---

[1] 昂古莱姆公爵的名字。

相遇在斯洛——空荡荡的卡尔斯巴德——霍尔菲尔德——班贝格：图书馆员和年轻女人——我的不同的圣·弗朗索瓦——宗教考验——法国

半夜在斯洛，在驿站旅馆前，一辆马车在换马。听到有人讲法语，我从马车里探出头说："先生们，你们去布拉格吗？你们在那里找不到查理十世了。他已和亨利五世一起走了。"我说出自己的名字。——"怎么，走了？"几个声音一起叫起来，"往前走，车夫，往前走！"

先前停留在埃格拉的我的八位同胞，得到了继续上路的批准，但是受到一位警官的监视。在一八三三年，我奇怪地遇到一支王室和教会仆从的队伍，它是由法国合法急速派遣并由市里一位中士护送！在一八二二年，我曾看见烧炭党人的囚车在宪兵的押送下经过维罗纳。这些君主们想要什么？他们把谁看作朋友？他们害怕过于庞大的拥护者的人群吗？不为忠诚所感动，他们把忠于他们王冠的人当作传教者和革命者对待。

斯洛的驿站长刚发明了一种手风琴：他卖给我一台；于是整晚我都在拉这台手风琴，它的声音为我带走世界的回忆。

十一月十四日，我收到来自佩里格的下面这封信：除了对我的赞美之外，它可证明我所说的事情。

子爵先生，

当人们告诉我您不能到场时，我无法抑制要向您证明十月二十八日星期一我感受到的所有痛苦的愿望。我曾到过您家造访，荣幸地向您表示了我的敬意，并与我十分敬佩的人交谈了一会。我不得不当晚又从巴黎出发，也许我不应该再回来，对我来说，见到了您该是多么美好。尽管我的家产很微薄，我仍开始我的布拉格之旅，我满怀希望能有幸认识您。但是，子爵先生，我不能说没见过您：我是您在距布拉格不远的斯洛晚上遇到的八个年轻人中的一个。我们到达了，成了人们所披露阴谋的痛苦的牺牲品。这次相遇，在这个地方，这个时刻，有点怪异，它永不会从我的记忆中抹去，也不会抹去为保王的法国做出了最有用贡献的人的形象。

请接受我的敬意

朱利·德泰尔默[1]

一八三三年十一月十日，于佩里格

卡尔斯巴德(我九月三十日经过)一片荒凉，就像演出结束后的歌剧院大厅。我在埃格拉找到了那位特税征收人，他使我从六月间和一位罗马乡村女人待在一起的月亮上掉了下来。

在霍尔菲尔德，没有雨燕，也没有背背筐的小姑娘，我对此很伤感，这就是我的本性：使现实的人物理想化并使幻想人格化。一个小姑娘和一只小鸟，今天能增大我创造的存在的群体，我的创造充满了想象，如同阳光下这些嬉戏的蜉蝣。抱歉，我在谈我自己，我发现得太晚了。

这便是班贝格。帕多瓦让我想起蒂特·利弗，在班贝格，奥里翁神父发现了罗马历史学家的第二部分和第三十部书的第一部分。当我在若昂奇姆·卡梅拉里尤斯，克拉威尤斯的祖国用早餐时，城里的一位图书馆员向我打招呼，他说我的声誉是世界一流的，这使我欣喜。接着，一名巴伐利亚将军跑过来。在一家旅馆门口，我回到车上，一群人把我围住。一个年轻女人站在一块界石上，就像圣伯夫[2]为了观看吉兹公爵经

---

[1] 由于这封信，夏多布里昂开始与这位年轻的朱利·德泰尔默有了接触，他把几本珍贵的文献送给了这位有教养的佩里格人，特别是他的《白皮书》(一八三二年八月十二日到十九日在瑞士旅行的日记)和二十二页经大幅修改的《殉道者》的校样。
[2] 热情的联盟成员。

过一样,她叫道:"您会笑话我吗?"我对她说道:"不会。"她用带德语腔调的法语回答我:"我太高兴了。"

从十月一日到四日,我又重见了三个月前我曾见过的地方。四日,我到达法国边境。圣·弗朗索瓦日对于我每年都是一个反省日。我把目光投向过去;我自问我曾到过哪儿,以往每个生日都在做什么。今年,一八三三年,屈从于我流浪的命运,圣·弗朗索瓦发现我在流浪。我看到路旁的一个十字架,它竖立在树丛之中,几片败叶悄无声息地落在受难的耶稣基督身上。二十七年前,我在真正的骷髅地的脚下度过了圣·弗朗索瓦日[①]。

我的主保圣人也参观过圣墓。弗朗索瓦·达西兹是托钵修会的创建者,他根据这个体制使得《新约全书》迈进了一大步,而人们并没有充分注意到:他成功地将人们引入宗教,给穷人穿上修道士长袍,他使世界充满慈爱,他把乞丐扶到富人眼前,在一群无产基督徒队伍中,他创建了耶稣所布讲的人类友爱的模型,这种友爱将会是还不发达的基督教政治聚会的完成,如果没有它,世上将不会有完全的自由和正义。

我的主保圣人将这种兄弟友爱延伸至动物身上,在它们身上,通过他的天真似乎又找回了人类对动物起作用的从前衰落过的帝国;他和它们说话,好像它们已听到一样;他给它们兄弟姊妹之名。在巴弗诺附近,他经过时,一大群鸟聚集在他身边,他跟它们打招呼,说道:"我有翅膀的兄弟们,热爱并赞美上帝吧!因为他给你们穿上羽毛并给你们在天上飞的权力。"黑夜蒂湖的鸟儿跟随着他。当他遇见绵羊群时,他很高兴,他非常同情它们:"我的兄弟们,"他对它们说,"到我这儿来!"有好几次他用自己的衣服从屠夫手中换回一只母羊;他回忆起一只非常温顺的小羊羔,为了拯救人类而被屠杀。

[①] 夏多布里昂在一八〇六年十月四日,圣·弗朗索瓦日进入耶路撒冷。

博迪安克[①]门旁有一棵无花果树，一只蝉住在树枝上；他呼唤它，蝉就飞过来停在他手上，他对它说："我的蝉妹，歌唱你的创造者上帝。"他还曾同样地对待过一只夜莺，在音乐会中被这受祝福的鸟儿击败，它获胜后振翅高飞。他总是把那些向他跑过来并在他的怀中找寻躲藏处的野生小动物送回森林深处。当他早晨想做祷告时，他会命令燕子保持沉默，燕子则不出声。一位年轻人去锡耶纳卖斑鸠；上帝的仆人请求他把这些鸽子给他，为的是人们不杀死它们，在《圣经》中，鸽子是纯洁和天真的象征。圣徒把它们带到拉瓦西亚诺修道院；他把他的手杖插在修道院门旁，手杖变成了一株绿橡树；圣徒在此放飞这些斑鸠并命令它们在这筑巢，几年间它们都是如此。

濒死的弗朗索瓦想赤裸裸地离开这个世界，就像他来时一样；他模仿他以之为楷模的基督，要求将他赤裸的遗体埋在人们处决犯人的地方。他口述了他的完全是精神上的遗嘱，因为他留给他兄弟的只有贫穷与和平；一位圣妇将他放入墓中。

我从我的主保圣人那里得到了贫穷，对小孩和微贱的人的爱及对动物的同情，但是我那不结果实的小手杖，不能变成绿色的橡树来保护他们。

节日的那天行走在法国的土地上，我应该珍惜这种幸福；但我有一个祖国吗？在这个祖国我从未做过片刻的休憩吗？十月六日早晨，我回到我的诊所。圣·弗朗索瓦的风还在狂吹。我的树，成了我妻子收容痛苦的新的避难所，这些树在我主保圣人的愤怒下低下了头。晚上，我穿过人行道旁多枝的榆树，我发现路灯在晃动，灯光微弱，如同我生命的那盏弱灯。

一八三三年九月二十九日至十月六日

[①] 达西兹附近的圣·弗朗索瓦小礼拜堂。

篇章四十二

目前的政治概况——路易-菲利普

如果从正统的政治过渡到一般政治，我重读了我在一八三一年、一八三二年、一八三三年发表的关于政治的文章，我的预测相当准确。

路易-菲利普是个风趣的人，他的讲话是一连串的陈词滥调。他指责我们不懂得欧洲的价值；英国希望看见我们像它一样，废黜一个国王；而其他君主放弃了他们觉得不顺从的正统王位继承权。菲利普控制了那些向他靠拢的人；他愚弄他的部长们，在使他们名誉受损后，将他们任命、罢免、再任命、再罢免，即使今天什么也没有损害。

菲利普的优势是现实的，但也是相对的，把他放在一个社会还有某种活力的时代，他便会显示某种平庸。有两种感情破坏了他的品质：他对自己的孩子特殊的爱和对财产的贪得无厌。在这两个方面，他不断地头晕目眩。

菲利普没有像波旁家族的长子们那样感受到法国的荣誉；他不需要荣誉；他不像路易十六的近亲那样害怕民众造反。他躲藏在他父亲的罪行下；对财产的仇恨没有压在他心头：这是个同谋者，而非一个受害者。

在明了时间的疲乏和灵魂的卑贱之后，菲利普开始变得自在。恐怖的法律取消了自由，就如同我向贵族院所做的告别演说中所宣称的那样，什么都没有改变；人们采用专横手段，特朗斯挪南街上及里昂滥杀无辜，新闻官司频繁，无辜市民被逮捕、囚禁，对此他们却拍手称快。衰竭的国家再也听不到什么，已历尽磨难。一个人几乎不能不违背自己的意愿。日月如梭，我们违心地做着一切事情而不感到脸红，我们的辩驳逃离了我们的记忆，因为它们增加得太多。为了结束这一切，我们做出决定表明我们从未改变，或者只是通过我们想法的逐渐变化和对时间的高明理解而改变。如此迅捷的事件使我们很快衰老，以至于当人们让我们回忆起过去的某个年代的所作所为时，我们好像在谈论与我们不同种的人；然后改变了，和所有的人一样的改变。

菲利普就像一枝被修剪过的树枝，他不认为他必须控制所有的村庄，他认为能成为巴黎的主人就足够了；然而，他如果曾通过每年六万禁军的穿梭使首都成为战争城市，他会自认为很安全。欧洲任由他去做；因为他使君主们相信他是为了在革命古老的摇篮中扑灭革命而行事。他将法国的自由、独立和荣誉作为抵押置于外国人手中。菲利普是个城市警察：欧洲可以在他脸上吐痰，他擦干，表示感谢，并拿出他的国王特许证。另外，这是法国人目前能容忍的唯一君王。贬黜选举的首脑，增强了他的力量，我们在他身上暂时找到了满足我们王权的习惯和民主习性的东西；我们服从一种我们相信有权侮骂的权力，这就是我们必需的所有的自由：跪着的民族，打我们主人的耳光，在他的脚下重建特权，在他的脸上重建平等。哲思之年的路易十一，诡诈狡猾，他用右手在流动的烂泥中驾驶着他的小舟。波旁家族年长的分枝除了一个蓓蕾外，其余都干枯了；而年幼的分枝已腐败。在市政厅①举行过典礼的首脑从来只考虑他自己；他为了他自身的安全而牺牲法国人。当人们推理谁可能使祖国强盛时，人们忘记了君主的本性；他坚信他会因为那些可能拯救法国的办法而丧生；按他的说法，让君主制生存的东西会杀死国王。此外，任何人都无权蔑视他，因为所有的人都处于同样蔑视的程度。但是不管他最后的梦想是否成功，他或者是他的孩子都将不会成功，因为他抛弃了他赖以生存的民众。另一方面，合法的国王抛弃合法的国王，他们会倒台，人们不会不加报复地否认他的原则。如果一些革命瞬间改变它们的方向，它们不会不增大冲垮古老建筑物的激流：没有任何人扮演过他的角色，没有任何人将获救。

既然我们中任何权力都是不可侵犯的；既然三十八年以来世袭王位倒台过四次；既然胜利系缚的国王的头带两次从拿破仑头上解开；既然七月革命的最高权力不断地遭到袭击，那么我们可以从中得出结论：共和制不是不可能的，不可能的是君主制。

法国被一种敌视王权的思想左右着：人们开始承认一个王冠的权威，接着人们用脚踩它，然后人们重新拿起它并再次用脚去踩，这只不过是一个无效的愿望，一个无序的象征。人们给一些人强加一个似乎是这些人记忆呼唤着的主人，但是因为他的习俗却不再支持他；人们把它强加给已丧失了尺度和社会礼仪的几代人，他们只知道辱骂国王，或者以奴颜婢膝代替真正的尊敬。

菲利普有能力延缓他的命运，却不能使它停止。民主党派独自在发展，因为它走向未来的世界。那些不想承认君主制度灭亡的主要原因的人们，徒然等待着议会运动来解除目前的束缚。原因是不同意改革，因为改革会使他们死亡。在他们看来，工业化的反对永不会从他们的工厂里给国王致命的一击，像对查理十世那样。它摇撼是为了有一席之地，

---

① 一八三〇年七月三十一日在市政厅。

它抱怨，它恼怒；但它与菲利普面对面时，它退却了，因为如果它想得到事情的操纵权，它就不愿推翻它所创造的和它赖以生存的东西。两次惊叫阻止了它：正统性的回归和人民的掌权。它贴紧菲利普，它不喜欢它，但它却将他看作是自己的预防药。塞满了职位和金钱，放弃了它的愿望，反对派听任惨剧发生，并在烂泥中酣睡；这是由本世纪工业发明的羽绒；它虽然没有其他羽绒那样舒服，但价格便宜多了。

尽管这一切，几个月至高无上的权力，如果人们愿意的话，它甚至是几年，它改变不了不可改变的未来。对于安全，对于自由，对于财产，以及对于外国的关系，现在几乎没有人不承认正统性优于篡权，因为我们目前王权的原则与欧洲君主的原则是敌对的。既然菲利普乐意接受良好意愿和民主科学的王权的授予，那么他违背了他的初衷：他本应骑马奔驰直至莱茵河，或者干脆抵制这场毫无条件给他戴上王冠的运动；较为持久、适宜的制度会在这场抵制中诞生。

有人说过："如果我们没有处于极度混乱中，奥尔良公爵大人就不会抛弃他的王冠。"这是一些胆小鬼、上当受骗者和骗子的推理。大概冲突会突然到来，但是冲突之后紧接着便是秩序。那么菲利普为国家做了些什么呢？因为菲利普拒绝王位而流的血会比他在巴黎、里昂、安特卫普、旺代省接受王位而流的血更多吗？这还不包括我们在波兰、意大利、葡萄牙、西班牙为选举君主制流的血。为了补偿这些不幸，菲利普给了我们自由吗？他给我们带来了荣誉吗？他致力于在专制君主间乞求承认他的合法，并将法国置于英国之后，将其作为抵押而贬低了法国；他努力使世纪为他到来，并与他一类的人让世纪变老，而不是想与世纪一道再焕发青春。

他为什么不给他的长子娶祖国某一个漂亮的平民姑娘呢？这是娶了法国：这个平民和王室的婚姻会让国王们后悔，因为这些滥用了菲利普的屈服的国王，不满足于他们已获得的：通过我们的市政君主制隐约可见的人民的力量使他们惊恐。革命的统治者为了取悦专制君主们，尤其会摧毁言论自由并废除立宪制度。在灵魂深处，他与君主们同样地憎恨它们，但是他有办法保留。所有的迟钝让其他君主不悦，我们只有奉献一切给外国的君主们，才能让他们拥有耐心：为了习惯于使我们成为效忠于菲利普的人，我们开始成为欧洲的附庸。

我已说过一百多遍，而且我还要重复，旧社会在死亡。为了获得现存的最小的利益，我不再是个十足的好人，也不是一个地道的骗子，也不会因希望而导致失望。法国是现在最成熟的国家，好像真的将成为世界第一。可能我将依附至死的波旁家族的元老们在古老的君主制中会找不到一个持久的避难所。从来没有一个被杀死的君主的继承者在死者身后长久地穿着扯烂的长袍，总有这样或那样的疑虑：君主不敢再信赖他的国家，国家也只相信重建的家庭能原谅它。民众和君主之间的崇高的会面阻碍了他们认识自己：有一些永不封闭的坟墓。卡佩的头颅如此之高，以至于矮小的刽子手不得不砍倒他以得到他的王冠，如同加勒比人砍断棕榈树以摘取果实。波旁家族的枝茎在各种各样的树干上蔓延，这些树干弯曲了却根深蒂固，重新萌发了极好的枝条，这个家族在成为其他王族的骄傲之后，似乎成了一种必然。

但是难道更有道理相信菲利普的后代会比亨利四世的年轻后代更有机会获得统治权吗？人们无用地以各种方式将政治主张结合起来，道德真理是永恒的。这是不可避免的，有教育意义的，杰出的及复仇性的反应。那位将自由授予我们的君主，路易十六，被迫为路易十四的专制和路易十五的腐化赎罪，我们应该容许路易-菲利普或他的子孙可以不偿还他堕落统治的债务吗？这笔债务还未重新被路易十六断头台的"平等"所背负，而他的儿子菲利普难道没有因背信的监护人废黜被监护人而增加他父亲的契约吗？丧失性命的"平等"什么也不能赎回；最后叹息流淌的泪水不能拯救任何人：它们只是打湿了前襟而未深入良心。如果奥尔良的支系能有支配祖先的恶习罪行之权，那么天意何在？从未有可怕的邪念可以动摇善良的人。我们幻想的是在我们短暂生命中衡量永恒的题旨。我们经过得太匆忙，以至于上帝的惩罚总是不能处于我们短暂的现世：惩罚在适当的时刻降临；它找不到原初的罪人，但是它会找到留下犯罪空隙的后代。

按照通常的顺序，路易-菲利普的统治，不管其期限的长短，将是一个例外，是对永恒正义法则的暂时违反：这些法则在一个相对并有限的范围内被践踏了；它们接下来将在无限和普遍的范围中被遵循。一个外表上似乎上天许可的大错误，一定会导致一个严重的后果：一定从中演绎出废除甚至是王权的基督教的证明。这个废除它不是一个个别的处罚，它会变成对路易十六死亡的赎罪；在这个束紧王冠的正直的人之后，没有任何人能被接受。为了能归还可憎的王冠，应该允许弑君者的儿子假装成国王在殉难者淌血的床上睡上一会儿。

此外，所有这些推理，尽管它们如此正确，也永远动摇不了我对年轻国王的忠诚；即使在法国他只剩下我一个人，我也将永远为成为最后一个国王的最后一个臣民而感到骄傲。

一八三七年，于巴黎地狱街
一八四七年六月修改

梯也尔先生

七月革命已找到了它的国王：它找到它的代表了吗？我描绘了从一七八九年直到今天的不同时期出现在舞台上的人物。这些人或多或少像古代人种：我们有一种比例尺来衡量他们。现在的几代人不再属于过去，用显微镜来观察一番，他们不像能够存活，然而他们和一些他们在其中消亡的因素结合起来；他们发现了一种人们不知道的可呼吸的空气。未来可能会发明计算这些存在法则的公式；但目前还没有一种方式来评价他们。

不能解释变化的种类，我们注意到这或那几个我们可以捕捉的个体，因为特别的错误或不同的品质使他们从人群中脱离出来，例如，梯也尔先生，便是七月革命造就的唯一人物。他创立了恐怖时代的赞美流派，他就属于这个派别。如果恐怖时代的这些背教者和被上帝抛弃的人是一些如此重要的人物，那就应该考虑审判他们的权力；但是这些人在互相诽谤的同时声称他们屠杀的派别是一个流氓派别。看看罗兰夫人对孔多塞的评说，巴尔巴鲁，即八月十日的主角对马拉的看法以及卡米耶·德穆兰写的反对圣·朱斯特的文章。必须根据罗伯斯庇尔的意见来评价丹东或者根据丹东的意见来评价罗伯斯庇尔吗？当国民公会议员们有一个对其他人如此可怜的想法，不冒犯人们应有的崇敬，怎么敢有一个与他们不同的意见呢？

雅各宾主义庸俗的意识中，由于不能满足期限的要求，没有发觉恐怖时代已经终结。它未能达到它的目标，因为它没能让更多的人头落地；对它来说应该还多砍四十到五十万人头；然而，缺少这些漫长屠杀处决的时间，仅剩下一些未完成的罪行，人们不知摘取他们的果实，暴风雨的最后一缕阳光未能将它摧熟。

当今人们产生矛盾的秘密，是因为良心的剥夺，固有原则的丧失和崇尚暴力：任何人屈服都是有罪的和无功的，至少没有和这些事件相比的功勋。在恐怖时代这些伪君子的这些自由言论后面，只应看到其中藏匿的、神化了的成功。不要把国民公会仅仅作为一个暴君来崇拜。被推翻的国民公会，和你们的自由行李一起到督政府，然后是波拿巴，这不会让您感到您的变形化身，不会让您想到已经改变。宣过誓的剧作家①，看着吉伦特派如同一些可怜鬼，因为他们失败了，不要从他们的死亡中得到一幅幻想的图画：这是一些头戴花冠、走向牺牲的英俊的年轻人。吉伦特派人，这群为路易十六说话又投票赞成处决他的卑怯的乱党，事实上在断头台已做出一个奇迹；但是谁没有失去向死亡低下的头颅呢？女人们以她们的英勇著称，凡尔登的年轻姑娘，像守护神一样登上了祭坛；人们谨慎不言的手艺人，这些国民公会从他们身上得到如此大收获的平民百姓们，抵挡着刽子手的剑如同我们的投弹手抵挡着敌人的剑一样坚决果断。与一个教士和一个贵族交换，国民公会杀死了成千上万社会最底层的工人：这是我们永不愿回忆起的事情。

梯也尔先生讲原则吗？他是世界上最没有原则的人：他颂扬大屠杀，还用一种极具感化力的方式鼓吹人道主义；他投身于狂热的自由，还镇压里昂起义，在特朗斯挪南街上屠杀，不顾一切地支持九月法令②：如果他从未读过这个的话，他会把它当作一篇颂词。

成为议会主席和外交部长后，梯也尔先生醉心于塔莱朗派的外交诡计；他招惹把自己变成一个没有定性、庄严和沉默的跟班小丑。人们可以蔑视严肃和灵魂的伟大，但是在带着被征服的世界坐到格兰沃③的狂欢节席位前，不应该把这想法说出来。

---

① 戏剧性效果的不忏悔的爱好者。
② 费埃斯希被谋杀后，一八三五年九月投票通过的法令。
③ 一八三四年由维吉尔伯爵，部长议员在格兰沃城堡举行的节庆。

此外，梯也尔先生把高尚的本能和卑劣的习俗混为一谈，当那些已变得贪婪的封建制度的幸存者，让自己成为他们土地的代管人时，他，梯也尔先生，文艺复兴时的大领主，作新阿迪卡斯[①]状旅行，他在路上购买艺术品，使古代贵族的奢侈之风死灰复燃：这是一个区别，但如果太容易播种收获的东西，就应更加警惕旧习俗的复活：这是公众人物考虑的一个因素。

被水银般不安的天性所激励，梯也尔先生已打算去马德里消除我于一八二三年在那时推翻的无政府状态[②]：因为反对路易-菲利普的意见，这个计划更显大胆。可以想象成一个波拿巴，可以认为他的削尖的羽毛笔只是拿破仑利剑的延伸；可以想象是一名伟大的将军，可以幻想征服欧洲，他因此为自己定下了叙述者，而且过分轻率地运回了拿破仑的遗骸。我同意所有这些奢望，我只是说说，至于在西班牙，当梯也尔先生想入侵它时，他打错了算盘；他会在一八三六年失去他的国王，而我则在一八二三年拯救了我的国王。主要还是在于及时做想做的事情；存在着两种力量：人的力量和事物的力量；当一种力量与另一种力量对抗时，什么也做不成。目前，米拉波还没有惊动任何人，尽管他的贪污腐败没有损害他：因为现在，还没有任何披露他恶习的描写；人们只是被他的美德所中伤。

梯也尔先生可以做出三个决定中的一个：宣布自己为未来共和国的代表，像一只猴子伏在骆驼背上一样栖息在七月革命变形的君主制身上或恢复帝国的秩序。最后一个主意应该对梯也尔先生的口味；但是没有皇帝的帝国，这可能吗？更自然会相信《革命历史》一书的作者听任被一种庸俗的野心吸引：他想延续或重获权力；为了保住或重新得到他的位置，时机或利益需要的话，他便会完全变卦：在公众面前曝光是要

---

① 西塞龙最好的朋友的绰号，他以有雅典味为荣。
② 他想干涉反对卡洛斯派，路易-菲利普阻止了他。

有勇气的，但是梯也尔先生还是那样年轻以至于他的美丽可充作他的面纱吗？

德兹和犹大除外，在梯也尔身上我看到了一种圆滑的、狡猾的、顺从的习性，可能是未来所包含的除了道德范畴的崇高之外的未来一切的继承者；没有嫉妒，没有小气，没有偏见，他清晰地呈现在时代庸碌的黯淡无光的底部。他过分的骄傲还不是那么可憎，因为它并不在于蔑视他人；梯也尔先生有变化多端的手段，巧妙的才能；他很少为不同意见所妨碍，不记仇，不怕受牵连，公正对人，并不是因为他的正直或他所想的，而是因他的价值；这就在必要时会阻止他扼杀我们所有人。梯也尔先生不是他能够成为的那个人；岁月会将他改变，除非他的自尊心膨胀与之作对。如果他的脑子保持好使，没有被重击破坏的话，事情便会使一些未被觉察的优势在他身上显露出来。他应该迅速地生长或缩减。有很多机会可以让梯也尔先生成为一位伟大的部长，或继续做一个糊涂虫。

当梯也尔先生把世界命运①掌握在自己手中时，他就已经没了解决办法。如果他曾下令在地中海进攻英国舰队这支和我们一样强大的力量，我们肯定会成功；土耳其和埃及的舰队集结在亚历山大港，它们会赶来增援我们的舰队。取得对英国的胜利，会激励法国。我们应该立刻派遣十五万人进入巴伐利亚州并冲向意大利几个对攻击毫无准备的地方。整个世界能再一次改变面貌。我们的侵略是正义的吗？这是另外一回事，但是我们应该可以质问欧洲在那些滥用胜利的条约中是否公正地对待我们，俄罗斯和德国过度地扩张，而法国被缩小至截短的旧边界线。无论如何，梯也尔先生不敢玩他最后一张牌；看着他的生命没有足够的依靠，然而这就是为什么在他应孤注一掷的赌博中他什么注也不

---

① 一八四〇夏天，梯也尔欲军事干预反对英国，国王对此表示反对。

下。我们已倒在欧洲的脚下：一个重新站起的同样的机会也许会要很久才能到来。

最后的结果，梯也尔先生为挽救他的体系，把法国缩小到十五里的布满堡垒的空间；我们将清楚地看到是否欧洲有道理嘲笑这个伟大思想家的稚气。

就这样，被我的羽毛笔牵引着，对于一个未来不明确的人我所写的已超过了我有着可靠记忆的人物。这是活得太久的一种不幸，我来到了一个法国只看到贫乏的几代人经过的贫乏的时代：一只母狼在它的消瘦中背负着所有的希望。这些回忆录随着突如其来的日子降低了意义，减少了它们可以从这些重大事件中获得的东西；它们将完结，我害怕像美人鱼一样。蒂特-利弗宣称的那个辉煌的罗马帝国，在卡西若多尔的记叙中逐渐衰落直至消失在黑暗中。修昔底德和普鲁塔克，沙鲁斯特和塔西佗，当你们讲说分裂雅典和罗马的主张时，你们更幸运些！你们至少肯定能使它们生动，不仅是通过你们的才能，而且也因为希腊语的光彩和拉丁语的庄重！我们这些野人①，用我们狭窄野蛮的界限幽闭的难懂的语言，对于我们这个正在结束的社会，我们能说什么呢？如果这最后的几道再现了我们讲坛上的唠叨，我们权利的这些永恒的定义，我们大臣们的殴斗，距此五十年后，会是与一张旧报纸上不可理解的栏目不同的东西吗？在一千零一种猜测中，仅只有一种会感到是正确的吗？谁能预见法兰西精神变幻不定的奇特的跳跃和间隔？它的嫌恶和迷恋，它的诅骂和降福，没有明显的理由是怎样转化的？谁知道猜测和理解他们怎样依次地热爱和讨厌；怎样从一种政治体制中派生，怎样挂在嘴边的是自由，心中想的却是农奴制，怎样朝秦暮楚？抛给我们几粒灰尘吧：作为维吉尔的蜜蜂，我们将终止我们的混战飞到别的地方去②。

---

① 这是伏尔泰用在法国人身上的词。
② 化用乔治·尼克的一句诗："往空中抛一点灰尘，蜜蜂将停止互斗而变得安静。"

阿尔芒·卡雷尔

拉斐德将军困扰着菲力普的过去,而阿尔芒·卡雷尔却威胁着他的将来。你们已知道我是如何结识卡雷尔先生的;从一八三二年起一直到他安息在圣芒代墓地那天止,我从未间断过与他的交往。

阿尔芒·卡雷尔心情郁闷;他开始担心法国人不会把自由当作一件合理的事情来接受;他有一种我说不清的预感,感觉他会活不长;生命是个靠不住的东西,他从不把它看得很重,并随时准备拿它出去赌一把。如果他死在与小拉博里的决斗中,他的死对于亨利五世[①]来说至少会是一件大事;很可能他的葬礼还会因这场流血之战而增添不少荣耀;可是他却为了一点鸡毛蒜皮的事就离开了我们。

由于一时的伤感,他在《国民》报上发表了一篇关于我的文章,我因此给他写了这样的一张便条作为回答:

先生,您文章中充溢着的高贵优雅的情感使您超然于当今所有政坛文人之上。我并非称赞您的旷世之才;您知道,在有幸认识您之前,我就已经给它以充分的肯定了。我也不想感谢您的夸奖;目前我更乐意将它归结于您的老交情。先生您已经站得足够高了;像所有颇有名望的大人物一样,您已经开始脱离民众;当人们渐渐地跟不上他们的步伐的时候,就会把他们视为异类,将他们抛弃掉。

夏多布里昂

一八三四年五月五日,于巴黎

[①] 一八三三年二月二日,卡雷尔身受重伤。——拉博里是一个正统派记者的儿子。

一八三四年八月三十一日我尽力在另一封信中安慰他，因为他由于犯了出版罪而被判了刑，我收到他这封回信；信中表明了他的观点、遗憾和期望：

致夏多布里昂子爵先生

先生：

到了巴黎我才收到您八月三十一日的信。我早该向您致谢了，可是消息灵通的警察知道我回来了，我不得不花些有限的时间去为蹲监狱做些准备。是的，先生，法官是根据莫须有的法律给我定了莫须有的罪名，判了我六个月监禁，因为虽然反动派被认为有权出版，可是路易-菲利普国王却认为我是有罪的，起诉理由充分，辩护也远没能减轻我的罪名，但是陪审团却有意将我无罪释放。我很高兴地注意到，随着时间的推移，一个大胆论断的重大阻碍似乎已差不多被消除了——您已读过那份辩护词，十八年前，在一些权威性著作里，您向您的政党讲述宪法义务的原则①，辩护词正是因为引用了那些条例，才变得对我十分有利。

我常忧心忡忡地寻思着，先生您和那些见解最杰出的人物，包括我自己，都持有相同的观点，如果全国的精英这样齐心协力为获得异议权进行不懈的斗争，尚且不能在法国产生一个仁人志士自己的政党，一个任何成功的、合法行使职权的政体都需要的、拥有必不可少的思想、言论、著书自由的政党，那您和那些先生们的作品还有何用呢？先生，在上届政府您提出的完全的争论自由，难道像您的政界同僚运用阴谋诡计反对他们大权在握的对手一样，是为了一时的政治目的吗？一直以来，有些人就是这样利用新闻界的；但

---

① 符合宪章的君主政体。

是，您，先生，您是为了公众的利益，为了战斗，为了普遍捍卫一切思想（古老的和新兴的）自由才提出争论自由的；正因为如此，在七月革命引起的新争论中，您才受到持各种观点者的感激和尊重。我们的事业因此而联结在一起，我们引用您的作品，这并非只是仰慕您举世无双的才华，而是渴望远远地追随您的事业，我们是小兵，而您已是赫赫有名的老将。

先生，您三十年来所追求的也正是我追求的，如果可以追随您的话，我们要让美丽的法国拥有比国内战争更为人道、更加文明、更为友爱、更具决定意义的战斗法令。那么什么时候才能只有相异的见解而没有党派纷争，只有合法公众的利益而没有虚伪、自私和贪婪呢？通过说服和讲话，党派和解是必然的，但什么时候我们才能看见？尽管党派纷争和流血牺牲也会带来妥协和解，但却已是精疲力竭，两败俱伤，死者已矣，伤者和幸存者也未必会得到什么好处。先生，正如您曾痛心疾首地说过的一样，法国好像已失去了向导，仿佛不知道蜷缩于安宁平静的专制制度下需要付出多大的代价。我们仍然必须不停地说，不停地写，不停地发表出版，只要坚持不懈，有时会有意想不到的办法出现的。而且，先生，有您这样的好榜样，我的心里只有一句话：坚持就是胜利。

先生，请允许我怀着始终不渝的热爱永远做您最忠诚的奴仆。

阿·卡雷尔

一八三四年十月四日，于靠近纳伊的皮托

卡雷尔先生被关在圣佩拉热，我每周去看他两三次：他老是站在窗户的铁栏杆后面。这令我想到他的邻居，植物园的一只非洲小狮，可怜的荒漠之子一动不动地站在铁笼之中，忧郁的目光茫然地注视着外面的一切，它死了。然后，卡雷尔先生和我走下来；院子里潮湿、阴暗、狭窄，四周围着高墙，如同一口井，亨利五世的奴仆和王室的敌人都在这里散步。其他的共和党人也在这里散步：这些蓄着大胡子、小胡子，或长头发的，戴着德国或希腊式软帽的年轻狂热的革命党人，面色苍白，目光冰冷，模样可怕，看起来就像是鞑靼人尚未投身凡体的先存灵魂[1]：他们时刻准备着闯入生命。他们的衣服如同战士的军装，又像是勇士身上血迹斑斑的衬衣；这是现实社会后面潜藏着的一个可怕的复仇世界。

晚上，他们聚集在他们的头儿阿尔芒·卡雷尔的房间里；谈论掌握政权后他们如何执政，以及流血的必要性。他们开展关于恐怖时代的伟大公民的讨论，一些人拥护马拉，他们信仰无神论和唯物主义；其他的人则崇拜罗伯斯庇尔，认为他是新世纪的救世主。圣·罗伯斯庇尔不是曾在一篇关于上帝的演说中讲道："信仰上帝给人以对抗灾难的力量。""断头台上的无辜令凯旋战车上的暴君也黯然失色？"刽子手装出上帝式的怜悯，这是灾难、暴政、断头台的制造者的眼泪，使出这样的伎俩为的是让人们相信他们只杀有罪的人，并且还是出于道德良心才这么做的；而那些犯人，早已料到要受惩罚，于是抢先一步在法官面前摆出一副苏格拉底的模样，竟然企图用他们的无知来威胁审判官！

待在圣佩拉热对卡雷尔先生是有害无益的：与那些头脑发热的人关在一起，他反驳、痛斥和蔑视他们，庄重地拒绝在一月二十四日装饰彩灯；同时，他也因痛苦而发怒，凶杀的诡辩总是萦绕在耳边，动摇着他的理智。

这些年轻人的母亲、姐妹、妻子上午过来照料他们，帮他们缝缝洗洗。有一天，我走在通往卡雷尔房间的昏暗走廊上，听到隔壁房间里传出一个迷人的女声：一位漂亮的妇人脱了帽子，散着头发在简陋的床边缝补着破衣烂衫；男人则跪在她的膝盖前，仿佛他不是菲力普的囚犯，

---

[1] 或许此处有段维吉尔的回忆，见《埃涅阿斯纪》。

而是女人脚前的奴仆。

从监狱出来后,卡雷尔先生转而来看我了。就在去世的前几天,他给我拿来一期《国民报》,上面刊载着一篇他颇费了一些心思写的文章,是关于我的《论英国文学》的,文章引用了我的书的结束语,并大加赞赏。自从他死后,人们把全部由他亲手所写的这篇文章送交给我,我将它作为他友情的象征保存下来。"自从他死后!"我用了什么样的字眼呀,自己居然还没有意识到!

尽管对未设立侵犯荣誉罪的法律强加了补充条款,但是决斗仍然是令人不快的,尤其是当它摧毁了一个满怀憧憬的生命,而且它使社会失去了一位一个世纪的某些观念和某些事件才能造就的旷世奇才的时候。就在当甘公爵倒下的森林里,卡雷尔①也倒下了:大孔代的孙子的亡灵目击了这位杰出的平民之死,并带走了他,这座死亡森林两次让我落泪:至少我对这两起事故是充满了悲痛和同情的。

在别的决斗中,卡雷尔先生从未想到过死,但这一次他预先考虑到了:他利用黑夜的时光写下了遗嘱,仿佛他早已知道了决斗的结果。一八三五年七月二十二日早晨八点,他步履轻盈地走进了绿林中,小狍还在那里戏耍。

到了测量好的距离,他步伐敏捷,毫不躲闪地就开了枪,仿佛这是他一向的作风;似乎大的灾难从不会降临于他。奄奄一息的他被朋友们支撑着走过也受了伤的对手身旁时,他反而还对他说:"先生,很痛吧?"阿尔芒·卡雷尔就像一位大无畏的勇士一样平静。

二十二号很晚我才得到消息,二十三号早晨我赶到圣芒代:卡雷尔先生的朋友们一个个心急如焚。我想进去见他,但医生提醒我,我的出现会让病人情绪过分激动,而这将抹灭大家尚存的一丝希望。我只好沮

---

① 他在万森森林与埃米尔·德吉拉尔当的决斗中被杀。决斗的原因仍不清楚:这两位记者曾进行过言辞激烈的笔战,但也可能其中还有个人原因。

丧地却步。第二天二十四号，当我再度准备去圣芒代时，在我之前派去的亚森特来告诉我说：不幸的年轻人在经受了难以忍受的痛苦之后，已于五点半离开人世；他就这样把自己风华正茂的生命交付给了一场毫无希望的决斗。

葬礼于二十六号（星期二）举行。卡雷尔先生的父亲和兄弟从鲁昂赶来。我在一间小房子里找到了他们，同时在场的还有我们刚痛失的先生的三四个密友。他们拥抱了我，卡雷尔先生的父亲对我说："阿尔芒本可以同他的父母和兄弟姐妹一样是个基督徒；只要再过几个小时，指针就会指向十二点了。"没有在病床上见上卡雷尔先生最后一面将成为我永远的遗憾，如果能在他弥留之际挽留他片刻，让指针指向基督徒的时刻再让他离去的话，我也就不会抱憾终身了。

阿尔芒·卡雷尔并非如人们想象的那样反对宗教：他确实存在怀疑，但当人们一旦从坚定地不信教转向犹豫不决时，他也就接近确信了。就在去世之前没几天，他说道："我会用整个生命去换取另一个信仰。"得知索特莱先生自杀的消息，他写下了这样雄浑有力的篇章！

"通过想象，我曾可以将我的生命持续到这一刻，疾如闪电，所有的看见的事物动作、声音、感情一切都将离我而去，思维用尽它最后的力量汇聚成一个观念；我死了；但是紧接下来的每秒每分都让我有种莫名的恐惧；我从不运用我的想象力去猜测什么。这种普遍的捉摸不定远比深不可测的地狱要可怕一千倍：

   To die, to sleep,

   To sleep! perchance to dream! [1]"

---

[1] 哈姆雷特的独白："去死吧，沉睡吧，沉睡吧！或许是去梦想！"

我看到每个人——不管他有多么坚定的意志和信仰——都无法超脱世俗的框架；他们仿佛这时被悬吊在万丈深渊之上，吓得手足无措。为驱散这种可怕的念头，他们到决斗中去互相厮杀，去进攻堡垒，或去迎击怒海；他们似乎视生命如儿戏，他们有一张张怡然、愉悦而祥和的面孔；但是假想中成功总是比死亡多，他们只想到怎样摆脱困境，却很少考虑过其中的危险。

这些话出自一个很可能在决斗中丧生的人之口，是精彩绝伦的。

一八〇〇年[①]返回法国的时候，我并不知道就在我登陆的岸上又有一位朋友降生了。而一八三六年我却亲眼见他死去，只是没有给他如同我在本世纪第一年给予法国一样的宗教式慰藉。

从他死去的房屋到墓地，我一直跟在棺材后面；我走在卡雷尔先生的父亲身旁，并搀扶着阿拉戈先生[②]：我歌颂上天，而他却亲手去测量它。

送葬队伍在乡间墓地的入口处停了下来；有人开始宣读悼词。没有十字架，这就告诉我，悲伤的痕迹只能留在我的灵魂深处。

六年前的七月王朝统治时期，一天路过卢浮宫的柱廊前，在一条敞开的沟渠旁，我碰到了一些年轻人，是他们把我带回到卢森堡公园，在那里我要捍卫的君主制却正是他们刚刚推翻的；六年后的七月王朝周年庆典中，我回来分担这些年轻共和党人的遗憾，正如他们也曾分担我的忠诚一样。多么奇怪的命运！阿尔芒·卡雷尔在一个从未向菲利普宣誓效忠的皇家卫队军官家中咽下了最后一口气；作为保王党人和基督徒，我很荣幸地托起掩盖着那高贵遗体的帆布一角，但帆布并未能将遗体遮住。

许多国王、王子、大臣以及自以为权大势大的人物都一个个在我面前闪过；我不屑于在他们的棺前脱帽致意，也不会去为悼念他们写一个字。我觉得社会的中间阶层比这些沽名钓誉的人更值得我去研究和描绘；

[①] 卡雷尔出生的那一年。
[②] 天文学家阿拉戈（Arago，一七八六——八五三），巴黎天文台台长。

金丝玉缕衣不如射中卡雷尔腹部的子弹带进的法兰绒衣的碎片有价值。

卡雷尔，谁还记得您？那些庸人懦夫，见您的死结束了您的优越感，也消除了他们的畏惧心，还有我，一个与您持不同意见的人。谁想着您？谁还记得您？我恭喜您一步就跨完了您如此冗长寂寞的旅程，恭喜您一枪就到达了您的终点，跑步前进，将那原本还显得过于漫长的路程缩短得只有一剑之长。

我羡慕那些先我而去的人：如同在布兰德的恺撒的士兵，我站在海岸的悬崖上放眼大海，如果运送了第一批军团的船只还没有返回来接我，我便朝埃皮鲁斯观望。

一八三九年重读这篇文章，我又做了补充：一八三七年我拜访了卡雷尔先生的墓地之后，发现它竟无人打理，只有他的姐姐娜塔莉在旁边树了一个黑木十字架。我给了修墓人沃德朗十八法郎，叫他去围上栅栏；我叮嘱他照看墓地，并种上草皮和花卉。每当换季的时候，我都要去圣芒代付清费用，并检查他的工作是否尽如人意。

修墓人收条

我收到夏多布里昂先生的应付款项十八法郎，用来在阿尔芒·卡雷尔先生墓地周围修建栅栏。

一八三八年六月二十一日，于圣芒代
付讫：沃德朗

兹收到夏多布里昂先生二十法郎，用于维修圣芒代的卡雷尔先生墓地。

一八三九年九月二十八日，于巴黎
付讫：沃德朗

几个女性——路易安娜州的女人

准备结束我的文集并审视我的生活时,我看到一些我不愿意忘记的女人:一些聚集在我的图画下面的天使,她们倚靠着框边看着我生命的结束。

我以前遇到过一些以不同方式闻名的女人。今天这些女人已发生了变化:她们是更好,还是不如以前呢?很简单我倾向于过去;但过去被一种水汽所笼罩,通过其他事物染上了一种悦目的、往往有欺骗性的色调。我已无法回到受我祖母影响的青春岁月;我几乎回忆不起这些,而我会高兴再见到她。

一个路易安娜州女人从梅查瑟贝来到我这里,我相信见到了最后爱情的处女[1]。塞勒斯蒂尔[2]给我写了几封信:这些信应署期"花月";她给我看了她在阿拉巴马的热带草原所写的几段回忆录,不久之后塞勒斯蒂尔写信告诉我她正忙于梳妆准备去菲利普的王宫:我重新披上我的熊皮。塞勒斯蒂尔变成了佛罗里达井里的鳄鱼:[3] 但愿上天给她和平和爱情,如同那些东西一样永存!

---

[1] 指阿达拉(Atala)。
[2] 她名叫塞勒斯蒂尔·索尼亚(Célestine Soniat)。
[3] 在《阿达拉》中关于阿拉处阿热带草原自然井的描写:"表面显得平静且清洁,但当您看井底时,您会看到一条宽大的鳄鱼……"

塔斯图夫人

有一些人，居于您和过去之间，阻止您的回忆来到您的记忆中；另外一些人刚开始就介入到您的过去之中。塔斯图夫人[1]产生的便是这种影响。她说话的方式自然；她将高卢隐语留给了那些相信躲藏在我们祖先的宽袖外套中便能重焕青春的人。法渥理勒斯[2]对一个偏爱"十二诫"拉丁语的罗马人说："您想和埃旺德赫母亲讲话。"

既然我刚才说到了古代，那么就让我来说说古代民族的妇女。希腊妇女有时颂扬哲学；她们也常常信奉另一个神：萨福成为格尼德不道德的女巫；人们一点也不知道在战胜品达之后科琳娜的所作所为；阿斯巴西娅曾给苏格拉底讲授过维纳斯：

> 苏格拉底，认真听我的课。你的心中要充满诗的激情：正是通过它巨大的魅力你才能知道锁住你热爱的目标；正是因为诗才的声音，你才能锁住目标，并将激情所致的影像通过他的耳朵带到他的心中。

诗神的气息从罗马女人们头上吹过而没有激发她们鼓舞克洛维的民族，她仍在摇篮中。奥依尔语曾有过法国的玛丽；奥克语有迪尔夫人[3]，她在她的沃克吕兹的纯洁中，抱怨着一位残忍的朋友：

---

[1] 阿马巴尔·塔斯图夫人（Amable Tastu，一七九五——一八八五），流行诗人，经常去"丛林修道院"。
[2] 生活在阿德里让朝代的希腊诡辩者。
[3] 迪尔（Die）女伯爵（十二世纪）。

想知道，我可爱而漂亮的朋友，为什么您对我如此残忍和如此野蛮。

这些诗歌从中世纪流传到文艺复兴时期。路易斯·拉贝[①]曾说：

噢！如果我是在这令人欣喜的美丽的怀抱，从那里我将为此而奄奄一息！

克雷蒙斯·德·布尔日，绰号叫"东方珍珠"，因其美丽而露着面部、头上戴着花环埋葬，两个玛格丽特[②]和玛丽·斯图阿尔，所有这三位王后都在一种朴实的语言中表达了天生的弱点。

我有一个姑母，将近是在我们的帕尔那斯这个年代，名叫克罗得·德·夏多布里昂夫人；但我再也不为克罗得夫人而只是为布瓦斯得勒小姐操心。克罗得夫人，以情人的名义矫揉造作，将她的七十首十四行诗送给她的情人。读者，原谅我姑母克罗得的二十二年：必须宽恕青春。如果我姑母德·布瓦斯德勒更谨慎些，她歌唱时，便会有十五倍半的声誉，而叛徒特雷米侬也只能像鹦子一样表达他先前莺的想法。无论如何，这是克罗得夫人的几注韵脚[③]，它们将她很好地列位于先前的女诗人之间：

《十四行诗》

噢！在爱情中我被奇特地对待

---

① 史称"美丽的制绳匠"。
② 玛格丽特·德·昂古莱姆，纳瓦尔的王后，弗朗索瓦一世的姐姐，《七日谈》的作者。
③ 似乎是第二首四行诗和一首十四行诗的二段三行诗节。

因为我不敢按我的愿望描写真实

而且我不敢对你抱怨你的严厉

也不敢要求我曾如此希望的东西

为了更确切地表达我的献词

如果你能用眼睛听到我用眼睛所说的东西

多么可爱的发明,如果我们能够听到

用眼睛所说的并通过眼睛听到

我们不敢大胆说出来的话语

当语言凝固,感情和思想的自由便会收缩。人们一点也想不起,在路易十四朝代,德祖利埃夫人时而被过度吹捧,时而被过度贬低。悲歌通过女人的悲痛延续,在路易十五的统治下,一直到路易十六的统治,在那时开始了人民的大悲歌;对于布尔迪克夫人来说,先前的哲学派已消亡,今天已不怎么为人知晓,然而它给沉寂留下了一首了不起的颂诗。

新的流派在另一个模式中抛弃了它的思想,塔斯图夫人走在散文诗或韵诗的女诗人的现代合唱队中,阿拉尔、瓦尔多尔、瓦尔莫尔、塞加那、勒瓦尔、梅尔格尔,等等;一个缪斯群体,以诗为例,必须为它未曾颂扬过这种激情感到遗憾吗?根据古代史,这种激情,它抚平了科西特额头的皱纹,并使他对着奥尔菲的叹气声微笑。在塔斯图夫人的音乐会中,爱情只是重唱一些借用了一些奇特声音的颂歌。这使人想起人们对玛丽布朗夫人[①]所作的叙述:当她想让一种她忘记了名字的鸟为人知

[①] 玛丽布朗(Malibran,一八〇八——一八三六),女歌手,缪塞悼念过她的逝世。

晓时,她便模仿它的声音。

乔治·桑夫人

乔治·桑夫人,或称之为迪德旺夫人,在《两个世界》杂志中谈过《勒内》,我感谢过她;她没有给我任何答复。不久之后她给我寄来了《莱莉娅》,我没有回复她!不久我们相互做了一个简短的解释。

> 我在《观察者》上谈过《勒内》后,我冒昧希望您能原谅我对于您写给我的过誉的信我未做答复。我不知道怎样感谢您对于我的书所作的所有善意的表示。
> 我给您寄去了《莱莉娅》,我非常希望您能同等地重视它。如同您的荣耀一样,为人普遍接受的最荣耀的特惠,便是对于那些没有您的帮助就不会有持续的成绩的没有经验的作家,在他们初出茅庐时接受并鼓励他们。
> 请接受我崇高的敬意,先生,您最忠实的信徒。
>
> 乔治·桑

十月底,桑夫人让人给我捎来了她的新小说《雅克》:我接受了这件礼物。

> 我向您致以诚挚的谢意。我将在枫丹白露的丛林中或在海边读《雅克》。越年轻,我就会越缺乏勇气;但岁月助我消除寂寞,却一

点也磨灭不了我对您的才能所表现的热情的赞美,并且我不会向任何人隐瞒。夫人,您已将一种新的魅力赋予这座梦想之城①。以前,我和一个充满幻想的人从这里出发去希腊:勒内回到了起点,他近来在里多带着他的遗憾和回忆,在退隐的《恰尔德·哈罗尔德游记》与即将登场的《莱莉娅》之间徘徊。

夏多布里昂
一八三四年十月三十日

桑夫人有一流的才华,她的描写可以与卢梭《一个孤独漫步者的遐想》及贝尔那旦·德·圣皮埃尔《自然研究》中的那种真实相媲美。她率直的风格不会被当今任何一种缺点所玷污。《莱莉娅》很难读,它没有《印第安娜》和《瓦朗蒂娜》的某些精彩场景,却仍是这一类题材的杰作,它像狂欢般却无激情,又像激情一样搅扰人心;其中灵魂缺席,但它重压在人的心头;腐蚀道德、侮辱生命的正直已登峰造极;在这个深渊作者尽显她的才能。即使在蛾摩拉河谷,也仍有夜露降临死海。

桑夫人的作品,这些小说、诗的题材产生于这个时代。尽管她才能卓越,但仍害怕作者因她作品本身的类别使得她的读者圈变小。两个同等才能的人,其中一个宣扬秩序,另一个则宣扬无序,前者吸引了最大数量的听众:人类拒绝给损伤道德的事情以一致的掌声,不允许一个枕头上同睡着软弱的人和正直的人;人们没有将让我们第一次感到脸红的书与他们一生所有的回忆结合起来,而人们走出摇篮未曾用心读过这些书;一些书人们只是私下读过,它们不是我们承认的、亲密的伴侣,它们既未渗入我们纯真的感情,也未与我们的纯洁融为一体。天意严格限制没有善举的成功,而为了鼓励众生,她赋予美德以

---

① 指威尼斯。

普遍的荣誉。

我为此思索过；我知道，作为人，他有限的视力不可能穷尽宽广的人道主义的天际，作为守旧的人，被拴于一种可笑的道德：先时的腐朽的道德，它只是在社会的孩提时代，对于无光的精神才有用。将会不断产生一种远远高于这种传统智慧的《福音书》，这种智慧使人类的进步停滞不前，使饱受灵魂诽谤的肉体的名誉得不到恢复。当女人们在街上奔跑；当为了结婚只须打开一扇窗并叫上帝作为证婚人，神父和宾客来出席婚礼时：那么所有的假正经将荡然无存；到处都有婚礼，而人们也会像鸽子一样，达到自然的高度。我的关于桑夫人作品的批评只是对于过去事情的世俗领域有意义，因此我希望她对此不会生气：我对她表示出的钦佩，应该能让她原谅缘于无福年事的我的批评。以前我也受过缪斯的训练；这些天上的姑娘曾是我美丽的情人；她们今天只是我的老朋友：她们在炉旁充当我的伴侣，可是她们又很快离开我；因为我睡得早，而她们将去桑夫人家守夜。

也许桑夫人这样将证明她智慧的万能，但是它不逗人喜欢因为它不够新颖；她认为进入到这些下面埋葬着我们其他人的梦想的深度便可以增加她的能力，可怜平庸，她错了：因为她太高于这个洞穴，这个浪潮，这个骄傲的胡言乱语。同时必须用一种少有但过于灵活的才能以防止做高级蠢事，也必须通知她幻想作品、私人油画（像那些变得隐讳的）是受限制的，它们的源泉是在青年时代：每一刻便干枯几滴并且在产生出某一数量之后，便会因反复使用而以衰竭告终。

桑夫人肯定将总能找到她今天写作的同样魅力吗？在她的思想中，二十年激情的功效和诱惑一点也没有像我早期的作品在我的思想中已经贬值那样降低吗？只有古老的缪斯的产品，由高贵的习俗、美丽的语言以及从全人类出发的这些庄严的情感支撑着而一点也不会改变。《埃涅阿斯纪》的第四卷永不为人们所颂扬，因为它高悬天空。舰队载

着罗马帝国的缔造者,在告诉阿尼巴尔后,迦太基的女缔造者迪东心如刀扎:

  现身吧,不管你是谁,生自我的骨头,我的复仇者。

  爱情让罗马和迦太基的敌意从它的火把中喷射出来,将火连同火把置于火化柴堆,而逃跑的埃涅阿斯在波涛上看到了柴堆的火焰,梦想家在丛林中散步或是一个浪子溺于水潭而失踪,这完全是另外一码事。桑夫人,我希望,有一天能将她的才能与跟她的天赋一样持久的人结合起来。

  桑夫人只有通过秃顶、白须的被称之为"时间"的传教士的说教才能改弦易辙。一种不够严厉的声音拴住了诗人逃避的耳朵。不然的话,我相信桑夫人的才能有某种堕落的因子;她变得胆小怕事的同时也会变得平庸。如果她总待在男人不光顾的教堂内殿会发生另外一件事;包含和藏匿在处女头带中的爱情的力量从她的胸中拔出这些取自女人和天使的适当的旋律。不管怎样,大胆的主张及快感的习俗是一块从未被亚当的女儿开垦过的土地,它被交付给一种女性文化,已收获了未知的花朵。我们让桑夫人创造冒险的奇迹直至冬天的临近;当北风吹来的时候她便不会再唱;不无先见之明,我们一直要等到蝉为了未来的快乐的饥馑时刻而做好荣耀的准备。米沙里恩的母亲对她反复说:"你不会总是只有十六岁。夏雷阿总是回忆她的誓言、泪水和吻吗?"

  此外,很多女人在她们年轻时被引诱如同被诱拐:近暮年时回到娘家,她们给她们的弦乐器加上低沉或哀怨的琴弦并在上面表达宗教情感或者不幸。年迈是夜晚的旅行者;大地藏起来,他再也看不到头顶上一方发光的天空。

  我没看到过桑夫人身着男装或穿着长衫拿着山里人的铁棍;我没有

看到过她如一个女苏丹模样坐在沙发上用荡妇的酒杯喝酒或者懒洋洋地抽烟；自然的或不自然的特性，对于我来说丝毫也没有增加她的魅力和天赋。

当从她嘴里升腾起来的云雾围绕着她的头发①，她更富有灵感吗？莱莉娅穿过一阵烟雾，从她母亲的头脑中逃逸出来，不就像弥尔顿所说如同在一阵烟的旋风中罪孽从美丽的至尊天使头上生出来吗？我不知道神圣教堂前的广场所发生的事情；但是，这下面，雷梅阿德，菲拉，拉侬，风趣的格拉岱勒，弗里勒，阿贝勒毛笔及普拉细岱尔剪子的失望，被阿摩迪尤斯爱着的雷娜，绰号叫阿菲的两姊妹，因为她们苗条并有着大大的眼睛，多里卡②从她这里将发带及散发着芳香的裙子献给维纳斯的殿堂，所有的这些迷人者最后仅识得阿拉伯的香味。的确，对于她自己来说，桑夫人有阿拉伯姬妾的权利以及墨西哥女人的让雪茄在唇上跳舞的权利。

在遇到一些优秀的女人和如此多迷人的女人之后，在见过这些像桑夫人一样说话带着萨福体味的大地的女儿之后，桑夫人的看法对我产生了什么影响呢？"来我们这里美餐一顿吧，爱情之母用玫瑰花蜜盛满我们的酒杯。"《瓦朗蒂娜》的作者将我轮流置于幻境和现实之中，她给了我两种明显不同的印象。

在幻境中，我不谈她，因为我再不必理解语言。在现实中，高龄的人有诚实的观念，作为基督徒给予女人羞涩的美德以最高的评价，我不知道怎样表达，挥霍浪费这些时间，花费如此多的精力，我是多么的不幸。

---

① 乔治·桑（George Sand），因吸雪茄而引起议论。
② 众多的名妓，其中夏多布里昂特别借用了阿岱勒及鲁西安的名字。

德·塔莱朗先生

　　一八三八年春天,我正忙于"维罗纳会议"。这时我刚履行了我的文学契约,那都是些不得不写的东西:我已在《回忆录》中适时地提过了。一位先生已经过世[①];这位贵族阶级的卫士从后面护卫着那些已经逝去的庸俗权贵。

　　塔莱朗先生第一次在我的政治生涯中出现的时候,我对他只提及了几句。而现在——已如一位古人所说的——他生命的最后一刻使我了解了他整个的人生。

　　我同塔莱朗先生有些交往;正如人们所看到的那样,作为一个重视荣誉的人,我对他的友谊是忠诚的,尤其是关于蒙斯不和的事情上,当时我心甘情愿地为他破了产。道理很简单,因为我分担了他那些不快的事,莫布勒伊打他耳光的时候,我很同情他。有一段时间,他用一种很雅致的方式想与我结交:有人看过他在根特给我写的信,说我是一个"了不起的人";我住在卡皮西纳街府邸[②]的时候,他很殷勤地给我寄来了一个刻有奇怪玩意儿的图章,可能是根据他的星座刻的一个护身符吧。或许因为我并未滥用他的慷慨,而我没有挑衅他,他却成了我的敌人,只因我取得了几个与他无关的成功。他的言论流传于世界,这并不冒犯我,因为塔莱朗先生不会冒犯任何人;但他说话过于放肆,我因此也就开口说话了,既然他敢于评价我,那么他也就给予了我运用相同的权利来评价他的自由。

　　塔莱朗先生的自大蒙蔽了他的眼睛:他把自己变成天才;他什么

---

① 一八三八年五月十七日,塔莱朗(Talleyrand)在圣·佛罗伦丁街的府邸中逝世。
② 塔莱朗当时任外交大臣。

都弄错了，却自认为是预言家；他并非预言未来的权威人士：不是"先知"，而是"后知"。由于缺乏眼光和觉悟，他没能像一位智者一样去发现些什么，没能像一个正直的人一样去评价些什么。当他从未料想到的好运降临的时候，他从中获得了不少好处，但这仅是对他个人的。这种野心将与公共荣誉息息相关的利益变成了服务于私人利益的宝藏。由于歪曲或是失望，舆论界不断运用自己的想象力创造了一批虚幻的角色，但从以上情况来看，塔莱朗先生不居其中。然而，可以肯定的是，出于种种原因，某些舆论还是会促使形成一个幻象的塔莱朗。

首先是国王、内阁、老外交部长、大使们。从前，这些人上了他的当，非但不能识破，还坚持要证明他们服从的是一个真正的权威。但他们却只是在向波拿巴的一个小学徒脱帽致敬罢了。

其次是跟塔莱朗先生有交情的前法国贵族成员，他们也为自己的队伍中有这样一个确实伟大的人而骄傲。

最后是那些革命者和缺乏道德的一代人。他们嘴上大骂，暗中却亲近贵族政府；这些独特的新信徒极愿接受洗礼，还打算学习他们的高雅举止。他们既否定了君王的魅力，又伤害了青年民主党人的自尊心；因为他们由此得出结论，认为他们的事业是崇高的，而贵族和教士都是可鄙的。

尽管了解真相会有些困难，塔莱朗先生也无力长久维持这个幻象了。即使是权力的扩大也不足以让他将欺骗说成是道德。人们把他看得太清楚了；他是活不下去了，因为在他的生命中没有民族的观念，没有著名的举动，没有无双的才华，也没有有用的发现，更没有划时代的构想。他也缺乏美好的德行来使他永生；危难也不屑于赐给他荣誉；他在国外度过了恐怖统治时期[1]，直到公众论坛都变成了候见厅时才回国[2]。

---

[1] 一七九二年初至一七九六年九月，他曾在英国和美国小住。
[2] 督政府时期。

那些外交遗留物显示出，德莱朗先生是个相对平庸的人物：你们从中找不到一件值得欣赏的东西。波拿巴统治时期的重要谈判中没有一场是他的政绩；单独行事的时候，他总是白白地错过了时机，或是抓住也被弄糟了。千真万确的，是他造成了当甘公爵的死，这摊血迹是抹灭不了的。得知王子的死讯，我远没有想过要去控告他，我对他太宽容了。

塔莱朗先生曾异常厚颜无耻地说出与事实相悖的言论来。在贵族院中，他就西班牙战争发表了演说。我在"维罗纳会议"上未对此做出任何评价。演说的开头庄严而郑重：

十六年前，应当时世界之王的要求，我就对西班牙人民作战一事谈了自己的看法。我向他展示未来的图景，告诉他伴随着这场鲁莽的、非正义的侵略战争将会出现的种种危险，于是很不幸地，我惹他生气了。灾祸源于我的心直口快。多年以后，命运却奇怪地让我在合法君主面前再次提出了同样的建议，要求做出同样的努力！"健忘①或者欺骗令人害怕起来：你竖起了你的耳朵，擦亮了你的眼睛，却不知道是谁在醒着还是睡着的时候，欺骗了你。当"零售商"沉着地说完那些论断，走下主席台，面无表情地朝他的座位走去时，你的视线追随着他，眼神中有些敬畏，有些崇拜；你却不知道，这个人没有天生赋予的权威，以至于拥有更改或毁灭事实的权力。

我没有反驳他，因为我觉得拿破仑的亡灵将起来说话，将像从前所

---

① 塔莱朗的"健忘"不可否认。但对于夏多布里昂的"健忘"又该说些什么呢？他以为"听"到了的这篇演说，塔莱朗却从未宣读过。辩论持续了很久，贵族院议员在他发表演说前就投票同意闭幕。塔莱朗仅仅发表了他的"论点"，因此夏多布里昂只"读"到了他的"论点"。

做的那样，毫不留情地揭穿他的谎言。那个场面的目击者仍然坐在贵族院中；其中有孟德斯鸠伯爵；跟我讲述过这个场景的正直的杜多维尔公爵——孟德斯鸠先生的妹夫，他的拥护者；当时在场的塞萨克伯爵也不厌其烦地向别人叙述着这个场景；他以为这个重要的选民一出内阁就会被逮捕。拿破仑当时火冒三丈，大声质问吓得脸都白了的这位大臣："叫嚣着反对西班牙战争对你可真合适。正是你建议我发动西班牙战争，你给我写了一大堆信件，并试图证明这场战争是与政治策略一样重要的。"一八一四年杜伊勒利宫档案馆遭窃，这些书信从此不知去向。①

塔莱朗先生在他的演说中讲到，他向他展示未来的图景，告诉他伴随着这场"鲁莽的，非正义的侵略战争"将会出现的种种危险；"很不幸地"，他惹波拿巴"生气了"。塔莱朗先生在坟墓里尽管放宽心，因他并未有过的这种"不幸"；他丝毫不该将这件事也算到他人生的不幸当中去。

对于正统王位继承权，塔莱朗先生的主要错误是使路易十八放弃了贝里公爵与俄罗斯公主的婚事；而对于法国，同意签订了可恶的维也纳条约则是他不可饶恕的错误。

塔莱朗先生的谈判导致我们的边疆不保：只要在蒙斯或者科布伦兹一次战役失败，不出八天，敌人的骑兵就可杀到巴黎城下。旧君主国时代，法国不仅有四周堡垒的保护，而且德国独立的各州也保卫着莱茵河一线的安全。要侵入我国，必须先闯入他们的领土或是跟他们谈判才行。另一条边界上有中立和自由的瑞士；要进犯此国是绝无途径的。比利牛斯山有西班牙的波旁内人守卫着，无法通行。塔莱朗先生对此并不了解；作为一个政客，这些错误使他成为千古罪人；因为这些错误让路易十四的伟大工程和拿破仑的光辉业绩顷刻化为乌有。

---

① 参看塔莱朗先生书信失窃的批注，谈及了当甘公爵的死。

有人断言他的策略优于拿破仑：首先应该清楚，那时他不过是个帮征服者拿公文包的小办事员，征服者每天上午向包内放入得胜的战报并改变着国家的疆域。正当拿破仑扬扬自得的时候，却犯了一个惊人的弥天大错；很可能塔莱朗先生和众人一样注意到了这一点；但这并不表明他目光锐利。在当甘公爵事件中，他莫名其妙地毁了自己的声誉；而在一八〇七年西班牙战争问题上，他更使自己受到了蔑视，尽管事后他也想否认有过这些建议，并想收回他的话。

然而，若是一个演员完全吸引不了后排观众的注意力，那他就毫无魅力可言；王子的死亡事件即是一个长久的失望。因为知道自己缺少什么，他躲开一切可能认识到这一点的人，他的打算就是永远不让人掂量出他的分量来；他很合时宜地让自己归于沉寂；他整整三个小时躲在纸牌游戏中，一言不发。人们惊讶于这样一个能人居然会甘心沉醉于市井娱乐中；可是谁又知道这个能人手中玩着纸牌的时候，心里是不是正算计着帝国呢？在这退隐的时光里，早晨一本小册子或是傍晚一场对话也可能让他灵光一现，想出一个好词来。如果他把您拉到一旁，要告诉您他会谈的内容，为了吸引您，他会对您大加吹捧，说您是未来的企盼；他会预言光辉灿烂的前途，并把一封大人物寄来的见信付款信件展示给你看。但是一旦他发觉你对他略持怀疑态度，或是发现你听了他故作高深的简短陈词之后并无丝毫钦佩之意时，因害怕被你看透的担忧便使他与您疏远起来。他的讲话头头是道，只不过是向属下或傻子开个玩笑而已，无关痛痒，而你却成了他的牺牲品，一个嘲笑的对象。他不可能一本正经地跟你谈话；到第三次开口的时候，你便看不出他的观点了。

古雕刻《佩里戈尔教士》向人们展示了一个英俊男人；渐渐衰老的塔莱朗先生已站在死神的面前：呆滞的目光令人捉摸不透，这正合他意；从他嘴角的神态可以看出，他曾饱受蔑视。

高贵的出身，严格的礼仪，冷傲的神情，使得贝内文托亲王周身洋溢着一种神秘的色彩。他的举止影响了四周的小人物和新社会中那些瞧不起旧时代的人。从前,人们经常遇到一些举止风度酷似塔莱朗先生的人物,并未在意;但几乎只有一样仍保存在众人习俗中,似乎就是这样一种现象:受部长教育的影响和自身规范的约束,他迎合了记者的自尊心,满足了部长的意愿。

身居要职,你觉得自己卷入了一场奇异的变革当中,很偶然地,它使你显得重要起来,并让民众误以为是你的功德,一度被波拿巴的光芒遮掩的塔莱朗先生,在法国复辟王朝时期,借别人的运气也风光了一阵子。贝内文托亲王凭借自己的身份,将推翻拿破仑、重立路易十八都归功于自己;我呢,像所有旁观者一样,是不会愚笨到相信这样的无稽之谈的!而且我更了解内情,塔莱朗先生不是政治上的瓦尔维克[①]。他没有推倒或重立王位的能力。

一些不偏不倚的糊涂虫说:"我们满意了。这个人虽然道德败坏,但是您瞧他多么能干!"唉!事实远非如此。不该抱有这样的期望,以为塔莱朗先生是个足智多谋的魔鬼,从而使得兴奋的人们如此快慰,王子的行为也由此变成是众望所归。

在某些平常的谈判中,他的能干实质上就是将个人私利放在第一位。对于塔莱朗先生,我们不应有任何期望。

塔莱朗先生恪守的习惯和准则成了造谣者的把柄和私生活的题材。他仿效一位维也纳部长,在大庭广众之下梳洗整理,这成了他的一个外交手腕。他吹嘘说,他从来都是从容不迫的;声称时间是我们的敌人,应该消磨掉:据此,他提及他很少有忙不过来的时候。

但最终,塔莱朗先生并未能在游手好闲中做出什么丰功伟绩来,所以,可能他运用时间的原则并非真理:只有创建了不朽的事业才能说是

---

① 里夏尔·纳维尔(Richard Neville,一四二八——四七一),这位瓦尔维克伯爵,被称为"国王的创造者"。

战胜了时间；至于那些没有前途的工作和毫无意义的消遣，那不是运用时间，而是挥霍时间。

自从进入由斯塔尔夫人推荐，经谢尼埃[①]任命的内阁，正处于贫困之中的塔莱朗先生又获得了五六笔财富：葡萄牙欲与督政府签订和约，支付了百万法郎，但未成功；固亚眠和约而购买的比利时的息票，而塔莱朗先生在和约公布前就已知晓了；昙花一现的伊特鲁利亚[②]王国的建立；德国教会财产的世俗化；维也纳会议上的旧话新说。他还没有利用到王子不愿出让给奥地利的那些老档案资料：这一次是上了梅特涅先生的当，此人将它们制出附件之后，才将原件完璧归赵。

塔莱朗先生自己写不出一个句子，就叫能干的下属写：秘书涂涂改改地令他满意后，他便再亲手抄一遍。我曾听他念过他在回忆录开头部分有关青年时期的美好描述。因他的口味变化很快，前一天喜欢的东西第二天就会惹他厌烦；所以，如果他的回忆录仍保存完整的话——对此我深表怀疑，且如果存在意思相悖的版本的话，那么很可能对于同一件事，特别是对于同一个人的评价都会是自相矛盾的。我不相信在英国存有作者的手稿；有所谓的指示说要在四十年后才发表，依我看，这不过是在死后留了一手。

贝内文托亲王懒惰而不学无术，本性又无聊放荡，这些本该挫损他的骄气的秉性，他反而引以为荣，并得意扬扬，因为帝国倒塌了他还纹丝不动。发动革命的第一等级的人消失了；而得益于他们的第二等级的人却还在。这些属于工业的未来的人们参与了换代游行；他们的职责就是核准护照，批准判决；塔莱朗先生就是这样一个下等人；他在那些他从未做过的事件上签字。

有的人历经几届政府，当一代政权被推翻时仍坚持着，并声明说他

[①] 玛丽·约瑟夫（Marie-Joseph）。
[②] 意大利古地区名。

们会永远坚持。他们吹嘘说只属于国家,他们只办事而不是为那个人而活着。因为对自己的自私自利仍自鸣得意,所以感到局促不安。因而竭力要用高尚的言语来掩盖。今天,这种处之泰然的公民,在地球上比比皆是。从前如果像在竞技场遗址的隐士一样在生活中体面地老去,需要把他们与十字架保存在一起;而塔莱朗先生却把十字架践踏在脚下。

这些人奇怪的分成两类:一类是死了却被死神爱戴着的人,这些优秀的信徒们将会永生;另一类是活着却被生命忘却的人,他们不足挂齿,也不会获得永生。后者依附于他们的名字、势力、地位和财富而暂时存在;一旦死去,音讯全无,职位、权力也都随之而去:客厅的门和棺材一同关上,这就是他们的命运。这样的命运已降临在塔莱朗先生身上;他木乃伊似的躯体在走进坟墓之前就已在伦敦展露过一段时间了,[①]那时他身为统治着我们的死气沉沉的君主政体的代表。

塔莱朗先生背叛了每一届政府;并且,我再次强调,他不曾推翻或建立它们。就这两种能力来说,他毫无优越感可言。一个庸人,单依靠贵族生活中些许屡见不鲜的幸运事件,得势于一时,却并不能免于一死。奴才们为了主子的利益不声不响,小心谨慎地干着卑鄙的勾当。罪恶滋生出的堕落潜入他们的肌体内。假设塔莱朗先生是个贫穷、卑微的平民,没有贵族的伤风败俗的言行和思想,那人们永远不会听说到他的名字。假设塔莱朗先生并非可鄙的大贵人,并非已婚的教士,也非堕落的主教,那他又算个什么东西呢?他的名声和成功正是得益于这三个方面的腐化堕落。

这位高级神职人员在他八十二年的生涯中有一件特别拙劣可笑的事

[①] 路易-菲利普曾任命他为驻伦敦大使。任期从一八三〇年九月到一八三四年十一月。——"木乃伊似的躯体":他面无表情;认识他的人说他"目光呆滞","面如死尸"。

情：首先，为了证明自己的权威，他去学院①褒扬了一个他瞧不起的可怜的德国人②。尽管对于此类表演早已屡见不鲜，但人们为了观看这位大人物仍蜂拥而至；而后，他将像迪奥克莱蒂昂一样在家中死去，并暴露于世人面前。人们张口呆望③着。王子临死前，身体已几乎全部腐烂，体侧有一个坏疽性的开口，虽然借助于头带支撑，脑袋还是耷拉在胸前，做着垂死的挣扎；他的侄女④在被蒙在鼓里的神父和小姑娘⑤面前做着早已准备好的表演：当他无力说话的时候，他才不再坚持，签字宣告退出宪法教会，也可能他根本没有签字；但他没有任何忏悔的表示，没有履行基督徒的最后义务，对他生命中的丑闻和恶行毫无悔过之意。从未见过有人傲慢到如此可悲，崇拜到如此愚昧，虔诚到如此被愚弄的程度：一向谨小慎微的罗马也没有在公众面前让他忏悔一下，原因则不必明说了吧。

很久以前，天庭就在传讯塔莱朗先生了，但他一直抗传，死神以上帝的名义寻找他，终于还是找到了。塔莱朗先生的一生就如同一度正直的拉斐德先生一样腐败，要对他做出精确的分析，必须面对我永远也无法消除的厌恶感。遍体伤口的人就如同娼妓的身体：溃疡已严重损坏了他们的躯体，以至于用解剖的办法也无济于事。处于旧世界中的法国革命是一场政治大破坏。恐怕革命的消极面还会带来一场更为致命的大破坏，一场道义上的大破坏。如果一味地去为恶劣的品行平反，去为我们

---

① 一八三八年三月三日，八十四岁的他在政治和精神科学院宣读了对兰哈尔德伯爵的颂词。此人曾在一七九九年继他之后，担任了短期的对外关系部长。
② 兰哈尔德（Reinhard），符腾堡人，终身从事法国外交工作。
③ 由于专注和激动而大张着口。
④ 多罗泰·德·库尔朗德（Doroshée de Courlande），与塔莱朗的侄子爱德蒙结婚。一八一七年，爱德蒙成为迪诺公爵。
⑤ 迪庞卢普（Dupanloup）教士，他的忏悔神父，三十六岁；波利娜，塔莱朗的侄孙女，迪诺公爵夫人之女，十八岁。

列举可憎的榜样,去展示世纪的进步,自由的确立以及卑劣德行中的优良天性,那人类将会变成什么样子?有人不敢明目张胆地提倡邪恶,于是就钻了牛角尖:请留神别把这个野蛮人当成了魔鬼;他可是个天使!一切的丑恶都是美丽的,一切的羞耻都是光荣,一切的荒谬都是高尚的,一切的罪恶都将受到赞赏。我们又回到了信奉异教的粗俗世界:所有的堕落都有自己的祭坛供人膜拜。在这些无耻的颂歌背后,骗子、罪犯们扭曲了公共道德,带坏了青年,使好人泄气,他们违背了美德,恰似罗马士兵当着基督面前吐了一口痰!

查理十世之死

一八三三年在布拉格时,查理十世问我:"老塔莱朗还活着吗?"而后他却比塔莱朗先生还早两年逝去。① 帝王非公开的基督徒似的死与主教公开的背信弃教、固执地背叛了天主的廉洁的死形成了鲜明对比。

一八三六年十月三日,我给贝里公爵夫人写了一封信,同年十一月十五日又给它加了附言。信件如下:

夫人:

在瓦尔施先生交给我的信中,您本想赐予我荣誉。我也本想使亲王殿下如愿以偿,如果那些作品眼下还算回事的话;可是舆论却如此的麻木不仁,即使是最重大的事件也难以激起他们的热情了。

---

① 一八三六年十一月六日死于韦内蒂戈里茨城堡。

夫人，请恕我直言（我坦率但我是忠诚的）：夫人殿下知道，我曾反对所发生的一切；我甚至不赞成他的布拉格之行。亨利五世如今已成年；他即将步入这个世界，但他所受的教育却没有向他描述我们所生活的年代。谁来指导他，谁给他授课和教他了解人？谁来帮他真切地认识遥远的法国？糟糕的是，这些至关重要的问题似乎很可能会像其他问题一样得到相同的解决。不管怎样，我的余生都将献给我年轻的国王和他尊贵的母亲。对未来的预测绝不会使我不忠实于我的职责。

夏多布里昂夫人恳请您接受她的敬意。我衷心祝愿你——亨利五世的母亲——永远幸福光荣，并致以崇高的敬意。

夫人，我永远是夫人殿下最卑微、最顺从的奴仆。

夏多布里昂

附言：此信一个月后才得以安全地到达夫人手中。我今天才得知亨利尊贵的祖父去世了。这个悲伤的消息会不会给夫人殿下的命运带来某些变化呢？我斗胆地请求夫人，允许我分担她的悲痛，并向王太子夫妇表示我的沉痛哀悼。

夏多布里昂

查理十世驾崩了。

他终于摆脱了六十年的不幸！

十一月十五日

流亡三十年，七十九岁时竟死于异乡！灾祸来临，是上天将不幸的使命压在了人间王子的肩上。

弥留之际，查理十世的灵魂重归于平静安宁，这在他漫长的岁月中曾几度失去过。当他得知有生命危险时，他只说："我本以为这病不会突然发生变化。"路易十六走向断头台时，值班的官员拒绝收下他的遗嘱，因为时间紧迫，作为官员他必须完成他的工作，给国王行刑。国王回答："说得有理。"假如查理十世在他过去危难的日子里也能以这样泰然自若的态度来看待生命的话，他该免去多少痛苦！人们设想着，正是因为坚守着一种宗教才使得波旁人在生命的最后时刻显得如此高尚，对子孙无比依恋的路易九世，以圣人般的勇气在天堂里寻着他们。这个家族对死的理解是令人钦佩的：确实，八百年前他们就已懂得死亡的真谛。

查理十世去了，并相信他是对的：如果说他希望得到神的仁爱，那是因为他出于道德的义务和人民的利益而离开了王位，我们不能不重视如此非凡的信仰。查理十世可以证明两个兄弟和他自己的统治时期都是自由而光荣的：殉难的国王统治时期，美洲和法国的解放；路易十八时期，法国代议制政府的组建，西班牙君主政体的重立，从纳瓦拉手中重获的希腊独立；查理十世时期，非洲对共和国和帝国征战时的失地做了补偿：这些成果都是我们的大事，尽管有人无端地对此充满妒忌和敌意。随着七月王朝的日趋衰亡，这样的成就将会日益显著。但是仍有担心，唯恐这些荣耀只在死后获得，正像柏拉图的共和国怀着无上的敬意给被放逐的荷马加上桂冠一样。现在看来，王位继承仿佛无意继续下去了；它似乎已接受了消亡的命运。

查理十世之死可能只对结束可悲的王位之争和给予亨利五世一种新型教育收到了实效：不过，也有可能空缺的王位之争永无休止；而教育方式也依然如故。也许，因为省去了做决定的麻烦，人们会由于惰性而沉溺于旧习惯之中，那恰似贫困后的富足，家庭生活的温馨，长期苦难过后的舒适。可悲的是，这种惰性世代相传，它让灵魂像身体一样老去；人们沉睡着，再也动弹不起来。它又如上帝生杀命令的行刑者；剥去犯人的皮，抢去军人的剑，夺了国王的权杖；它破坏贵族的体面，战士的灵魂，并当众羞辱他们。

另一方面，有人发现过于年轻是导致拖延的原因：年轻的时候，他认为他还可以等待；在大事发生前还有很多时间可供娱乐。他嚷道："无须我们花费力气，它们就会主动来临：一切都将水到渠成，登基的日子就会自动降临；二十年后，成见就会消除。"假如人类不会换代或者不会变得冷漠的话，这种推算还是有些道理的；但是这样的情况在某个时期可能是必然的，但在另一个时期就不一定了。

唉！世间的一切竟消逝得如此之快！我亲眼看到的相继执政的三兄弟都哪里去了呢？路易十八长眠在圣德尼，身边是路易十六残缺的遗体；查理十世又刚在戈里茨装殓入棺了。

国王的尸体从高处落下来，惊动了他的祖先们；他们又回到坟墓里，一边说一边挨紧些："腾些地方，这是我们中的最后一个了。"波拿巴进入这个永无天日的世界时并没有这样引起轰动：先人们并未因为新鬼皇帝的来到而惊醒。他们根本不认识他。法国的君主政体就是旧世界通向新世界的桥梁。四七六年，奥古斯特离位。五年后的四八一年，我们的第一个王族克洛维统治了高卢人。

查理大帝将王位赐给路易·勒·德博内尔时说："宝贝儿子，我老了，就要不久于人世了。我出生在法兰克之国，这是基督赐予我的荣耀。我是第一个获得恺撒这个名称的法兰克人，并把法兰克帝国变成了罗米吕斯家族的帝国。"

到了第三代于格统治时期，选举制君主政体变成了世袭制。世袭产生了正统王位继承权，终身的或是有任期的。

法国人的基督帝国应该置于克洛维的洗礼盆和路易十六的断头台之间。同一种宗教立于两个城门之间："亲爱的西坎布尔，低下头，热爱你所烧毁的，烧毁你所热爱的吧。"给克洛维行圣身的神父说。"圣·路易王子，进入天国吧。"目击了路易十六的血的洗礼的神父说。

当法国土地上只有一个光阴铸造的气宇非凡的法兰西古老大厦的时候，一些卓绝的成绩可以让我们傲立于其他民族之中，卡佩王朝统治时期，欧洲的其他君主还处在隶属关系之中。我们的诸位也都变成了国王。这些帝王将他们的名字连同后世冠的封号都传给了我们；他们中有些被加上"尊贵的""神圣的""虔诚的""伟大的""谦恭的""果断的""英明的""无敌的""敬爱的"等形容词；另一些则被称为"人民之父""文学之父"。一位年长的历史学家说："正如所有明君都注定要轻易地被罩上光环一样，昏君更容易被忽视，因为他们为数不多。"

在王室统治下，未开化的蒙昧无知都消失无踪了，语言形成了，文学和艺术都有了自己的杰作，城市美化了。纪念碑耸立，道路宽阔，海港形成，我们的军队震撼了欧亚，我们的船只遍布两海。

在卢浮宫精美绒绣品展览会上，自尊使我们发怒了。那些阴影，甚至是那些刺绣品的灰暗色调也让我们不快。清晨时不为人知，夜晚了更不为人知，但我们仍然相信，事实上我们是胜过那些看似优于我们的东西的。不过，流逝的分分秒秒都在向我们提问："你是谁啊？"我们无以作答。是查理十世回答了他；他走了，也带走了整整一个世纪；千万代古人与他同在；历史也向他致敬，世纪跪拜在他的墓前；他的家族无人不晓；家族没有忘记他们，他们自己却离弃了家族。

被放逐的国王，人们可以驱逐您，但时间永远不会驱逐您了。在修道院①里最后一块原该属于某个修士的木板上，您沉沉地睡着了。您的葬礼上没有持枪的传令官，只有一队白发苍苍却无比优秀的老兵；您的地下墓室里没有豪爵名流投下的尊贵标志物②，但他们已在别处向您致敬了。过去的时光静静地栖息在您的身旁；为您服丧志哀。

您的身旁放置着从您体内取出的内脏，仿佛死去的母亲身旁躺着

---

① 戈里茨的嘉布遣会修道院地下墓室中。
② 这是在圣德尼为国王举行葬礼时的通常做法。

她为之付出了生命的流产的婴孩。每年年底的忌日，您的某位兄弟——身为虔诚基督徒的君王，死后的修士[①]——都将给您朗诵经文；您流放的孩子将聚拢在您的长眠之所；因为夫人们在的里雅斯特的纪念馆是空的[②]——她们圣洁的尸骨又回到了她们的祖国，您以您的流放还清了这些高贵的夫人们被流放的债。

对啊，为什么如今不把这些残骸像从不同洞穴里挖出的古董一样地收集起来呢？让凯旋门将拿破仑的棺材像桂冠一样戴在头顶，或者在那些不朽的胜利之躯上立起青铜圆柱[③]。然而历史重压下的路易十六断头台从此就被塞佐斯特里[④]的石雕掩埋了。终有一天，在发生过凶杀案的广场上，孤独的方尖形纪念碑将找回吕克佐尔的寂静和安宁。

一八三九年，于巴黎

---

① 在您死后变成修士。
② 路易十五的女儿们的遗骸被埋在的里雅斯特，一八一四年十一月已被移回至圣德尼。
③ 旺多姆圆柱。
④ 协和广场的方尖碑形纪念碑。确切地说，是一八三六年十月刚被建起的。

篇章四十三

从摄政时期到一七九三年的史实

一八一一年十月四日，我在狼谷着手写这本《回忆录》，一八四一年九月二十五日，在巴黎我把它重新看了一遍，完成了它的修改工作，足足二十九年十一个月零二十一天，我暗暗地创作着这本将公之于众的书，其间经历了许多革命以及我个人的人世变迁。我的手写累了，但是我的思想没有丝毫倦怠，它没有退却，因为我时刻感觉得到它活跃在我的头脑中，时刻待命起跑，我打算在我三十年的作品后加上一个总结，正如我经常提到的那样：我是想说，我进入这个世界时是什么样的，我离开时的世界又是什么样。但是我面前放着的一小罐吸墨沙使我仿佛看到了一只手，那是水手们在海难时的波涛中依稀看到过的手，它示意我将作品精简些；我于是压缩了一些，但仍保留了全部要点。

路易十四逝世。奥尔良公爵在路易十五尚未成年时当上了摄政王。塞拉马尔阴谋之后，法西战争爆发：阿尔贝罗尼的垮台重新带来了和平。一七二三年二月十五日，路易十五成年，十个月后，摄政王去世。

他在法国播下了腐败的种子；他让杜布瓦取代了费奈隆的职位，并立下法律。波旁公爵做了路易十五的首相，并将弗勒里红衣主教作为继任者，此人起了好些年的作用。一七三四年战争爆发；我的父亲在当齐克前负伤。一七四五年发动丰特鲁瓦战役；我们一位并不好战的国王在唯一一场可以压倒英国的对垒战中取得了胜利；世界的征服者继克雷西、普瓦提埃和阿赞库尔战役失败之后又败走滑铁卢。滑铁卢教堂刻满了一八一五年战死的英国军官名字，在丰特鲁瓦教堂却只有一块石头，上面刻着："前面长眠着菲利普·德维特里阁下，二十七岁，一七四五年五月十一日在丰特鲁瓦战役中牺牲。"没有任何标志指出事发地点，但人们从地下找到了头骨中嵌着压扁了的子弹的骨骼。法国人已将胜利铭刻在他们的前额上。

不久，贝勒·伊斯勒元帅之子吉索尔伯爵在克勒韦尔阵亡。富凯的姓氏和直系后裔也都随他而去了。拉瓦莉埃尔小姐变成了夏托鲁夫人。看到那些经历了数世纪的风光荣耀的姓氏突然间灰飞烟灭总是有些伤感的。

一七四五年六月，斯图亚特家族的第二个王位觊觎者[①]开始了他的冒险；在期盼着流亡的亨利五世来取代这位英国觊觎者的过程中，这些意外让我深感不安。

战争的结束宣告了我们的统治在殖民地受挫。拉布尔多内本想在亚洲为法国报仇雪恨，但他与迪普莱克斯自攻占马德拉斯以来的争端把一切都弄糟了。一七四八年和约暂时结束了这些苦难；一七五五年重新开战：它以里斯本地震作为开始，拉辛的孙子[②]葬身其中。英国以阿卡迪边境的几块地域之争为借口不宣而战，强占了我们三百艘商船；我们痛失了加拿大：结果造成了一些重大事件，这其中有沃尔夫和蒙卡尔姆的死。失去了对非洲和印度的控制，克莱斯勋爵着手攻占孟加拉湾。然

[①] 查理·爱德华（Charles-Edouard）。
[②] 路易丝·拉辛的儿子。

而，这期间，又涌起了道义之争；达米安震动了路易十五；波兰被瓜分，耶稣会会士遭驱逐，宫廷成员下榻于雄鹿公园。正当伏尔泰领导下的文化革命取得胜利的时候，《家庭公约》的作者①却隐居尚特卢。莫普的全体官员就职。路易十五决定处死使他大失脸面的宠臣，并将加拉和桑松源给路易十六分别宣读和执行观决。

一七七〇年五月十六日，路易十六娶奥地利玛丽-泰雷兹之女为妻：人们明白了她后来的身份。参加婚礼的有马肖尔特大臣们，老莫尔帕，经济学家蒂尔戈，集传统道德和新观念于一身的马尔泽尔布，王室破坏者以及一道致命的法令下达者圣热尔曼②，最后是卡洛纳和内克。

路易十六召集国会，取消劳役，废除判决宣布前的严刑拷打，通过承认新教徒的合法婚姻赋予他们以公民权。一七七九年失策的美洲战争对人类是有益无害的，虽然法国一直被它的慷慨大度所迷惑；这场战争让我们的军队在世界上重振军威，我们的国旗也因此而增辉不少。

革命爆发了，它誓要将那尚武的一代人胸中沉淀了八个世纪之久的英雄气概表现出来。路易十六的功德也偿还不了祖先们给他留下的孽债；可上帝却还偏要在他的伤口上撒一把盐——他早早地召回地上这位贤能的人去过天国的日子。一七九三年，大鸿沟的源头断了③，曾经有过的荣耀都汇集起来，并在波拿巴时期来了最后一次大展示——在他死后，这光辉仍照耀着我们。

一八四一年九月二十五日

---

① 舒尔泽尔（Choiseul）。
② 圣热尔曼（Saint-Germain，一七〇七——一七七八），蒂尔戈选拔的改革大臣。"致命的法令"无疑是指他引进平劈刀法来加强训练。
③ 借用《创世纪》中的表述（见第七章：洪水开始）："大鸿沟的所有源头都在那一天裂开了。"

往昔——欧洲旧秩序的消亡

我出生时，发生了许多大事。两个新生的帝国普鲁士和俄罗斯早我半个世纪，诞生在地球上；科西嘉在我出生时归属了法国；我比波拿巴晚二十天来到这个世界上[①]。是他带我来的。一七八三年路易十六的船只出现在布雷斯特的时候，我参加了海军；在法兰西的护翼下一个新的民族诞生了。我的降生连接着一个伟大人物和一个民族；可能这注定了我将成为一个出类拔萃的人物。

纵观当今世界，东方国家，包括似乎永远闭关自守的中国也在一场大革命的风暴之中行动起来。因此，我们从前的王朝更替是算不得什么的；拿破仑也未必在各国人民中声名远扬。而他，还使我们的旧王朝销声匿迹了。

皇帝（即拿破仑）将我们置于一场早已预见的动乱中。我们最先进、最成熟的政体，却有着许多衰落的征兆。像一个垂死的病人担心他在坟墓中的生活，一个日感衰退的民族也在担心他未来的命运。于是，政治中的异端分子接踵而至。欧洲旧秩序消亡；在后代的眼中，我们当今的争论都会显得毫无意义。经验和年纪的权威，出身或天性，才华或道德，一切都将被否定，一切都将荡然无存；某些人爬到废墟顶上，自称为巨人，可是却像侏儒一样滑溜溜地滚了下来。只有二十来个人幸存，因为他们凑巧在穿越黑漆漆的大草原时抓到了一个火把；只有这么一些人，他们头脑聪明，知识渊博，有很多成功的希望，可惜却全被忧虑弄得碌碌无为。那些众多无名之辈和中世纪的大众联盟一样，无端端地就焦躁不安；饥饿的人群从平原跑到高地，又从高地跑下平原，他们对放

[①] 夏多布里昂以为拿破仑生于一七六八年八月十五日。

牧一窍不通，却又藐视久经风霜的牧民们的经验。在城市生活中，一切都转瞬即逝。人们不再接受宗教和道德，要不就是仁者见仁，智者见智，各有自己的解释。在这些下等民众当中，再有影响力的传闻不到一小时也就悄无声息；为了吸引公众的注意力，作家们使出了浑身解数；自信写得不错的书不出一天也会过时，甚至还夸夸其谈，可人们连他们的最后一声叹息也听不到。

鉴于这种思想倾向，他们别无他法，只能用描述行刑和践踏道德的场面来打动民众：他们忘了，真正的眼泪只有从那些充满了热爱和痛苦的美丽诗句才能获得；但目前，在摄政时期和恐怖时代，需要怎样的能人智士才能拯救我们这种即将夭折的语言呢？人类的天赋再也不能产生能成为世界遗产的经典思想。

人人都觉察到这一点，人人都为之惋惜，可是过多的幻想却使人们越是接近死亡却越觉得仍然活着。人们看到把自己想象成帝王的帝王，自认为是大臣的大臣；看到众议员们一本正经地做着他们的报告，清晨的有产者坚信他们晚上仍会拥有财富。私人利益，个人野心掩盖了现时的危机：尽管日常事务也有些变动，但那不过是深渊表面上的一丝涟漪，并不能触动波涛的深处，只是换汤不换药而已。在那些碰运气的小赌博中，人类是重要的参与者；国王们为了国家还握着牌：牌会比君王更管用吗？这是另一个问题，丝毫不会改变现实的本质。这些小孩的玩意儿只不过是裹尸布上掠过的幽灵，能有什么价值呢？思想的传播紧随着蛮族的入侵；当今扭曲的文明已迷失了自我；盛装它的花瓶在将它移入另一个花瓶之前就早已支离破碎了。

贫富不均——知识和技术传播的危机

　　什么时候社会会消失？运动会中止怎样的事件？在罗马，人治取代了法治；共和制变成了帝制；我们的革命却正相反；似乎打算把君主政体改为共和政体，或者不确切地说，是民主政体；而要实现它并非易如反掌。

　　我们只谈及千万个问题中的要点，例如说财产，它还能继续像现在那样分配吗？兰斯君主国利用传统道德的宣传缓和了现实的严酷，这样的财产分配才得以实行，因为它赋予人性以仁慈宽容。一些人家财万贯，而另一些人却衣食无靠，当宗教带着它那能阐释这种牺牲的来世的希冀离开的时候，这样的政治状况还能维持吗？有乳房干瘪的婴儿的母亲，找不到用来养活她们奄奄一息的孩子的一口面包；有夜里蜷缩在一起的家庭，寻不着可供保暖的棉被。前者眼看着她大片的庄稼成熟；后者则只拥有家乡巴掌大的坟地。然而，这巴掌大的坟地又能给一个死者多少粮食呢？

　　随着平民教育的普及，市井之人也发现了啃啮着反宗教的社会秩序的暗疮。环境和财产的巨大差异在不被人知的情况下还能够被忍受；但一旦被普遍察觉，它便受到了致命的打击。再创您那贵族政治的神话吧——如果可能的话。当穷人们接受了与您同等的教育，能够识字，并不再相信您的时候，当他们的邻居拥有一千倍的囤积物的时候，您试着去说服他们，看是否会坦然接受一切缺吃少穿吧；作为最后一招，您只得把他们杀了。

　　当汽船日益改进，并与电报、铁路相结合，距离便将不复存在。借助它们的神翼，不但商品可以畅通无阻，思想观念也会乘机而入。当国家间的关税和商业壁垒被消除，变得像同一国家内的不同省份一样；当不同国家的日常交往使得各国人民联合起来，您如何再现古老的分治模式？

从另一方面说，和纯自然的发展一样，知识的传播同样也威胁着社会。设想一下，由于形形色色的机器不断涌现，人手便大量闲置；技术产品唯一并广泛地取代了耕地和家里的雇工，您怎样安排这些无所事事的人？怎样处理与知识相随而来的游手好闲的情绪？充沛的体力得靠体力劳动维持，一旦从繁重的劳动中解脱出来，体质也就逐渐削弱。我们会像亚洲民族一样，面对第一个侵略者的铁爪就无以对抗，而沦为他们的奴仆。因此，只有劳动才能保证自由，因为劳动产生力量：收回您的诅咒吧，亚当的孩子们将在劳役中丧生：In sudore vultus tui, vesceris pane。① 于是绝妙的诅咒解开了我们命运的奥秘；人类不但饱受劳动的奴役，更饱受思想的奴役：这样，纵观了这个社会，分析了不同的文明，预想了不可知的进步，面对着文中的事实，我们又重返到出发点。

君主政体解体——社会衰退与个人发展

八个世纪的君主制法国一直是欧洲文化休闲的中心，也是欧洲永恒之所在；丧失了这个君主国，欧洲立即倒向了民主制。不管是祸是福，人类已走出历史；王子们得到领主们代管的财产；多数民族走向成熟，宣称他们不再需要监护人。从大卫到今天，都指派了国王：人民的使命开始了。古时候，希腊、迦太基、罗马的奴隶共和制都只不过是短暂的

---

① "一份汗水，一份收成。"（见《创世纪》，第三卷）

例外，它阻止不了君主政体在全球的普及。法国国王一旦不复存在，君主政体也就被整个现代社会所抛弃了。为了加速君主制的衰亡，在一些国家，上帝将权杖递给了病残的国王，尚在襁褓中的小女婴，或是婚纱中的年轻女子[①]。她们好比是没有锋牙利爪的狮子，是还吮着奶或刚订婚的黄毛丫头。在这个不信教的年代，人类的伟业将如何继续？

在靠不住的三重警卫的保护之下，君主们自以为很安全；可最厚颜无耻的规定却当着他们的面被宣读了。民主制胜利了；他们从宫殿底层一级一级地登到了殿顶，并从天窗纵身跃入泳池。

可是令人难以置信的矛盾现象出现了：物质条件改善，精神文明发展；本该受益的民族却减少了。怎么会这样呢？

这是因为我们的道德规范出了问题。每分钟都有犯罪发生；由于宗教感情的丧失，它们并不像在我们时代一样手段比较仁慈。如今它们像是时间推进的必然产物，再也激不起愤慨；如果说，从前人们对它们有着一种截然不同的评价，那是因为人们不像想象的那样有相当先进的认识；现在，人们分析它们，将它们放入熔炉里去检验，以便从中发现有用的东西，就如同化学家检测垃圾的组成一样。道德的败坏与肉欲的堕落的破坏性大不一样，它们常被理所当然地接受；因为它们并非个别而是普遍的现象。

这样的人会有羞耻感，因为人们已证实他们也有灵魂，他们本来完全可以找到与此不同的生活；如果他们也被培养得像我们的祖先一样怯懦，他们就会觉得缺乏威严、力量和才能；他们接受了虚无主义，或者说是怀疑吧，也许他们也觉得这并非好东西，但却是无法否定的事实。来崇拜我们这愚蠢的傲慢吧！

这就是社会衰退与个人发展的缘由。假如说知识的进步也带来了

[①] 一八四〇年，普鲁士国王病危，西班牙女王仅十岁，英国维多利亚女王刚结婚。

道德观念的进步，那倒也平衡了，而且人性也会跟着增长。可事实却恰恰相反：知识越来越丰富，是非却不分明了；思想越来越开阔，良知却泯灭了。不错，社会是在衰退：自由本可以拯救这个世界，可是却行不通，因为缺乏宗教信仰的支撑；秩序本可以捍卫法律的尊严，可它也不会建立得很坚实，因为无政府主义思想抵抗着它。几乎从不曾与人分享权力的帝王从此也要成为不幸的阶层：没有一个可以获救，除非他像基督一样出生在麦秸上。就在军号声宣告人民的觉醒的时候，在圣德尼坍塌的坟墓里，君主们被拖出来，等着被埋进平民的坟地。这时，捡破烂的做了最后的世纪性裁决：在那死一般的黑夜里，他们举着灯笼，在侥幸逃过第一次掠夺的残物里仔细搜索着。国王们已消失无踪，但王位犹存：他们将之从时代的核心拔出，扔进废品筐里。

未来——前途未卜

因此，旧欧洲的一切是不可能再复活了。年轻的欧洲真的就再也没有机会了吗？失去了习惯的权威中心，当今世界仿佛置身于两个不可能当中：不可能回到过去，也不可能拥有未来。有人想象，如果我们现在是不幸的，那么将来形势肯定会好转，您可别相信；人类被带坏了的习性不会就这么败坏下去。例如说，过于自由会导致专制暴虐；但过于专制也只能导致专制暴虐，它毁坏我们，使我们无法独立：蒂贝尔没有让罗马回到共和制，在他身后只留下了卡利居拉王朝。

为避免解释的麻烦，我们只说时间可能会把我们预想不到的政治体制推到我们的面前。所有的古人，包括那些最具天才的古人，他们想象得到一个没有奴隶的社会吗？但我们却看到了它的存在。他们断言这种文明将会诞生一个壮大的种族，我个人想着：然而，个体没有减少的可能吗？我们可以像勤劳的蜜蜂一样，为了共同的蜜糖而共同劳作。"物资"领域里，人们联合起来工作，一群人通过不同的路径抢先一步找到了他们寻觅的东西；另一群人将建起金字塔；通过研究它的方方面面，这些人将搜寻这个创造物的每个角落，并有一些科学的发现。然而，"精神"领域里也是相同的情形吗？事实是，一千个脑袋凑起来也创作不出一个荷马的杰作来。

他们说将会有一个城邦，那里的每个成员都拥有同等的财产和教育，她会在真主面前展现一幅比祖辈们的城邦更美的画面。现在有一个荒唐的想法：将所有的人民联合起来，也就是说，将整个人类变成一个人；但是，在集中了全人类的智慧的同时，丰富的个人情感岂不就丧失了吗？远离了温暖的壁炉；远离了温馨的家庭；在那些被看作您的同胞的白皮肤、黄皮肤、黑皮肤当中，您再也没有机会热情地拥抱您的兄弟。透过您爬满常春藤的窗户，在所能见到的狭隘的天地里，您能找到半点昔日生活的影子吗？您想象着视野外一些不知名的国度，那还是一只偶然经过的候鸟——您到垂暮之年才见过的唯一过客刚向您提过的。您很庆幸，那些环绕着您的山丘没有在您眼前消失；是它们隐藏了您的友情和爱情；夜的呻吟声伴随着您在幽静的小屋中睡去，那是唯一的噪音；您沉静的灵魂不会被打扰，思想总在那儿等着与您重拾平易的对话。您知道您出生的地方，您知道您将埋葬的地方；迈进森林的时候，您可以说：

> 看着我出生的美丽森林啊，
> 您不久就会看到我的死亡了[①]。

---

① 肖利厄（Chaulieu，一六三九——一七二〇）的诗句。

人不只通过旅行才能变得富有，他自身就是无限的财富，从您内心深处流露出的这种论调有着不可估量的作用，它引起了千万个灵魂的共鸣：自己没有想到这一点的人，也不能在世人那里找到。坐到树林深处的树桩上去吧：如果在您遗忘的深处，在您宁静的内心里找不到无限的话，即使您迷失在恒河的沙滩上也是徒劳的。

一个没有国度的大同世界该是什么样子？它既不属于法国、英国、德国、西班牙、葡萄牙、意大利、俄罗斯，也不属于鞑靼、土耳其、波斯、印度、中国、美国，或者不如说是同时为他们所共有。会这样吗？它的习俗、它的科技、它的文学艺术会是怎样？如何同时向不同气候下的不同民族表达自己的感情？怎样的语言才能满足迥异的需要，描绘出曾照耀过所有青年、成人和老者的太阳的不同图景？这是种什么样的语言？社会大融合会不会产生一种通用的语言；或是每个民族仍使用自己的语言，但他们有一种融合的日常用语？又或者所有的语言都能被大家明白？这样的社会将会在哪一种统一的法律之下存在于怎样相似的习俗当中？如何在统一的社会不断壮大，在小范围的王权统治四处碰壁的地球上寻得一席之地？我想，除非能利用科学方法换一个星球。

圣西门主义者——傅立叶学说的信徒——傅立叶主义者——欧文主义者——社会主义者——共产主义者——联合主义者——平均主义者

厌倦了财产私有制的您是否乐意让政府成为唯一的所有者，像打发乞丐一样按每个人的功绩分给您一个份额？谁来评判您的功绩？谁会拥有扣押您的财产的威力和权威？谁将掌握并利用这个活的不动产库？

您试图建立一个劳工联合体制度吗？共同体能否承受病弱无能者的负担？

或建立另一种联合体制：取缔工资制，代之以股份公司，或工厂主和工人、才智和物质的两合公司；一些人提供资金和计划，另一些人则提供技艺和劳力；人们共同分配利润。这太妙了，是可采纳的完美结合；的确妙，如果不会发生争吵，没有人贪财，也无人妒忌的话。但是只要有一个合伙人要求退出，一切就都完了；无休止的财产分割和诉讼便上演了。这种方式，从理论上说可能性大一点，可实践上却也是行不通的。

您的观点似乎温和些，只想要建立一个城邦，每个人都拥有房屋、壁炉并且丰衣足食吗？当您能够给居民们提供这一切的时候，质量和数量引起的问题将会破坏您的分配并使之不公平：这个人食量比那个人大；可那个人工作不如这个人卖力；勤劳节俭的人将成为富人，而挥霍者、懒惰者和多病的人会重新陷入贫困之中；因为您无法使每个人都有同等的体格和性情——您的努力仍然改变不了天生的差异。

您可以不相信，烦琐的法律措施总是纠缠着我们：人们需要组建家庭；他们有婚姻权、监护权；继承人要收转财产，承担权利和义务等。显然，婚姻本身就是荒谬、痛苦的：我们要将这一切都取消掉。如果儿子杀死了父亲，犯了杀父罪，那不是儿子的错——因为我们已证明他是品行端正的；那是活着时的父亲害死了儿子。不要再为我们建在足下的迷宫般的房子而伤透脑筋、自寻烦恼了吧；没有必要再为祖辈们这些过时的琐事而纠缠不清了。

尽管如此，仍有一些激进的宗教主义分子隐隐约约地意识到这些学说的虚幻性；他们参与其中，为的只是让他们接受宗教的道义；他们以为在想出更好的解决办法之前，似乎可以先采取美国式的完美中庸措施；他们闭上了眼睛，忘了美国人都是积极的产业主，而这一点是帮了他们一点忙的。

另外，有更殷勤的，他们接纳了一种优雅文明，却只是将我们变成了近似无神论者的中国"立宪派"：数世纪以来，知识渊博、自由自在的老者身着黄色长袍坐在精美的装饰毯上；民众发明创造了一切，我们则只须饱食终日，悠悠闲闲地享受着这些既得成果；然后像傻瓜一样坐上从广州到长城的火车，与天朝的另一位封建领主东拉西扯地聊着某块要排干的沼泽地，或是某条待挖的运河。对美国式的或中国式的，这种或那种假设，我丝毫提不起兴趣；我宁可在这样的幸福降临之前就死去。

最后还有一个办法：可能是由于人类志气的彻底丧失，人们已改变了自己的所有：在国王们以权力换取了一笔年俸的同时，人民的独立热情也变成了对金钱的热爱。于是，在被乱糟糟的杂合政治体系迷惑了的有识之士和君主之间达成了妥协；他们各自轻松地炫耀着自己的缺陷，如同在旧式麻风病院里，或是在今天，病人用烂泥涂在身上以求减少痛苦。人们卑躬屈节、委曲求全，一同走进腐化堕落的烂泥里。

然而，按照我们的社会现状，想要用物质享受来代替精神享受仍然是白花时间。有人设想，这会使生活中充斥着旧式的贵族；他们拥有宫殿、大群的奴隶，俨然是世界的主宰；他们将整个非洲纳入自己的私有财产。穷困潦倒的您将在哪个屋檐下进行您的消遣呢？鲜花香水、长笛演奏者、爱奥尼亚的高等妓女都将被您安排在哪间宽大豪华的浴室里呢？这些并不是埃利奥加帕尔想要的。您到哪儿去找这些物质享受所必需的钱？物质上的富翁，精神上的乞丐。

下面来看看绝对平均主义存在的更严重的问题吧：它不但奴役了身体，也奴役了灵魂；更重要的是它否认了个人体质、智力的不一致。处于众人的监视之下，我们眼看着自己英雄无用武之地，美好愿望不能实现。例如说，不满足于现状是我们的本性；您却禁止我们通过才智去获得，甚至不准我们去向往那无穷无尽的财富，迫使我们过着蜗牛般的生活，把我们变成机器。因此，别幻想了：没有拥有一切的可能性，也不存在长生不老的办法，到处充斥着虚无和死亡；没有个体所有制，就不存在解放；无论谁，只要没有所有权就不可能独立；不论是在当今财产独立的条件下，还是处于财产共有的状况中，他都会成为无产者或是工薪阶层。财产共有会使社会看起来更像一个修道院：庶务们站在门口，分发着面包。财产的继承制和神圣不可侵犯性是个人权益的保障；财产不是别的，财产就是"自由"。"绝对平均"主义必须以对它的"完全服从"为前提，因为它是最具强制性的；个人被它改造成了役畜，并在它的管束下走在同一条永无尽头的小路上。

在我这样陈述道理的时候，狱中的德·拉默内先生①，我们伟大的诗人，也用他强有力的逻辑说理对这些制度进行了抨击。从他标题为《关于人民的过去和将来》的小册子中借用的一段文章，将为我的理由做最充分的阐释；听听他是怎么说的吧：

> 将实现绝对平均作为目标的人，为了建立和维持它，必须借用强制力量，而这样的直接后果就是导致这种形式或那种形式的专制或独裁。
>
> 支持绝对平均的人首先必须设法克服天性的不平等，减少——可能的话甚至消除——这种不平等。为了创造形成这种组织和发展的第一条件，从人类诞生、小孩出世的第一天起，他们的工作就开始了。于是国家征服了一切，不但控制了人的肉体，同时也控制了人的精神。智力和道德都有赖于它，都服从它。从此以后，没有婚姻，没有家庭，没有父子之情；国家操纵着男人、女人和小孩，把

---

① 一八四一年，德·拉默内（de Lamennais）在圣佩拉热度过了整整一年。

他们想怎么样就怎么样，精神上、肉体上密不透风的奴役使他们透不过气来，却又无处可逃。

在物质上，平均主义只会用简单的分配来稍微改善一下严峻的现状。如果仅仅涉及土地的分配，可能可以按人头分配；但是人口总是变化着的，那么就必须经常改变原有的分配。取消了个体所有制之后，国家将成为唯一合法的所有者。赞成这种所有制的恐怕只有修道士，因为他们对神许下了贫修、顺从的愿心；不赞成的是奴隶，因为这丝毫没有改善他们艰难的处境。富有人情味的联系，友好的交往，相互的忠诚和帮助，个人的天赋和才能，所有这些使生活温馨迷人、使个人有所作为的美好东西都化作了泡影。

他们为解决人类未来的问题所设想的方案否定一切存在的必要条件，并且总是直接或间接地破坏人们的义务、权利和家庭关系；就算真能在社会实施，也不会使人们获得自由，取得真正的进步，而只会产生像远古时一样的奴役，丝毫无进步可言。

这样的逻辑推断简直无懈可击。

我并非去探望囚犯，像达尔杜弗那样给他们施舍，而是去看那些比我高深的人，并借此来丰富我的学识。我不害怕他们持有不同观点：一个虔诚的基督徒，是没有人可以改变我的信仰的；我同情他们，我的爱德足以抵抗诱惑。如果说我犯错过多，他们则是过少；他们懂的我也懂，我懂的他们却未必全懂。从前我曾到这个监狱看望过高贵而不幸的卡曾尔，今天我又在这儿看望德拉默内教士。这些仅存的高贵的人，七月革命既不懂得他们的价值，也不能忍受他们的光辉，只将他们弃置在这地狱般的牢笼里。在上面最后一个房间里，一个矮得伸手可及的屋顶下，弗朗索瓦[①]·德拉默内和弗朗索瓦·德夏多布里昂，我们两个衰朽的

[①] 德拉默内的名字（弗朗索瓦）应受到祝贺。

自由信仰者谈论着严肃的问题。他徒劳地反抗了一番，但他的观念还是被套进了宗教的模子；已有了基督教的形式，而实质却与教义相差甚远：他的言论引起了天国的骚动。

《冷漠论》的作者是异教说的忠实信徒，他操着与我相同的语言，却宣扬着不再与我相同的观点。如果接受颇受欢迎的福音主义教义后，他仍从事神职，那么他还能保持被这些转变破坏的声望。本堂神父们，教士中的新成员们（并且是其中最杰出的成员）向他走来；如果他赞成教会自主，尊敬圣人彼得的后继者，又反对联合的话，主教们也会投身到他的事业中来的。

法国的青年围着传教士，从他那儿他们听到了自己喜爱的思想和憧憬的进步；欧洲热心的不信国教者也丝毫没有反对它的意思；波兰、爱尔兰和西班牙这些信奉天主教的伟大民族还会感激上述传播它的人。连罗马最终也发现，新的福音主义者使得教会统治东山再起，并给压迫下的大祭司提供了抵制绝对王权影响的办法。多么强大的生命力量！一个集智慧、宗教和自由于一身的教士！

这些却是上帝不愿看到的；才智过人者立即失去了光辉；引路人退避三舍，将民众留在了黑夜里。我的同胞中止了他的公众事业，但依然保持着个人的优越感和天赋上的优势。按照时间的先后顺序，他应该活得比我长；我要唤他到床边，在那些再也不会有人经过的门口，我们还会各抒己见，争论不休。我希望他的才智能像过去他的手抚摸过我的头顶一样给我宽恕。我们出生时也曾得到过同样的抚慰；愿他会容许我以赤诚的信仰和真挚的崇敬去期盼：在同一个永恒的海滩上与我言归于好的朋友重逢。

基督教思想是世界的未来

通过调查研究，我最终断定，旧的社会已经破产；一个既要坚持自己的论点，又赞成纯粹共和制或君主改良制的人是无法理解未来社会的。因为无论你怎样的假设，您所期盼的改良都只能在《福音书》[①]中找到。

当今的各种宗派信徒联合实质上都是耶稣教义的可笑翻版，它始终以信徒教义为核心：这种教义已深入人心，我们对它像对待自己的东西一样运用自如；我们很自然地揣测着它，尽管它不属于我们；它来自我们古老的信仰，继承于我们前两代或三代的直系尊亲属。这种致力于完善耶稣教义的独立思想者从未考虑过耶稣是否已将人民的权利置于其中。我们所追求的一切仁慈博爱，我们所梦想的服务于人类利益的制度，都不过是蜕变了的基督观念，它换了名字，甚至经常被歪曲：但它终究是基督的血肉！

您认为基督思想就是发展了的人道主义思想？我赞同；但是当您翻开形形色色的宇宙起源说，您会得知传统基督教是先于启示基督教的。正如基督谈到自己时所说的那样，假如他"没来过，也没说过什么"，观念就不会被阐释，真理就仍会处于混沌状态，这在古书中曾有模糊的体现。因此，这就要看您怎么理解了：如果把他看成启示者或基督，您就领会了它的真义；如果您把他看成一个救世主、安慰者，您就该远离他：因为是他在您心中播下了文明和哲学的种子。

您已经看到了，我只能在基督教或至少符合天主教义的基督教旁

[①] 《福音书》："假如我没来过，也没对他们说过什么，那他们就不会有过错；可现在他们连犯错的借口也没有了。"

支当中找到未来的出路；基督教产生于真理的萌发，就像天地万物是上帝的创造一样。我不敢断言一个彻底的革新已经发生，因为我得承认整个人类终将走向毁灭，信仰也会在某些国家枯竭；但是只要还剩一颗种子，只要这颗种子还能落在一小块土壤上，哪怕这小块土壤是在花瓶的碎片之中，它也会茁壮成长；于是，又一种天主教思想的降生将会使社会重焕生机。

基督教是上帝和创世主最合理、最具哲理性的评判标准；它囊括了宇宙三大法则，即神的法则、道德法则和政治法则：神的法则，即上帝的三位一体；道德法则，即"慈善"；政治法则，即"自由、平等、博爱"。

前两种法则已发展成熟；第三种，也就是政治法则却没有得到完善，因为它无法在人类没有树立明智的信仰和普遍具备一定道德的情况下盛行。那么，基督教首先就得清除人类因狂热崇拜和所处的奴役状态而导致的谬论与恶习。

有教养的人无法理解为什么我这样一个天主教徒却执意要坐在他们称之为废墟的阴影里；在他们看来，我这是顽固不化，是成见太深。好吧，那您就行行好，告诉我，在一个属于个人和理智的世界里，我到哪儿去找您所建议的家庭和天主？只要您能说出来，我就跟您走；否则的话，就甭指责我怎么还躺在基督的坟墓里，因为这是您抛弃我时留下的唯一歇脚处了。

不，我不是顽固不化，是真诚；以下就是我所经历的：我的计划、我的研究、我的经验都化成了泡影，我只知道世界所追求的本身就是个十足的错误。我的宗教信仰不断增强，战胜了我其他的一切信仰；人世间再也没有比我更虔诚的基督徒，也没有比我更不愿轻信的人了。现在还远没到结束的时候，救世主的宗教刚刚进入它的第三个阶段——政治阶段了，即"自由、平等、博爱"。福音书和无罪宣判都还没有公之于众；我们仍生活在基督宣告的不幸里："很不幸，您让人类承受他们不能承受的重压，而您根本不想用手指尖碰他们一下。"①

基督教义亘古不变，但对它的阐释却是多种多样的；它的变化代表了世界万物的变化。当它达到最高境界的时候，蒙昧将被驱散；自由，与耶稣一同在髑髅地的十字架上受难的自由，将和救世主一同从受难架上走下来；自由会把《新约》交给各民族，因为那本书是为他们而写，只是目前某些条文已写不下去了。政府将不复存在，道德败坏会成为历史，名誉的恢复也会宣告死气沉沉和抑郁衰败的世纪已经过去。

期待的日子何时会到来？根据基督教义的秘密方法，什么时候社会才得以重组？天晓得，感情的阻力是无法估计的。

死亡的阴影不止一次笼罩了人类，使人事归于沉寂，仿佛一场夜雪停止了车马声。民族不会像组成他们的个体一样迅速地消长。但愿寻寻觅觅的东西不久就会出现？后期罗马帝国的苦难看来还没有结束；延续了这么久的基督纪元也没能完全消灭奴役。我知道时间不会影响法国人的性情；我们在革命中从未将时间因素纳入考虑的范围：这就是为什么我们总在焦虑之后得到意想不到的结果。年轻人斗志昂扬，跃跃欲试；只要隐约看见他们前面的高地，就会迫不及待地低头猛冲，千方百计达到目标：勇气可嘉；可是以生命的代价换来的却是一次又一次的失望，然而不明世事的后人重又背负起这沉甸甸的失望，直到生命的尽头；就这样世代相传。荒漠年代又一次来临；就在人类可怕的、狂热的自我崇拜中，就在贫瘠的避难所里，基督教又一次复活了。

历史会带来两个结果，一个是目前大家都看到的直接结果，另一个是大家一时看不到的未来的结果。这些结果往往是自相矛盾的；一些来自于我们目光短浅的明智，另一些则是来自永世长存的明智。人算不如天算。上帝就站在人类背后。尽管去否认这至高无上的旨意吧，您可以

---

① 《福音书》中圣吕克所说。

不同意他的行动和言辞；如同民众一样，您有许多事情和更多的理由向上帝呼吁；瞧瞧最后的结果吧，您将会看到它总是事与愿违，因为它首先并没有建立在道德和公正的基础之上。

如果上帝还没有宣读他的最后判决；如果一个强大自由的未来还远在我们的视野之外；那就只有基督徒的期盼才能帮助实现它，因为当一切似乎都已背叛了它时，它的翅膀却在日益丰满，企盼比时间还要漫长，比痛苦还要强烈。①

回顾我的一生

是忏悔激发我也促使我写成了这部作品，它会在我的身后仍存在吗？可能我的作品是糟糕的；也可能到了那一天，我的《回忆录》也消失了。但至少在人们都不想要的、无以消遣的人生暮年，我这些回忆尚能聊以解闷。晚年生活是凄苦的：因为自身已一文不值而毫无快乐可言；因为成了所有人的负担而令人生厌；他一只脚已迈进了棺材，只等另一只了：在被世人遗弃的地方仍然幻想着，又有何益处呢？未来我们会看到什么样的亲切可爱的亡灵？哼，不管将怎样，我都会毫不在乎的！

一个念头突然冒出来扰乱了我的宁静：我不知道我挑灯夜作是否太天真；我担心我糊涂得不明白别人只是曲意逢迎。我所写的是否合乎正义？是否严格遵守了道德和慈爱的规范？我有权谈论别人吗？假若这本

---

① 关于显示了本卷特色的希望和痛苦的混合，参看篇章三十四的"引言"。

《回忆录》真有些不妥,后悔又于我何益?你们在人世不为人知,创造了神迹、在供桌上生活舒适的神灵却向你们秘而不宣的德行致敬!

这个缺乏学识、无人照料的可怜人,却用他仅有的道德和教义影响了他的难友们,这实际上是神圣基督的影响。地球上最好的书也顶不上埃罗德"用血祭奠过"的无名殉道者人生的一幕。

您见过我出生;您见过我的童年和贡堡城堡里人们对我的杰出作品的狂热崇拜;我到过凡尔赛,曾在巴黎目睹大革命的第一幕。我遇见过新世界的华盛顿;我进过密林;海难又将我推回了布列塔尼海岸。我经受过战士的苦难,体验过流亡贵族的悲惨。回到法国,我成了《基督教真谛》的作者。在这个变化了的社会里,我得到和失去了朋友。波拿巴叫住我,又和当甘公爵血肉模糊的躯体一起扑倒在我的脚前;我为之驻足,将这个伟人从他的出生地科西嘉岛带到他圣赫勒拿岛的坟墓。我参加了王朝复辟,并看着它灭亡。

这就是我所经历的工作和生活。我四次漂洋过海;我曾感受过东方的阳光,触摸过孟菲斯、迦太基、斯巴达和雅典的遗址;我在圣徒彼得陵墓做过祷告,并有过对骷髅地的朝拜。我既贫穷又富有,既强大又懦弱,既幸福又悲惨,既是行动家又是思想家,我的手曾触摸到世纪的深处,我的智慧曾飞到人迹罕至的角落;虚幻中也曾有过真实的存在,正如水手们透过云雾见到陆地一样。这些所见所闻如果像清漆保护的图画一样在脑海中永不消失的话,它就将勾画出我一生留下的足迹。

我的三种职业都有它的最高目标:作为旅行者,我渴望发现地球两极的秘密;作为人文学者,我努力尝试在遗址上重建宗教信仰;作为政治家,我竭力让人民拥有一个沉着冷静的君主制,去找回在维也纳条约中丧失的力量,使法国重立于欧洲民族之林;至少我曾为对他们至关重要的新闻自由的获得助过一臂之力。在神的领域,宗教和自由;在人的领域,体面和荣耀(这是宗教和自由的人类后代):这就是我对祖国的期望。

比起同时代的其他法国作家，我几乎是唯一的文如其人：旅行者、战士、政论家、大臣；在森林中我歌颂森林，在轮船上我描绘海洋，在军营里我谈论武器，在流亡中我学会了流亡，在课堂、在事务中、在议会上我研究了君主、政治和法律。

希腊和罗马的雄辩家都曾参与公众的事务，并与他们同命运共呼吸；中世纪末和文艺复兴时期，意大利、西班牙的文艺先驱们也曾投身社会运动。但丁、塔索、卡蒙斯、埃尔西拉、塞万提斯过的是怎样一种暴风雨般激烈而美丽的生活啊！在古代的法国，我们的圣歌和故事都来自我们的圣地和战场；但从路易十四时期起，我们的作家就常过着离群索居的生活，他们能成为时代精神的代言人，却不能反映他们时代的现实。

不知是幸福还是幸运，我在暂住过易洛魁人的茅屋、阿拉伯人的帐篷，穿过野人的上衣、马穆鲁克骑兵的长袍以后，又坐在了君王的桌旁而重陷困境。我参与了和平与战争；我签过条约和协议书；我出席过法庭、议会和教皇选举会；重立和推翻王位；我制造了历史，并可以记录历史；在孤独清静的生活中，我可以和想象中的女子阿达拉、阿梅莉、布兰卡、韦莱达一同走过喧嚣繁华，更不必说那些现实中的人物，只要她们有同样的魅力。我担心我有一颗一位先哲称之为宗教病的灵魂。

我生在如同两河交汇的世纪之交；我投身于它们混浊的水流中，身不由己地远离我诞生的海滨，怀着无限希冀，朝那不可知的彼岸游去。

在我有生之年的世界变更记

按照我们民族的习惯说法，从"我能从床上看到天空"的时候起，整个地球就又改变了。如果把我出生时的地球跟我离去时的比较一下,我会辨认不出来了。地球上的第五块陆地澳大利亚被发现,并已经住满了人;法国人的帆船①在南极洲的冰川中刚发现了第六块陆地,巴里、罗斯、弗朗克兰绕过北美洲的海岸边界线来到了我们这里;非洲开启了它的神秘之窗;现在,我们的家园没有哪个角落是不为人知的了。我们学习分隔世界的每一种语言;我们不久就会看到舰队穿过巴拿马地峡,甚至苏伊士地峡。

历史总是不断让人有新的发现;那些原来神圣的语言也都敞开了它们的门户;在梅兹哈伊姆的花岗岩上,商博良解开了那些象形文字之谜,沙漠曾经因为它们而像是在嘴上贴上胶布,从不轻易泄露它的秘密。②假如新的革命已将波兰、荷兰、热那亚和威尼斯从地图上抹去,但愿其他的共和国能在大西洋海岸占据一席之地。发达完善的文明将对这些国家的刚强有力的民族本性有所帮助:汽船逆流而上,这些原来不可克服的障碍如今也成为便利的交通通道了;如同肯塔基沙漠上出现的美国新州,它也在河岸建起了城市和村庄。在这些以不可穿越著称的森林里,不用马的车子载着沉甸甸的物品和成千上万的旅客飞驰而过。造船的木材和矿产资源也顺流漂下;巴拿马地峡拆除了它的屏障,两边海域的船只都能自由通行。

借助于这火热的运动,航运并不只限于河上,还横跨了大洋;距离也因此缩短了;再也不会有巨浪,不会有季节,不会有逆风,不会有封锁和封闭的港口。工业对于普朗古埃的小村庄来说还只是个遥远的神话;那时,贵妇们还在壁炉前玩着古老的游戏;农妇还在为她们的衣

---

① 迪蒙·迪尔维尔(Dumont d'Urville)的船队。
② 克·勒诺尔芒(Ch. Lenormant)先生是与商博良一同旅行的学者,他保存了古埃及方尖碑的基本原理。现在昂佩尔先生前往泰伯斯和孟菲斯遗址研究它们。

服纺着麻线；细得可怜的树脂蜡烛衬托着村庄的夜色；化学尚未产生奇迹；没有机器去利用铁和水力来纺纱织衣；瓦斯还只是一种大气现象，并未用来照亮我们的剧场和街道。

这些变革并非只发生在我们的逗留期间：人类不灭的天性让他将智慧一直带到天国；而通向那里的每一步都会让他感受到无可比拟的神的力量。这颗星星，在我们祖先的眼中只是很平常的一颗，可在我们的眼前却呈现出两颗甚至三颗；重重叠叠的太阳投下太多的阴影，使得民众也没有足够的生存之地。在浩瀚无垠的宇宙中心，上帝看着这些精彩的场面一一闪过，那些都是上帝神力的证明。

想象一下，随着学识的日益丰富，我们贫乏的星球将遨游于阳光海洋里。那是银河，是光明的源泉，是造物主双手创造星球的金属熔化材料。这些星体如此遥远，人类能看到自家壁炉的光亮，却看不到它们的光辉，要看到它们，或许要等到它们已失去了光芒的那一天。即使是相对于自己生息的地方，人类也是多么的渺小啊！但是人类的智慧又是何等的伟大啊！他知道星球的脸什么时候会蒙上阴影，彗星会在千万年后的几时几刻出现；可是他自己却只在世上生活一小会儿！人类不过是天空的巨大裙褶里一颗微不可见的尘埃，可是各种星体在广袤宇宙间的每一步都逃不过他的眼睛。这些我们仍很陌生的星体将照耀出什么样的前程？他们的显现是否与人类进步中的某个新阶段有关？关于这些，后来者会知道的；至于我，我要走了，不会知道了。

生前的勤奋使我完成了自己的纪念碑。这于我是一个很大的慰藉；我感觉仿佛有人在推着我走；我订了座位的小船船长警告说，船马上就要启航，我剩下的时间不多了。假如我是罗马的主人，比如说西拉，那我就会在死去的前一天夜里来完成我的《回忆录》；但我不会像他这样结尾："我的一个孩子带着他的母亲梅特拉走进我的梦中，劝我去共享那永远的安宁和幸福①。"如果我是西拉②，天上的荣光永远也不能给我安宁和幸福。

新的风暴即将来临；有人预感到这是一场前所未有的大灾难；他们正包扎好旧伤口，准备着重返沙场。然而，我以为不会有什么不幸发生了：因为君民都已疲惫不堪；意外的灾难不会再狂袭法国了：在我之后将发生的只会是一场普遍的变革。有人将改变这艰难困苦的状况；没有苦痛，人们就不会想到要改变面貌。但是仍然会有一个举动，这不会是几个独立的小变革，而是一场正迈向终点的大革命。未来的这些图景已跟我无缘了；它们呼唤着新的画家来描绘：该你们了，先生们。

一八四一年十一月十六日，写完这最后几个字的时候，我看见西向的窗户正开着，那儿正对着外国传教士住所的花园③：正是清晨六点时分，月儿发散着苍白的光晕；已经沉得很低了，几乎碰着被东方第一道金光照亮的巴黎荣军院的指向牌：大概旧的世界已经隐退，新世界就要诞生了吧。太阳将从万道晨曦中升起，但我将看不到了。我只能坐在墓旁；然后手拿耶稣十字架，勇敢地走进那永恒的宁静。

《回忆录》完！

---

① 见普吕塔尔克的《西拉的生活》。
② 普吕塔尔克刚联想起他晚年的耻辱。
③ 一八三八年七月，夏多布里昂住在巴克路112号（现为120号）的底层。他后来就在这里去世。在小花坛的外面，他看得见外国传教士所住修道院的花园。

附 录

《墓畔回忆录》及舆论

《墓畔回忆录》一出版就遭到了冷遇和反感，我们于是试图在序言里就指出它的原因。夏多布里昂的生前老友们大都曾是七月王朝的重要人物。随着年龄的增长，他们的憎恶却也愈加强烈。自一八四八年七月二十八日起，莫莱在给巴朗特的信中说到："《墓畔回忆录》就要出版了，它会比《朗塞的一生》更糟糕。"同时期的帕基埃的评价也不比他客气。在布瓦涅伯爵夫人的"叙述"中，可以看出他的敌视态度。

从一八四八年十月起，列日大学的圣伯夫开设了包括二十一讲的关于夏多布里昂的专题讲座；直到一八六一年才以《第一帝国时期的夏多布里昂以及他的文学派别》为题发表出来。尽管他只研究到一八一一年，可却声称他的不少结论适应于全部著作，仿佛夏多布里昂在最后的三十七年中只字未写似的。讲座，还有尤其是出版后随附的注解的意图都是阴险恶毒的。看来，圣伯夫是不甘心对生前的夏多布里昂过于阿谀奉承了，所以要在他死后来反咬一口。

一八五〇年七月一日，斯达尔夫人之孙，二十九岁的阿尔贝·德布罗格利在一篇题为《两个世界的回顾》的文章中写道："一个垂死之人的傲慢建起的新型金字塔，即所谓的《墓畔回忆录》。"

一般来说，稍有名气的浪漫派作家都懂得夏多布里昂的重要性；他们明白自己得益于他。但是《论英国文学》中"品位低下""兽性化和物质化的学校"深深刺伤了他们。曾经狂热崇拜过夏多布里昂的雨果几乎从一八三〇年起就没有再见过他。"夏多布里昂和拉马丁彼此厌恶",圣伯夫写道。行将就木的巴尔扎克因为不满他的自由主义,甚至从未提过他的名字。不用说,维尼也厌恶他:"政治、文学和宗教上的伪善、虚假的才华,这些就是这个一事无成的人的全部了。"然而戈蒂埃声称夏多布里昂为浪漫主义的"酋长",奥古斯坦·蒂埃里也在阅读一段《殉道者》的插叙时,叫人加上了著名的一页,提到了他的历史功绩。

乔治·桑对待《回忆录》很苛刻:"这是一部'缺乏道德'……没有灵魂的作品……"然而,像所有曾对夏多布里昂态度恶劣的人(如圣伯夫、夏尔·莫拉斯,甚至吉耶曼先生)一样,她后来也承认他是无比杰出的:"虽然作品中他的泛爱的作风和个性,他的矫揉造作,他对新词新义的滥用,所有这些都令我生厌,我仍能时刻感受到大手笔的纯朴、新颖和形式美,某些篇章甚至堪称文学世纪大师之作,我们这些浮躁后生即使使出浑身解数也不会有一个人写得出来。"

泰纳·勒南(尽管是布列塔尼人)从未认真对待过他写的作品。教皇绝对权力主义者弗约诅咒说:"一个永远忙于矫揉造作、夸夸其谈的人,他矫揉造作是为了夸夸其谈,夸夸其谈是为了矫揉造作,不矫揉造作,不夸夸其谈,于他是不可能的……"

这一次,弗约终于与教育界人士取得了一致意见,在十世纪末二十世纪初他们也对夏多布里昂充满了敌意。在一八九九年和接下来的两年里发表的关于《夏多布里昂在美洲》的文章里,约瑟夫·贝蒂埃不但指出说他不可能到过他所描绘的所有地方;甚至还宣称他的想象是毫无直感事实依据的;"要打动别人并激起行动",需要有"别人或他自己证实过的东西"。我刚重读过我的老师朗松所著《法国文学史》中关于夏多布里昂的篇章,结果令我大失所望。我熟知的治学严谨、善解人意的老师为什么这次会表现得如此轻率呢？"一个毫无意志的人"，"'总之'智慧超群"，"特别是抓不住思路"，"他的观念平庸肤浅，尤其专横。"于勒·拉梅特勒和安德烈·絮阿雷斯这两个师范大学学生后来也重复了这粗暴的论断：前者在一九一二年关于夏多布里昂的讲座中宣称，夏多布里昂的所有作品中唯一一本让他有几分兴趣重读的是《最后一个阿邦塞拉日的历险记》；同年，后者也慢悠悠地说着傲慢无礼的话，只当消遣："他有君主的腔调，却没有君主的灵魂……就算不说他空虚，至少也是个没受过苦的人……他盛产故作高深的寓言和荒唐可笑的斥责……他是自恋男子，那喀索斯虚无的水中倒影。"但是《回忆录》对这些粗浅的评判不屑一顾，如果说有一句话是值得重视的话，那就是这个平淡而又单纯的评论："《回忆录》是个令人惊叹的成功。"

阿·法朗士一向以讽刺的口吻影射"子爵"。保尔·瓦雷里似乎拒绝提到他的名字。夏尔·莫拉斯在一八九八年对他进行了猛烈攻击："夏多布里昂是海盗和窃贼的后代，凶猛又孤僻的猛禽、业余的收尸者，他在死人和历史中从未搜索到任何有价值的传统，也没有找到任何可遗传的永恒。"然而他却称他为"尊贵的智者"。皮埃尔·拉塞尔阐述他当时的老师莫拉斯的观点时说："作为一个政客，实际上夏多布里昂除了给自己招来一大堆烦恼以外，一无所获。"

对夏多布里昂所受人身攻击的回顾就到这里吧，因为同时也有相当多的人是试着去理解他，而不是去诽谤他。波德莱尔谈到他时总是怀着崇敬之情；认为他是"最不容置疑和非凡卓绝的语言和文学大师"之一。爱德蒙·德·龚古尔在他一八九三年四月一日的《日记》中写道："真的很奇怪，我的弟弟曾痛骂《墓畔回忆录》这本书，可是在我那些生命无望的日子里，它却开始成为我的读物。"第二年二月二十四日，他又写道："我要把全世界的人类伊始的所有诗篇，不管是何种语言，都献给《墓畔回忆录》的前两卷。"

一八九九年巴莱士参观贡堡。他想起夏多布里昂关于他第一次到达城堡并从此与家人在此长住的令人难忘的描述。"这些回忆广泛流传,我们的现代文学因它而变得丰富多彩,"巴莱士说道,"《墓畔回忆录》第一卷令我们热血沸腾。"纪德老是提起夏多布里昂:他欣赏他,又憎恨他;《朗塞》曾使他"陶醉其中",故他也爱读《回忆录》中一切有《朗塞》风格的章节。保尔·克洛岱尔因教育界对夏多布里昂进行猛烈攻击而颇为愤慨,一九一二年四月,他说:"他写的《墓畔回忆录》是法国最壮丽的史诗之一;仅这一点就足以令我们崇敬和珍惜了。它出自一部了不起的历史工程师之手,它是通向峭壁顶上的一条道路的设计师,从那儿我们看到了关于整个法国的最精辟的见解,它又是一位天才从逝去的文明废墟迈向毫无前途的乱世的诊断书……"

大约四十年以来,在有了玛丽-让娜迪丽、乔治·科拉斯、英里斯·勒瓦杨和许多其他人的相当多的优秀作品之后,夏多布里昂终于呈现出他的本来面貌。夏多布里昂协会的成员总是逐年增多。在他的逝世一百周年和诞辰两百周年纪念会上,人们显示出的极大的热忱和虔诚是罕见的。"新一代评论家"尤其重视他[①]。"我们几乎把一切都归功于他。"朱利安·格拉克写道。他焕发出从未有过的活力和生机。

[①] 至少,日·普·里夏尔的《夏多布里昂的影响》(一九六七)就是一个例子。

夏多布里昂自己眼中的夏多布里昂 [1]

我出身贵族。我觉得自己是碰上了好运。我对自由的热爱至死不渝,尽管它更多地属于已经走向没落的贵族阶级。

波涛、风、清静适合……我的本性,是我的启蒙老师;也许我的某些本不具备的美德正是从它们那儿学来的。

打猎、跑步跟读书、写作一样令我喜欢。
我的工作才能突出,记忆力非凡。

在我的一生当中,即使对某个人充满了敬畏,我也不会当面脸红的,我宁可这样。

我的家庭并不高贵,在我的父辈时她是可憎的,我的兄弟甚至使她成为笑柄,她的长子又使她稍有改变。尽管我有共和倾向,并竭力掩盖家庭的不足,但我仍不敢肯定我是否已令她彻底改观。

秋天里,我经常在齐腰的水里一站就是四五个小时,在塘边等着野鸭的出现;直到今天我仍会为猎捕到一只狗而激动不已。自从第一次爱上打猎就一发而不可收,沟渠、田野、沼泽和荆棘都在我足下一一踏过,有时我会发现自己拿着猎枪,一个人站在荒野里,强健而孤独,我就是这样回归自然的。

---

[1] 以下所有引文都出自《回忆录》。

贡堡的一位邻乡人来城堡住了几日，携同的妻子秀美异常。我不知道为什么村庄突然骚动起来，大家都一窝蜂似的跑到她家大厅窗边去瞧。我第一个到达那儿，一个陌生女子急匆匆地走过来，我转身想给她让路；无意间她却挡住了我的路，我被紧贴在她和窗户之间。这以后就什么也不知道了。从那一刻起，我总隐约觉得那种从未经历过的爱与被爱一定是一种无可比拟的幸福感觉……想象的激情和我的羞怯孤僻终于没有让我跨出一步，只是自己反省着；没有见到她本人，我的强烈欲念却使那个虚幻的影子从此挥之不去。

我根据见过的女人假想着……一个女人；她有着与那个曾将我挤在她胸前的陌生女子相同的身材、头发和笑容；有着村庄里这个年轻女子的眼睛，那个女孩的纯真……这个魅力无穷的幻影总是萦绕在我的脑际；我把她当作真人，与她交谈，她按照我的想象而幻变成不同的模样。

我并不知道我将名垂青史；我本该为了名利而让世界上最亮的光环围绕着我，并且我不必为此而奔波劳累。如果我可以像泥塑一样造型，或许我会是个女人，有着女人的激情；或许会是个男人，首先就要让自己仪表堂堂；其次，为了预防死敌的愤怒，我要让自己成为一位了不起的艺术家，但并非声名远扬，我只为清静和孤独而挥洒我的才华。在轻如鸿毛、昙花一现的生命中，除去尘世的浮华诱惑，便只剩两件真实的东西：宗教信仰和对年轻的热爱，也就是说，除了未来和现在，其他的一概无关痛痒了。

别人样样都会，我则一无所长，这就是我。

除了宗教，我再也没有别的信仰……我厌倦一切；我拖着疲惫的双腿,无精打采地走过我所有的日子,忧郁烦闷始终纠缠着我。

外表看来我是一个坚忍不拔的人,内心里都任由别人支配摆布,为了免去一时的烦扰,我却被奴役了一个世纪。

婚姻真的破坏了我的生活吗?我当然本该有更多的清闲的消遣;在某些场合和更多的地方我本应更受欢迎;但是,如若我的妻子想在政治上阻挠我的话,她是绝对办不到的,因为在那个颇获殊荣的领域,我是会意气用事的。如果我毫无羁绊,我不是可以写出更多更好的作品来吗?也许正因为有了情感的约束,有了某种秘而不宣的情绪,也才使我的语调更加有力,使我的作品由于一种内心的狂热和掩盖的火花而更富有生命力,然而放荡不羁的感情往往会把它们统统抹杀……我将对我的妻子永远充满温柔的感激,因为她的眷恋是如此的深沉和真挚感人。她令我时时尊重她,并深感我的责任,我的生命也因为她而变得更庄重、更高贵和更可敬。

我真的很有才能吗?这种才能是否值得我付出生命的代价?我能逃过死劫吗?到了冥间,在另一个充斥了异类的世界里会有变化吗?会有理解我的公众吗?我还会是从前那个我,后人会理解我吗?

我从不跟路人谈论我的兴趣和打算,我的工作和观念,我的喜和我的忧,我深信,对别人敞开心扉谈自己的事,将给人家带来深深的烦恼。坦率地讲,我缺乏内心交流,我的灵魂在日益封闭。

候见室、办公厅、报界和咖啡馆的庸人都推测着我有什么野心,事实远非如此。现实生活中我是个冷酷无情的人,谈不上什么激情,更不会感情用事,我敏锐的观察力洞察一切人和事,什么名气、重要性都荡然无存。我的幻想并没有帮我将理想变成现实,却让我对那些所谓最重大的事件也不屑一顾，对自己也心灰意冷：我首先看见的几乎都是事物的荒谬和烦琐；眼前几乎找不到崇高和伟大……在政治上，对我政见的热情持久度从未超过我的演讲稿或小册子的长度。在内心里和理论上，我是一个充满幻想的人；在外界和实践上，我又是一个十分现实的人。喜欢冒险又沉着冷静，热情似火又有条不紊，没有人比我更好幻想或更重实际，也没有人比我更狂热或更冷酷；我是一个奇特的双性人，血管里同时流淌着父亲和母亲异质的血液。

我曾先后担任过不同军队的将领，士兵们和我并不是一个派别：我率领老保王党人反对公众自由权，尤其是他们深恶痛绝的新闻自由；我嘲笑自由党人，他们自己居然也会害怕波旁王朝的这种自由。

我痛恨喜欢冷嘲热讽的人，他们都是最猥琐、最平庸、最浅薄的人。

一个极大的不幸：这件事已经过去了三十五年。① 很久后的今天，我的悲伤仍丝毫未减，这份刚被阻隔了的感情会是我最后的真情吗？我没有忘却它，但我却更快地替换了这份如此珍贵的情感！一个男人就这样日渐衰老。当他还年轻，还拥有生命的时候，他就只剩下了一颗歉疚的灵魂；然而当他努力面对，将生命沉重地拖在身后的时候，叫人又如何会宽恕他？我们用情不专却又天性贫乏，我们只能重复过去眷恋中的旧话来表达我们今天的情感。然而这些话本该只说一次的：因为重复只会亵渎它。

---

① 波利娜·德博蒙（Pauline de Beaumont）之死。

在所有逝去的东西当中，狼谷是我唯一惋惜的；显然，我将一无所有了。丢失了狼谷，我又孕育了玛丽-泰雷兹诊所，但是不久前我同样地又失去了她。如今，命运就要将我掩入那一小撮黄土，对此我早已看透了。

没人能和我一样生活在一个真实的亡灵的世界里，因为回忆已完全占据了我的现实生活。即使是那些我毫不在意的人，一旦死了，也都会涌入我的记忆之中：大概没有走进坟墓的人都不能成为我的同伴，因为只有那样才能让我确信我已经死了。在那里，别人都觉得是生离死别，只有我觉得那是永远的相聚；一个朋友去了，就好像永远地坐在了我的壁炉前，再也不会离开我了。当眼前的世界渐渐隐退，过去的世界就来到了我的身边，如果现代人瞧不起老一代，他们的不屑也丝毫不会影响我：因为我根本就看不到他们的存在。

"大概因为血管里流着法国人的血液，我的选择结束时，当有人与我谈起国外横加的舆论干涉时我感到极为焦躁；如果有教养的欧洲人想把一八一四年宪章强加给我的话，我就会到君士坦丁堡去生活。"[1]

我憎恶一切，蔑视现在，也蔑视即将到来的将来。可以统称为"公众"的后人们（并且是几个世纪的）都将是些可悲可怜的人，对此我深信不疑。所以我不忍将我的生命的最后时日用来记载过去的事情，用来描绘一个已完全消失的世界，没有人会再懂得它的语言，记得它的名字。

君主节[2]不期而至，我利用这个节日重申我的忠诚，抱有自由观点

---

[1] 一八一六年四月三日在贵族院上的演讲。
[2] 一八二五年十一月三日，圣查里节前夜。

的我，忠心始终不变。

厌倦、憎恶一切，迟疑不决是我致命的弱点。

应该做更低下、更卑微、更虔诚的基督徒才好。可是很不幸，我已经快走到生命的终点了，不可能做个更完美的基督徒了：如果有人给我一个耳光，我不会将另一边脸也伸过去。

我的生命愈是被效忠和荣耀束紧，我就越想用行动的自由来换取思想表达的自由；我的思想又回归了它的本性。

不怕您笑话，我承认我确实没有办事主动的天性，千万别对我的一举成功抱任何希望，因为我有本能的障碍。这种障碍并非来自我的缺乏灵感，而是因为我漠视一切。这个缺点使得我在现实生活中永远不能取得圆满成功。

若我有幸在此地① 了结我的余生，我就会在圣奥诺弗里奥置办一间陋室，那里挨着塔索逝去的卧房。在大使工作之余，我就坐在小屋的窗前继续写我的《回忆录》。在地球上最美的一个景点，在翠绿的橙树和橡树丛中，整个罗马尽收眼底。每天清晨，在临终和诗人的墓穴之间，我乞灵于光荣和灾难之神，从事着我的创作。

"查理十世"深信我有一颗善良的心却没有一个聪明的脑袋。事实却恰恰相反……我有一个特别冷静好使的脑袋，至于心嘛，还过得去吧，跟绝大多数人也没什么区别。

---

① 夏多布里昂为驻罗马大使（一八二九）。

对内战争没有对外战争那么不正义、那么容易激起公愤，而且自然得多，除非这些对外战争是为了争取民族独立。内战至少是建立在个人凌辱和已知的仇恨之上；是一些敌对双方都明白为什么要拿起武器的战斗。即使苦难不能为他们的罪行开脱，那也是可以原谅、可以解释的，可以让人了解它为什么存在。但是外战又如何解释呢？一些民族互相残杀，通常是因为某个国王情绪不佳，某个野心家想发迹，或某个大臣伺机排挤对手。

"并非出于感情上的效忠，也不是对亨利四世从小到大的艰辛哺育的体恤，我才来为这场一切都重新与我作对的官司辩护，如果这场官司胜诉的话。我不想写传奇故事，不为荣誉，也不想牺牲；我不相信神圣王权，我相信革命和事实的力量。我甚至不寄希望于宪章，我只相信自己的理论；那是从我生命消失时期的哲学领域总结出来的：我推荐波尔多公爵的理由很简单，就是他比我们讨论的这个要实用、有价值得多。"[1]

西班牙战争是我政治生涯中的一件大事。它在我政治生涯中的地位可与《基督教真谛》曾在我文学领域的地位相媲美。命运之神让我担负起这巨大的风险，在复辟王朝时期它本来有可能调整世界走向未来的步伐。它将我从幻想中拖出来，并把我变成现实的引路人。它将我带到赌桌前，对手是时下的两位总理，梅特涅亲王和坎宁先生：我赢了他们。所有当时组阁举足轻重的人物都不得不承认：他们遇到了一个政治家。

啊，上帝保佑您；天赐的珍贵的独立[2]，我的生命之魂！好啦，把我

---

[1] 一八三〇年八月七日在贵族院上的演讲。
[2] 七月革命的第二天。

的《回忆录》拿来,这是第二个我,您就是他的知己、偶像和缪斯。闲暇的时间最适合写作:作为遇难人,我将继续对海滨的渔夫讲述我的遇险故事。回归我的天性,我又是一个自由的旅行者;我要像开始那样走完我的行程。我生命的跑道是一个封闭的圆圈,它将把我带回到了起跑线上。在这条跑道上,我曾是个无忧无虑的毛头小兵,如今我已成了经验丰富的老兵,军帽里放着休憩着的子弹,臂上留着岁月的疤痕,肩上挎着装满了记忆的军用包,在跑道上慢慢前行。天知道?说不定在每一程我都会重温年轻时的旧梦?借助幻想可以帮助我抗击那些旧时代的游牧部落,他们就像潜伏在废墟背后的龙骑兵,随时都可能出现。

在湖边[①]洛桑路上沿街而上,可以看见拉巴努兹先生的两位官员的别墅,建造那房子和培植花园花了一百五十万法郎。当我步行经过他们的住所时,我简直崇拜上帝,他居然在日内瓦,在我和他们之间安排了复辟王朝的见证人。我真愚蠢!蠢到家了!拉巴努兹先生让我成了保王党人,并陷入了苦痛之中:看看他的官员们是如何促进公债折换的吧;对此我曾天真地制止过,还因此而被驱逐。这些先生们来了,乘着豪华轻便的马车,帽子歪戴在耳边。而我则不得不跳到沟渠里,以免车轮卷走我破旧的衣角。然而,我毕竟曾是法国的贵族、部长和大使,并且我还执有装着圣灵和金羊毛在内的所有上等基督教民的纸盒子。如果尊贵的拉巴努兹先生的高级官员,那些百万富翁们有意买下我精美的盒子送给他们的夫人,我会十二分的乐意的。

唉!金钱[②]我曾经是那样藐视你,而我现在无论做什么都得喜欢你了,我不得不承认你的价值:你是自由的源泉,我们生活中的一切由你

---

① 莱蒙湖。一八三一年,夏多布里昂和妻子曾在日内瓦市郊帕基避暑。
② 本页是一八三一年九月十五日在帕基写的。(参看前文注释。)

安排，没有你，真是寸步难行。除了荣誉，你还有什么得不到的？拥有你，人们就拥有了年轻、美丽、荣誉、才能和美德，人们就逗人喜欢、受人尊重。可你却对我说，钱只让人们表面上拥有了一切：这又有什么要紧？只要我以为这一切是真实的就行了。好好地欺骗我吧，别的我都不要：生活本身难道不就是一种谎言？如果一个人身无分文，他就会受制于每件事、每个人。若两个女人不和，她们尽可以各走各的阳关道；然而，就因为手头缺几个铜板，她们依然得面对面待下来，虽然互不理睬、互相埋怨，火气也越来越大，可是却只能吞下到口的气话，互相白着眼在心里恶狠狠地咒骂着，她们强忍着怒火，牺牲她们的兴趣爱好，改变她们原有的生活方式：贫困让这两个女人紧挨在一起，但却不是拥抱，而是相互撕咬，只是不像弗洛拉咬庞贝那样罢了。没有钱，无以逃脱，没法去找另一个太阳，即使心里再咬牙切齿也只能常年套上这个枷锁。幸福的犹太人，你们这些倒卖十字架的贩子，是你们控制了当今的基督教会，决定和平和战争，是你们出卖了旧的主教帽就能吃香喝辣，你们才是国王和美女的宠儿，可你们又是多么肮脏可鄙啊！唉，要是你们愿意跟我换换皮肤，或者只要能让我潜进你们的保险柜，从中偷出你们从那些公子哥儿们那儿窃来的钱物，我就会成为这个世界上最幸福的人！

我天生是个民主主义者，可道义上却是个持贵族政见者，只要不跟民众发生什么关系，我情愿为他们放弃我的财产和生命。

我得恳请朋友们原谅我的某些辛辣的观点。我只能苦笑，我有太多苦痛，肉体上的痛苦，精神上的苦恼：看过我的《回忆录》的人都了解我的命运如何。我并非安逸地躺在娘胎里，因为痛苦早已纠缠上我。我在灾难里漂流，厄运追随着我，我好比一间脆弱的茅草房，不堪厄运的重压。但愿我所爱的人们不会认为是我抛弃了他们;但愿他们能谅解我,给我一个发泄口:有了这个发泄口,我的心便又都属于他们了。

自从第一颗宗教的种子在我的灵魂深处萌芽,我的生命便像处女地一样蓬勃生长,除去荆棘,迎来了它的第一次丰收。突然一阵干冷的风吹来,土地干裂了。上天可怜它,赐予它露水滋润,可是冷风又一次袭来。长时期在怀疑和信仰中飘摇不定,我的生活充满了失望,也充满了难以言表的欢欣。我善良圣洁的母亲,请为我向耶稣基督祈祷:有了他,您的儿子从此便获得新生了。

如果我是小王子[①]的太傅,我就要尽力去争取他的信任。如果他重继王位,那时我就会向他建议到时机成熟时才登基。我本想卡佩王朝可以像当朝时一样体面地退去……然而,……本来打算采取措施,安抚一下布拉格的虚弱无力,模仿吕伊纳在幼王的身边培养些得力之人,并以黎希留为榜样把孔西尼抚慰得更好些……精力充沛的我硬要隐退布拉格,这确实不容易办到,因为我不但得消除王室家族的反感,还得消除外国的仇恨。内阁也痛恨我的主意……然而,为了表示悔意,为了补偿我民族荣誉感的过错,也许我该捶胸痛哭,对统治着这个世界的蠢材们毕恭毕敬,这样也许我能爬到达马斯男爵的位置;而后,我却忽然甩掉了拐杖,挺起了腰杆。可是糟糕!我的雄心壮志哪里去了?我的掩饰本领哪里去了?我的容忍克制哪里去了?我对一切的重视哪里去了?有两三次我提起了笔;遵从太子妃要我给她写信的要求,我写了两三次违心的草稿。然而,我很快愤愤不平起来,于是顺着性子,一口气写了一封足以让我扭断脖子的信。

---

① 波尔多公爵,亨利五世。

即将离世的弗朗索瓦①想赤条条地离去,正如他赤条条地来一样;他模仿一向被他奉为楷模的基督,要求将他朴实的躯体埋葬在处决犯人的地方。他口授了一封纯精神的遗书,因为他留给兄弟们的只有清贫和安宁;一个神圣的女子将他放入了坟墓。从主保圣人那里,我继承了清贫和对卑贱者的仁爱,以及对动物的怜悯……能在瞻礼日这天踏上法国的土地,我应该珍惜这种幸福;可是,我真正地拥有着一个祖国吗?在这个国家里我曾感受过片刻的安宁吗?

我的宗教信仰不断地增强,战胜了其他的一切信仰;人世间再也没有比我更虔诚的基督徒,比我更不愿轻信的人了。

我的三种职业都有它的最高目标:作为旅行者,我渴望发现地球两极的秘密;作为人文学者,我努力尝试在遗址上重建宗教信仰;作为政治家,我竭力让人民拥有一个沉着冷静的君主制,去找回在维也纳条约中丧失的力量,使法国重立于欧洲民族之林;至少我曾为获得对他们来说至关重要的新闻自由助过一臂之力。在神的领域,宗教和自由;在人的领域,体面和荣耀(这是宗教和自由的人类后代):这就是我对祖国的期望。比起同时代的其他法国作家,我几乎是唯一的文如其人:旅行者、战士、政论家、大臣;在森林中我歌颂森林;在轮船上我描绘海洋;在军营里我谈论武器;在流亡中我学会了流亡;在课堂上、在事务中、在议会上我研究了君主、政治和法律。

---

① 一八三三年十月四日,夏多布里昂从布拉格返回法国,这一天正是他的主保圣人弗朗奈瓦·达西兹的瞻礼日。

本作品(夏多布里昂《墓畔回忆录》)共四卷,纸质书全三册,由程依荣、管筱明、王南方、罗仁携分工翻译。

其中从全书前言开始,到篇章十八的《阿尔芒·德·夏多布里昂》小节的内容,为程依荣翻译;从篇章十八的《一八一一年、一八一二年、一八一三年、一八一四年……》小节开始,到篇章二十九的《致德·拉·弗隆内伯爵先生的信(附〈回忆录〉)》小节中《关于〈回忆录〉的概述、结论和思考》之前的内容,为管筱明翻译;从篇章二十九的《致德·拉·弗隆内伯爵先生的信(附〈回忆录〉)》小节中的《关于〈回忆录〉的概述、结论和思考》开始,到全书结尾的内容,为王南方、罗仁携合译。

图书在版编目（CIP）数据

墓畔回忆录：全三册 /(法) 夏多布里昂著；程依荣等译. -- 成都：四川文艺出版社, 2025.4. -- ISBN 978-7-5411-7182-6

Ⅰ. K835.655.6

中国国家版本馆CIP数据核字第2025BV6974号

本书简体中文版权归属于银杏树下（北京）图书有限责任公司，并由其授权出版。

MU PAN HUIYI LU

墓畔回忆录

[法] 夏多布里昂 著

程依荣　管筱明　王南方　罗仁携 译

出 品 人	冯　静
选题策划	后浪出版公司
出版统筹	吴兴元
编辑统筹	朱　岳　梅天明
责任编辑	王梓画
特约编辑	陈志炜
装帧制造	墨白空间·陈威伸
营销推广	ONEBOOK
责任校对	段　敏

出版发行	四川文艺出版社（成都市锦江区三色路238号）			
网　　址	www.scwys.com			
电　　话	028-86361781（编辑部）			
印　　刷	北京盛通印刷股份有限公司			
成品尺寸	143mm × 210mm	开　本	32开	
印　　张	64.125	字　数	1660千字	
版　　次	2025年4月第一版	印　次	2025年4月第一次印刷	
书　　号	ISBN 978-7-5411-7182-6	定　价	318.00元（全三册）	

后浪出版咨询(北京)有限责任公司 版权所有，侵权必究
投诉信箱：editor@hinabook.com　fawu@hinabook.com
未经许可，不得以任何方式复制或抄袭本书部分或全部内容
本书若有印、装质量问题，请与本公司联系调换，电话010-64072833